KB160252

RITUAL THEATRE

울력연극치료총서 08

The Power of Dramatic Ritual in Personal Development Group and Clinical Practice

제의 연극

개인의 성장과 집단 및 임상 실제에서 극적 제의의 힘

클레어 슈레더 엮음
이효원·엄수진·이가원 옮김

울력

Ritual Theatre: The Power of Dramatic Ritual in Personal Development Group and Clinical Practice by Claire Schrader (ed)
© 2012 Jessica Kingsley Publishers
All right reserved.
Korean Translation edition © 2017 by Ulyuck Publishing House.
Published by arrangement with Jessica Kingsley Publishers Ltd. UK
via Bestun Korea Agency, Korea
All right reserved.
이 책의 한국어 판권은 베스툰 코리아 에이전시를 통하여 저작권자와
독점 계약한 울력출판사에 있습니다.
한국 내에서 보호를 받는 저작물이므로 어떤 형태로든 무단 전재와 무단 복제를 금합니다.

울력연극치료총서 08 | 기획위원 • 이효원

제의 연극: 개인의 성장과 집단 및 임상 실제에서 극적 제의의 힘

엮은이 | 클레어 슈레더
옮긴이 | 이효원, 엄수진, 이가원
펴낸이 | 강동호
펴낸곳 | 도서출판 울력
1판 1쇄 | 2017년 4월 20일
등록번호 | 제25100-2002-000004호(2002. 12. 03)
주소 | 08267 서울시 구로구 고척로12길 57-10, 301호 (오류동)
전화 | 02-2614-4054
팩스 | 02-2614-4055
E-mail | ulyuck@hanmail.net
가격 | 23,000원

ISBN 979-11-85136-35-6 93680

이 도서의 국립중앙도서관 출판예정도서목록(CIP)은 서지정보유통지원시스템
홈페이지(http://seoji.nl.go.kr)와 국가자료공동목록시스템(http://www.nl.go.kr/kolisnet)에서
이용하실 수 있습니다. (CIP제어번호: CIP2017008510)

· 잘못된 책은 바꾸어 드립니다.
· 옮긴이와 협의하여 인지는 생략합니다.

조셉 캠벨을 기억하며…

그는 많은 영감을 주어 왔고,

이전에 문이 없었던 곳에서 문을

열 수 있는 방법을 계속 밝혀 주고 있다.

차례

감사의 글 • 7

서문 _ 제임스 루스-에반스 • 9

서론 _ 클레어 슈레더 • 13

I. 제의 연극의 뿌리

1. 제의 연극이란 무엇인가? _ 클레어 슈레더 • 29

2 제의 연극의 뿌리 _ 수 제닝스 • 49

3. 연극치료에서 제의의 초심리학에 대하여 _ 게리 라우처 • 73

4. 치료는 필요하지 않다. 우리에겐 제의가 있다 _ 클레어 슈레더 • 101

II. 개인적 성장에서 제의 연극

5. 신화-드라마 _ 클레어 슈레더 • 125

6. 신화-드라마의 실제 _ 클레어 슈레더 • 151

7. 폴 르빌롯의 현대의 통과의례 _ 스티브 미첼 • 175

8. 패스파인더 스튜디오의 연극 만들기 _ 스티브 미첼 • 207

9. 신화, 가면, 움직임 _ 셰일라 루빈, 캐리 토드 • 233

10. 제의 연극 집단 _ 클레어 슈레더 • 249

III. 임상 실제에서의 제의 연극

11. 회복 탄력성의 연극 — 제의와 소외 집단의 애착 _ 수 제닝스 • 273
12. 제의 연극과 실존적 변화 _ 로저 그레인저 • 297
13. 사이코드라마와 제의 연극 _ 실비아 이스라엘, 엘리자베스 플러머 • 313
14. 자기표현의 연극 _ 스티브 미첼 • 331
15. 여신과 연결하기 _ 데브러 콜케트 • 353
16. '메타신화'와 연극치료 _ 세일리어 발레타 • 377

IV. 공연으로서의 제의 연극

17. 〈땅의 가슴〉과 〈엄마의 피〉 _ 사피라 바버러 린든, 수전 니센바움 베커 • 395
18. 우주적 의례 _ 사피라 바버러 린든 • 415

옮긴이의 글 • 439
필자 소개 • 443
찾아보기 • 449

일러두기

1. 이 책은 Claire Schrader가 엮은 *Ritual Theatre: The Power of Dramatic Ritual in Personal Development Group and Clinical Practice* (Jessica Kingsley Publishers, 2012)를 완역한 것이다.
2. 이 책은 원서의 체제를 따랐다. 그리고 주석은 원서대로 각주로 처리하였으며, 옮긴이의 주도 각주로 처리해 옮긴이의 것임을 밝혔다.
3. 본문에서 책과 잡지 등은 『 』로 표시하였고, 논문이나 기사는 「 」로 표시하였다. 그리고 연극과 관련된 작품은 모두 〈 〉로 표시하였다.
4. 원서에서 이탤릭으로 강조된 부분은 이 책에서 중고딕으로 표시하였다.
5. 옮긴이들이 번역한 부분들은 다음과 같다. 엄수진(3, 4, 5, 6, 7장), 이가원(8, 10, 11, 12, 16장), 이효원(감사의 글, 서문, 서론, 1, 2, 9, 13, 14, 15, 17, 18장).

감사의 글

맨 처음부터 출간되기까지 이 책에 도움을 준 모든 분들께 깊은 감사를 전한다. 천천히 잎을 내고 꽃을 피우며 자라는 식물과도 같이, 오늘 이렇게 모습을 갖추게 된 과정은 실로 놀랍지 않을 수 없다. 많은 사람의 집단적 비전을 통해 현실화된 이 과정의 정원사가 된 것은 그야말로 특권이었다. 그리고 나는 그것이 우리의 제한된 이성보다 훨씬 강력한, 누군가는 집단무의식이나 동시성 혹은 마법으로 부를지도 모르는 어떤 힘 덕분이라고 믿는다. 그것이 바로 제의 연극의 본질이기 때문이다.

나는 이 책의 가능성을 처음부터 믿어 주고 초보 편집자인 나의 여러 실수들을 배려와 인내로써 감싸 안으며 긴 과정을 거쳐 완성된 책으로 엮어 준 제시카 킹슬리 출판사에 심심한 감사를 표한다. 뿐만 아니라 이 프로젝트를 위해 열정을 가지고 글을 써 준 필자들 모두에게, 그리고 개인과 직장 생활 속에서 거의 불가능한 마감 시한을 지키느라 수고를 마다하지 않은 분들에게 고마움을 전한다.

르네 에무나는, 내가 샌프란시스코에 있을 당시, 여러 차례 접촉하면서 섬세하고 정확한 관찰을 통해 내가 신화-드라마를 창조했다는 사실을 깨닫도록 도와준 장본인이다. 그녀와 더불어 신화-드라마의 진정한 창조자라 할 수 있는 나의 참여자들에게 감사한다고 말하고 싶다.

또 이 책이 나오기까지 내가 무엇을 해야 할지 어디로 가야 할지 알지 못해 헤맬 때, 늘 첫 번째 조언자로서 변치 않는 지지가 되어 준 수 제닝스를 언급하지 않을 수 없다.

주제에 대한 깊은 이해를 바탕으로 영감 넘치는 시적인 서문을 써 준 제임스 루스-에반스, 그리고 데이비드 쿠들러와 '도금양'에 대한 자료에 도움을 준 조셉 캠벨 재단에 감사한다. 인내심을 가지고 꼼꼼하게 편집해 준 도미니크 레빈과 내가 쓰고자 하는 책이 어떤 것인지 찾고 있을 때 여러 번 그녀가 쓴 책에서 영감을 받을 수 있게 해 준 알리다 거시를 기억한다.

수 제닝스, 스티브 미첼, 애너 체스너, 브렌더 멜드럼을 비롯해 연극치료사로서 나의 생각과 작업에 크나 큰 영향을 미친 여러 스승들께 감사함을 전한다. 그리고 이 책에 골몰해 있는 동안에도 여전히 내 곁을 지켜 준 친구들에게, 마지막으로 힘든 여정 내내 격려를 아끼지 않은 브렌든 그레고리와 스티븐 길먼에게 고맙다는 말을 전하고 싶다.

서문

제임스 루스-에반스

내가 음악, 무용, 드라마의 통합을 탐구하기 위해 뉴욕 줄리어드 음악대학에 합류하게 된 것은 위대한 현대 무용수인 마서 그레이엄과의 만남 그리고 〈짙은 풀밭〉, 〈천사의 유희〉, 〈애팔래치아의 봄〉, 〈밤의 여로〉와 같은 걸출한 연극적 제의 작품을 보았기 때문이다. 나는 학생들에게 각자가 생각하는 연극에 따라, 자신의 삶의 경험에 토대를 둔 연극 공연을 만들도록 했다. 퍼포먼스를 매체로 내적 현실을 객관화하는 작업인 것이다. 그런데 그 작업이 사람들로 하여금 자신만의 제의를 창조하도록 돕는 것임을 깨달은 것은 몇 년이 지난 다음이었다.

여러 해 동안, 다양한 연령대의 사람들과 작업하면서, 나는 이 시의 적절한 책에 기고한 모든 필자들과 편집자인 클레어 슈레더가 썼듯이, 제의의 탐험이 거기에 참여하는 사람들의 삶을 어떻게 심화시키고 풍부하게 만드는 것인지를 목격하였다. 우리가 사는 서구 문화에서 제의는 이미 죽은 말이다. 오늘날 우리는 강간, 학대, 폭행을 당한 피해자들을 위한 제의를 하지 않는다. 아기를 유산, 조산, 사산하여 상실을 경험한 부모를 위한 제의 역시 마찬가지다. 임신을 위한 제의도 없으며, 초경을 경험하면서 여성으로 성장하는 소녀를 위한 통과의례는 물론, 사춘기에 접어드는 소년들을 위한 제의(그리고 그들이 젊은이의 공격성을 갑자기 드러낼 때 놀라곤 한다!)도 없다. 깨진 결혼을 위한 제의나 실패한 관계를 위한 제의도 전무하다. 제의 부재의 예를 꼽자면 끝이 없을 것이다!

제의 — 예식과 혼동하지 않도록 주의할 것 — 는 가슴의 여정이자 통과의례로서, 우리가 우리 자신과 타자에 대한 보다 깊은 이해에 도달할 수 있게 해 준다. 슬프게도, 조애너 트롤럽은 그녀의 소설 『렉터의 아내』에서 '그렇게 많은 사람들이 어떤 수준에서도 삶을 풍성하게 살 수 있는 능력이 결여되어 있다'(Trollope 1992, p. 172)라고 말한다.

애너 핼프린은 개인과 공동체를 위한 제의의 초기 개척자 중 한 사람이다. 그녀는 전문 무용수로 구성된 자신의 극단과 16년 동안 작업하면서 무용이 더 이상 관객에 의해 '소비'되는 것이 아니라 관객이 참여해야 하는 것임을, 곧 관객과 행위자의 협업임을 발견했다.

그리고 1960년대 말 미국에서 일어난 시민권 운동은 미국 전역에 걸쳐 일련의 폭동을 확대하였다. 애너가 보기에 이 폭동들은 흑인들이 경험하는 스트레스와 긴장의 표현이었다. 그녀는 건강한 변화를 이끌어 내는 사회적 도구로서 무용과 연극을 사용하고 싶었다. 그 노력의 결과, 흑인과 백인이 함께 하는 제의는 심원한 영향력을 끼쳤다. 그 경험은 관련된 모든 사람들의 삶을 변화시켰다.

오늘날 우리는 예술을 전적으로 전업 작가의 세계에 속한 어떤 것, 그리고 예술이 상품으로 인식될 때는 최고의 가격에 팔리는 어떤 것, 그래서 예술가에게 명성을 가져다주는 것으로 생각하는 경향이 있다. 미술품 수집은 전적으로 돈에 관한 것이 되었지만, 진정한 예술은 그와는 다른 가치 체계를 갖고 있다. 왜냐하면 창조성은 인간이라면 누구나 갖고 있는 속성이기 때문이다.

버지니아 울프의 소설, 『막 사이에서』의 클라이맥스에서, 마을 야외극의 배우들은 20세기를 표현하기 위해 거울 조각을 들고 나타난다. 그리고 우리는 '그리고 관객은 그들 자신을 보았다. … 시계 바늘이 현재에 멈추었다. 지금이었고, 우리 자신이었다'를 읽는다. 서구 연극은 수세기 동안 자연을 비추는 거울이 되고자 노력해 왔다. 그러나 이제 그 거울은 다른 것을 비추려 애쓰고 있다. 피터 브룩의 말처럼, 빈 공간을 비추려 한다. 그것은 사실 우리 각자 안에 있는 공간이다. 헤르만 헤세의 『황야의 이리』에서 마술 극장의 매니저는 주인공에게 이렇게 말한다. '당신이 찾는 것은 당신 자신의 영혼의 세계요. 당신이 갈망하는 또 다른 현실은 오직 당신 안에만 존재하지요. 나는 당신 안에 이미 있지 않은 것은 아무것도 줄 수 없단 말이오. 당신 영혼 이외에는 어떤 그림도 당신에게 펼쳐 보여 줄 수 없지요. 내가 당신에게 줄 수 있는 것은 단지 기회, 충동, 열쇠뿐이라오. 나는 당신이 당신 자신의 세계를 가시화할 수 있도록 도울 것이오. 그게 전부지요' (Hesse, 2001, p. 204). 오늘날 절실하게 필요한 것은 바로 사람들이 자기 자신의 창조성에 대한 자각을 회복하는 것이다.

웨일스에 있는 **창조적 영혼을 위한 센터**에서 나는 페데리코 가브리엘 로르카의 시에서 따온 구절을 발견했다. 그것은 그 센터에서 하는 일뿐 아니라 이 책의 취지를 집약한다.

> 시, 노래, 그림은
> 사람들의 샘에서 길러낸
> 물이니
> 그 물은 아름다움의 잔에 담겨
> 사람들에게 전해지고
> 그들은 그 물을 마시며
> 자신을 깨닫는다

클레어 슈레더가 관찰했듯이, 물론 아이들은 어른들보다 제의를 잘 이해한다. 우리 사회는 머리 중심의 사회가 되었고, 그래서 치료 역시 상당 부분 의자에 앉아 말하는 것에 한정된다. 전에 한 저널리스트 친구가 부모님이 모두 돌아가신 후에 수많은 기억으로 가득한 옛 집을 팔면서 특별한 이별 의식을 치르는 데 초대한 적이 있었다. 그의 친구들 약 40명이 모였고, 나중에 한 여자가 최근에 자기 식구들이 이사를 해야 했는데, 어린 아들이 방방을 뛰어다니며 벽에 작별 키스를 했다는 이야기를 들려주었다.

우리는 모두 그 소년의 자발성을 되찾고자 하는 욕구를 가지고 있다. 그리고 많은 사람들이 재능 있는 음악치료사, 미술치료사, 연극치료사를 통해 그렇게 하고 있다. 저넷 윈터슨이 라디오 방송에서 한 말을 인용하면서 끝을 맺으려 한다.

> 이 세상에서 내 일은 삶과 사람들 안에 있는 기쁨과 힘을 그들에게 열어 보여주는 것입니다. 그리고 이 왜소함, 갇혀 있는 느낌, 혼란스러운 감정으로부터 사람들을 꺼내 주는 것입니다. 내가 예술에 열정적인 이유 중 하나는, 예술은 거대해서 우리가 가서 기도 드릴 수 있는 성당을 마음에 세워 주기 때문입니다. 당신은 작지 않아요. 우리는 평범한 사람들의 삶에 의미를 부여할 수 있어야만 합니다. (Mooney 2003)

참고 문헌

Hesse, H. (2001) *Steppenwolf*. London: Penguin.
Mooney, B. (2003) *Devout Sceptics*. London: Hodder & Stoughton.
Trollope, J. (1992) *The Rector's Wife*. London: Black Swan.
Woolf, V. (2008) *Between the Acts*. Oxford: Oxford University Press

서론

클레어 슈레더

이 책은 제의와 연극에 관한 것이며, 독자적인 역사와 구조와 관습을 가진 제의와 연극이라는 강력한 두 형식이 결합하여 '제의 연극(ritual theater)'이 될 때 어떤 일이 일어나는지를 기술한다.

우리는 같은 날 종교의식과 연극 공연에 참여하고도 그 둘 사이에 어떤 친연성도 없다고 생각할 수 있다. 종교의식은 우리를 내면으로 이끌어 그 안을 들여다보게 한다. 반면에 연극은 우리를 충격에 빠뜨리거나 즐겁게 하거나 웃거나 울게 만들며, 사물을 다른 시각으로 보게 한다.

제의 연극은 또 다른 독특한 경험을 제공한다. 그것은 연극적이면서 동시에 우리의 깊은 본질을 명상하도록 이끈다. 제의 연극은 깊은 내면의 뭔가를 변형하고, 감정을 느끼게 하며, 웃고 춤추고 연기하고, 또 우리의 새롭고 더 부드러운 부분과 만나게 한다. 그것은 또한 우리를 고통스런 정서적 외상 경험에서 떠날 수 있게 해 주기도 한다. 존재의 새로운 상태에 들어선 듯 고양되고 영감에 넘치며 기운이 나는 기분을 느끼게 해 준다. 그것은 수 제닝스가 '의식의 변화된 상태(altered state of consciousness)'라고 말한(Jennings 1992 p. 235), 샤먼이 강력한 치유 의식에서 경험하는 것과 유사한 상태이다.

제의 연극은 인류만큼이나 오래된 것이다. 모종의 극화된 구조인 의식(儀式)과 이야기를 통해 우주의 초자연성을 반영하고자 하는 욕구는 태곳적부터 있어 왔다. 신화는 불가해한 우주를 설명하기 위해 출현했으며, 제의 연극의 시작 또한 그와 같다.

우리가 지금 제의 연극을 이야기하는 보다 중요한 까닭은 그것이 자연스럽게 우리 시대가 잃어버린 영성을 회복시키기 때문이다. 영혼은 우리를 시대를 넘어 우리의 조상과 연결시키고, 공유된 경험 속에서 타자와 연결하며, 우리 자신의 가장 심오한 부분과 연결한다. 영혼에 가닿을 때, 우리는 또한 '모든 것의 원천(source of all)'과 연결됨을 경험한다. 그리고 영혼에 이르는 길을 발견할 때 비로소 집으로 가는 길도 알게 된다. 이것이 바로 많은 사람들이 일상의 '분주함,' 관계, 일, 부와 안전에 대한 지속적인 추구 속에서 진정으로 찾고자 하는 것이다. 제의 연극은 우리 영혼의 현재를 표현할 수 있는 물리적 언어를 제공한다. 그것은 우리를 우리 속의 가장 깊은 외침과 연결할 뿐 아니라 시간을 거슬러 올라가 우리의 조상과 연결한다. 그들의 가장 심원한 관심사 역시 본질적으로 우리의 것과 다르지 않았다.

이 책의 목적

제의 연극은 연극치료의 핵심을 이루는 주제임에도 불구하고 지금까지 그 실제를 다룬 단행본이 없었다. 그래서 이 책은 제의 연극과 관련한 광범한 접근법을 한데 모았다. 엮은이로서 나는 연극치료가 활발히 이뤄지고 있는 대서양 양편의 유수한 필진을 만나게 되어 매우 기쁘다. 모쪼록 이 책을 통해 서로에 대한 정보를 얻고 작업을 풍성하게 하며 더욱 생산적으로 교류할 수 있기를 바란다.

이 책은 특히 연극치료사와 훈련 중에 있는 예비 연극치료사를 중심에 두고 있지만, 여타 예술치료사, 심리치료사, 사이코드라마 연출자, 심리학자, 상담자에게도 흥미로울 것이다. 응용 연극 분야 그리고 연극의 치유성에 대한 연구를 포함하여 공연 예술에 대한 학문적 접근이 발전함에 따라, 연극인뿐 아니라 학생과 학자 들에게도 유용한 텍스트가 될 것이다. 이 책은 또한 제의 연극이 오늘날에도 소구되는 이유를 설명하며, 그런 점에서 치유 형식으로서 제의 연극을 더 알고자 하는 이들에게도 도움이 될 것이다.

이 기회를 빌려 영국의 혁신적인 연극 연출가이자 이 책의 서문을 써 준 제임스 루스-에반스(James Roose-Evans)에게 심심한 감사를 표하고 싶다. 그는 연출가와 작가로서의 빛나는 경력뿐 아니라 연극, 치유, 영성의 틈을 독창적으로 가로지름으로써 극적 제의의 힘에 대한 심오한 이해를 성취하였다. 제의 연극에 대한 그의 탐험은 1950년대에 시작되어 체스터 신비극(Chester Mystery Plays)을 제작할 당시 절정에 이르렀다. 특히 제의 작업을 기술하여 학생들을 비롯해 이 책의 필자들에게 깊은 변화를 이끌어 낸 그의 책 『영혼의 경로(*Passages of Soul*)』(1995)를 독자들에게도 적극 추천한다.

이 책의 구성

이 책에는 저마다의 관심사와 전문 영역에 따라 제의 연극을 다양하게 바라보는 글들이 실려 있다. 배경이 다른 필자들은 같은 영어를 구사하면서도 다른 철자를 사용하며, 그래서 눈치 빠른 독자들은 글쓴이의 국적을 금세 구별할 수도 있을 것이다.

이 책은 모두 4부로 나뉘는데, 1부는 '제의 연극의 뿌리'를 고찰하는 다소 이론적인 부분이다. 수 제닝스(Sue Jennings)의 인류학적 배경과 테미아르 부족(Jennings 1995)에 관한 멋진 연구는 연극치료에 제의와 부족 문화적인 요소가 상존해 왔음을 말해 준다. 수는 연극치료의 인류학적 뿌리를 탐험하면서, 연극치료의 시작부터 신경-극-놀이(neurodramatic play)(2010)라는 새로운 초점에 이르기까지 자신의 생각과 작업에 영향을 미친 여러 인류학자에 관해 언급한다.

내가 제의와 연극을 검토하고 비교하면서 '제의 연극이란 무엇일까?'를 묻는 동안, 게리 라우처(Gary Raucher)는 '제의 연극은 어떻게 작동하는가?'를 질문한다. 그는 '제의의 초심리학'을 살피면서 우리를 제의의 철학적이고 형이상학적인 근원으로 이끈다. 그리고 정신 통합 이론(psychosynthesis)의 개척자 아사지올리(Roberto Assagioli)가 무의식의 다양한 차원을 알기 쉽게 만든 정신의 도표를 소개함으로써 연극치료와 제의 연극 과정에서 무엇이 일어나는지에 대한 이해를 돕고자 한다.

제의 연극에 관한 책에 정통 부족 제의가 없다면 말이 안 될 것이다. 「치료는 필요하지 않다. 우리에게는 제의가 있다」라는 장은 부르키나파소의 예언자이자 큰 어른인 말리도마 소메(Malidoma Somé)가 주도한 다가라 슬픔 제의에 대한 개인적 경험을 소개한다. 다가라 부족의 철학을 접한 그 놀라운 경험으로 인해 나는 작업의 초점을 바꾸었으며, 종국에는 **신화-드라마**(*myth-a-drama*)라는 카타르시스적이고 변형적인 제의 연극(이후 세 개 장의 주제임) 접근법을 개발하게 되었다.

제의 연극과 개인의 성장

제의 연극의 심원하고 강력한 본질을 전제한다면, 이 책의 여러 필자들이 발달을 주제로 한 글을 썼다는 사실이 그리 놀랍지 않을 것이다. 인간의 발달과 개인적 문제를 해결하고 잠재력을 최적화하는 새로운 방식에 대한 관심이 높아지면서, 이 책은 제의 연극이 성장을 목표로 하는 관객과 함께 할 때 어떻게 가장 강력한 표현을 찾아내는지를 보여 준다. 제의 과정을 경험하면서 자신에게 무슨 일이 일어나는지를 이해하는 정서적으로 건강한 참여자와 작업할 때, 드라마는 그 치유적이고 변형적인 카타르시스의 힘을 한껏 발휘할 수 있다.

2부는 일반적인 참여자를 대상으로 개인적이고 직업적인 성장을 목표로 한 개인 작업에 초점을 맞춘다. 나는 2010년에 소천한 제의 연극의 선구자 폴 르빌롯(Paul Rebillot)에 대한 스티브 미첼(Steve Mitchell)의 글을 싣게 되어 너무나 기쁘다. 스티브 미첼은 르빌롯의 작업과 그것을 있게 한 그의 삶 그리고 '사람들을 고치려' 애쓰는 대신 참여자들이 과정을 전적으로 책임지게 함으로써 '어른으로 기능하게' 한 그의 고집을 조명한다. 7장은 그 놀라운 사람을 일별하게 해 줄 뿐 아니라, 연극치료와 관련하여 그의 몇몇 작업에 대한 비평과 함께 좀 더 심각한 참여자에게 적용할 수 있는 방법을 설명한다. 그리고 그것을 「자기표현의 연극」이라는 장에서 더욱 발전시킨다.

스티브 미첼의 두 번째 장은 여러 작업들 중 르빌롯의 작업에 영감을 받은 패스파인더 프로젝트의 과정을 기술한다. 거기서 그는 치료적 맥락에서 벗어나 '자기-수양의 추구(quest for self-cultivation)'라고 부른 맥락으로 옮겨 간다. 나는 참여자들이 '스스로를 양육하며' 인간으로서 온전하고 충만해짐으로써 그들이 속한 사회에 보다 효과적으로 기여할 수 있게 된다고 보는 이 개념이 매혹적이라 느낀다. 스티브는 패스파인더 프로젝트에 대해 연극 제작 과정을 기반으로, 참여자가 자신의 장벽을 돌파하여 '균형 잡히고 온전한 자기됨'으로 나아갈 수 있도록 안전한 공간을 제공하는 치료적 담아 주기(containment)의 요소를 보완한 것으로 묘사한다(Mitchell, 8장).

스티브처럼, 개인 작업을 시작했을 때, 나는 개인적 성장의 기치 아래 안전한 담아 주기를 제공하는 데 필요한 경계에 관심을 두었다. 연극치료/제의 연극의 치유적 힘이 작동하기 위해서는 내가 어느 만큼 물러서 있어야 하는가? 한동안 나는 바람 불고 위험한 시골길에서 아주 조심스럽게 천천히 포르쉐를 운전하는 것처럼 느끼곤 했다. 속도를 높이지 않도록 노심초사하다가, 어느 순간 잘 닦인 길에 이르면 차가 나를 남겨 둔 채 저 혼자 행동 개시에 들어가는 느낌이 들곤 했다. 잘못 손대면 치명적인 무기가 되겠지만, 기술과 배려로 운전하면 자동차는 움직이는 시가 된다.

제의 연극에 대한 나의 느낌이 꼭 이와 같아서, 그것은 잘못 다루면 모든 것을 망쳐 놓을 강력한 매체이지만 — 그렇게 생각하기도 했고, 실제로 경험한 적도 있다 —, 제대로 다루기만 하면 무의식의 깊은 패턴을 치유하고 삶의 동력을 가동시킴으로써 인간으로서 그 소명을 진정으로 수행할 수 있도록 돕는다. 나는 5장과 6장에서 이 질문을 탐험하면서, 개인적 발전이나 영적 성장의 기로에 있는 사람들을 대상으로 개발한 신화-드라마 작업을 안내한다. 그리고 10장은 월 1회 주말 워크숍으로 진행한 제의 연극 집단을 소개한다. 거기서 나는 다른 접근에는 꿈쩍도 하지 않은 뿌리 깊은 문제를 치유하고 해결한 카타르시스적이고 변형적인 접근법으로서 제의 연극의 진면목을 보았다.

제의 연극이 참여자들에게 강력한 영향을 미치는 것은 의심의 여지가 없는 사실이며, 몇 년이 지난 뒤에도 그 경험에 대한 기억은 뚜렷하게 간직된다. 셸리아 루빈(Shelia Rubin)과 캐리 토드(Carrie Todd)는 페르세포네 신화를 탐험한 프로젝트에 관한 장에서, 제의 연극의 영향력과 그 지속성을 질문한다. 그리고 작업 종결 후 10년이 지난 뒤에도 참여자들이 제의 연극의 경험을 선명하게 기억할 뿐 아니라, 전혀 기대치 않은 영역에서 기대치 않은 방식으로 영향을 받았음을 확인한다(9장 참조).

제의 연극과 임상의 실제

3부는 임상 환경에서의 제의 연극의 실제에 집중한다. 참여자들이 '제의 연극'이라 이름 붙인 과정을 의심하거나 그것으로 작업하기 어려운 경우들이 있지만, 또 많은 연극치료사들이 제의 연극을 다양한 참여자에게 성공적으로 적용할 수 있는 방식을 찾아냈다. 간질 환자를 위해 세일리어 발레타(Thalia Valeta)가 개발한 '메타신화(*Metamyth*)' 작업이 그 대표적인 예다(16장). 그녀는 연극치료가 놀라운 성과를 낼 수 있는 새로운 영역을 개척했다.

데브러 콜케트(Debra Colkett)의 장은 치료감호 환경에서 경계선 성격장애로 진단받은 여성을 대상으로 한 작업을 감동적으로 묘사한다. 데브러는 참여자들에게 제의 연극이 미친 충격과 영향력을 기술하고, 그런 환경에서 요구되는 '증거에 기반한 작업(practice based evidence)'의 필요성을 역설한다. 그녀는 또한 기관의 방침과 정책이라는 맥락에서 어떻게 '창조성, 영적 경험, 그리고 감각되지 않는 치유적 과정을 계량할 것인가'를 질문한다. 이는 도전적인 환경에서 작업하는 연극치료사 모두에게 무거운 질문이 아닐 수 없다.

수 제닝스는 '우리는 모두 극화되고 제의화된다'고 말한다. 제의가 치유의 과정으로서 자연스러운 이유 중 하나는 그것이 우리가 태어나기 이전부터 삶의 일부를 이루기 때문이다. 11장은 '유아와 아동의 극적 발달과 그것이 회복 탄력성, 신뢰 능력, 감정이입 능력에 미치는 영향' — 연극치료는 감정이입을 촉진하는 능력에 있어 탁월하다(Jennings 1992) — 에 초점을 맞춘다. 소외 집단 — 특히 철로 소년 프로젝트 — 을 대상으로 한 작업을 통해, 그녀는 새로운 개념인 신경-극-놀이(Jennings 2010)가 발달 초기의 과제를 수행하지 못한 어린이와 청소년을 위한 적절한 치료적 개입임을 설명한다. 이 장은 또한 연극치료가 생소한 독자들에게 그 기본적인 원리를 개괄적으로 설명한다.

「자기표현의 연극(Theatre of Self-Expression)」이라는 스티브 미첼의 글은 24년 동안 성인 정신장애 환자들과 만난 그의 작업을 종합한다. 그는 다양한 원천에 뿌리를 댄 제의 연극의 강력한 모델을 개척해 왔고, 그로써 비슷한 환경에서 작업하는 연극치료사들에게 로드맵을 제공하였다. 그의 작업은 곧 출간될 『자기표현의 제의 연극으로서 연극치료: 연출자의 텍스트북(*Dramathetrapy as a Ritual Theatre of Self-Expression: A Practitioner's Textbook*)』에서 상세하게 소개될 것이다.

로저 그레인저(Roger Grainger)는 오랫동안 연극치료 작업이 위험하다고 평가되던 조현병 환자를 대상으로 효과적인 작업 방식을 확립했다. 12장에서 그는 조현병 환자와 작업할 때 '제의 연극과 실존적 변화'의 확장과 그중에서도 특히 치유를 발생시키는 '제의의 핵심에 있는 어둠'을 탐험한다. 그리고 제의로써 조현병 환자가 다양한 정체성과 파편화된 역할을 통합하도록 도운 감동적인 과정을 기술한다.

이 책은 주로 연극치료의 실제에 초점을 맞추지만, 사이코드라마의 제의적 요소를 탐험한 실비아 이스라엘(Sylvia Israel)과 엘리자베스 플러머(Elizabeth Plummer)의 글을 실을 수 있어 매우 기쁘다. 나는 특히 안전과 신뢰를 촉진하기 위한, 단순하지만 강력한 사이코드라마적 제의 구조인 〈비밀의 우물〉에 대한 묘사가 인상 깊었다.

공연으로서의 제의 연극

제의 연극이 연극치료 밖에 있는 다른 영역을 두루 아우르며 치료적 환경에 국한되지 않는 것은 명백한 사실이다. 한편, 제의 연극은 분명한 공연 형식이며, 자신들의 작업을 제의 연극이라 부르는 연극 집단이 점차 많아지고 있는 추세다. 신화적 주제로 작업하는 제의 연극은 환상적이고, 부족적이고, 흔히 영적 초점을 가지며, 따라서 전통적으로 우리가 연극이라 이해하는 것과는 다른 작업 방식이다. 물론 여전히 주로 스펙터클이자 오락으로 공연되고 관객에게 미치는 영향이 고려된다는 점에서 연극과 동일하지만, 이 책에서 탐험할 제의 연극은 워크숍 혹은 치료적 환경에서 행해지는 치유 형식을 말하며, 그런 측면에서 일반 연극과 구별된다.

그런데 여기서 예외적인 것이 바로 공연으로서의 제의 연극을 조명하는 마지막 장이다. 나는 연극치료사 사피라 린든(Saphira Linden)의 매사추세츠 오메가 극단이 만든 여러 제의 연극 중 세 작품을 소개할 수 있어 기쁘다. 17장에서 사피라 린든과 수전 니센바움 베커(Susan Nisenbaum Becker)는 즉흥극과 연극치료 활동 그리고 제의를 사용하여 여성과 유대인으로 사는 것을 표현한 두 편의 변형적인 연극 작품을 기술한다. 바로 〈땅의 가슴(*Earthheart*)〉과 〈엄마의 피(*Motherblood*)〉이다. 〈엄마의 피〉는 자살 폭탄 테러로 자식을 잃은 이스라엘과 팔레스타인의 두 여성의 대화를 담은 10분짜리 공연이다. 필자들은 이스라엘에서 그 작품을 상연하였을 때, 그것이 연기자 자신과 관객의 삶에 미친 영향, 곧 유대인과 팔레스타인인의 간극을 좁혀 귀중한 변화를 만들어 낸 제의 연극의 위력을 전해 준다.

마지막 18장은 광대한 제의적 연극 행렬인 〈우주적 의례〉를 다룬다. 그것은 사피라 린든의 영적 스승인 피르 빌라얏 이나얏 칸(Pir Vilayat Inayat Khan)이 주도한 작품으로, 수천 명의 배우가 등장하고 미국과 유럽을 넘나들며 공연되었다. 감동적인 글에서 사피라는 '영혼'이 공연을 위한 영감이 될 때 무엇이 가능한지, 그리고 우리가 치료사이자 연극인으로서 '크게 생각하고' 내면 깊은 곳의 소리를 따를 때 어떤 일이 일어날 수 있는지를 보여 준다.

제의 연극과 연극치료

제의 연극은 많은 데서 연극치료와 겹칠 수밖에 없다. 제의 연극은 연극치료의 한 분야이며, 그것은 주로 수 제닝스의 인류학적 배경과 그 연구의 결과로서, 연극치료가 인류학으로부터 진화한 데서 기인한다.

그러므로 나나 또 다른 필자가 제의 연극을 말할 때, 그것은 연극치료나 사이코드라마 혹은 예술 치료에도 충분히 해당하는 것일 수 있다. 그리고 이 점을 매번 지적하는 것이 수고로우므로, 독자들이 이를 감안해 주기를 청한다.

모두를 위한 연극

처음에 나는 이 책의 부제를 '모두를 위한 연극'으로 하고 싶었다. 그것은 제의 연극이 환자뿐 아니라 잠재적으로 모든 사람이 참여할 수 있는 형식을 제공하기 때문이다. 나는 제의 연극을 폐쇄 집단과 지역사회에서 공유되는 연극, 치유와 이해를 가져오고 성장을 촉진하는 연극으로 이해한다. 그것은 연극 예술에 대한 재능을 요하지 않으며, 이야기에 몰입하여 자연스러운 반응과 본능을 표현하는 적절한 방식을 찾고자 하는 열의만 있으면 된다.

그러나 나는 제의 연극이 모든 사람이 **잠재적으로** 즐길 수 있음에도 불구하고, 모든 사람이 참여하고 싶어 하는 표현 형식은 아니라는 것을 잘 알게 되었다. 실제로 제의 연극을 이상하고 매력 없다고 생각하는 이들이 많다. 그것은 서구 세계가 그 같은 표현 형식의 가치와 특성을 제대로 느낄 수 있도록 교육하지 않기 때문이다. 그로 인해 어른의 세계에서 제의 연극은 유치하거나 당황스러운 것으로 비쳐지기 십상이다. 머리 중심의 서구 사회는 이성을 기반으로 하여 문제를 다루는 방법, 곧 의자에 앉아 투사된 정보와 말을 주고받는 많은 과정을 창출해 왔다. 그렇게 교환된 정보는 아주 작은 비율만이 살아남음에도 불구하고, 반대로 사람들을 의자에서 일으켜 움직이게 하는 과정은 거의 없다. 부족사회는 정확히 이와 반대일 것이다. 사람들이 의자에 묶여 있기 때문에 발생하는 여러 건강 문제를 떠올려 보자. 사회 전반에 소외가 점점 더 만연하면서, 사람들이 지역사회 안에서 함께 하는 것은 더욱 요원해지고 있다.

부족사회에서 제의 연극은 부족민의 삶에 핵심을 이룬다. 그것은 자연의 순환과 인간 경험의 중요한 기점을 반영하는 삶의 방식의 표현이자 전 공동체가 자발적으로 참여하는 행사다. 서구에서도 제의 연극의 형식이 광범하게 실행된다면, 우리 사회는 지금보다 훨씬 건강해질 것이다.

'행위자'와 '관객' 모두에게 전적으로 진실하고 깊이 있게 느껴지는 것, 개인의 내면이 가장(假裝)과 상상의 세계와의 깊은 연결을 통해 표현되는 것이 바로 연극이다. 연극 안에서는 프로페셔널과 아마추어 혹은 좋은 공연과 나쁜 공연의 구분이 없으며, 모든 사람이 동등하다. 연극은 또한 관객의 경험에 노골적으로 초점을 맞추지 않으며, 관객을 기쁘게 하는 대신 담아내고자 한다. 연극에서 관객은 행위자와 쉽게 역할을 바꿀 수 있고, 그 반대도 가능하다. 그리하여 어떤 입장에서건 치유와 통찰이 발생할 수 있다.

나는 제의 연극을 봄으로써 삶에 대한 시각을 얻고 그에 대해 배운다. 나는 개인이나 집단을 만나는 동안 개인적인 감정을 보류하곤 한다. 그렇게 하다 보면 회기가 종결될 때 그 감정들이 싹 사라지면서 관련된 문제가 해결되는 것을 보게 된다.

만약 지역사회에서 제의 연극이 행해진다면, 감정은 문제가 되기 전에 창조적인 형식 안에서 표현하고, 공유하며, 기념할 수 있을 것이다. 감정을 느끼는 존재로서 우리는 일상을 살면서 지속적으로 다양한 반응을 축발하는 상황의 폭격을 받게 된다. 그 반응 중 다수는 별 충격 없이 지나가지만 일부는 강한 감정적 찌꺼기를 남기며, 우리는 흔히 그것이 얼마나 깊은 영향을 미치는지조차 자각하지 못한다. 제의 연극은 그 감정들을 표현하고 '삶이 닥쳐온다'는 것을 수용할 수 있게 해 준다. 제의 연극은 우리의 삶이 완벽하고, 언제나 조화로워야 한다고 주장하지 않는다. 대신 승리와 투쟁과 삶의 뒤얽힘을 기리고, 우리의 일상적 존재의 평범성을 현실적이고 진심 어린 연극으로 변형한다.

제의 연극은 광범한 주제임에 틀림없으며, 이 책은 치유의 연극으로서 제의 연극이 성취할 수 있는 것의 표면을 다룰 뿐이다. 여전히 언급되지 않고 생략된 것들, 소개되지 않은 필자와 연극치료 접근법, 이 책에 싣지 못한 중요한 글이 산적해 있다. 이 같은 상황이 가까운 미래에 시정되기를 진심으로 희망한다. 이 책은 제의 연극에 대한 결정판은 아니지만, 제의 연극을 통해 표현된 바, 개인의 성장을 위해 연극치료를 활용하는 것에 주목하면서 제의 연극에 관한 논의의 물꼬를 트고 특정한 발견을 나누고자 한다. 모쪼록 이 책에 포함되지 않았지만 인상적인 작업을 하는 분들에게 심심한 사과를 전한다. 제의 연극의 성과물은 흔히 찬양받지 못하고, 개인적 영역의 닫힌 문 뒤에서 일어나거나 알음알음의 소수 사이에서만 공유되곤 한다. 그것이 제의 연극의 본질이다.

그러나 이제 시대가 변하고 있다. 이제는, 아마도 제의 연극이 고대에 그랬듯이, 인간 영혼의 위대함을 기리는 집단적 경험 속에서 전 세계의 사람들을 한데 모음으로써 큰 무대에서 자기 자리를 회복할 때가 되었다.

www.ritualtheatre.wordpress.com을 방문하면, 여기에 싣지 못한 사진과 추가적인 자료를 볼 수 있다. 그리고 원한다면 필자와 접촉하여 이 책에서 어떤 영향을 받았는지를 나누면서 이 매혹적인 주제에 관한 더 많은 정보를 찾거나 이 책의 출간과 연관된 행사를 안내 받을 수도 있다.

조셉 캠벨의 말을 인용하면서 글을 맺고자 한다. 그는 제의 연극의 본질을 집약하면서 그것이 현대인의 삶에 왜 중요한지를 일러 준다.

> 제의는 신화를 상연하는 것이다. 제의에 참여함으로써, 우리는 신화에 참여하게 된다. 신화는 정신의 깊은 지혜의 투사이기 때문에, 제의에 참여함으로써, 신화에 참여함으로써, 당신은 당신 내면에 아무렇게나 있던 그 지혜와 조응하게 된다. 당신의 의식이 당신만의 삶의 지혜를 상기하게 되는 것이다. (Campbell 2005, CD 1)

참고 문헌

Campbell, J. (2005) The Wisdom of Joseph Campbell, New Dimensions Radio Interview with Michael Toms, Hay House (Audio CD).

Jennings, S. (1992) 'The Nature and Scope of Dramatherapy: Theatre of Healing.' In M. Cox (ed.) *Shakespeare Comes to Broadmoor: The Actors Are Come Hither: The Performance of Tragedy in a Secure Psychiatric Hospital*. London: Jessica Kingsley Publishers.

Jennings, S. (1995) *Theatre, Ritual and Transformation: The Senoi Temiars*. London: Routledge.

Jennings, S. (2010) *Healthy Attachments and Neuro-Dramatic Play*. London: Jessica Kingsley Publishers.

Roose-Evans, J. (1995) *Passages of the Soul*. Shaftesbury: Element Books.

I. 제의 연극의 뿌리

제의 연극이란 무엇인가?

클레어 슈레더

부족 문화와의 관련성

제의 연극은 오늘날에도 여전히 유효하다. 기술의 진보와 유례없이 빠른 삶의 속도 속에서, 몇 년 전만 해도 그것 없이 행복하게 지냈던 소통의 도구들로 중무장한 전형적인 도시인의 삶을 볼 때, 공상과학 소설가들의 예언이 현실이 된 듯도 하다.

하지만 그것이 전부는 아니다. 지난 10여 년 동안 청년 문화가 부족주의로 회귀한 것만 보아도 그렇다. 코, 입술, 혀, 배꼽, 젖꼭지, 눈썹에 피어싱을 하는 것은 한때 뱃사람과 죄수와 고대인의 전유물이었던 문신과 함께 젊은이들이 즐기는 하나의 복식 코드가 되었다. 청년 문화는 왜 옛날 부족의 관습을 새로운 장식으로 선택했을까?

이 질문에 대한 정확한 답을 알 길은 없다. 다만 젊은이들이 장신구와 몸 장식으로 배우자를 유혹했던 원시 부족민의 습속에 따라 자신들의 정체성을 표현하고 싶어 한다는 것을 관찰할 뿐이다. 나는 청년 문화가 기술적으로 엄청나게 진보한 세계에 대한 균형 회복을 위해 좀 더 원시적인 방식으로 자신을 표현하려는 것이라고 본다. 뭔가가 그들을 세계의 모든 통제된 양상들로부터 불러내어, 우리가 여전히 인간이며 대극의 현존과 균형을 필요로 함을 일깨우는 것이다.

부족주의는 비단 청년 세대에 국한되지 않는다. 그것은 다른 집단, 특히 창조적인 산업에 종사하거나 창조성에 강렬하게 이끌리는 이들의 상상력을 사로잡았다.

피어싱이나 문신은 그 자체로도 고통과 용기를 요하는 입문의식이며, 어른이 될 수 있도록 일련의 시험과 도전을 겪게 하는 부족 입문의식의 중요한 부분이기도 하다. 고통은 흔히 변형, 성숙, 성장과 연관되며, 사람들은 집단의 정체성을 얻기 위해서 고통을 기꺼이 견뎌낸다. 또한 몸에 문을 내는 피어싱은 부족사회에서 흔히 영적 의미를 동반했다.

피어싱, 문신, 부족적인 헤어스타일 등은 금세 눈에 띄고 일종의 소속감과 공동체를 형성하여 그 즉시 '부족'으로의 입장을 허용한다는 점에서, 그 자체로 하나의 제의이다. 요즘 젊은이들은 어른의 단계로 옮겨 가게 해주는 만족스러운 입문의식이 부재하기 때문에 스스로 그것을 창조했다. 그러므로 설사 그것이 무의식적인 선택이라 해도, 청년 문화가 차이와 개별성을 구축하기 위해 혹은 패션을 위해 오래된 방식으로 회귀한 것은 전혀 놀랄 만한 일이 아니다. 그것은 '삶의 연극(theatre of life)'을 통해 표현된 고대의 관습을 불러낸다는 점에서 본질적으로 제의 연극이다. 삶의 연극에서 배우는, 혐오감을 주든 가까이 오게 만들든, 자신의 삶을 무대에 옮김으로써 관객에게 극적 충격을 준다.

그렇다면 제의 연극이란 무엇인가?

제의 연극과 제의 연극이 아닌 것을 분명히 밝히기 위해서는 제의 연극의 다양한 요소를 분별하는 것이 중요하다. 그중 하나는 연극(theatre)과 드라마(drama)의 차이이다. 모든 연극은 필연적으로 극적이며 '하나의 드라마'라는 점에서 드라마를 포함하지만, 드라마는 보다 광범한 의미와 맥락을 갖고 있다.

드라마와 연극

드라마는 '~하기'라는 뜻의 그리스어 *draien*에서 유래한 말로 행위, 행동과 행동의 결과로서 일어나는 것을 뜻한다. 행동은 말하는 것 혹은 신체적인 행동이나 외부 자극에 대한 새로운 반응일 수 있다. 드라마는 그 행동의 최종 결과다. 드라마의 행동은 주요 인물의 핵심 욕망이 서로 충돌하면서 추동되며, 해결이나 결말에 이를 때까지 지속된다.

연극인으로서 우리는 '드라마'라는 단어를 특정한 방식으로 들을 뿐 아니라 그에 대한 독특한 연상을 갖고 있다. 드라마를 셰익스피어나 브레히트 또는 고전적인 작품의 관점에서 바라볼 수 있지만, 일반인에게 드라마는 그 범위를 훌쩍 벗어나, 갈등이나 강렬한 경험 혹은 갑작스럽거나 특이한 사건 등 인간 행동의 양상을 경멸적으로 기술하는 데 쓰이곤 한다.

대중문화에서 드라마는 공격성이나 때로는 그 자체를 위해 불러일으켜진 격한 감정 혹은 통제 불능의 상황과 같은 달갑지 않은 상태를 뜻하기도 한다. '우리는 위기 상황에서 드라마를 만들지 않습니다'라는 보험 회사의 광고 문구는, 위기를 다루는 진정한 드라마가 혼란을 조장하는 데서 기쁨을 찾는 나쁜 드라마에 의해 침소봉대될 수 있음을 보여 준다. 또한 다른 사람을 조종하고 통제하기 위해 불필요한 감정을 꾸며내는 이를 드라마 퀸이라고 부르기도 한다. 배우를 가리키는 데 흔히 쓰이는 세스피언(Thespian)이라는 말은 그들이 기만적이고 거짓되게 행동함을 암시한다. 일상 현실을 사는 배우의 삶이 무대에서 연기하는 것만큼이나 인위적이라고 보는 것이다. 사람들은 또한 배우를 '퇴행적이거나 자기애적이거나 과시적인 미성숙하고 유치한' 사람으로 여긴다(Jennings 1992, p. 223).

연극과 보기의 기술

그에 비해 '연극'이라는 단어는 '보기'를 뜻하는 그리스어 *theatron, theaesthai*에서 비롯되었다. 그 말은 극적 맥락 밖에서는 별로 사용되지 않으며, 모종의 스펙터클이나 극적 상연이 일어나는 건물이나 구조를 지칭하기도 한다. 『체임버스 사전』은 흥미롭게도 그 단어를 '언덕의 경사면에 위치하거나 극장 좌석처럼 일정하게 높아지는 장소'로 정의하고 있다. 그것은 고대 그리스 야외극장의 구조를 연상시킨다(연극, *The Chambers Dictionary*, 2008).

극장에는 무대 혹은 스펙터클이 발생하는 연기 공간과 관객이 앉아 지켜보는 객석 사이에 구분이 존재한다. 관객은 '보는' 곳에 앉아 지켜보고, 듣고, 점검하고, 배우고, 목격하고, 혹은 평가를 한다. 거기에는 관객이 눈에 보이는 것을 잘 살펴 모종의 결론을 내리기 위한 집중과 강렬함과 거리감이 존재한다. 그러므로 연극은 무대에서 일어나는 행동을 보는 것이라고 할 수 있으며, 그렇게 관객의 관점을 강조함으로써 객관적인 뉘앙스를 얻는다.

그런데 행동과 행위에 뿌리를 둔 '드라마'는 이러한 객관적 뉘앙스와 거리가 멀다. 드라마는 그것을 보는 사람이 관점을 확보할 수 없을 만큼 빠르게 지금 여기에서 벌어지는 사건을 내포한다. 관객은 행동의 복판에 있으며, 그로 인해 통제를 벗어나는 경우가 많다. 드라마에서는 갈등이 분출하고 무엇을 생각해야 할지 알 수 없을 만큼 감정이 폭발적으로 고조되기 때문이다. 드라마는 주관적인 경험이다.

그러나 드라마는 흔히 연극의 재료가 된다. 실제 삶의 사건을 연극과 영화로 변형하면서, 실제와는 약간 다르지만 그것이 갖고 있는 의미와 영향력을 성찰할 수 있게 된다. 그리고 그 과정에서 창조적인 요소가 덧붙여진다. 관객에게 의미와 미적 쾌감을 줄 수 있도록 '이야기'를 다듬어 균형 잡히게 하는 것이다. 하지만 실제 삶의 드라마는 그 패턴에 맞지 않을 수도 있다.

사실 실제 삶의 드라마는 흔히 혼란스럽고 추하며, 형태나 의미, 성찰 혹은 희망이 결여되어 있다. 그것을 즐길 만하고 교육적이며 영향력이 있는 의미 있는 사건으로 변형하기 위해서는 극작가의 상상력이 더해져야 한다. 그러므로 '삶의 드라마(drama of life)'는 극작가의 개인적 체험이나 친구, 지인 혹은 우연히 극작가의 상상력을 사로잡은 실제 삶의 이야기를 통해 연극에 침투하기 마련이다.

연극에서 극작가와 연출가는 객관성과 주관성을 모두 효율적으로 사용한다. 그들은 관객이 행동에 몰입하여 극의 감정에 동화되기를 원한다. 그러나 동시에 한 걸음 물러나 행동의 보다 큰 그림을 보면서 저마다의 결론을 이끌어 내기를 독려한다.

연극과 진실의 추구

극작가로서 자신의 목적을 '진실의 추구'라고 밝힌(Abbotson 2000, p. 27) 아서 밀러(Arther Miller)는 미약하나마 관객에게 의미 있는 방식으로 진실을 전달했다면 그것이 곧 성공이라 여겼다. 그는 이를 멋들어지게 성취하여, 많은 작품이 그의 생전에 고전이 되었다. 그의 희곡 중 상당수는 실제 경험을 바탕으로 했다. 〈시련(*The Crucible*)〉(2000)은 반미활동위원회가 그의 절친한 친구들을 공산주의자로 매도한 것에 대한 반응이었다. 그리고 〈부둣가에서(*On the Waterfront*)〉와 〈다리에서 바라본 풍경(*A View from the Bridge*)〉은 그 자신이 마녀사냥의 대상이 되었던 경험에서 나온 작품이다.

내가 보기에 '진실'에 대한 아서 밀러의 해석은 연극에서 뭔가 정곡을 찌르는 순간이다. 때때로 나는 그것을 온몸의 감각이 깨어나는 듯한 신체적인 충격으로 경험한다. 진실을 논리적으로 이해하지 못할 수 있다. 그러나 느낌의 차원에서 뭔가가 내 안으로 침투하여 머물다 간 것이다. 연기자는 이 '진실'을 관객 속에서 느낄 것이다. 그 숨 막히는 긴장은 전류와도 같다. 숙련된 연기자는 이 순간을 능숙한 서퍼가 물마루를 타듯 즐길 것이다. 연극에서 진실이란 실제 삶의 드라마의 말 그대로의 사실이 아니라, 인간 존재의 본질을 깊이 천착하는 허구적 이야기의 상연을 통해 드러나는 형이상학적 진실이다.

연극의 기원

초기 연극의 형태는 역사적으로 고대 그리스의 디오니소스 제의로 거슬러 올라간다. 디오니소스 제의는 디오니소스에 얽힌 이야기를 통해 삶의 혼란스러운 힘을 생생하게 표현하였다. 그렇게 제의로부터 진화를 시작한 연극은 점차 가면을 쓴 배우들이 고전적인 이야기를 재현하는 드라마 경연 대회로 발전되었다. 흥미롭게도 테스피스는 기원전 534년에 열린 첫 번째 경연 대회에서 수레 무대에 올라 인간의 악행을 다룬 이야기를 상연하여 우승을 차지했다. 그는 가면, 분장, 의상을 써서 연기한 최초의 배우이기도 했다. 그리스의 관습에 따라 스토리텔러의 합창단인 코러스를 써서 이야기를 전달하는 데 주력하는 대신 인물을 체현한 것이다.[1]

그 뒤로 이야기 전달을 위해 코러스와 인물을 함께 사용하는 극적 공연이 나타나기 시작했고, 스토리텔러는 그 예술 형식을 갈고 닦아 오늘날까지 여전히 공연될 만큼 훌륭한 희곡으로 발전시킨 극작가가 되었다. 당시

1. 테스피스가 탁월한 인물 표현을 보여 준 대가로 수상한 것을 생각하면, 가식적이고 젠체한다는 부정적인 의미로 배우들을 세스피언이라 부르는 것은 아이러니가 아닐 수 없다.

의 연극은 주로 인간적 주제, 신들과 인간의 관계에 초점을 맞추었다. 〈오레스테이아(*Oresteia*)〉와 같은 작품은 웬만한 가족의 역기능은 긍정적으로 느껴지게 할 만큼 큰 스케일의 가족 비극이다.

초기 디오니소스 제의에서 참여자들은 **엑스타시스**(*ecstasis*)(여기서 엑스터시라는 말이 파생되었다)로 알려진 변형된 상태에 도달했다. 그 상태에서 사람들은 거친 황홀경적 표현을 통해 강렬한 정서를 방출할 수 있었다(Godwin 1981). 아리스토텔레스는 이것을 연극의 극적 행동이 절정으로 치달음에 따라 감정이 방출되고 그로 인해 순화와 변형이 일어난다는 **카타르시스**(*catharsis*) 이론으로 발전시켰다.

그리스 사람들은 사회의 안녕과 건강을 위해서는 감정이 방출될 필요가 있음을 잘 알았던 것이다. 그리고 연극은 그것을 성취하는 가장 강력한 방식이었다. 그리스의 배우들은 가면을 통해 목소리를 투사하고, 대규모 관객에게 **엑스타시스**를 퍼뜨리며, 관객을 행동의 최종 결론을 향한 감정적 여정에 동반시키는 데 숙련되어 갔다.

연극과 제의

그러나 연극과 그 선조격인 제의의 진정한 기원은 훨씬 더 멀리 선사시대로 거슬러 올라간다. 수 제닝스는 이렇게 말한다.

> 기록된 역사의 맨 처음으로 가 보면 — 가면 쓰고 춤추는 사람들을 그린 프랑스의 동굴 그림보다 더 앞선 — 우리는 사람들이 모종의 극적 제의에 참여했음을 알게 된다. 극적 제의는 사람들이 기념하고 치유하며 경배할 뿐 아니라 신과 인간을 매개하여 영향을 주고받을 수 있도록 해 주었다. (Jennings 1987, p. 4)

원시인들은 삶의 형식에 내재한 순환주기를 따라 삶의 기본적인 것을 표현하기 위해 제의를 발전시켰다. 그리고 그로써 질병과 가족과 부족을 치유하고 부족의 생존을 위협하는 문제를 해결하고자 했다.

연극은 각 시대의 적절한 주제를 극적 형식으로 표현했다. 관객은 감정적인 여정 가운데 많은 것을 경험할 기회를 부여받으며, 대리 경험을 통해 겪은 감정을 떠나보내면서 자유로움 혹은 고양감을 동반한 카타르시스를 경험한다(『드라마와 치유: 연극치료의 뿌리*Drama and Healing: The Roots of Drama Therapy*』(1995)에서 로저 그레인저가 이 주제에 대해 논한 훌륭한 글을 읽어 보기를 권한다).

시간이 지남에 따라 연극은 신과 제의의 뿌리에서 멀어져 인간 자체로 초점을 옮겨 갔다. 그에 따라 인간과 인간이 창조한 것이 패권을 쥐게 되었고, 오늘에 와서는 신이나 영적 근원에 관심을 두거나 그를 언급하는 작품을 상상하기 힘든 지경이 되었다. 그리고 연극의 성패를 가늠하는 비평 역시 합리적이고 과학적인 자료에 의거한 작품을 진지하게 평가한다.

연극은 제의라는 뿌리에서 멀어지면서 큰 간극을 횡단하였다. 연극은 오락이 되었고, 변화를 이끌어 내기 위해 정치적, 지적, 사회적, 감정적 주제를 탐험하는 수단이 되었다. 영화와 텔레비전의 영향은 연극에서 제의를 몰아냈다. 여기에는 긍정적인 측면도 있는데, 덕분에 연극은 다양한 형식으로 자유로이 발전하면서 각 세대의 연극인들이 마음껏 실험할 수 있는 상상력 넘치는 캔버스를 제공해 왔다.

그러나 조수의 흐름이 바뀌고 있다. 자신의 작업을 제의 연극이라 명명하는 많은 신생 연극 집단이 예증하듯이, 제의가 연극으로 돌아오고 있다. 극단 지에치(Dzieci)는 다음과 같이 천명한다.

> 우리는 국제적인 실험 연극 집단으로서 연극이라는 매체를 통해 '성스러운 것'을 추구한다. 예지 그로토프스키(Jersy Grotowski), 유지니오 바르바

> (Eugenio Barba), 피터 브룩(Peter Brook)과 같은 연극인, 미국 원주민의 제의 형식, 동양의 영적 가르침, 인본주의 심리학의 윤리에 기반한 제반 기법을 사용하여 개인적 변형과 그 공적 표현에 동등하게 기여하는 연극을 창조하고자 한다. (Dzieci 2011)

이 같은 극단은 훨씬 더 많이 있다. 피터 브룩(1990), 예지 그로토프스키(1975), 유지니오 바르바(1994)는 탐험과 유수한 공연을 통해 다시금 연극에 제의와 영혼을 가져오는 길을 개척했다. 그러므로 이런 아이디어는 전혀 새롭지 않다. 다만 새로운 것은 이 연극을 제의 연극으로 이름 짓는 것 그리고 동양의 영성과 샤머니즘의 영향력을 흡수하는 것이다. 성스러운 것이 연극으로 돌아오고 있다(유럽과 미국을 넘나들며 수천 명 앞에서 대규모의 제의 야외극 행렬인 〈우주적 의례〉를 이끈 사피라 린든의 장을 참고하시오).

제의의 본질

가장 전통적인 연극 형식에도 제의의 흔적은 여전히 남아 있다. 제의라는 말은 라틴어 *ritualis*에서 비롯되었다. 그것은 의례의 형식, 텍스트나 글로 된 자료뿐 아니라 '신성한 임무를 수행하는 방식'(제의, *The Chambers Dictionary* 2008)으로서의 의례 자체를 포괄한다. 제의는 또한 일련의 반복되는 행위를 뜻하기도 하며, 거기에는 우리가 무의식적으로 행하는 몸에 밴 습관, 일상적인 제의로부터 사회적 제의, 행동 규범, 종교적이고 정치적인 의례, 고대에 뿌리를 둔 왕족과 의회와 연관된 의례적 장관 등이 포함된다.

제의는 드라마만큼 악명이 높다. 대중의 뇌리에 제의는 흑마술, 혼란스러운 부족의 관습, 살해 의식, 다른 사람에게 특정한 규준을 강요하는 행위로 각인되어 있다. 제의는 또한 피 흘리는 것을 연상시킨다. 살해 의식은 피, 학살, 시신 훼손의 이미지를 동반한다. 우리는 음핵 제거의 관습에 깜짝 놀라고, 선정적인 뉴스 또한 제의를 부정적인 견지에서 묘사하곤 한다. 영화, 텔레비전, 소설은 오락을 위해 제의로써 두려움과 흥분을 촉발한다. 풍작을 위해 희생 제의를 치르는 부족민을 그린 영화 〈위커맨(*The Wicker Man*)〉(Hardy 1973)은 클라이맥스에서 동정의 경찰을 산 채로 불에 태우는 장면을 보여 주면서도 같은 장르의 여느 영화와 달리 어떤 구원의 손길도 배제한다.

임상 현장에서도 제의적 요소에 부정적으로 반응하는 참여자들이 있다. 내가 낮병동에서 처음으로 연극치료 집단을 진행했을 때, 회기의 시작과 끝에 초를 전달하는 것을 매우 불편해 한 참여자가 있었다. '제의'라는 말은 전혀 하지 않았는데도 그는 그것을 악마적인 제의라 확신했고, 그래서 그를 집단으로 돌아오도록 설득하는 데 꽤 힘이 들었다. 이는 제의에 대한 미디어의 선정적 태도를 감안하면 이해할 수 있는 에피소드로, 마음이 약한 참여자에게는 그런 자극이 더욱 영향을 미칠 수 있으며, 외상의 정도와 불안 경향에 따라 그 정도는 다를 것이다. 그러나 초를 전달하는 것은 둥글게 앉아 일체감과 안전감을 나누는 전혀 무해한 활동이다. 나는 그 활동의 뿌리가 불 주위에 모인 사람들이 생존과 상호 의존의 상징으로서 빛을 전했을 고대의 의례에 있다고 생각하지 않는다. 그러나 연극치료사로서 우리는 상처에 취약한 참여자를 대상으로 하는 작업에 제의의 요소를 도입할 때 섬세한 배려가 필요할 뿐만 아니라, 그것을 성공적으로 해낼 수 있는 방식을 찾아낼 때 비로소 근본적인 치유가 가능함을 명심해야 할 것이다. 사회로부터 쉽게 소외되는 것도 그리고 이 책의 3부에서 살펴볼 제의의 치유적이고 공동체적인 양상의 수혜를 입는 것도 다름 아닌 참여자들이다. 조현병 환자를 대상으로 한 로저 그레인저의 작업(12장), 소외 아동과 함께 한 수 제닝스의 작업(11장), 경계선 성격장애 여성들을 만난 데브러 콜케트의 작업(15장), 간질 환자를 대상으로 한 세일리어 발레타의 작업(16장)이 참고가 될 것이다.

많은 사람들에게 제의는 의식, 의례 혹은 자신의 건강 상태나 기분 등을 숨기기 위한 일종의 사회적 관습인 인사처럼 의미를 상실한 행위를 연상시킨다. 그러나 사회적 의식으로서의 표면 너머를 본다면, 그 본래의 의미와 의도를 상실한 뒤에도 제의는 여전히 중요한 기능을 하고 있다. 각 세대와 문화와 집단은 저마다의 사회적 의식을 만들어 왔지만, 그 기능 — 사람들이 평화롭게 섞일 수 있는 방식 — 은 정확히 동일하다. 제의 자체는 안전감을 창출하는 구조를 제공하며, 그것이 제의의 핵심 목적 중 하나다. 그리고 문화가 세련되어짐에도 불구하고 제의가 우리 삶에 본질적일 수밖에 없는 까닭이 바로 거기에 있다.

종교의식에서는 많은 사람이 영적 의무의 하나로 경전을 자동적으로 암송하지만, 그것은 모종의 의미를 잃은 지 오래이며, 그로 인해 사람들은 신앙과 교회를 저버리게 되었다. 간혹 그들이 다른 믿음 체계의 제의에서 만족을 구하기도 하는데, 그것은 기존의 익숙한 제의보다 새로운 제의에서 의미를 훨씬 풍부하게 찾을 수 있기 때문이다. 그러나 수십 년 후 본래의 믿음을 회복한다면, 제의를 통해 이전에는 만날 수 없었던 놀랍고도 강력한 영적 체험을 하게 될 것이다.

연극의 제의

반복을 특징으로 한다는 점에서 연극은 제의와 유사하다. 연극은 보통 한 번 이상 공연되며, 경우에 따라서는 몇 년 동안 상연되는 작품도 있다. 일반적으로 배우들이 암기하는 대본이나 텍스트가 있고, 종교의식과 마찬가지로 종교적으로 수행된다. 이전 시대에는 배우들에게 대본을 통째로 주는 대신 대사와 대사를 위한 큐만 주어졌다. 그래서 다른 장면과의 연결점과 반드시 해야 하는 움직임, 무대에 있어야 하는 소도구와 의상을 확정하려면 연습 과정이 매우 중요했고, 배우들이 동선을 알 수 있도록 연출자나 배우 매니저가 무대를 미리 여러 구역으로 나누어 두곤 했다. 이렇듯 연극은 사전에 구축된 텍스트가 있다는 점 그리고 참여자가 그 구조를 익혀서 여러 상황에서 반복한다는 점을 제의와 공유한다.

제의도 연극처럼 사전에 특별한 준비가 필요하다. 구조물을 세우고, 전략적인 위치에 꽃과 의례의 오브제를 배치하며, 정교한 장식과 음식을 마련하는 일에 공동체 전체가 참여하기도 하고, 중요한 축제를 준비하는 데는 여러 날이 소요되기도 한다. 연극에서도 무대를 설계해 세우고, 의상과 조명을 디자인하여 제작하는 데 몇 달이 걸린다. 대형 극장은 복잡한 무대 장치, 멀티미디어 장비와 컴퓨터 네트워크를 갖추는 것이 보통이다.

제의에는 회중이 암송하면서 특정한 방식으로 반응하게 하는 텍스트가 있을 수 있다. 팬터마임, 보드빌, 어린이 연극이 그렇듯, 연극에도 관객의 참여를 독려하는 형식이 있어서, 관객은 그렇게 극에 참여하면서 특정한 힘을 경험한다. 그러나 여기에는 엄격한 규칙이 있다. 관객에게 어떻게 참여해야 하는지를 정확하게 안내하는 것이 중요하다. 참여의 방식은 때로는 특정한 대사일 수도 있고, 해야 할 행동(제의의 텍스트에 나와 있는 대로)일 수도 있다. 그렇게 할 때 안전감이 형성되고, 관객 역시 이를 기대하게 된다.

다만 제의가 연극과 다른 점은 동일한 텍스트를 몇 년이고 되풀이한다는 것이다. 반복은 필요하다. 왜냐하면 제의의 여정은 내면을 향하며, 외적 행동을 반복함으로써 내면에 초점을 맞추기 때문이다. 이에 비해 연극의 본질은 변형이다. 관객은 행동과 놀람과 도전을 갈망한다. 연출자는 기존의 희곡을 새롭게 해석하고, 관객은 그를 통해 작품을 새롭게 경험한다. 연극에서 관객을 지루하게 하는 것은 곧 재앙을 의미하며, 따라서 반복과

단조로움(미학적 효과를 위한 것을 제외하고)은 기피의 대상이 된다.

제의와 상징적 행위

본질적으로 제의가 연극과 정확하게 갈라지는 지점은 그 영적인 의도와 목적에 있다. 제의의 의도는 참여자들에게 매우 분명하게 제시되고, 그것이 바로 제의를 행하는 까닭이다. 종교의식은 회중을 신에게 데려가는 것 혹은 인간과 신의 교환을 표시하는 '거룩하고' 상징적인 행동(제의)을 통해 성취되는 신성함의 자각을 위한 것이다. 예수의 피와 살을 먹고 마시는 것을 재현하는 기독교 성찬식은 말 그대로 '신성한 것을 먹고 마심'으로써 인간과 신을 상징적으로 한데 묶는 행위다.

먹고 마시는 것과 관련된 상징적 행동은 비기독교의 제의에서도 흔히 볼 수 있다. 거기에는 또한 춤과 노래를 비롯해 여러 형식의 제의 행동이 연관된다. 힌두 전통에서 영적 교환은 예배자가 신과 직접 대화하는 다르샨(darshan)의 형식을 취한다. 그것은 구루로부터 전해 받는 것(눈을 보는 것, 안아 주는 것)일 수도 있고, 신성을 재현하는 것과의 직접적인 상호작용(시바 링가[2]에는 커다란 눈이 그려져 있어 예배자는 신과 직접 눈 맞춤을 한다)일 수도 있다. 이들 제의는 변형, 곧 예배자가 영적으로 고양되는 것 그리고 신과 하나가 되는 것을 목적으로 한다.

연극 역시 강렬한 극적 효과를 창출하기 위해 상징을 사용한다. 〈오레스테이아〉(Aeschylos 1977)에서 클리템네스트라는 트로이 전쟁에서 승리하고 막 돌아온 남편 아가멤논을 유혹하여 핏빛 길(상징적 행동)을 따라 왕궁으로 데려간다. 그 장면은 딸을 희생시킨 대가로 남편을 죽이려는 무서

2. 인도에서 시바신의 숭배에 사용되는 남근상을 말함: 옮긴이.

운 계획을 암시한다. 관객은 아가멤논이 붉은 길을 걸어 내려갈 때 클리템네스트라의 의도를 알게 된다. 아가멤논은 마치 그 자신의 피로 물든 길을 걷는 듯 보인다. 이 상징은 매우 극적이며, 살해 장면을 직접 보여 주는 것보다 더 강렬한 영향을 준다. 그는 죽음을 향해 걸어가고, 붉은 길은 삶에서 죽음으로의 두 세계 사이의 이동을 재현한다. 이 상징적인 행동은 다양한 층위의 의미로 가득하지만, 그것의 진정한 중요성은 객석을 향해 탄환처럼 발사되는 정서적 영향력에 있다. 이것이 바로 드라마의 황홀경인 카타르시스이며, 그것은 황홀한 만큼 끔찍하기도 하다. 그리고 관객이 극장에서 연극을 보는 이유 역시 이것이다. 설령 무엇이 그런 즐거움과 살아 있는 느낌을 주는지 알지 못한다 해도 말이다.

조셉 캠벨이 말한 '정서 이미지(affect image)'(존 W. 페리 박사가 처음 언급한)가 바로 이것이다.

> 이미지는 중요한 곳에서 핵심을 찌른다. 그것은 먼저 해석이나 이해를 위해 뇌로 보내지지 않는다. 반대로, 읽혀야 하는 맥락에 있다면, 상징은 이미 죽은 것이다. '정서 이미지'는 감정 체계에 직접 말을 걸며 즉각적으로 반응을 이끌어 낸다. 그리고 그 후에야 뇌의 흥미로운 주석이 따를 수 있다. 그 안에는 모종의 공명의 고동이 존재한다. (Campbell 1995, p. 148)

이는 제의와 연극 공히 동일하다. 제의와 연극 모두 상징을 통해 '공명의 고동(throb of resonance)'을 경험한다. 그러나 그것은 제의 연극에서 보다 강렬한 의미를 획득한다. 〈오레스테이아〉는 신들과 인간의 중재에 관심을 둔다는 점에서 제의 연극이다. 후반부에는 피의 강물을 치유하는 신의 개입을 통해 더욱 상징적인 행동이 이어지며, 이 상징적 행동의 단계적 강화가 공명의 고동을 일으키고, 관객과 인물 모두의 변형과 속죄에 영향을 미친다. 이는 제의에서 나타나는 변형과 다르지 않다. 제의의 참여자들은 감정이 순화되고 정화되며, 그 결과 고양되는 것을 느낀다. 연극에서 그 변형은 원형적 에너지가 소환될 때, 작품이 원형적 내용을 다룰 때, 혹은 제의 연극으로서 뚜렷이 자리할 때 가장 강렬하고 명백해진다.

미국의 학자 윌리엄 하먼(William Harman)은 제의 경험이 사고와 인지 과정 너머에 있음을 강조한다.

> 실제로 많은 이들이 그렇듯, 제의에 참여하면서도 그와 관련된 신화를 모를 수 있다. 하지만 그렇다 해도 신화를 안다고 주장하는 사람들만큼 제의를 의미 있게 경험할 수 있다. 일단 행해진 제의는 그 자체의 생명력을 갖는다. (Harman 1992, p. 68)

제의 연극 역시 유사한 방식으로 작동한다. 제의 연극에서 표현된 상징과 은유는 정서적이고 무의식적인 차원에서 경험되며, 참여자의 억압된 무의식을 건드릴 수 있다. 그래서 처음에는 자신이 왜 그렇게 느끼는지 알지 못하면서도 동시에 치유가 일어날 수 있다. 드라마를 통해 무의식적인 감정을 표출하고 그 순전한 아름다움을 감상하는 것은 그 자체로도 깊은 감동을 줄 수 있다.

제의 연극 정의하기

우리는 꾸준히 제의 연극의 정의에 접근하고 있다. 제의 연극은 드라마의 행동과 행동하기(*draien*) 그리고 연극의 보기(*theatron*, *theaesthai*)를 모두 포함한다. 그것은 또한 제의에서 변형에 영향을 주는 구조인 의례의 의식(*rituralis*)을 동반한다.

제의 연극은 치유/변형적 목적을 위해 이야기(흔히 신화)의 형식을 사용한다. 이야기는 변형을 담아내는 그릇이자 변형을 일으키는 행위자다. 흔히 이야기는 신(그러므로 본질상 영적인)과 관련되며, 고대나 원형적 근원의 느낌을 주는 바바 야가(Baba Yaga)가 나오는 설화처럼 원형적이다(5장 참조).

내가 개발한 **신화-드라마**(*myth-a-drama*)(5장과 6장)는 신화를 바탕으로 하는데, 그 이유는 신화가 고대에 뿌리를 두고 있고, 조셉 캠벨이 '정신적 변형'이라 부른 것에 영향을 주기 때문이다. 이는 우리가 고대의 공간을 찾아 거기에 있는 것만으로도 깊은 영향을 받는 것과 비슷하다. 조셉 캠벨은 이를 이렇게 묘사한다. '떠나고 싶지 않은 장소들. 그것은 당신 내면의 깊은 곳에 있는 무언가를 단단히 붙잡는다. 아주 깊고 아주 중요한 것을' (Cousineau 2003, p. 8).

사람들이 일반적으로 신화를 통해 경험하는 것도 이 같은 느낌이다. 신화는 우리의 영혼을 잡아끌고, 보이기를 요구하는 무의식의 심층을 끌어당기며, 융이 '집단 무의식'이라 말한 우리 자신보다 더 큰 무언가를 접촉케 한다(Johnson 1989, pp. ix-x). 이것은 지난 수천 년 동안 고대인과 우리를 연결하는 시간을 통한 일체감의 경험으로 지속되어 왔다. 이것이 신화를 제의와 깊이 공명하게 만드는 힘이다.

제의의 효력은 신화를 통한 정신적 에너지의 움직임에서 비롯된다. 신화의 여정은 이 정신적 에너지를 움직이며, 그 과정에서 치유가 필요한 곳과 만나고, 드라마의 행동을 통해 상처가 표출되고, 전환되며, 변형된다. 내가 보기에, 쉽게 변하지 않는 영구적 변화를 이끌어 낼 수 있는 치료적 맥락에서, 무대에 올린 제의 연극만큼 강력하고 관객에게 강렬한 감정을 자극하는 것은 없다. 연극치료가 토론의 장으로 나오게 된 배경이 바로 이것이다.

부족사회에서는 치유(약)와 영성을 구분하지 않는다. 모든 치유는 마음과 몸과 영혼의 연계에 대한 재인식이라는 점에서 영적 치유이며, 그렇게 영혼의 치유가 몸에 영향을 미치는 것이다. 그러나 영혼과 몸의 연결을 믿지 않는 서구적 사고를 지니고서는 그런 태도를 취하기가 쉽지 않고, 그 결과 우리는 거꾸로 치유의 원천으로 화학을 더 신뢰하는 방향으로 선회하고 있다.

조셉 캠벨은 우리를 '자연과 조화롭게' 하는 것이 신화의 기능이라고 본다. 그는 서구 사회가 분리의 관습 때문에 자연과의 접촉에서 벗어나 있다고 주장한다(Cousineau 2003, p. 7). 우리는 콘크리트와 아스팔트와 금속에 둘러싸여 있으며, 그래서 초자연적이고 신비적인 것을 비롯해 눈에 보이지 않는 것에 접근하기가 어렵다. 그러나 신화적인 것은 우리가 자연과 어우러질 수 있도록 도와주며, 제의 연극은 신화를 되살려 지금 여기에 펼쳐지게 함으로써 이를 매우 강력하게 성취한다. 조셉 캠벨은 그렇게 될 때 '자연이 그 은혜로움을 우리에게 내줄 것'이라고 말한다(Cousineau 2003, p. 16). 자연의 은혜는 우리를 그림자에 가두어 놓는 정서적 외상이나 장애의 방출, 다루기 힘든 문제의 마법 같은 해결 혹은 삶의 진정한 목적 발견 또는 살아 있음의 진정한 축복을 경험하는 것일 수 있다.

제의 연극의 재등장

제의 연극은 유럽을 비롯해 여러 문화권에 널리 퍼져 있었다. 1950년대까지만 해도 파푸아뉴기니의 서부 고원지대를 중심으로 제의 연극이 성행했으나, 지금은 외딴 지역에 제한되어 있다. 근본주의 성향의 선교사들은 기미 제의 순환(Gimi ritual cycles)[3]에 나타난 다산과 섹슈얼리티의 묘사에 반대하여, 마을 사람들에게 어떤 식으로든 거기에 참여하는 것을 '죄'라고 규정함으로써 제의 연극을 일소하는 데 성공했다(Gillison 2011). 이것은 진

3. 뉴기니 고원지대에 사는 부족의 제의 연극으로서 결혼식과 입문의식이 치러지는 몇 주 동안 밤에 행해진다. 이는 낮에 거행되는 의례의 피로를 풀고 오두막의 더위와 혼잡을 피할 목적으로 15-20분 동안 이뤄진다: 옮긴이.

보와 건강과 교육 개선을 추구하는 전 세계 부족사회와 문화의 일반적인 경향이다. 하지만 선교사들에게 그렇게 저속하게 비쳐졌던 기미 제의가 해당 부족에서는 젊은이들에게 성 윤리를 가르칠 목적으로 사용되었다는 사실은 정말 흥미롭다.

서구에서 점차 인기를 얻고 있는 드루이드 제의 역시 극적 제의의 요소를 포함한다. 동양적 영성의 인기는 '뭔가 다른 것'에 대한 전반적 갈망과 함께 제의에 대한 관심을 불러 모으고 있다. 그리고 연극에서도 제의가 돌아오고 있다. 개인의 이야기를 극화하고 제의화 함으로써 치유를 도모하는 재생 연극(playback theater)이 그 예다. 제의 연극이 돌아온 것이다.

제의 연극의 요소를 갖고 있는 게이브리얼 로스(Gabriell Roth)의 5 리듬 댄싱(5 Rhythms Dancing)과 같은 움직임의 인기는 공동체에서 함께 모여 부족민들과 비슷한 방식으로 자신을 표현하고자 하는 경향이 있음을 보여 준다.

연극치료는 제의 연극을 탐험하고 다양한 맥락에서 그것을 기념할 수 있는 공간을 제공한다. 그리고 연극치료사는 제의 연극을 매우 다양한 환경에서 제공하고 있다. 이 책은 그와 같은 사례들을 제공할 뿐 아니라 제의 연극을 개인의 성장과 기관 환경의 양 측면에서 연극치료의 실제와 결합할 수 있는 방식을 제안한다.

결론

치유 양식으로서 제의 연극은 자신의 전체를 소중히 여기는 사람들, 미지의 것을 견딜 수 있는 사람들을 위한 것이다. 제의 연극에서는 벌어지는 것을 모두 눈으로 확인할 수 없기 때문에, 때로는 아무것도 없는 것처럼 느껴질 수도 있다.

제의 연극은 우스꽝스럽기도 하고, 뭔가를 기릴 수도 있다. 그것은 또한 불경하고, 무정부주의적이며, 추할 수도 있고, 또 아름다울지도 모른다. 제의 연극은 참여자들이 자신의 여러 모습을 살고, 영혼을 자유롭게 하며, 그 힘을 드러낼 수 있게 한다. 제의에서는 참여자와 진행자가 공히 원형과 상징과 고대의 지혜의 풍성함을 즐기며, 그것이 양자를 변형시킬 것이다. 제의 연극은 기꺼이 '자기 자신을 자연과 어우러지게' 할 준비가 된 사람들을 서서히 조금씩 이끌어 갈 것이다.

참고 문헌

Abbotson, S. (2000) *Student Companion to Arthur Miller*. Westport, CT: Greenwood Press.

Aeschylus, F.R. (trans.) (1977) *The Oresteia*. London: Penguin.

Barba, E. (1994) *The Paper Canoe: Guide to Theatre Anthropology*. London: Routledge.

Brook, P. (1990) *The Empty Space*. London: Penguin.

Campbell, J. (1995) *Myths to Live By*. London: Souvenir Press Ltd (Condor Books).

Cousineau, P. (2003) *The Hero's Journey: Joseph Campbell on His Life and Work*. Novato: New World Library.

Dziechi (2011) 'Mission Statement.' Available at http://dziecitheatre.org/about/mission/, accessed on 30 January 2011.

Gillison, D. 'Ceremonies of the Gimi.' Available at www.lehman.edu/vpadvance/artgallery/gallery/baining_gimi_people86/gillison_essay.htm, accessed on 30 January 2011.

Godwin, J. (1981) *Mystery Religions*. London: Thames and Hudson.

Grainger, R. (1995) *Drama and Healing: The Roots of Drama Therapy*. London: Jessica Kingsley Publishers.

Grotowski, J., Barba, E. and Brook, P. (1975) *Towards a Poor Theatre*. London: Eyre

Methuen Drama Books.

Hardy, R. (director) (1973) *The Wicker Man*. British Lion Films.

Harman, W. (1992) *The Sacred Marriage of Hindu Goddess*. Delhi: Indiana Press.

Jennings, S. (1987) 'Dramatherapy in Groups.' In S. Jennings (ed.) *Dramatherapy — Theory and Practice for Teachers and Clinicians*. Didcot: Routledge.

Jennings, S. (1992) 'The Nature and Scope of Dramatherapy: Theatre of Healing.' In M. Cox (ed.) *Shakespeare Comes to Broadmoor: The Actors Are Come Hither: The Performance of Tragedy in a Secure Psychiatric Hospital*. London: Jessica Kingsley Publishers.

Johnson, R.A. (1989) *Ecstasy: Understanding the Psychology of Joy*. New York: HarperCollins.

Miller, A. (2000) *The Crucible: A Play in Four Acts*. London: Penguin Classics.

제의 연극의 뿌리

인류학적 관점

수 제닝스

개관

이 짧은 글로 연극, 의학, 인류학, 정신분석, 창조적 예술 치료 분야의 다양한 요소를 공정하게 평가할 수는 없다. 치료, 그중에서도 특히 연극치료의 본질에 대한 최근의 논쟁은 몇몇 도전적인 관점에 의거한다. 그렇기 때문에 비록 간단하게나마 연극치료라는 다채로운 직물의 씨실과 날실 그리고 그 무대의 주요 배우들을 살펴보는 것이 필요하다.

연극치료는 연극과 인류학 사이에 걸쳐 있으며, 양자 모두의 영향을 받는다. 그리고 이것이 연극치료를 심리 치료의 한 형식으로 볼 것인가를 판단하는 기준일 수 있다. 심리 치료는 대체로 고통 받는 사람들을 위한 '대화 치료(talking cure)'로 규정되는, 사회적으로 구축된 역동이라 할 수 있다. 현명한 심리치료사 혹은 상담가는 도움을 필요로 하는(때로는 구류 판결에 대한 대안으로 선택권 없이 제공되기도 하지만) 개인이나 집단에게 적합한 언어를 사용하여 그들을 이해할 수 있다.

이전에 비해 문화 다양성에 관한 인식이 진전되었음(Aronson Fortes 2008; D'Ardenne and Mahtani 1999; Lago 2006)에도 불구하고, 심리 치료와

상담은 여전히 행동과 신념에 관한 기대에서 서구의 가치 체계를 크게 벗어나지 않는다.

요즘 연극치료사들이 관심을 갖는 논제 중 하나는 우리의 작업을 '연극 심리 치료(drama psychotherapy)'로 말할 것인가 하는 것이다. 거기에는 우리가 심리치료사로 인식된다면 더 큰 영향력을 가질 수 있고, 그럼으로써 일자리를 얻기도 쉬워지며, 사람들에게 우리가 하는 일이 무엇인지를 더 쉽게 이해시킬 수 있을 것이라는 생각이 깔려 있다. 나는 이 주제에 대한 견해를 이미 다른 데서 피력한 바 있으며(Jennings 1998, 2007), 여기서 그것을 반복하고 싶지 않다. 다만 연극치료사가 작업 전체의 목표와 초점 그리고 이론적 토대를 바꾸지 않는 이상, 심리치료사로 불려서는 안 된다는 것을 점점 더 확신하게 된다고만 말해 두고 싶다.

이 글은 아동, 청소년, 성인을 대상으로 한 제의 연극 접근법으로서 연극치료를 이해하고, 그것을 활용하는 데 필요한 제의적 바탕에 초점을 맞춘다. 그중에서도 특히 여성주의 인류학자들이 조명하는 바, 인간의 몸에 대한 인류학적 이해와 통과의례와 예식에서의 몸의 제의화(Bell 1992; Gennep 1960; Jennings 1995; Rubin 2006; Turner 1974; Turner 1982)에 주목할 것이다.

인류학

인류학은 여행자들의 이야기를 기록한 데서 비롯되었다. 거기에는 '원시인'을 이해하고 진화와 문화적 발달의 문제를 살피고자 한 탐험가와 선교사들이 포함된다(많은 사례 중 두 가지가 바로 Frazer 1922와 Morgan 1877이다). 인류학은 지난 두 세기에 걸쳐 기반을 다지면서 당시의 연구와 저작을 지배한 일련의 주제를 거쳐 왔다(La Fontaine 1985; 샤머니즘과 제의 드라마를 이해하려고 한 초기의 노력을 보여 주는 Lewis 1981; De Coppet 1992를 참조할 것).

자민족 중심적인 과거와 서구 식민주의에 대한 초기의 편향에도 불구하고, 사회와 문화 인류학은 관찰과 이해의 방식으로 확립되고 있다. 그것은 우리로 하여금 타자를 볼 수 있도록, 우리 문화와 사회 조직 안에 있든 밖에 있든 상관없이 그리고 우리의 가치 체계에 근거한 선입견 없이 타자를 이해할 수 있도록 도와준다(Aronson-Fortes 2008; Geertz 2000). 사회인류학은 빅토리아 시대 이후 일련의 중요한 변형을 겪어 왔다(Barnard 2000/2010; Kuper 1993). 그리고 지금은 유럽과 미국에 몇몇 학교가 세워졌다. 인류학자가 무엇을 연구하고 조사해야 하는가에 대해서는 여전히 논쟁이 진행되고 있다. 쿠퍼에 따르면(1993),

> 1990년대는 영국 대학이 제도적으로 폭발적 성장을 한 시기라고 할 수 있다. 그 세대에 처음으로 명석한 젊은 학자들이 배출되었다. 이제 우리가 당면한 과제는 진정으로 범세계적인, 작금의 지적 논제를 두루 섭렵하는 다층적인 사회인류학을 구축하는 것이다. 사회과학으로부터 새로운 모델을 끌어와 그것을 해당 주제에 관한 경험과 맞세울 것이다. (p. 293)

지금과 같은 다문화와 다신념 사회 이전에는 이런 객관적 이해가 요구된 적이 없었다. 하지만 새로운 교육과정이 도입되었음에도 불구하고, '다른' 아이들은 여전히 따돌림과 괴롭힘의 대상이 되고(Hickson 2011), 그 문화적 뿌리와 무관한 교육적 기대를 받곤 한다. 사회인류학과 의료인류학은 범문화적 주제를 이해하는 도구로서 특정 사회와 그 경계를 넘나들며 작업하는 사람들에게 중요한 방법론이다. 여성주의 인류학(Lewin 2006)과 아동 인류학(LeVine and New 2008; Roopnarine, Johnson and Hopper 1994)처럼 기존의 학문을 재검토하는 동시대적 변형은 우리의 다양한 인구 구성에 대한 보다 깊은 이해에 기여한다. 인류학적 관점은 개인과 가족과 사회 집단 및 각각의 맥락을 편견으로부터 좀 더 자유롭게 해 줄 수 있다. 그러나 치료 작업에 인류학적 관점을 적용한 연구는 그리 많지 않다(Dokter 1998가 주목할 만한 예외이며, Kleinman 1980 역시 참고할 만하다).

그 어려움 중 한 가지는 인류학자들이 다른 분야, 특히 심리학자와의 공동 연구를 망설인다는 것이다. 그 이유는 심리학을 포함한 다른 학문이 정상적 행동에 대한 인류학적 가설을 만들어 내기 때문이다. 이는 특히 프로이트(1913)와 융(1959) 그리고 그 뒤를 이은 사람들이 영속화한 정신분석학적 관점으로, 종교와 제의 및 상징의 본질을 조명할 때 뚜렷해진다. 정신분석가들은 내담자를 진단하기 위해 발 빠르게 다른 문화에 대한 신념을 끌어온다. 그들은 '원시인'에 대한 연구가 서구인의 원시적인 행동을 설명하는 데 도움이 될 거라고 생각했다. 다시 말해, 그들에게 다른 문화는 서구의 그것에 비해 열등하고 진화적으로도 낮은 단계에 있는 것이다. 그럼에도 정신분석학적 관점은 비서구 문화를 해석하는 데 흔히 사용되며, 가장 치명적인 경우에는 자민족중심주의로 치닫는다.

하지만 의료인류학이라는 신생 분야가 인류학과 생물학과 심리학의 공동 연구를 촉진하면서, 건강과 질병의 개념과 대안적 건강관리 체계에 대한 연구가 증가하고 있다. 또한 의료직에 대한 도전(Laing and Esterson 1964; Szasz 1974; 2010)은 경직된 의료 체계와 정신분석학적 통설에 새로운 관점이 도입될 수 있는 여지를 열어 놓았다.

인류학적 관점이 중요한 이유는 무엇인가? 간단한 예로 다른 문화권에서 온 아이와 개인 작업을 한다고 가정해 보자. 그 경우에 우리는 가족 관계에 영향을 미치는 친족 관계의 관행을 알 필요가 있다(Parkin and Stone 2003). 가령 아이의 삼촌이나 할아버지가 서로 다른 문화가 충돌하는 상황에 놓인 조카/손자에게 새로운 신념 체계를 학습시키기보다 출신 지역의 문화에서만 이해되는 특정한 의무를 부과할 수 있다. 아이가 위탁 가정이나 입양이 아닌 확대가족에 배치될 때, '친족 돌봄(kinship care)'으로 알려진 것에 대한 흥미로운 연구가 있다(Hunt, Waterhouse and Lutman 2008). 우리는 가나에서 온 아이의 역할, 사회적 지위, 신념 체계와 가치를 진정으로 이해하는가? 막연히 가나 출신의 어린이가 아니라 특정한 마을에서 특정한 지위를 점한 특정한 가족에게서 태어난 그 아이를 이해하는가? 우리가 또 다른 학대를 행하지 않으려면, 돌봄과 보호를 받기 위해 우리에게 오는 사람들을 범문화적으로 이해할 수 있는 준비가 필요하다.

엘런 르윈(Ellen Lewin 2006)에 따르면, 여성주의 인류학은 지난 30여 년 동안의 여성해방운동에 의해 태동되었다. 여성주의 인류학은 민족지에서 여성을 가시화하기 위해 노력함과 동시에, 남성이 문화적이고 우월하다면 여성은 자연적이며 따라서 열등하다(Mac Cormack and Strathern 1980)는 식의 통설에 도전해 왔다. 초기의 개척자들은 여성 인류학자의 성취를 부각시켰을 뿐 아니라 여성 자신을 연구의 주체로 내세움으로써 그동안의 불균형을 시정하기 시작했다.

> 초기에는 여성주의적 작업, 성 역할 연구, 특히 성적 소수자와 같은 소외된 대상에 대한 연구가 대중적이지 않았고, 그래서 일부 용감한 혁신가들은 해당 분야의 제도화라는 보상을 받지 못했다. 성 역할에 대한 연구는 종국에 그 가치를 인정받았지만 — 심지어 그 사회적 지위가 향상됨 — 처음부터 그랬던 것은 아니며, 초기의 학자들은 자신의 책을 유명 출판사에서 내지 못했다. 패션계에서처럼, 초기 여성주의 인류학자 중에는 자신의 일에 열과 성을 다했지만 그 유산을 넘겨줄 무대를 갖지 못한 이들이 상당수 있었다. (Lewin 2006, p. 4)

아동에 대한 인류학적 연구 역시 무시당해 왔다. 몇몇 유명한 예외가 있기는 하지만(Boas 1902; Mead 1928), 그런 현상은 20세기 후반까지도 지속되었다(LeVine and New 2008). 영국에서 다른 사회를 연구하는 인류학자들로부터 자민족 중심적인 편향적 연구라고 도전을 받기 전까지, 아동기와 그 발달에 대한 이론은 대개 서구의 심리학에 바탕을 두어 왔다.

로버트 러바인(Robert LeVine)과 캐린 뉴(Karine New)(2008)는 애착과 유아의 초기 문화 적응을 인류학적 관점으로 조명한 글로써 유아의 사회적이고 문화적인 의식이 출생 이전에 이미 형성된다는 사실을 일깨워 준다(Jennings 2010b).

인간의 몸을 인류학적 시각에서 본 글(Bell 1992; Blacking 1977; Jennings 1995; Lewin 2008; Parkin 1992)과 은유로서의 몸(Benthall and Polemus 1975; Douglas 1996; Nochlin 1995)에 대한 연구는 증가 추세에 있으며, 특히 『전체론적 인류학: 발생과 집중(*Holistic Anthropology: Emergence and Convergence*)』(2007)이라는 책의 편집자인 데이비드 파킨(David Parkin)과 스탠리 울리아첵(Stanley Ulijaszek)을 참고할 수 있다.

연극

> 연극이 지닌 이러한 삶과의 유사성은, 거울처럼 삶으로부터 거리를 두고 있지만, 연극을 갈등에 대한 비평 혹은 '메타 비평'으로서 최적의 형식이 되게 한다. 삶은 갈등이기 때문에, 경쟁은 인류에게 유일하다. (Turner 1982, p. 105)

빅터 터너(Victor Turner)는 제의의 본질과 그것이 공연 및 연극과 갖는 연결을 탐험한 인류학 분야에서 가장 다산하는 작가 중 한 명이다. 반 헤네프(Van Gennep 1960)의 통과의례를 정교하게 만든 그의 일련의 이론적 모델(Turner 1974, 1982)은 제의 과정을 이해할 수 있는 유용한 구조를 제공해 주었다.

글린 위컴(Glynne Wickham 1982)에 따르면, 연극은 '모든 예술 중 가장 위험한' 것이다(p. 11). 실제로 플라톤의 극단적인 비판에 노출되기도 했고(Lee 번역 1974), 기독교적인 유럽과 미국과 인도와 러시아 등지에서 오랜 시간 동안 추방되기도 했을 만큼, 연극은 전복적이거나 부적절한 것으로 간주되어 왔다. 하지만 중세 영국에서 가톨릭 부활절 예배를 위해 대화를 대본 형태로 기록하면서 연극은 다시 역사 속으로 들어왔다. 그 장면에서는 세 명의 성모 마리아(성가대원이 연기한)와 천사(사제가 연기한)가 무덤 곁에서 네 개의 대사를 주고받으며 예수의 부활을 보여 주었을 것이다. 그리고 그 네 줄의 대사가 천천히 확장되면서 무덤으로 가는 길에 연고 장수와 같은 새로운 인물이 추가되었을 것이다. 그 자체로 연극적 구조의 본질을 내포한 제의 공간인 교회는 도덕극이나 신비극 혹은 수난극을 낳고 기른 본거지가 되었다. 그 연극들은 많은 연극적 장치, 비밀통로와 자욱하게 피어오르는 연기, 수백 명의 배우들로 매우 정교해졌다. 사피라 린든은 18장에서, 〈우주적 의례(*The Cosmic Celebration*)〉라는 대규모 공연을 할 때, 어떻게 '역할이 영적 실천이 되었는지, 내적 집중이 신화에 나오는 인물로 구현되었는지…'를 묘사한다.

그러나 또 다른 환경에서 연극의 대사와 몸짓은 점점 외설적으로 변해갔다. 급기야 배우들은 교회에서 쫓겨나 떠도는 신세가 되었고, 그러면서 각지를 돌아다니는 엔터테이너, 곡예사, 마술사, 장사꾼과 결합하게 되었다. 도덕적 가치와 선악에 대한 믿음을 지지하는 제의는 국가적으로도 환영하고 후원하는 반면, 즉흥적이거나 조악하거나 정치 체제에 반하는 공연은 시대를 막론하고 위험하고 전복적인 것으로 취급된다. 실제로 로버트 월폴(Robert Walpole) 수상은 연극 상연을 강박적으로 두려워한 나머지, 1937년 무대 허가 법령을 통과시키도록 의회를 오도하기도 했다.

물론 1968년 9월 26일 이후로 영국에서는 연극 검열이 폐지되었지만, 그럼에도 불구하고 '불쾌하게' 여겨질 만한 공연에 대한 도덕적 감시는 여전히 존재한다. 실제로 〈헤어, 쇼핑과 F…(*Hair, Shopping and F…*)〉와 〈제리 스프링어(*Jerry Springer: The Opera*)〉와 〈불명예(*Behzti*)〉에 대해서는 제약이 가해졌고, 〈불명예〉는 폭력 행사로 인해 취소되기도 했다.

존 네이선(John Nathan)은 이와 관련하여 『텔리그라프』지에서 다음과 같이 말한다. 「연극에서의 검열」: '신념과 정체성 그리고 누군가를 대변할 자격이라는 주제를 둘러싼 긴장의 고조, 이 모든 것이 검열의 폐해다. 그리고 그 압력은 연극적 풍광 속에서 결코 무시될 수 없다'(2010년 4월 14일).

사회 전반, 특히 의사들은 연극과 연극치료에 대해 양가적이며, 따라서 연극치료사에 대해서도 양가적 태도나 적대감을 가질 수 있다(Jennings 1979, 1998). 그리고 연극치료가 비옥한 비평적 토대를 갖추고 있음(Hillman 1993; Rycroft 1995)에도 불구하고 연극치료사들이 심리 치료로 알려지길 원하는 이유가 그것일 수도 있다.

글린 위컴은 또 이렇게 말한다. '우리는 끊임없이 연극이 본질적으로 사회적인 예술임을 상기시켜야만 한다. 연극은 문학, 음악, 회화와 무용뿐 아니라 종교적이고 정치적인 신념과 도덕적이고 사회적인 관심사를 반영하고 고취시키는 사회적 예술이다'(1985, 1992, p. 12).

그가 제안한 바에 따르면, 텍스트가 드라마의 일부가 되고 '재연(reenactment)'이 있을 때, 연극은 확립되기 시작한다. 이는 확장이 필요하기는 하지만 제의와 연극을 분별하는 데 상당히 유용한 관점이다. 글린 위컴은 쓰인 텍스트의 재연(그것은 물론 즉흥이나 구성의 과정에서 나왔을 것이다)을 언급하였고, 공연 대본이 된 텍스트는 특정한 종교나 가치 체계에 매이지 않는 다양한 해석에 열려 있게 될 것이다.

그러나 우리는 최근 몇 년 동안의(그러나 실제로는 몇 천 년을 거슬러 올라가는) 신체 연극(physical-theatre)의 중요한 발전을 주목해야 한다. 딤프나 캘러리(Dymphna Callery 2001)에 따르면,

> 가장 단순하게, 신체 연극은 창조의 주요 수단으로서 마음이 아닌 몸을 통하는 연극이다. 다시 말해, 제작 과정에서 신체적 충동이 머리에 우선한다는 것이다. 이는 공연이 글로 된 텍스트에 대한 해석이거나 최초로 구성된 작품이거나 간에 마찬가지다. (p. 4)

인간 발달과 연극치료에서 몸의 중요성을 기회 있을 때마다 강조하지만, 신경-극-놀이와 체현-투사-역할(1990년 이후 특히 Jennings 1995와 2010b)의 두 가지 패러다임의 발달 과정에서는 특히 더 그러하다. 사실상 다른 한쪽 없이 나머지 한쪽이 발전하는 것은 불가능하다. 애착 속에서 신경-극-놀이를 충분히 경험하지 못한 유아는 체현-투사-역할의 '극적 발달' 단계를 순행할 수가 없다. 신경-극-놀이는 감각 자극, 리드미컬한 심장 박동과 소리, 극적 놀이의 감각적 기민함을 특징으로 하는, 본질적으로 신체 중심적인 활동이다. 모방적이고 유희적인 그것은 신체 작업으로부터 형성된다.

몸에 대한 아르토의 범상치 않은 생각을 우리에게 소개해 준 스티븐 바버(Stephen Barber 1999)는 이렇게 쓰고 있다.

> 아르토가 인간의 몸을 발굴한 것은 이미지와 텍스트 사이의 교차점에서이다. 그의 노트에서, 아르토가 강박적으로 관심을 보였던 인간의 몸이 몸짓으로 포착된 것은, 손상되고 글자로 뒤덮여 지워진 종이 표면의 이미지와 텍스트의 상호 침투를 통해서다. 그러나 아르토의 시각 작업 말미에서, 몸에 대한 무한한 매혹에 비명이라는 보다 폭발적인 차원이 더해진다. (p. 88)

아르토는 소통을 향한 본능적 추구를 표현하는 궁극적인 이미지에 대해 말한다. 그는 그림과 '종이 구기기,' 인간의 몸에 대한 '발굴'에 집중하며, 결국 그것은 비명으로 이어진다.

제의

다른 사회의 '이국적인' 제의를 함부로 다루던 시기가 있었다. 재미를 위해 촬영하고, 제의에 사용되는 물품을 팔거나 훔쳤으며, 본래 목적과 상관없는 서구적 소비를 위해 똑같이 복사하기도 했다. 그러나 캐서린 벨(Catherine Bell)이 지적하듯이, 그 복합성에 대한 이해가 여전히 충분하지는 않지만, 그럼에도 불구하고 모종의 개선이 나타나기도 했다.

> 제의를 단지 다른 문화의 이상한 짓거리로 바라보는 대신 범인류적 현상으로 인식하는 것은 모종의 진보를 구성할 수밖에 없다. 그러나 그것은 또한 문화적 차이와 유사성을 협상하는 지루하고, 복합적이며, 본질적으로 정치적인 과정의 결과이기도 하다. (Bell 1997, p. 259)

데이비드 파킨(David Parkin 1992)은 제의에 최소한의 정의를 제시한다.

> 제의는 그 명령적인 혹은 강제적인 본질을 잘 알고 있는 일단의 사람들에 의해 행해지는 틀에 박힌 공간성이다. 그들은 이 공간성을 말로 채울 수도 있고 그렇지 않을 수도 있다. (p. 18)

그는 모든 제의가 일종의 통과의례, 곧 분리, 경계상(liminal)[1]의 이도저도 아닌 사이, 재통합 혹은 재집결의 뚜렷이 구분되는 세 단계를 거치는 '여정'의 형식을 취한다고 말한다(p. 16). 제의는 그러므로 간혹 관객을 포함하되 전체로서의 집단을 위해 행해진다고 알려진 어떤 것으로서, 주로 몸

1. 'liminal' 은 문지방을 뜻하는 라틴어 limen에서 파생된 말이다. 빅터 터너는 통과의례의 전이 단계를 가리켜 문지방처럼 여기에 속하지도 저기에 속하지도 않은 어중간한 상태라는 의미에서 경계성(liminality)이라 말했다: 옮긴이.

과 공간과 관련된다고 볼 수 있다.

연극치료 역시 의식화된 웜업 - 위험을 감수하는 탐험 - 의식화된 마무리로 이어지는 세 겹의 유사한 여정을 거친다. 중간 단계는 흔히 혼돈과 혼란의 시기로서 주제를 탐험하고 새로운 역할과 책임을 찾아 입는다.

여기서 우리는 제의와 연극뿐 아니라 연극치료의 중심에 몸이라는 주제가 있음을 본다. 오래 전에 말했듯이, 몸은 학습의 주요 수단이다(Jennings 1975; Jennings 1979). 치료에서 몸의 중요성은 아동기 경험의 현실성(환상이 아니라)에 대한 앨리스 밀러(Alice Miller)의 확증(2005)의 핵심을 이룬다.

제의 연극과 연극치료

우리가 여기서 관심을 갖는 것은 제의나 연극 전반이 아니라 불편한 상태에서 안녕한 상태로의 여정, 신체적이거나 정서적인 고통을 지나는 통과의례를 촉진하는 제의 연극의 특정한 형식이다. 그 영향력(Lewis, G.M. 1988)은 무속 사회의 연극적 치유 의식(Lewis, I.M. 1991)에서 볼 수 있다. 길버트 루이스는 제의가 희곡의 상연과 유사하다고 말한다.

> 공연을 볼 때 우리는 텍스트의 말, 배우의 몸짓과 움직임과 억양, 의상과 장식, 조명에 영향을 받는다. 공연은 지대한 복합성의 교묘한 장치로서 우리에게 가장 다양한 자극을 제공함으로써 복합적인 반응을 방출하게 한다. (p. 33)

연극치료에서 제의 연극은 또한 그 관객을 바꾸었다고 믿어지는 고대와 근대 사회의 신화-연극에서 영향을 받는다. 그것은 한 문화에서 리듬을 따오고, 또 다른 문화에서 찬팅(chanting)을, 그리고 어딘가에서 이야기를 가져와 '골라 섞는' 접근법이 아니다.

연극치료에서 제의 연극은 근대의 임상 현장에서 성공을 거두지 못한 치료적 접근법에 대한 서구 사회의 필요에 반응하여 발달해 왔다(Hillman 1993; Jennings 1987, 1988, 1997). 힐먼은 이렇게 말한다.

> 요즘 흔히 듣는 세 가지 중요한 진단적 용어는 상호 의존, 중독, 나르시시즘이다. 우리는 당신이 사용하는 여하한 표현도 늘 텍스트가 아닌 독자의 것임을 새로운 문학 비평인 해체를 통해 알고 있다. 그것들은 독자의 자기표현인 것이다. 같은 방식으로, 앞서 말한 진단적 용어는 분석가가 자신의 상태에 대해 말하는 것이다. 곧 분석가가 치료에서 상호 의존적이며, 중독되어 멈출 수 없고, 소위 역전이 — 그들은 자신이 환자에 대해 어떤 감정을 느끼는지를 지속적으로 살핀다 — 라고 말하는 자기애적인 활동에 매여 있다. (p. 220)

스티브 미첼(Steve Mitchell)은 제의 형식의 연극치료는 섬세한 접근을 요한다고 말한다. 그는 그것을 개발하는 데 여러 해를 투자했다. '그런데 이 "영감"과 제의의 잠재력을 통원 환자를 대상으로 한 작업에 어떻게 안전하게 적용할 수 있을까?' (Mitchell 2003, p. 5). 그 고민의 결과, 그는 7단계의 자기표현의 연극을 개발하였고, 이 책의 14장에서 그 내용을 소개한다.

제의 연극은 참여자로 하여금 표현할 수 있게 하고(일방), 그들 내면의 복합성을 신체적이고 상징적인 형식으로 소통할 수 있게 한다(쌍방). 그것은 제의를 통해 안전함을 창조하고, 연극을 빌려 불편함과 관련된 주제를 탐험할 수 있는 기회를 제공한다. 그 표현은 수많은 의미의 층과 궤도를 거느린다. 사람들이 표현하는 것에 한 가지 '의미'가 있다고 보는 것은 무익하다. 심리 치료는 해석을 고집하고, 나아가 그 보편성을 주장하는 데 집착해 왔다. 그러나 그것은 우리의 불안과 불안정함을 나타내는 지표일 뿐이다. 특히 서구 사회는 치료나 일상생활을 불문하고 행동이 지닌 의미에 집착한다. 누구나 어떤 행동이나 글 또는 창조적인 시도에 앞서 '그래서 그게 의미하는 바가 뭔데?' 라고 묻는 선생님의 목소리에 위축되었던 기억이 있을 것이다.

> 그러므로 이미지는 의미들 전체의 묶음이며, 그것으로서 진실한 것이지 그 의미 가운데 어느 하나 또는 관계된 수많은 차원 중 어느 하나가 진실한 것이 아니다. 이미지를 한 가지 차원과 관계 맺음으로써 구체적인 하나의 용어로 해석하는 것은 이미지를 훼손시키는 것보다 오히려 더 나쁜 일이며, 인식의 도구로서의 이미지를 절멸시키고 폐기하는 것이다. (Eliade 1952/1992, p. 15)

제의 연극에서 촉진자는 변화와 더 큰 안녕감을 목표로 의도적으로 제의화 된 행위를 창조한다. 그것은 인류학적 의미에서 특정한 사람들의 신념과 실천에 속한 문화적이거나 사회적인 혹은 종교적인 행사가 아니다. 그것은 폐쇄 집단이 시공간과 관련한 특정한 규칙을 늘 지킨다(대다수 치료 집단이 그렇듯이)는 의미에서 제의적이다. 예를 들어, 집단은 주 1회 두 시간씩 6개월에 걸쳐 만날 수 있으며, 모이는 곳은 치유의 공간으로 구별된 장소로서 다른 사람들의 방해나 개입이 허용되지 않으며, 적절한 방음 장치가 있어서 집단의 소리가 밖으로 새어 나가지 않아야 한다. 참여자들은 집단이 지속되는 동안 그에 헌신할 것을 약속한다.

제의 연극 집단은 대개 내가 '의식(ritual)-위험(risk)'의 구조라 말한 것을 따른다(Jennings 1990, 1998). 이는 실제 작업에서 집단의 시작과 끝 혹은 웜업과 마무리를 몸과 목소리와 관련된 친숙하고 의식화된 기법으로 구성하고, 중간에는 위험 요소라 할 수 있는 탐험의 극적 행동을 배치하는 것을 뜻한다. 탐험은 가령 개인적인 상실이나 방임되었던 어린 시절과 같이 참여자와 관련된 주제를 다루되, 촉진자는 그 주제를 담은 신화나 이야기를 찾아낼 것이다. 혹은 참여자들이 동일시할 수 있는 희곡이나 이야기를 선택하기도 한다.

예를 들어, 교정 시설에서 작업했을 당시, 나는 호메로스의 서사시에 바탕을 둔 데릭 월콧(Derek Walcott)의 〈오디세이(*Odyssey*)〉(1963)가 많은 참여자들의 삶을 직접적으로 대변한다는 것을 발견했다(Jennings 1997). 어떤 경우든 나는, 사이코드라마가 그렇듯, 참여자의 실제 경험을 극화하기보다 이야기로써 은유적인 차원에서 작업을 하며, 은유를 더 깊게 경험할 수 있도록 충분한 시간을 들인다. 이미지와 상징은 집단과 개인 모두에게 지속적인 변화를 유발할 수 있는 힘을 갖고 있다.

참여자들은 웜업을 하면서 일련의 의식(儀式)적인 인사를 통해 서로를 알 수 있으며, 매 회기마다 그것을 강화한다(Bond 1988). 웜업은 또한 지난 모임 이후로 어떤 중요한 변화가 있었는지를 확인하거나 다음 단계에서 다룰 내용에 대해 이야기를 나누면서 참여자들을 준비시키는 시간이기도 하다. 빠진 사람이 있다거나 누군가 기분이 매우 좋지 않다든지 하는 경우에는 해당 주제를 바로 다룰 수도 있다. 웜업에서는 참여자들이 서로를 믿는 것이 매우 중요하다. 그렇지 않으면 자신을 노출할 수 없기 때문이다. 제의 연극의 구성과 탐험에 필요한 것 역시 무엇보다 신뢰다. 참여자들은 실험과 즉흥을 통해 위험을 감수하며, 그 과정에서 서로를 지지한다는 사실이 무엇보다 중요하다(Jennings 2009). 만일 웃거나 조롱하는 사람이 한 명이라도 있다면, 작업은 위험을 향해 나아가지 못할 것이다. 신뢰 형성을 위해서는 집단을 시작할 때 참여자 모두가 계약을 하는 것이 중요하다. 그 약속에는 집중하기, 시간 지키기, 다른 사람의 생각을 존중하기, 비밀 지키기와 그 밖에 참여자들이 제안한 것이 포함된다. 이 장에서 예로 든 프로젝트에서는 참여자 다수가 알코올 중독이거나 알코올 의존 상태였기 때문에 알코올, 본드, 약물 일체를 금지했고, 그것을 감안하여 토론을 하는 동안에는 흡연을 허용하였다. 새로운 집단은 다양한 연극 놀이와 이완 활동에 대한 경험이 적기 때문에 웜업에 충분한 시간을 할애할 필요가 있다. 또 그런 경우에는 대개 상상의 세계 혹은 극적 현실(Jennings 1990, 1998)로 옮겨 가는 데도 시간이 필요할 것이다.

반복적인 동작과 목소리 표현, 때로는 집단 전체가 하나처럼 움직이는 활동이 즐거움 — 집단 응집력과 집단성 — 을 이끌어 내기도 한다. 예를 들어 학교에서 따돌림을 당한 아이(Jennings 2011)들과의 작업(외로운 늑대 1이라 알려진)에서, 아침과 오후에 커다란 북 주위에 동그랗게 모여 드럼의 비트에 맞춰 이름 게임을 했는데, 나중에는 그것이 아무도 거부하지 않는, 하루 중 가장 기대되는 활동이자 하나의 제의가 되었다. 그 활동은 감각적이고, 율동적이고, 극적이며, 유아와 양육자의 초기 제의화 된 놀이의 요소를 갖춘 신경-극-놀이이다(Jennings 2010a, b).

제의의 본질을 밝히기 위한 논의에서 길버트 루이스(1988)는 다음과 같이 말한다.

> 제의는 복합적으로 고안된 경험을 제공한다. 제의를 자극으로 보는 것은 특정 상황에 대한 대응 수단으로서 가치를 부여하는 반응과 소통적이고 표현적인 요소를 모두 포함할 것이다. 제의를 소통적 양상으로 제한하는 것은 그것을 상연하는 사람들에게 제의의 의미를 배제하고 왜곡할 수도 있다. 제의는 해석되기 위해서 행해지는 것이 아니다. 그것은 **상황을 해결, 변형, 또는 확증**하기 위한 것이다(상연하는 사람의 관점에서 볼 때는 이것이 더 중요할 수도 있다). [강조는 필자](pp. 34-35)

'외로운 늑대 1'의 이름 드럼 제의는 어디에도 '속하지' 않았다고 느끼는 고립감을 **해결**해 주었고, 반복을 통해 집단의 에너지를 **변형**시켰으며, 집단에게 결속감과 협동의 기쁨을 **확증**해 주었다. 강도는 덜하지만, 놀이용 낙하산을 리드미컬하게 올리고 내리면서 그에 맞추어 소리의 높낮이를 바꿔 가며 찬트를 반복하는 활동에서도 유사한 효과가 나타났다.

제의 연극 접근법에서 시작(과 끝)의 의식화는 경계를 만들고 탐험을 위한 안전감을 확보함으로써 본 활동에서 위험을 감수하는 것을 가능케 한다.

본 활동에서는 대개 이야기나 희곡 혹은 나중에 이야기로 귀결될 주제를 탐험한다. 종국에 그것은 참여자의 부모나 스태프 또는 집단 자체와 공유할 수 있는 모종의 공연이 된다. 공연은 치료적 활동이란 모름지기 집단의 폐쇄된 경계 안에 머물러야 한다는 일반적인 신념에 위배된다. 그러나 그동안의 경험으로 볼 때, 나는 연극치료가 종국에 가서는 관객, 나아가 참여적인 관객이 치료적 과정의 축적물을 목격할 수 있는, 개인적 드라마에 머물기보다 사회적 드라마가 되는 보다 넓은 세계로 옮겨 갈 필요가 있다고 생각한다. 실제로 연극치료는 반사회적 행동을 창조성을 위한 구조 안에 담기보다 일상의 삶으로 쏟아 낼 수 있는 사람들을 대상으로 한다. 그들은 개인의 드라마를 사회의 드라마로부터 분리하지 못하는 경우가 태반이다.

본 활동은 웜업보다 심도 있는 경험일 것이다. '외로운 늑대 1' 프로젝트에서 나타나듯이, 거기 참여한 아이들 중 누구도 극적 작업으로 진행할 준비가 되지 않았었다. 이야기를 듣기는 했지만, 거기 나오는 역할을 연기하지는 못했다. 아이들이 가장 많이 한 질문은 '그거 진짜예요?' 혹은 '정말로 있었던 일이에요?' 또는 '그 사람 진짜로 있어요?'였다. 생활 연령은 '무엇인 척하는' 능력이 이미 형성되어야 마땅한 8-11세였지만, 대다수 참여자들의 정서 연령은 걸음마 수준에 머물렀고, 따라서 성숙한 가장(假裝)의 세계를 이해하는 데 어려움을 겪는 것은 어쩌면 당연한 일이었을 것이다.

제의 연극에서 마무리는 집단이 본 활동에서 벗어나도록 돕는 기능을 한다. 참여자들은 역할에 동일시할 수 있고, 변화된 의식 상태를 느끼거나 통찰이나 '사람을 흥분시키는' 요소에 몰두할 수도 있다. 마무리를 위한 활동에는 역할 벗기, 웜업의 반복, 깊은 숨 쉬기(Jennings 2010c), 느낌 나누기 등이 포함되며, 참여자들이 일상 현실에 충분히 안착하기를 목표로 한다.

외로운 늑대 1

이 작업은 8살에서 11살 사이의 여자아이 두 명과 남자아이 일곱 명을 대상으로 방학 동안 진행되었다. 그들은 학교에서 거부당해 학생 위탁 기관(PRU)에 다니고 있거나 학교에서 쫓겨날 위기에 있었다. 작업은 엿새 동안 종일 체현-투사-역할의 단계를 거치는 집중 과정으로 기획되었다. 각 아동은 담당으로 지정된 어른과 짝을 이루었고(Jennings 2010b), 어른 짝꿍들은 슈퍼비전과 지지를 위해 매일 만남을 가졌다. 의식화된 웜업 활동과 마무리는 앞서 말했듯이 이름 드럼을 활용했고, 반복을 통해 활동에 초점을 맞출 수 있게 되면서 리듬감을 발달시키고 리듬으로 관계를 맺고 서로를 인식해 갔다. 신체 작업은 밀기, 균형 맞추기, 어깨와 등에 기어오르기 등의 움직임과 연극 놀이에 초점을 맞추었다. 방향유로 마사지를 했을 때, 우리는 아이들이 감각적으로나 신체적으로 무엇을 필요로 하는지를 확실히 알 수 있었다. 양털로 돌돌 말기와 짝에게 집중하기는 참여자들이, 훨씬 어린 연령대의 아이들이 흔히 보여 주는, 감각적 욕구를 가지고 있음을 알게 해 주었다.

미술실에서 점토와 손가락 그림을 그린 투사 작업 또한 매우 감각적이었고, 한 아이는 카드보드지로 집을 만들었다. 하지만 가면과 연극 작업으로 진행하려 하자 모든 것이 멈춰 버렸다. 아이들은 역할 작업에는 전혀 관심을 보이지 않았다. 만약 억지로 진행을 했다면 모두가 예전의 행동 패턴 — 도망치기, 불안해하고 징징거리기, 다른 아이들을 때리기, 자기와 다른 사람이 만든 것을 망가뜨리기 — 으로 돌아갔을 것이다. 그러나 다시 체현과 투사 활동을 속행하자 모두가 집중하면서 '행위화'를 멈추었다. 아이들이 꼼짝하지 않을 때면 치료사인 우리도 덩달아 림보에 빠져 '우리가 지금 뭘 하고 있는 거지?'라고 스스로 묻곤 했다. 어느새 놀이 집단이 되어 버린 것이다!

하지만 우리는 다음의 중요한 사실을 관찰할 수 있었다.

- 아이들은 감각적이고 지저분한 놀이를 하면서 '양육 욕구'를 드러냈다.
- 주된 초점은 정오의 점심이었다. 아이들은 요리사의 앞치마와 모자를 갖춰 입고 식사를 준비하고 차리는 것을 도와야 했다.
- (앞서 말했듯이) 이야기의 현실성을 지속적으로 확인했다. '전부 진짜예요?'
- 마지막 날 부모가 참여했을 때는 아이들 모두가 방향유로 손을 마사지하고 싶어 했다.

신경-극-놀이의 측면에서 우리는 감각적이고 율동적이며 극적인 놀이를 이해할 수 있다. 하지만 그것은 대개 임신과 함께 시작되어 생후 6개월까지 지속된다. 그런데 이 프로젝트를 하면서 우리는 대부분의 시간을 감각적이고 율동적인 놀이와 체현 그리고 약간의 투사 활동으로 보낸 8-11세의 아이들을 접하였다. 사전평가 도구로 체현-투사-역할을 적용한다면, 이는 아이들의 정서 연령이 두세 살 정도에 해당함을 뜻한다. 그렇게 볼 때, 아이들이 드라마에 참여하지 못한 이유는 분명하다. 그들은 드라마를 하지 않은 게 아니라 드라마를 할 수 없었으며, 따라서 놀이 집단이 되었다고 느낄 수밖에 없었던 것이다.

유일한 역할 놀이는 점심시간에 요리사의 복장으로 식사를 도운 것이었다. 그것은 아마도 요리사가 아이들의 경험과 거리가 있는 일상적 역할이면서 동시에 기본적인 욕구를 만족시킬 수 있을 만큼 안전했기에 가능했을 것이다. 음식을 준비하는 과정은 매우 중요해 보였고, 아이들이 직접 음식을 차리겠다고 나섰다. 아이들은 운동장에서 축구를 할 수 있었지만 서둘러 자리를 뜨지 않을 만큼 어른들과 함께 앉아 이야기를 나누며 식사하는 것을 즐겼다. 음식 준비의 제의화 그리고 아이와 어른이 함께 음식을 차리고 먹는 극화된 사회적 이벤트는 엿새 동안의 작업에서 고유한 의미를 지녔다. 그것은 아이들이 저마다의 어린 시절의 욕구와 연관된 제의화된 역할과 활동을 수행할 수 있다는 잠재적인 역할 발달의 표지이기도 했다.

결론

나는 여기서 사회와 문화 양면의 영향력으로 연극치료를 구성하는 사회인류학부터 제의 연극까지를 개괄하고자 했다. 제의 연극의 실제는 샤머니즘과 신체의 움직임과 은유에 영향을 받는다. 그러나 그것은 항상 집단의 이해와 가치 체계에 호소해야 한다. 우리는 성스럽고 매우 강력한 샤머니즘적 치유의 의례를 목격하고, 그것이 연극치료에도 도움을 줄 수 있으리라 느낀다. 하지만 제의에 대한 아이디어를 훔치는 것은 보석이나 옷가지를 훔치는 것과 마찬가지로 폭력적이라는 사실을 기억하고, 지적 재산권을 보호할 필요가 있다.

우리는 아이디어를 신체적 경험으로 흡수하여 그것이 행복감에 미치는 영향력을 스스로 실험할 필요가 있다. 만일 감각과 리듬과 극적 요소를 개인과 집단을 위해 함께 가져갈 수 있다면, 그리고 그것을 체현과 투사와 역할을 통해 발전시킬 수 있다면, 우리는 그 자체로 제의 연극의 한 형식인 회복 탄력성의 연극(theatre of resilience)을 창조하는 기술을 확보하게 될 것이다.

참고 문헌

D'Ardenne, P. and Mahtani, A. (1999) *Transcultural Counselling in Action*. London: Sage.

Aronson-Fortes, L. (2008) *Interviewing Clients across Cultures: A Practitioner's Guide*. New York: Guilford Press.

Barber, S. (1999) *The Screaming Body: Anton Artaud: Film Projects, Drawings and Sound Recordings*. London: Creation Books.

Barnard, A. (2000/2010) *History and Theory in Anthropology*. Cambridge: Cambridge University Press.

Bell, C. (1997) *Ritual: Perspectives and Dimensions*. Oxford: Oxford University Press.

Bell, C. (1992) *Ritual Theory, Ritual Practice*. Oxford: Oxford University Press.

Benthall, J. and Polemus, T. (1975) *The Body as a Medium of Expression*. London: Allen Lane, Penguin Books Ltd.

Blacking, J. (1977) *The Anthropology of the Body*. London: ASA Monograph.

Boas, F. (1902) 'Rudolf Virchow's anthropological work.' *Science* 16, 441-445.

Bond, T. (1988) *Games for Social and Life Skills*. London: Hutchinson.

Callery, D. (2001) *Through the Body: A Practical Guide to Physical Theatre*. London: Nick Herne.

De Coppet, D. (1992) *Understanding Rituals*. European Association of Social Anthropologists. London: Routledge.

Dokter, D. (1998) *Arts Therapists, Refugees and Migrants: Reaching across Borders*. London: Jessica Kingsley Publishers.

Douglas, M. (1996) *Natural Symbols*. London: Routledge.

Eliade, M. (1952/1992) *Images and Symbols: Studies in Religious Symbols*. Princeton, NJ: Princeton University Press.

Frazer, J.G. (1922) *The Golden Bough: A Study in Magic and Religion*. London: Macmillan.

Freud, S. (1913) *Totem and Taboo*. London: Routledge.

Geertz, C. (2000) *The Interpretation of Culture: Selected Essays*. USA. Basic Books.

Gennep, A. Van (1960) *The Rites of Passage*. London: Routledge and Kegan Paul.

Hickson, A. (2011) *A Hundred and One Ideas to Stop Bullying that Really Work*. Milton Keynes: Speechmark.

Hillman, J. (1993) *We've Had a Hundred Years of Psychotherapy — And the World's Getting Worse*. New York: Harper Collins.

Hunt, J., Waterhouse, S. and Lutman, E. (2008) *Keeping Them in the Family: Outcomes for Children Placed in Kinship Care through Care Proceedings*. London: BAAF(British Association for Adoption and Fostering).

Jennings, S. (1975) 'The Importance of the Body in Non-verbal Methods of Therapy.' In S. Jennings (ed.) *Creative Therapy*. London: Pitman.

Jennings, S. (1979) 'Ritual and the learning process.' *Journal of Dramatberapy* 3, 2, 6-11.

Jennings, S. (1990) *Dramatherapy with Families, Groups and Individuals*. London: Jessica Kingsley Publishers.

Jennings, S. (ed.) (1987, 1988, 1997) *Dramatherapy: Theory and Practice 1, 2, 3*. London: Routledge.

Jennings, S. (1995) *Theatre, Ritual and Transformation: The Senoi Temiars*. London: Routledge.

Jennings, S. (1998) *Introduction to Dramatherapy. Ariadne's Ball of Thread*. London: Jessica Kingsley Publishers.

Jennings, S. (2007) 'Theatre of Body and Neuro-Dramatic-Play.' Keynote presentation, BADTh Conference, University of York.

Jennings, S. (ed.) (2009) *Dramatherapy and Social Theatre: A Necessary Dialogue*. London: Routledge.

Jennings, S. (2010a) *Story Building: 100 Ideas for Developing Story and Narrative Skills*. Milton Keynes: Hinton House.

Jennings, S. (2010b) *Healthy Attachments and Neuro-Dramatic-Play*. London: Jessica Kingsley Publishers.

Jennings, S. (2010c) *Creative Drama in Groupwork*. Milton Keynes: Speechmark.

Jennings, S. (2011) 'Drama Therapy Assessment through Embodiment-Projection-Role.' In D. Johnson, S. Pendzik and S. Snow (eds) *Assessment in Drama Therapy*. Springfield, IL: Charles C. Thomas.

Kuper, A. (1993) *Anthropology and Anthropologists: The Modern British School (3rd Edition)* London: Routledge.

Kleinman, A. (1980) *Patients and Healers in the Context of Culture*. Berkeley, CA: University of California Press.

Jung, C.G. (1959) 'Archetypes and the Collective Unconscious,' *Collected Works* Vol. 9.

London: Routledge and Kegan Paul.

La Fontaine, J.S. (1985) *Initiation: Ritual Drama and Secret Knowledge across the World*. Harmondsworth: Penguin Books.

Lago, C. (1996) *Race, Culture and Counselling: The Ongoing Challenge*. Buckingham: Open University Press.

Laing, R.D. and Esterson, A. (1964) *Sanity and Madness in the Family*. London: Penguin.

LeVine, R.A. and New, R.S. (2008) *Anthropology and Child Development: A Cross-Cultural Reader*. Oxford: Blackwell.

Lewin, E. (2006) *Feminist Anthropology: A Reader*. Oxford: Blackwell.

Lewis, G.M. (1988) *Day of Shining Red: An Essay on Understanding Ritual*. Cambridge Studies in Social Anthropology. Cambridge: Cambridge University Press.

Lewis, I.M. (1991) *Ecstatic Religion. A Study of Shamanism and Spirit Possession* (Second Edition). London: Routledge.

MacCormack, C. and Strathern, M. (1980) *Nature, Culture and Gender*. Cambridge: Cambridge University Press.

Miller, A. (2005) *The Body Never Lies: The Lingering Effects of Hurtful Parenting*. London: W.W. Norton.

Mitchell, S. (2003) 'The need to make adaptations to inspiration when working clinically as a dramatherapist or how Paul Rebillot's work gave rise to The Theatre of Self Expression a ritual form of dramatherapy.' *The Prompt, the magazine of the British Association of Dramatherapists*, Winter, 5-7.

Morgan, L.H. (1977) *Ancient Society; or, Researches in the Lines of Human Progress through Savagery to Barbarism to Civilisation*. New York: Henry Holt.

Nochlin, L. (1995) *The Body in Pieces: The Fragments as a Metaphor of Modernity*. London: Thames and Hudson.

Parkin, D. (1992) 'Ritual as Spatial Direction and Bodily Division.' In D. de Coppet (ed.) *Understanding Rituals*. London: Routledge.

Parkin, D. and Stone, L. (2003) *Kinship and Family: An Anthropological Reader*. Oxford: Blackwell.

Parkin, D. and Ulijaszek, S. (2007) *Holistic Anthropology: Emergence and Convergence. Methodology and History in Anthropology* Volume 16. New York and London: Berghahn Books.

Plato, trans. Lee, D. (1974) *The Republic*. London: Penguin Classic.

Roopnarine, J.L., Johnson, J.E. and Hooper, F.H. (1994) (eds) *Children's Play in Diverse*

Cultures. Albany, NY: State University of New York Press.

Rubin, G. (2006) 'The Traffic in Women: Notes on the "Political Economy" of Women.' Reprinted in E. Lewin (ed.) *Feminist Anthropology: A Reader*. Oxford: Blackwell.

Rycroft, C. (1995) *Critical Dictionary of Psychoanalysts*. Harmondsworth: Penguin.

Szasz, T. (1974) *The Myth of Mental Illness*. New York: Harper Collins.

Szasz, T. (2010) *Psychiatry. The Sciences of Lies*. Syracuse, NY: Syracuse University Press.

Turner, V. (1974) *Dramas, Fields, and Metaphors: Symbolic Action in Human Society*. New York: Cornell University Press.

Turner, V. (1982) *From Ritual to Theatre: The Human Seriousness of Play*. New York: PAJ Publications (Division of the Performing Arts Journal).

Walcott, D. (1963) *The Odyssey: A Stage Version*. London: Faber and Faber.

Wickham, G. (1992) *A History of the Theatre* (Second Edition). London: Phaidon Press Limited.

연극치료에서 제의의 초심리학에 대하여

게리 라우처

제의란 영원과 연대기적 시간이 상호 침투하는 사건이다.

폴 르빌롯(1989, p. 215)

도입

극적인 매체 내에서의 제의에 전적으로 초점을 맞춘 이 책의 이점(利點)은 연극치료사들이 주제를 다양한 각도에서 탐색할 수 있다는 점이다. 나의 경우, 항상 사물의 이치에 대해 깊이 고찰하는 것에 천착하다 보니, 자연스럽게 제의를 초심리학적인 관점에서 생각하게 되었다. 말하자면, 이것은 왜 그리고 어떻게 삶에서의 변화를 가능케 하는가 하는 근본 원칙에 관한 것이다. 또한 내게 중요한 것은 심리학과 존재론 사이의 접점이다. 즉, 제의는 우리의 정신이 우주와 연결되어 있는 방식들에 대해 무엇을 말해 주는가? 그와 같은 연구는 제의의 본질적인 특성을 밝히는 것을 도와줄 수 있고, 어떻게 하면 제의를 가장 효과적으로 사용할 수 있을지에 대해 가르쳐 줄 수 있을 것이다.

연극치료에서 제의의 개관

제의는 다양한 맥락들 속에서 각각 다른 모습을 보이지만, 모든 배경을 관통하는, 분별 가능한 핵심적인 특징들이 있다. 이 장의 한 가지 목표는 연극치료에 특별히 초점을 맞추어, 그 본질적이고 보편적인 특징들을 확인하고 탐험하는 것이다. 그래서 나는 연극치료에의 동시대적인 접근의 범주 안에서, 제의가 내재적으로 그리고 명시적으로 행해지는 방식에 대해 간략한 개관을 시작할 것인데, 이는 주로 내게 가장 친숙한 북미의 연구들에 집중되어 있다.

어떤 연극치료 연구들은 명백히 제의에 뿌리를 두고 있다. 스티븐 스노우(Stephen Snow)의 「제의/연극/치료」(2009)와 클래어 슈레더(Claire Schrader)의 신화-드라마(이 책 5장과 6장 참조) 모두 극적인 구조를 통해 전달되는 원형의 힘에 관한 연구를 목적으로 한 작업이다. 다른 연구들도 중요해 보이는데, 르네 에무나의 5단계 통합 모델(1994, 2009)과 같은 것은 경우에 따라 제의적 요소를 명시적으로 사용한다. 여기서, 제의는 다수의 다른 극적인 테크닉들로 이루어진 연속적인 작업의 끝이나, 한 회기의 마지막에서 요약과 치료적 마무리를 위해 쓰인다.

여전히 다른 접근법들은 제의를 내재적으로 포함시켜 즉흥극이나 다른 형태의 극적인 상연에 통합하는데, 그것의 대표적인 예로는 데이비드 리드 존슨의 발달 변형 모델(2009)이 있다. 이 접근법은 매우 유동적이며, 참여자의 요구의 흐름에 열린 상태로 남아 있기 위해 가급적 사전에 활동을 계획하지는 않지만, 치료사는 참여자들이 자유롭게 즉흥적인 놀이의 상태(놀이 공간)로 들어가고 나오는 것이 용이하도록 형식적인 시작과 마무리에 특정한 구조를 도입할 수도 있다. 예를 들면, 치료사는 참여자들이 상상의 상자에서 상징적인 이미지나 공통된 주제를 끌어내게 한 다음, 각 참여자가 단순히 그에 대한 반응을 연기하게 할 수 있다. 마지막으로, 사이코드라마와 소시오드라마의 3단계 구조로 웜업, 행동화, 나눔이 있는데, 이것도 제의적[1]인 것으로 검토할 수 있다.

심리적인 특성을 은유적으로 환기하는 연극치료가 제의에 의존한다는 점에 대해 더 많은 논의를 하고자 하는 사람도 있을 것이다. 간단한 사례를 예로 들어 보겠다.

나는 근래에 29세의 여성 '노라'와 일련의 작업 과정을 마무리하였다. 우리는 4년간 함께 작업을 해 왔는데, 그 시간 동안 그녀는 과거에 뿌리내리고 있던 많은 문제들을 극복하면서 크게 성장하였다. 그녀는 해외로 이주하려고 하는 상황이었다. 그것은 그녀에게 멋진 기회였다. 작업이 마지막에 이르렀을 때, 그녀는 상실과 불안의 느낌, 즉 직장, 인간관계, 그녀가 떠나게 될 환경에 대한 상실감, 새로운 이국적 장소에서 맞닥뜨리게 될 수많은 낯선 사람들에 대한 불안을 이해할 만한 것으로 받아들이게 되었음을 알게 되었다. 우리 두 사람은 모두 그녀가 직면한 중요한 전환을 고려해 볼 때, 이 같은 감정들을 정상적인 것으로 받아들였다. 나는 그녀가 이 같은 도전들에 대해 독창적으로 자신 있게 대응할 수 있도록 돕기를 원했고, 그래서 간단한 제의라 할 만한 하나의 과정을 제안했다.

나는 노라에게 우리가 함께 작업한 지난 세월 동안 발전시킨 내적인 자원, 힘들, 긍정적인 자질들을 표현하기 위해 얇게 비치는 색깔 있는 천(댄스용 스카프)을 선택하도록 하였다. 그녀가 신중하게 이름을 붙이고, 각 속성을 색깔 있는 스카프와 연계시킬 때, 나는 각 특성들의 이미지를 보다 구체화시키고, 구현된 감정들을 가능한 충분하게 불러일으킬 질문들을 제안했다. 그리고 다음과 같이 요청하였다. 그녀가 인정한 바와 같이, 만약 이 같은 힘들이 새로운 장소에서 그녀에게 유용하다고 느낀다면, 그녀의 목적지로 선택한 의자 위에 한 번에 하나씩 스카프를 배열하도록 하였다. 그 의자는 그녀의 내적인 자원들을 나타내는 일련의 상징들

1. 이러한 접근법을 좀 더 알고자 하는 독자들에게 좋은 입문서로는 존슨과 에무나가 함께 펴낸 『현대 연극치료의 세계』가 있으며, 이 장의 참고 문헌 목록에 수록되어 있다.

에 의해 결국은 아름답게 싸여졌는데, 그 내적인 자원들은 자신감, 창조성, 영성, 사랑하는 이들과의 관계의 연속성, 그녀의 민족적 유산의 풍부함을 말한다.

나는 노라에게 의자에 앉아서 그녀가 구체적으로 표현해 낸 개개의 속성들이 충만하게 살아 있는 현존을 받아들이라고 하였다. 이러한 힘들은 그녀의 것으로, 지난 몇 해 동안 의식적으로 행하였던, 때로는 어려웠던 작업들을 통해 회복하고 성장한 것이었다. 그녀가 스카프를 통해 그 힘들을 확인하고 불러내는 것과 같이, 그러한 속성이 그녀에게 스며들어 새로운 터전에서 계속하여 성장해 가는 데 도움이 되도록 작업을 하였다. 이 작은 제의의 치료적 의도는 오감으로 지각할 수 있는 기억을 천천히 스며들게 함으로써, 그것이 불러일으키는 이미지와 함께, 미래에 필요한 어느 순간, 노라가 이를 상기하여 이러한 자원들과 접할 수 있도록 돕는 것이었다. 시간이 더 허락되었다면, 정교하고 심화된 제의가 가능했을 것이나 사실은 그렇게 못하였다. 하지만 그 회기 동안 노라의 자신감은 상승하고 불안은 줄었다.

나는 노라와 함께한 이 작업을 제의라 칭한다. 그런데 그 이유는 무엇일까? 무엇이 근본적인 요소일까?

제의의 현대적 의미

사람들은 제의란 용어를 다양한 방식으로 해석하고 있기 때문에, 우리의 정의를 좁혀 보는 것도 도움이 될 것이다.

제의란 용어의 스펙트럼의 한 끝에는 **신성한** 집회가 있다. 이것은 상당 부분 제의의 역사적 기원 및 고대 문화에서의 연극과 연관된 것이다. 연극사학자들과 연극치료의 기원을 연구하는 사람들은 공동체가 의미를 추구하고 신성한 것과 연결되려는 활동에서 제의가 비롯되었음을 상기시켜 주고 있다. 그들은 고대 그리스의 디오니소스 제의와 세계의 다양한 문화권에서 이루어지는 제의 공연들을 인용한다. 이 같은 맥락에서 보면, 제의는 연극 자체의 원형적 근원에 관련된, 진정한 인간 활동이라고 생각된다(Grainger 1990). 궁극적으로, 이것은 내가 여기에서 탐험하고자 하는 제의의 더 깊은 의미이다.

하지만 요즘 제의가 사용되는 것을 보면, 그와는 다른, 신성하지 않은 의미들도 있다. 그것들을 간단히 구별하면서, 그것은 이 장의 초점이 아님을 밝히고 싶다. 첫째로, 습관적인 사용이 있다. 이런 맥락에서 제의는 비교적 무의식적인 방법으로 습관상 행해지는 활동을 의미한다: 그녀는 집에 늦게 도착해서 그녀의 편지를 분류하는 의식을 거쳤다. 다음에는 냉소적인 용법이 있는데, 여기에서 제의의 영적인 잠재력은 간접적으로 미신과 동일해진다: 게임을 하기 전마다, 그는 그의 테니스 라켓을 토끼의 발에 문지르는 의식을 치른다. 관련된 유사한 흐름 가운데, 임상적인 용례가 있다: "강박신경증의 일반적 증세의 하나로, 특정한 동작, 즉 손 씻기 등을 병적일 정도로 반복적으로 행함"(Ritual 2010). 이러한 각각의 예에서 제의에 부과된 성스러운 의미는 전복된다. 정형화된 동작을 통하여 의미, 위로, 또는 신성한 힘과의 연계를 구하고자 하는 행동은 잠재적으로 무의식적이거나, 어처구니없거나, 망상적인 것으로 다루어진다.

제의란 용어의 의미에 양극단, 즉 신성함과 아이러니함이 존재한다는 것은 놀라운 일이 아니다. 이 같은 양극단들은 인간성이 삶의 경험에 접근하는 태도의 스펙트럼을 구분해 준다. 즉, 극적인 표현은 비극과 희극의 가면들 속에서 발견된다고 할 수 있다. 우리는 진정으로 하늘에 닿기를 열망한다(그리고 종종 목표에 닿지 못한다). 우리는 또한 방귀를 뀌거나 우리 발에 걸려 넘어질 때 멋쩍게 웃는다.

이 장에서, 이 같은 양극단들을 인지하는 것과 아울러, 나의 목표는 두 가지 관련 있는 아이디어를 서로 연결시키는 것이다. 첫째는 제의를 그 신성한 맥락 속에서(연극치료 사례에 초점을 맞추어) 정의하는 것이고, 둘째는 치유와 성장의 작업 속에서 제의의 초심리학을 설명하는 것이다. 초심리학은 형이상학과 마찬가지로, 가까이 있는 대상의 존재론적인 뿌리를 깊이 파고드는 것이다. 정신의 자아 초월적인 모델을 참고하는 것이 그 논의에 도움이 될 것이다.

제의의 정의를 다듬기

가능한 의미들로부터 정의로 넘어가 보면, 제의에 관하여 표면적인 특징을 대략적으로 기술한 사전적 정의가 무수히 많이 있다. 여기에 제의를 종교적, 세속적, 그리고 임상적 의미의 범위 내에서 파악한 세 가지 예가 있다.

- 계획된 순서에 의해 행해지는 일련의 동작들로 구성된 종교적 혹은 엄숙한 의례. (Ritual 2008)

- 정해진 방법 속에서 규칙적으로 행해지는 행위나 행동의 패턴. (Ritual 2010)

- 불안의 감소를 위해 특정한 방법으로 규칙적으로 반복하는 행동이나 습관. (Ritual 2010)

사전적 정의는 어쩔 수 없이 간결하기 때문에 대상의 더 깊은 의미를 드러내지는 못한다. 제의의 지형학(그것이 어떻게 보이는지에 관하여)을 넘어선 연구의 범위까지 우리는 제의의 실제 기능(그것이 무엇을 하는지)을 고찰해야 한다.

개괄적인 관점에서 볼 때, 나는 제의를 목적을 위해 의도적으로 구조화한 행위로서, 공연을 통해 그 목적을 실현하는 것이라고 정의하고자 한다(제의가 개인적으로 행해지든, 집단적으로 행해지든 말이다). 이 초보적인 정의가 대부분의 사람들이 제의로 생각하는 다양한 범위의 행위들에 공통으로 적용될 수 있고, 종교적이든, 세속적이든, 임상적이든 간에, 다양한 맥락에서 기능한다고 생각한다. 영혼을 불러내기 위해 촛불을 켜든, 원시의 통과의례를 축복하든, 손님들에게 인사로서 절을 하든, 혹은 불안을 줄이려고 연필들을 일렬로 세우든, 제의적인 행위는 바라는 결과물을 촉진하기 위해(그것이 나오든지 여부에 상관없이) 어느 정도의 의도성(그리고 때로는 반복성)을 가지고 행해진다.

성스러운 제의를 다룰 때, 우리는 이 개괄적인 정의를 심화시킬 필요가 있는데, 이는 우리가 소위 신성함에 쉽게 도달하고 의식의 더 깊은 수준으로 확장해 들어가기 위함이다. 이 같은 목적을 위해, 앞에서의 정의를 확장하여 제의를 다음과 같이 정의한다. 즉, **제의란 관습적으로는 도달하기 어려운, 깊은 영적 자원으로부터 응답을 바라거나 그것을 불러내기 위해 의도적으로 수행되는(가끔은 반복적으로) 행위로, 그 같은 반응을 촉진하여 지각, 행동, 환경 면에서 인식할 만한 변화로 이끄는 것이다.** 이 같은 정의 속에 함축된 의미는 무엇인가를 추구하는 제의 수행자와 응답하는 (때로는 신성한) 힘 사이의 상호 관련성이다. "신성함"이란 더 충분한 탐험을 요구하는 개념이기 때문에, 나중에 다시 언급할 것이다.

신성한 제의의 경우에 이 같은 확장된 정의가 어떻게 정밀하게 적용되는지, 연극치료의 맥락에 특별히 초점을 맞추어서, 좀 더 자세하게 검토해 보자. 그 정의를 네 부분으로 구분해 보면 다음과 같다. (1) 필요한 만큼 반복적으로 수행되는 행동들, (2) 잠재적으로 강력하지만 아마도 영적인 자원을 바라거나 불러내기 위한 목적으로, (3) 그 자원으로부터 응답을 촉진하기 위해, (4) 참여자의 의식, 감정적인 상태, 또는 환경에서의 눈에 띄는 바람직한 변화에 도달케 하는 것이다. 이를 좀 더 정밀하게 구성해 보면 다음과 같다.

1. 반복적인 **동작**의 역할은 참여자의 주의 집중을 위해 감지할 수 있는 초점을 제공하는 것이다. 이것은 그들의 동기를 규합하고, 제의의 목적과 관련된 상징적이고 가시적인 틀을 세우며, (이것이 적용되는 한에서) 제의의 전체 과정을 시간에 걸쳐 순환적인 반복을 통하여 강화시키도록 돕는다. 신체적인 움직임은, 성숙과 치유의 힘을 활성화시키는 데에 필수적인, 심리적 몰입을 촉진한다. 노라와의 제의는 개개의 특성에 따라 스카프를 선택하고 새로운 집을 나타내는 의자에 그것을 상징적으로 배치하는 것으로 구성되었다.
2. **바라기**(*Invocation*)와 **불러내기**(*evocation*)는 각각 초월적인 상태로 혹은 내면으로 도달하는 데 필수적인 과정이다. 분명히 하자면, 바라기는 자아 초월적인 힘 혹은 신성한 힘(원형을 포함할 수도 있다)과 같이, 존재나 의식의 보다 높은 차원으로부터 도움을 청하는 것이다. 한편, 불러내기는 사람의 고유한 내면의 미지의 잠재성으로부터 도움을 받기 위해 안으로 향하는 것이다(Cedercrans 1993). 제의는 사용되지 않은 자원들, 즉 조력할 힘을 가진 영적이거나 정신적인 자원들에 다리를 놓는 과정에서 한 가지 혹은 두 가지 모두를 사용한다. 종교적인 제의는 신에게 기도하는 것과 연관될 수 있다. 영적인(하지만 꼭 종교적이지는 않은) 제의는 사람의 초월적 자기(영혼)에게서 치유의 잠재력을 바라는 것과, 잠재의식에서 쓰지 않은 힘들을 불러내는 것과 연관될 수 있다. 연극치료의 맥락에서는 제의가 신화적인 원형을 기원하거나, 참여자 안에 감추어져 있거나 발현되지 않은 역할을 불러내는 것과 연관되는데, 예를 들어 에무나의 내면의 양육하는 부모(1994, 2009)나 랜디의 안내자 역할(2009)[2]이 그것이다.

---

2. 에무나의 **내면의 양육하는 부모**(*internal nurturing parent*)와 랜디의 **안내자**(*guide*)는 참여자에게 필수적이지만 계발되지 못한 심리적 잠재성을 불러내는 연극치료의 역할로 여겨진다. 두 가지 접근법 모두 참여자에게 치료에서 이 같은 역할을 입고 연기함으로써 자기 성숙과 내적인 역량에 있어 의식적 접근 및 자신감을 확장하게 한다.

노라와의 제의에서, 그녀는 미래의 집에서 쓰고자 하는 내면의 힘들을 이름 붙이고 불러내는 매체로서 천을 사용했다. 내가 참석한 애도의 워크숍에서는 참여자들에게 상실감의 부인과 그것의 궁극적인 수용의 경험을 보편화하기 위해 오르페우스의 원형을 불러냈다(Dupolis 2010).

3. 제의가 목표로 하는 자원을 효과적으로 바라고 불러내는 것에 초점과 의도가 충분히 맞추어질 경우, 그 자원으로부터 신성하거나 인간적인 반응이 촉진된다. 그러한 반응은 여러 방식으로 경험될 것인데, 예를 들면 통찰, 영감, 상실된 능력의 회복, 카타르시스, 관계성의 회복이 있다.

   노라의 경우, 이 같은 과정은 그녀가 불러낸 힘과 속성의 현존을 인식하게 해 주었다.

4. 이 과정의 실질적인 결과는 알아볼 만한 변화를 가져온다. 그 변화들은 형태와 정도의 면에서 상당히 다양하다. 거기에는 인식의 전환, 이해의 심화, 감정적인 표현, 혹은 어쩌면 새로운 수준의 자기 통합이 포함된다. 심리적인 전환은 종종 행동의 변화를 일으키며, 그에 따라 차례로 환경의 변화를 이끈다.

   노라의 경우, 변화는 그녀의 행동과 관련된 불안의 감소와 함께 자신감의 증가로 관찰되었다.

제의의 결과들

제의는 규모와 범위에 있어 매우 다양하다. 제의를 수행하는 사람들의 진정성, 초점, 집중도 역시 다양하다. 그러므로 내가 신성한 제의라 정의하는 것의 패러다임은 여러 가지 다른 방식으로 설명할 수 있다. 여기에 세 가지 구체적인 예가 있는데, 그중 두 가지는 연극치료에서 온 것이다.

- 슬퍼하는 자는 초를 켜고 잃어버린 사랑하는 사람을 기리는 기도를 한다. 그녀는 전에 없던 평화의 느낌으로 가득 차 있다. 슬픔은 남아 있지만, 그것은 이제 위로의 빛으로 충만하여, 상실을 달콤 쌉싸름한 것으로 만들어 준다.
- 발달 변형 집단에서 치료사와 참여자가 즉흥극을 시작할 때, 각 집단원이 놀이 공간에 들어가는 방법으로서, 상상의 커튼을 통하고 테마 음악과 동작을 분명하게 하는 것으로 시작한다. 이로써, 집단은 상호작용하여 놀 수 있는 새로운 단계로 접어들었음을 알게 된다.
- 제의 연극 집단(Ritual Theatre Group)에서 참여자들은 신화나 동화에서 동일시하는 원형적인 인물을 그린 가면을 만든다. 가면을 쓰고 원을 만들어 그 인물을 연기하기 시작할 때 몸이 뚜렷하게 바뀌는 것을 느낀다. 새로운 감수성이 몸을 조형하고, 가면 아래 얼굴은 새로운 표정을 띤다.

이 개별적인 예에서 참여자들은 변화를 촉진할 영향력에 자신을 열 수 있도록 고안된 행위를 한다. 이 같은 변화 중의 몇 가지는 심리적이고, 어떤 것들은 영적인 것으로 생각될 수 있다. 하지만 실제로 많은 변화는 둘 다를 포함하기 때문에, 그 둘 사이의 경계를 정확히 가르기는 어려울 것이다. 엄격하게 말해, 심리적인 변화는 그들의 일상적인 활동과 관계의 제한된 영역 내에서 기능하는 방식과 관련이 있다. 또한, 영적인 변화는 인생의 의미에 관한 경험뿐 아니라, 사회와 우주에 속해 있는 경험과 관련된다.

확실히, 제의가 항상 변화로 귀결되는 것은 아니다. 사람들은 제의를 통해 변화를 경험하지 못할 수도 있고, 혹은 다른 시간에 다른 단계의 변화를 겪을 수도 있다. 무엇이 그와 같은 변화를 설명해 주는 것일까, 하는 의문이 자연스럽게 일어난다. 내가 작업하는 전제는, 신성한 제의 수행의 기저에 변함없는 초심리학적인 원칙들이 깔려 있다는 것이다. 제의를 활용하는 사람들 간에도 효과와 관련하여 일치하지 않는 결과가 나타나는데, 그것은 몇 가지 가능한 변수에서 비롯된 것일 뿐, 제의 자체의 고유한 본질에 의한 것은 아니다. 대개 그 같은 문제들은 제의에 임하는 이해타산적 태도, 자세 때문인 것으로 돌리고 싶다. 어떤 행위의 실행에서도 다양한 개인들은 다른 수준의 흥미, 동기부여, 초점, 수용성에 따라 주어진 제의에 접근할 것이다. 같은 사람이라도 때에 따라 같은 제의에 다른 정도의 동기부여와 개방성을 보일 것이다. 그 같은 편차는 자연스러운 것이며, 시간의 흐름에 따라, 참여자들이 치료에 참여하는 능력과 치료를 효과적으로 사용하는 능력에서 변화가 있음을 치료사들이 인식하는 것과 관련이 있다.

이 같은 변수들 가운데 가장 일반적인 것은 변화에 대한 관성적인 저항이다. 우리가 복잡한 만큼, 우리는 종종 의식적으로 성장을 추구하는 동기와, 현재 상태에 지장을 주는 것으로서 성장에 대한 무의식적인 반대 사이에 일어나는 전쟁을 숨긴다. 사람들은 절망 가운데 결과를 얻고자 하는 의지에 찬 결심으로 제의에 참여하지만, 그들의 강퍅함은 억압된 갈등을 가린다. 그들의 숨겨진 공포는 오래된 패턴을 해방시키고 새로운 패턴을 위한 공간을 만들고자 하는 어떤 시도도 약화시킨다.

이것은 심리적인 요소들의 복잡성이 제의에 개입되는 것을 설명해 준다. 골디락스 효과(Goldilocks effect)[3]가 이를 잘 드러낸다. 이를테면 지나치게 열심히 하거나 지나치게 방만해서 그 과정이 실패한 것으로 보일 수 있다. 하지만 자발적인 개방성과 균형을 유지하며 접근할 때, 어떤 내적 공간이 해방되면서 제의의 기저에 깔려 있는 원칙들이 작동할 수도 있다. 참여자의 의도가 응답할 수 있는 원천에 접속되면 변화가 진행되는 것이다.

3. 너무 크거나 작지 않기 때문에 결과가 성공적인 경우로, 「골디락스와 곰 세 마리」라는 영국 전래 동화에서 따온 말이다. 숲속에서 길을 잃고 헤매다 우연히 곰 세 마리가 사는 집에 들른 골디락스는 곰들이 끓여 놓은 세 종류의 수프를 발견한다. 세 종류는 각각 뜨겁고, 차갑고, 뜨겁지도 차갑지도 않은 것이었는데, 골디락스는 이 중 뜨겁지도 차갑지도 않은 적당한 온도의 수프를 선택해 허기진 배를 채웠다고 한다: 옮긴이.

그러므로 원칙의 토대 위에서 제의의 효율성이 작동하고, 노력과 결과가 조응한다는 가설을 받아들인다면, 우리는 탐험의 다음 단계로 나아갈 준비가 된 것이다.

제의의 초심리학을 제안하기

초심리학은 심리의 표층과 사실적인 국면의 밑으로 면밀한 조사를 하여 저변에 깔려 있는 가르침과 원칙을 철학적으로 이해하기를 열망한다. 그 용어는 1897년 프로이트에 의해 최초로 만들어졌다. 그것은 그가 추구하고 있던 일련의 연구를 기술할 방법을 나타냈는데, 그가 알기로는, 이는 경험적이라기보다 추론적인 것이었고, 또한 형이상학과 유사하였다. 하지만 그는 보다 "과학적"이기를 소망했다(Holt 1989). 프로이트가 초심리학에서 참조한 틀은 정신분석적인 사고의 원리와 관련이 되었는데, 당시 다른 사람들에게 그 용어는 다양한 심리학적인 틀에서 광범위하게 적용되어 쓰였던 개념이었다.

여기서, 초심리학은 제의가 인간의 심리와 우리가 살고 있는 보다 넓은 존재론적인 맥락에서 왜 그리고 어떻게 작용하는가 하는 것을 탐험하는 것과 관계가 있다. 내가 앞서 간략하게 언급한 바와 같이, 내가 제안했던 신성한 제의를 위한 4가지 요소는 주요한 두 배우를 상정한다. 즉, 탄원자와 응답자(또는 응답하는 기능)로, 탄원자는 물론 의식을 주재하는 사람이다. 응답자의 본질은 정의하기 더 어렵다. 우리의 논의에서는 그것을 관념적으로 남겨 둔다. 누가, 무엇이 탄원자에게 응답하는가?

앞에서 나는 그와 같은 응답이 두 가지 다른 영역에서 비롯되는 것으로 보인다고 제안했다. 어떤 경우에는 그 응답이 성격 안에 숨겨져 있거나 아직 활용되지 않은 힘, 특성, 또는 잠재적인 역할로서 나타난다는 점에서,

본질적으로 심리적인 것으로 보인다. 우리는 이 응답의 원천을 소위 개인의 무의식에 돌릴 수 있다. 하지만 제의에의 응답이 신성하거나 영적인 원천으로부터 온 것으로 보이는 경우도 관찰하였는데, 명백하게 탄원자의 인성의 범주를 넘어선 것이 그것이다. 예를 들면, 심오한 평화나 모든 존재들과 헤아릴 수 없이 깊이 연결되어 있는 느낌과 같은 것이다. 우리가 자연의 응답을 어떻게 더 잘 이해할 수 있겠는가?

이런 신비에 대한 하나의 대답은 인간의 정신에 대한 시야를 확장하여 표면적인 인성 이면의 것을 더 보는 데 있다. 이러한 자아 초월적인 관점에서, 제의의 응답자는 심리적이든, 초자연적이든, 늘 탄원자의 확장된 존재의 스펙트럼 내의 어딘가에 위치하게 되는 것이다. 인간은 깊고 복잡한 다층의 실재이다. 우리는 대개 우리가 어떻게 보이는지, 즉 우리가 어떻게 생각하고 느끼고 행동하는 하나의 몸을 가진 페르소나인지 알고 있지만, 이처럼 가시적인 특징들을 넘어서 일반적으로 의식하고 있지 않은 많은 층들과 면들로 구성되어 있기도 하다. 그런 차원들은 일반적인 인식을 넘어선 것이고, 이런 차원에서 우리 연구의 도구들은 필연적으로 주관적이고 자기 발견적인 것이기 때문에, 이 영역에 대한 연구는 초심리학적인 것이다.

아사지올리의 정신의 지도

자아 초월 심리학의 개척자이고 정신 통합 이론의 선구자인 로베르토 아사지올리는 의식의 스펙트럼을 개념화하는 유용한 모델을 제공하였고, 우리는 그 안에서 초월적이거나 심리적인 제의의 응답자의 위치를 나타낼 수 있게 되었다. 아사지올리(1888-1974)는 이탈리아의 정신과 의사이고 융과 동시대인이었다. 그는 융의 자아 초월적인 사상들을 많이 공유하였는

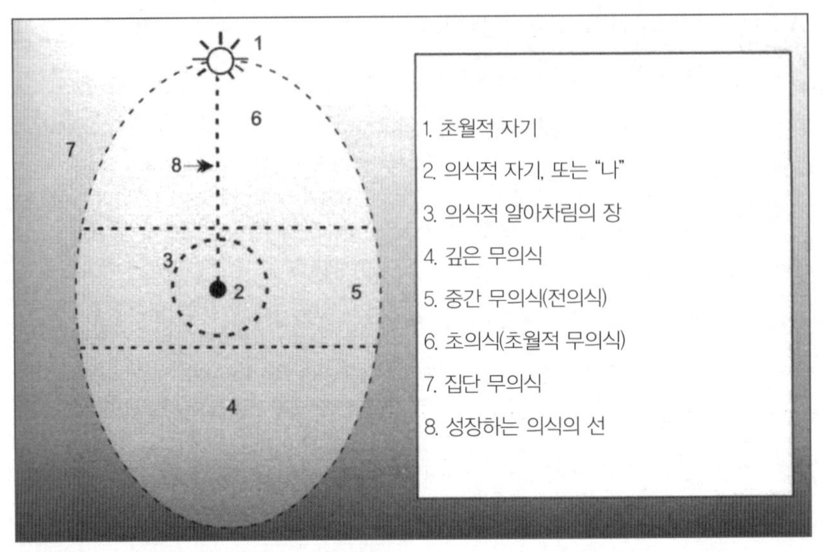

그림 3.1 _ 아사지올리의 달걀 도해

데, 내가 생각하기에, 인간의 정신에 관해 더 확실한 모델을 제공했다. 그림 3.1은 아사지올리의 달걀 도해(egg diagram)(1965)를 각색한 것으로, 인간 정신의 구조에 대한 그의 사상의 몇 가지를 설명해 준다. 아사지올리는 동방의 영적인 전승인 신지학(神智學)의 학자였고, 앨리스 베일리의 가르침인 "늙지 않는 지혜"(내가 공유하는 모든 관심들)를 공부하였다. 그림을 보면 이와 같은 자원들과, 명상 수련에서 얻은 아사지올리 자신의 통찰이 명백하게 드러난다. 나는 그의 모델에 대한 해석과 함께 그것이 어떻게 제의에 적용되는지를 살피고자 한다.

(주의: 정신과 같이 추상적인 것을 시각화하는 것은 개념을 구체화하여 이해를 돕기 위한 도구일 뿐임을 기억하라. 지도가 유용하다고 해도, 그것과 그것이 표시하는 영역을 혼동해서는 안 된다.)

개관을 하자면, 그림은 개인의 자아 안의 두 양극을 묘사하는데, 영적인 초월적 자기와 구체화된 의식적 자기 또는 "나"가 그것이며, 개인 무의식과 집단 무의식의 여러 단계들로 둘러싸여 있다. 초월적 자기와 의식적 자기 사이에 연합과 상호작용을 증가시키도록 관계를 발전시키는 것이 지도에 함축적으로 내포되어 있다.

1. **초월적 자기**(*The higher self*). 이 작은 복사(輻射)하는 구(球)는 우리의 초월적인 자원의 개별적인 광채와, 많은 지혜로운 교훈들이 옹호하는 신성한 의식(意識)의 씨앗이 우리 내면에 존재함을 표현한다. 그것은 영적인 잠재력의 자아 초월적인 영역이고, 정신에 침투하되 그것을 초월하는 의식의 지점이자, 개인적 자아(personal ego, 2번)에 대한 초연한 관찰자이다. 어떤 전통에서는 이것을 영혼이라 부른다. 그것은 지혜와 영성의 자원이며, 제의와 관련해서는 신성한 응답자라고 생각된다. 초월적 자기에 의식적으로 접근하는 것에 관하여, 명상적인 전통에서는, 우리가 특별한 영적인 각성에 도달하기 위해서는 직집적인 알아차림을 넘어서야 함을 시사한다. 그것에 앞서, 우리는 존재를 절정의 내용, 영성과 직관의 섬광, 혹은 양심의 소리로서 추론할지 모른다.

2. **의식적 자기, "나" 또는 자아**(*The conscious self, "I" or ego*). 원의 중심에 있는 점은 우리가 보통 우리 자신이라고 여기는 의식적인 정신/뇌로 표상되는 자기 인식의 지점을 나타낸다. 이것은 우리가 "나"라고 지칭하는 존재이다. 우리가 그것을 의식적으로 동일시한다 해도 그것은 우리의 전(全) 존재 중에 일부에 불과할 뿐이다. 이 의식적 자기는 형태 속에 사는 초월적 자기의 부분적 반영이다. 초월적 자기는 그 형태의 한계로 인해 의식에 갇히게 된다. 사람이 어느 정도의 자아실현을 이룰 때까지, 이 같은 구체화된 자아는 초월적 자기나 무의식

의 다른 양상들에 대해 의식하지 못하거나 겨우 희미하게 알아차리는 정도에 머무른다. 길게 보면 정신영적(psychospiritual) 성장은 자아와 초월적 자기를 의식적으로 관련짓는 것과 관계가 있다(8번, 수직의 점선에 의해 표시됨). 제의와 연관하여 보면, 자아는 참된 열망의 순간에 탄원자가 된다. 아이러니하게도, 자아는 관습적으로 자신을 나의 전부라 혼동하기 때문에, 초월적 자기의 직관적인 인도에 저항하거나 반발하여 그것을 자주성에 대한 위협으로 해석하기도 한다. 그러므로 자아가 성장을 향한 참된 열망에서 제의에 임하는 개방의 순간들은 자아와 초월적 자기 사이에 의식적인 연합을 이룰 중요한 기회가 된다.

3. 의식적 알아차림(*conscious awareness*)의 장(場). 의식적인 "나"를 둘러싼 원은 감각, 느낌, 생각의 견지에서 즉각적인 알아차림의 요소들을 표현한다. 이 그림에서 원을 둘러싼 경계선과 다른 경계선들을 점선으로 나타내고 있음을 주목하라.

4번부터 6번까지는 우리가 즉각적으로 알아차리지 못하는 개개의 정신 영역을 나타내고 있는데, 무의식의 다양한 층위로 표기되고 있다. 그림에서 가변적인 음영은 밀도나 예민함의 상대적인 수준을 나타낸다. 영역들 사이의 점선들은 절대적인 경계선을 표시하는 것이 아니고, 전이될 수 있는 구역을 나타내고 있다.

4. 깊은(*lower*) 무의식. 이것은 생물학적인 뿌리를 지닌 욕동들, 깊이 조율된 도식과 패턴들, 원초적인 감정, 정서적인 요소들에 대한 기억의 혼합물을 나타내는데, 이것이 표출되면 불안을 불러일으킬 것이기 때문에, 현재와 무관해 잊히거나 방어적으로 억압된 것들이다. 그러

므로 이것은 또한 억압된 정서적 에너지와 관련된, 부정적이고 자멸적인 패턴의 지점이기도 하다. 그 같은 부정적인 패턴들은 잠재적으로 치료 중에 재패턴화 되는 것으로 드러나기도 한다.

5. **중간**(*middle*) **무의식 혹은 전의식**(*pre-conscious*). 이것은 그 순간에 알아차리지 못하는 감정적이며 인지적인 요소이지만, 쉽게 회복할 수 있고, 회상할 수도 있다. 자아가 이 영역에서 살아 움직이는 것의 중재자이기 때문에, 그것의 감정적 요소는 자아 친화적인 것, 중립적인 것, 그리고 상당히 자아 이질적인(억압이 일어날 정도까지 이르지는 않은) 요소들의 혼합체일 것이다.

6. **초의식**(*superconscious*), **또는 초월적**(*higher*) **무의식**. 이 영역에는 매우 정제된 인식, 정서, 통찰, 직관이 포함되어 있는데, 이는 정신 안에서 초월적 자기의 눈부신 영향력의 반경을 반영하고 있다. 이것은 또한 초월적 자기를 통해 드러나는 원형이 극단적으로 절묘한 추상에서 자아가 이해할 만한 개념적인 형태 또는 상징적인 이미지로 전환되는 영역이기도 하다. 그러므로 이것은 의식적 "자아"를 통해 외부적인 표현을 찾기 전에 위대한 사상이나 예술이 처음으로 형태를 띠는 정신의 영역인 것이다. 제의의 관점에서 보면, **심리적** 응답자를 이 영역 안에 두고 싶다.

7. **집단 무의식**(*The collective unconscious*). 융과 마찬가지로, 아사지올리는 심리적인 보편성, 즉 함께 공유하는 잠재적인 의식(意識)과 원형적 요소의 장(場) 내에 개인적인 정신이 존재한다고 인식하였다. 그는 또한 변화도의 음영과 같이, 이 같은 집단적인 장이 개인적 정신 안에서 반영되는 것과 유사한, 넓은 스펙트럼을 구성한다고 시사하였다.

비록 이 지도가 개인적인 정신의 영역들이 고정된 관계 속에 있음을 나타낼 수도 있으나, 실제 사례는 그와 같지 않다. 이 같은 양상들 사이의 관계는 실제로 상당히 역동적이며, 시간이 지나면서 개인이 심리적, 영적으로 발전함에 따라 진화한다. 그의 책 『의지의 행위』(1973)에서 아사지올리는 이 같은 발달적인 개선과 변화의 몇 가지를 설명하는 일련의 그림들을 제공하고 있다. 여기에 인용된 그림은 발달하는 인식의 집단적인 인성 수준을 반영한다. 자아와 초월적 자기(8번) 사이의 연계선은 주로 알아차림의 문지방(threshold) 아래에서 발달하고 있으며, 아직 의식적이지는 않다. 치유의 제의는 그 같은 연계를 강화시키는 도구들 중의 하나이며, 그것을 넘어서, 점점 증가하는 의식적이고 협력적인 상호작용 속에서 초월적 자기와 자아 사이를 연결하는 데 필수적인 명상 훈련이라 생각한다.

심리적 진화와 제의적 치유

아사지올리는 자아 초월적 심리학의 개척자로서, 그가 연구한 늙지 않는 지혜(the Ageless Wisdom)에서 얻은 통찰을 현대 심리학에 적용할 수 있는 용어로 바꾸는 것에 관심이 있었다(Assagioli 1993; Bailey 1972). 나는 그의 지도에 함축되어 있다고 믿는 몇 가지 원칙들을 밝히고, 그것들을 앞서 논의한 제의적 대화의 사상에 곧바로 연결시켜 보고자 한다. 다음 절(節)의 사례 연구가 임상적 적용에서의 이 원칙들을 명확히 해 줄 것이다.

이 가르침에서 핵심적인 개념은 우주가 살아 있고 지적(知的)이며 진화하고 있다는 것과, 존재의 양극, 즉 비현현(영혼)과 현현(물질) 사이에서 에너지의 역동적이고 자기(磁氣)적인 상호작용에서 생성된다는 것이다. 아사지올리의 달걀 도해는 개인의 정신이 소우주적인 수준에서 이같이 역동한다는 것을 반영하고 있다. 이것은 상응의 법칙 — "위와 같이, 아래도" —

을 명백하게 밝혀 준다. 초월적 자기를 포함하는 상단의 범주는 영혼에 더 가까운 에너지 진동수를 나타낸다. 그것들은 더 가볍고 더 섬세하며, 그래서 우주를 가득 채울 지성과 진화적 목적에 더 반응한다. 반대로, 더 어두운 하단의 범주는 물질에 더 가까운 극을 표현한다. 이 극은 더 무겁고, 거칠며, 더 느리게 반응한다. 양극단 사이의 에너지의 상호작용은 물질을 가볍게 해 주고 영혼을 가라앉게 하여, 양극단에서 정신의 의식적인 경험을 확장하는데, 이는 심리적인 진화에 기여한다. 이 같은 맥락에서 진화는 종의 생존에 기여하는 성공적인 적응이라는 다윈의 사상보다 훨씬 더 광범위한 발달 개념이 된다는 것을 주목하라.

심리적 건강과 부조화의 스펙트럼은, 대체로 길 찾기와 치유의 원천인 초월적 자기를 통해 오는 진화적인 충동에 대해, 정신의 다양한 요소와 차원들이 그에 연합하고 반응하는 정도를 반영한다. 인식과 정서적 에너지의 잠정적 왜곡은 진화적 충동과 연합하지 못하고, 치유가 필요한 많은 것을 설명해 주지 못해 생기는 부산물이다.

이것은 늙지 않는 지혜의 가르침에서 인간 정신에 대한 우주적인 맥락을 묘사하는 매우 빠르고 축약된 방법이다. 일반적으로 병은 직접적인 의미에서 대인 관계의 실패와 남용으로부터 비롯되는데, 늙지 않는 지혜는 이 같은 실패가 진화하는 우주 안에서 제자리를 찾지 못하는 인성의 집단적 무지에서 기인한 결과로 본다. 하나의 살아 있는 우주에서 본질적인 상관성을 보지 못하는 것은, 우리가 개인적으로나 집단적으로 서로 관계 맺는 방식에 무수히 많은 왜곡을 초래한다. 치유는 우주적인 진화의 계획에서 생래적이고 하나로 아우르는 지혜와 연합하기 위해 천천히 되돌아가는 과정이며, 제의는 이 과정에서 해야 할 역할이 있다.

이것을 앞서 제안했던 제의적 대화의 개념과 관련지어 볼 때, "대화"란 한 사람의 의식적인 자아가 치유를 좇아서 전체적인 정신의 더 깊은 무의식적인 부분을 향한 요청을 공식화할 때 시작된다고 할 수 있다. 더 깊은 부분은 잠재적으로 초월적 자기이거나, 초의식 안에 자리 잡은 긍정적이지만 깨닫지 못한 흔적이다. 어떤 자원이 응답하는지는 자아의 목적과 제의를 통해 표현된 욕구에 달려 있다.

아사지올리의 지도에서 깊은 무의식이 또한 치유에서 중요한 역할을 하는데, 그것은 상처, 습관, 무지에서 치닫게 된 고통의 복합체의 자리이기 때문이다. 이 같은 부정적인 요소들은 정신적-정서적 에너지의 정체된 장애와 왜곡이며, 그 무게로 인해 무의식의 깊은 영역으로 가라앉는다.

신성한 제의에 성공적으로 참여할 때, 참여자는 초월적 자기(신성한 응답자)와/또는 초의식(심리적 응답자)으로부터 충분한 빛의 에너지를 요청하고 끌어옴으로써 치유를 도모하며, 이것이 원하는 변화의 초점인 강력한 부정적 패턴에 광명을 비춘다. 참여자가 반드시 자신이 이용하는 원천들의 본질에 대해 알고 있을 필요는 없다. 치료 과정에서 드러난 부정적 패턴은 깊은 무의식으로부터, 관리하기 쉬운, 의식적 자각의 중간 구역으로 올려진다. 거기에서, 참여자가 대상을 판단하지 않은 채 알아차리는 것을 배울 때, 의식의 치유하는 빛이 연극 속으로 들어온다. 이 빛은 부정적인 지난 경험들에 대한 통찰을 얻을 수 있게 하고, 연금술적으로 그것들을 변화시킬 수 있게 한다. 이렇게 함으로써, (초월적 자기로부터 일어난) 의식적 자각의 빛이 부정적 패턴으로부터 정신적 에너지를 해방시켜, 건강한 방법으로 이동할 수 있는 에너지를 허용한다. 예를 들면, 무가치하고 사랑스럽지 않은 존재라는 왜곡된 도식이 초월적 자기로부터 순수하게 관통하는 의식에 노출되면, 왜곡으로부터 천천히 정신적 에너지를 해방시켜 자신의 진정한 가치를 인식하게 되는 것이다. 인정하건대, 이것은 말하는 것이 행하는 것보다 쉽다. 하지만 제의는 치유에 필요한 깊은 잠재력과 교감하게 하는 능력을 갖고 있다.

이 절(節)은 상당 분량의 치유 이론을 몇 개의 간결한 문장들로 압축하여 제의의 초심리학을 위한 철학적 배경을 실명한다. 짧은 말로 많은 것을 담았기 때문에 필연적으로 환원적이다. 그것이 표현하고자 하는 사상의 요체를 깊이 있게 파악할 수 없지만, 흥미를 유발하여 독자들을 더 깊은 고찰로 이끌기를 바란다. 이 철학에 대한 애착은 그것의 가르침과의 직관적인 공명에 근거한 것임을 말하고 싶다.

사례 연구

내가 제안한 제의의 초심리학의 원칙에 대한 설명을 덧붙인 연극치료 사례를 제시하면서 이 장의 결론을 맺고자 한다.

"니콜라스"는 재능이 있지만 자신을 의심하는 43세의 예술가였다. 10년 전에 이혼했고, 작은 호텔에서 야간 지배인으로 일하면서 생계를 유지했다. 이것은 창조성이 결여되어 있다는 점에서 그가 극도로 증오하는 직업이었지만, 그 벌이에 생계를 의존하고 있었다. 닉은 큰 존재감을 지닌, 창의적이고 지성적이며 섬세한 남자였지만, 자신의 잠재력을 발휘하지 못하고 있다고 느꼈고, 그로 인해 심한 우울증의 발병, 자기 비난, 불안, 무기력의 증상을 호소했다. 또한 그는 다른 사람들과 의미 있는 관계 맺기를 어려워했고, 아주 외로워했다.

닉은 가난한 이주민 대가족의 막내였다. 그의 임신은 예정되지 않았던 것이었고, 그래서 그의 어머니는 어쩔 수 없이 그를 삼촌과 숙모에게 맡겼는데, 그들은 그를 짐으로 여겨 맡기를 꺼렸다. 놀랄 것도 없이, 닉은 내면 깊숙한 곳에 원치 않는 존재라는 각인을 지니고 있었고, 따라서 다른 사람, 특히 여자와 가까워질 때마다 곧 포기 쪽에 따르는 커다란 두려움을 갖게 되었다. 미국에서 문화적 이방인이라는 느낌은 상황을 더욱 악화시켰다. 그에 반해, 닉은 천성적으로 낙천적이어서 굉장한 에너지를 가진 것처럼 보였는데, 스트레스를 완화하기 위해 명상 수련을 해 왔다.

몇 년간에 걸쳐 닉과 내가 함께 한 작업은 발달 변형부터 역할 기법, 5단계 통합 모델에 이르는 많은 다양한 연극치료 접근법에 걸쳐 이루어졌다. 작업의 후반부에는 점진적으로 명상, 목표 설정, 내적인 자원을 바라기/불러내기를 축으로 삼을 수 있는 제의 형태로 이동했다. 과정 초반에도, 일상적으로 "발을 구르는 제의"로 회기를 시작했다. 우리는 함께 방 안을 돌면서 발을 굴렀는데, 이것은 닉이 자신의 몸을 잘 느끼도록 돕기 위함이었다. 심리치료사 아노데아 주디스(1996)가 지적한 바에 의하면, 어린 시절에 학대, 무관심, 인정받고자 하는 노력의 반복적 실패로 인해 수용과 지지를 상실한 사람들은 몸으로써 존재하거나 살아갈 권리를 잠재적으로 의심하게 된다. 그들은 보통 방어[기제]로서 합리화와 해리를 사용하며, 신체적인 신호에 대해 상대적으로 알아차리지 못한다. 닉은 이 같은 증상을 그대로 보여 주었고, 그래서 발을 구르는 의식은 닉의 정신적인 인내를 끊임없이 깨뜨렸다. 이는 그가 몸을 느끼게 함으로써 몸으로 하는 작업을 가능하게 하는 방법이 되었다.

시간이 흐르면서, 내가 닉에게 가르친, 감각을 깨우는 시각화를 통해 문제의 더 깊은 수준에 접근하였고, 그는 그것을 혼자서도 연습하여 큰 도움을 받았다. 그것은 차크라 이론(Judith 1996)에 기초한 것으로, 몸 안에 있는 미묘한 에너지의 소용돌이와 심리적 기능에 관한 연구 그리고 에너지는 흐른다는 원리를 합한 것이다. 바닥에 조용히 앉아서 호흡에 집중하며 마음을 가라앉힌 다음, 다리와 꼬리뼈의 끝으로부터 대지의 깊은 지점까지 뻗어 나가는 뿌리를 그려 보는 창의적인 상상력을 사용하는 것이다. 그리고 지지하고 돌보는 대지의 에너지가 이 뿌리들을 통해서 신체로 부드럽게 흘러들어가, 몸이 따뜻한 환영을 받는 집이 되는 것을 시각화하고 느낀다. 그 과정은 이 같은 선물을 준 대지를 감사의 마음으로 받아들이면서 끝난다. 많은 사람들에게 이러한 연습은 몸에 대한 뚜렷한 인식과 위로를 이끌어 낸다. 앞서 말한 제의의 요소를 보면, 의식적 "자아"는 기초를 세워 치유를 하고자 이 연습을 시작하는 탄원자가 된다. 응답은 초월적 자기로부터 오며, 어머니 대지(Mother Earth)와 우리가 하나인(속세의 육체뿐만 아니라 원형으로서) 실재를 인식하는데, 그것이 수용적인 의식적 "나"를 향한 체험직 의미로 확징할 수 있다.

몸을 느끼고 인식하는 것은 닉이 이루어 낸 다른 진전에 기초가 되는 것이었다. 시간이 흘러, 그가 과거의 상처와 현재의 어려움을 연결할 수 있게 되었을 때, 우리는 초기의 상처로 인해 상실했던 그의 자아의 일부를 회복하기 위해 연극치료를 할 수 있었다. 어떤 회기에서 닉은 11살 때로 돌아가, 독백으로, 숙모의 작은 편의점에서 그녀를 도와 일하는 장면을 재현하였다. 그녀는 닉이 상품을 잘 진열하지 못한다고 심하게 비난했지만, 한편으로 손님들을 유명 인사처럼 대접하는 것에 대해서는 칭찬을 해 주었다. 닉은 그래서 실망했고, 혼란스러워했다. 그는 어른으로서 어린 시절의 자신을 보면서, 자신이나 그가 느끼는 것에 대해서 한 번도 인정한 적이 없던 숙모가 그의 모방 재능을 적절하다 평가한 것이 얼마나 이상한지를 알아차렸다.

닉은 이 같은 기억의 슬픔과 아픔을 그의 신체에 자리 잡게 할 수 있었고, 그 같은 느낌들을 로스코[4] 스타일로 커다란 검은 색 바탕에 검은 색을 덧칠한 그림으로 표현하였다. (닉이 미술가였다는 점을 기억하라.) 나는 그것이 그의 "슬픔의 미술관"에 전시되어 걸렸을 때, 닉과 함께 그 그림을 보았다. 그리고 우리는 조용히 서서, 그것이 나타내는 모든 것에 대한 감상을 함께 나누었다. 닉은 그림에 투사된 정서적 에너지를 가지고 주체적으로 작업함으로써 가장 많은 도움을 받았고, 그에 힘입어 유도된 시각화를 하게 되었다. 나는 그에게 집중하기를 요구했고, 다음에는 이 그림이 구체화하고 있는 많은 혼합된 감정들과 함께 그의 내면의 다차원적인 이미지와 접촉하기를 요청하였다. 그 다음에는, 먼저 그 심장의 차크라로부터 빛과 자비심을 이끌도록 하였고, 다음에는 미간 차크라로부터 이미지와 그에 관련된 감정들을 이끌어 내게 하였는데, 우리는 전에 이러한 방법으로 작업한 적이 있었다. 얼마 동안 조용하게 이 같은 방식으로 작업한 뒤, 닉은 이미지의 변화와 감정의 명료화를 기록하였다. 그는 과제로서 시각화를 계속하였다.

4. Mark Rothko. 러시아 출신의 미국 화가. '색면 추상'이라 불리는 추상표현주의의 선구자로 거대한 캔버스에 스며든 모호한 경계의 색채 덩어리로 인간의 근본적 감성을 표현했다: 옮긴이.

다음 회기에, 닉은 실제로 숙모에게 도움이 되었음을 깨달으면서, 숙모를 위해 가게에서 일했던 것에 대해 처음으로 긍지를 느꼈다. 어머니와 숙모가 자신을 잘 길러 주지 못했던 것에 대한 슬픔과 함께, 숙모의 인생에서의 어려움을 볼 수 있었고, 어머니와 숙모에 대한 동정심을 표현하였다. 전에도 닉은 이 슬픔에 접근한 적이 있었지만, 이전에 내가 본 분열적이고 고통스러운 상태로부터 자유로워진 것은 처음이었다. 분명히, 무언가 닉의 변화가 시작되고 있었다. 이전에 돌처럼 굳어 있던 감정적 에너지는 느슨해지기 시작했고, 그의 "내면의 양육하는 부모"가 출현하기 시작했다.

이것을 이론에 접목시켜 볼 때, 치유의 제의는 두 부분으로 전개된다. 첫째로, 과거로의 여정은 아직 해결하지 못한 아픔과 깊은 무의식에서 오는 내적인 갈등을 수습하는 데 기여하며, 그것들을 의식적인 자각의 영역으로 가져온다. 다음에, 유도된 시각화는 닉의 초월적 자기가 의식적으로 빛과 동정의 치유의 속성을, 그가 여전히 인식 속에서 붙들고 있던, 옛날의 고통스러웠던 기억 속으로 이끌게 한다. 나는 이것은 연금술적인 변화라고 생각한다. 즉, 빛은 어둡고 상처 입은 의식의 영역과 접촉하여 역시 본질적으로 빛이었던 상처들을 떠올리게 하고 해방시킨다. 닉의 내면의 부모의 출현은 그의 초의식 속에 살아 있는 잠재적인 긍정적 역할의 응답 덕분이라 여기고 싶다. 그리하여, 초월적 자기와 초의식이 제의를 이와 같이 특별히 사용할 때 응답자로서의 역할을 연기한 것이다.

닉은 이후에 더 깊은 치유의 경지로 들어갔는데, 초월적 자기의 면모를 그가 지혜로운 마음(Wise Mind)이라 부르는 안내자로서 연기하기를 배운 다음, 그가 상처 입은 괴물(Wounded Monster)이라 부른 자신의 어두운 부분과 대화를 나누도록 하였다. 그는 자신의 이런 두 가지 양상들의 첫 글자를 따서 "WM"이라 한 것을 대단한 상징이라 여겼다. 상처 입은 괴물은 어둡고 상처입기 쉬운 무가치함의 감정으로 인해 괴로워했는데, 그에 반해 지혜로운 마음은 상처 입은 괴물이 자기를 사랑하고 받아들이기 위해 도움이 필요하다는 것을 이해하고, 연민과 균형감을 구체화하였다. 마지막 단계에서는 닉이 이 두 가지 역할 사이의 역할 바꾸기를 통해 상당한 진전을 보였다. 이 마지막 회기들을 통해, 그는 상처입기 쉬운 자아를 제대로 받아들이고, 그것에게 표현하고 치유할 공간을 허용하였다. 또한 그는 뿌리 깊은 곳에 자리 잡고 있는 무가치함의 느낌으로부터 명확하게 객관적인 거리를 확보했고, 점점 드러나는 그 자신의 긍정적인 측면들에 동일시하였다. 이러한 변화가 그의 삶에 녹아들면서, 그는 더 많은 자신감을 느끼기 시작했고, 다른 사람들과 보다 만족스럽고 친근한 방식으로 관계를 맺기 시작했다. 특히 새로운 여자 친구와 관계를 시작한 것은 중요한 돌파구였다. 또한 학교로 돌아가서 오랫동안 꿈꾸어 왔던 미술 학위를 받을 수 있도록 학자금 대출과 보조금 프로그램을 알아보기 시작했다.

결론

내가 신성한 제의의 초심리학을 제안하는 목적은 제의가 어떻게 그리고 왜 효과적인지에 대한 이해를 풍부하게 하기 위함이었다. 나는 신성한 제의를, 의도를 현실화하기 위한 것이라고 했다. 그리고 제의가 긍정적 변화를 추구하는 의식적 자기와 그에 응답할 능력을 가진 자기의 초월적 측면 사이의 대화라고 볼 수 있음을 설명하였다. 또한 정신의 자아 초월적 모델을 제안했는데, 이는 아사지올리의 연구를 확장한 것에 기초한 것으로, 그의 연구는 제의의 이 같은 개념을 지지할 수 있다.

누군가 그 사상을 실제로 사용하기 위해 이 장의 초심리학을 받아들일 필요가 있을까? 난 그렇게 생각하지 않는다. 의도의 역할, 의식적 자기와 무의식의 요소들 간의 대화와 같이, 내가 제안했던 철학적 틀에 속하지 않는 개념들이 많이 있다. 내가 제안했던 것 못지않게, 제의의 작용을 설명할 초심리학적인 다른 틀이 있을 것이다. 하지만 나는 독자들에게 두 가지 요청을 하고 싶다.

첫째, 이 장의 생각들을 충분히 성찰해 보고, 분석적 생각과 직관을 가지고 그것을 시험해 보라는 것이다. 시간을 두고 이러한 초심리학을 전제로서 유지하는 것이 당신의 삶이나 일에서 제의에 대해 생각하거나 적용하는 방법에 어떤 통찰력을 주는지를 살펴보라.

둘째, 이 장을 의미 있는 대화를 시작하자는 제안으로 생각하라. 그 목표는 성장과 치유의 힘으로서의 제의를 그것이 필요한 세상에서 시험해 볼 것을 권하는 것이다.

참고 문헌

Assagioli, R. (1965) *Psychosynthesis, a Manual of Principles and Techniques*. New York: Viking Press.

Assagioli, R. (1973) *The Act of Will*. New York: Viking Press.

Assagioli, R. (1993) "Self-realization and Psychological Disturbances." In S. Grof and C. Grof (eds) *Spiritual Emergency: When Personal Transformation Becomes a Crisis*. New York: Tarcher/Putnam.

Bailey, A. (1972) *Discipleship in the New Age*. New York: Lucis Press.

Cedercrans, L. (1993) *The Nature of the Soul*. Whittier, CA: Wisdom Impressions.

Dupolis, V. (2010) "'I want them back!' Exploring bereavement through the myth of Orpheus." Presentation November 7, 2010 at National Association for Drama Therapy Conference, Evanston, IL, USA.

Emunah, R. (1994) *Drama Therapy Process, Technique, and Performance*. New York: Brunner/Mazel.

Emunah, R. (2009) "The Integrative Five Phase Model of Drama Therapy." In D.R. Johnson and R. Emunah (eds) *Current Approaches in Drama Therapy*. Springfield, IL: Charles C. Thomas Publishers.

Grainger, R. (1990) *Drama and Healing: The Roots of Dramatherapy*. London: Jessica Kingsley Publishers.

Holt, R. (1989) *Freud Reappraised: A Fresh Look at Psychoanalytic Theory*. New York: Guilford Press.

Johnson, D.R. (2009) "Developmental Transformations: Towards the Body as Presence." In D.R. Johnson and R. Emunah (eds) *Current Approaches in Drama Therapy*. Springfield, IL: Charles C. Thomas Publishers.

Johnson, D.R. and Emunah, R. (eds) *Current Approaches in Drama Therapy*. Springfield, IL: Charles C. Thomas Publishers.

Judith, A. (1996) *Eastern Body, Western Mind: Psychology and the Chakra System as a Path to the Self*. Berkeley, CA: Celestial Arts Publishers.

Landy, R. (2009) "Role Theory and Role Method in Drama Therapy." In D.R. Johnson and R. Emunah (eds) *Current Approaches in Drama Therapy*. Springfield, IL. Charles C. Thomas Publishers.

Rebillot, P. (1989) "The Hero's Journey: Ritualizing the Mystery." In S. Grof and C. Grof (eds) *Spiritual Emergency: When Personal Transformation Becomes a Crisis*. New York: Taucher/Putnam.

"Ritual." (2008) *New Oxford American Dictionary*, Second edition. Oxford: Oxford University Press.

"Ritual." (2010) In Dictionary.com. Available at http://dictionary.reference.com/browse/ritual, accessed September 5, 2010.

Snow, S. (2009) "Ritual/theatre/therapy." In D.R. Johnson and R. Emunah (eds) *Current Approaches in Drama Therapy*. Springfield, IL: Charles C. Thomas Publishers.

치료는 필요하지 않다. 우리에겐 제의가 있다

말리도마 소메의 작업의 개관과 다가라 슬픔의 제의의 개인적 경험

클레어 슈레더

들어가며

1997년 8월 31일, 웨일즈의 왕비 다이애나는 파리의 알마 다리에서 일어난 교통사고로 사망했다. 전 세계가 그녀의 죽음을 슬퍼하였다. 가까운 이의 죽음에도 슬퍼하지 않았던 사람들이 다이애나를 위해 슬퍼하였다. 서로 만난 적도 없고, 그들의 삶과 긴밀한 접촉도 없었던 여인을 위해.

이 사건이 일어나기 6주 전, 나는 부르키나파소의 다가라(Dagara) 부족 출신의 말리도마 소메(Malidoma Somé)가 지휘한 슬픔의 제의에 참여하였는데, 그는 아프리카의 선도적인 지도자로서, 예언자이며 작가였다. 그것은 내 인생에서 가장 강력한 치유의 경험 중의 하나였다. 나는 내가 슬픔의 제의에 참여하리라고는 생각지도 못했다. 다른 누구도 못했을 것이다. 그 워크숍은 단순히 '제의, 치유와 사회'라는 주제로 열렸는데, 말리도마 소메는 그의 모든 지혜를 다해, 슬픔의 제의야말로 90년대 사람들에게 가장 필요한 것이었음을 밝혀 낸 것이다. 하지만 내 생각으로는 그리고 후속적인 사건들에 비추어 볼 때, 그는 단지 우리의 슬픔에만 주의를 기울인 것(그것은 그럴 만하였다)이 아니라, 민족 전체의 깊은 비탄에도 귀를 기울인 것이었다. 감정을 속으로 간직한 채 표현하기를 꺼리기로 유명한 나라에서 '쏟아지는 슬픔'(영국 언론이 사용한 용어를 빌리자면)을 나타내리라고 누가 생각이나 했겠는가? 이 일이 있기 6주 전에, 이것은 상상도 할 수 없는 일이었다. 만약 그 제의가 아일랜드, 그리스, 이탈리아 혹은 아랍 국가에서 행해졌다면, 그 같은 슬픔은 그리 놀랄 만한 것이 아니었을 것이다 — 하지만 영국이었기 때문에, 그것은 매우 이례적인 일이었다.

제의가 이 사건에 어떤 영향을 주었을까? 혹자는 그렇게 생각할 것이다. 말리도마 소메는 무슨 일이 발생할지 내다보았을까? 만약 독자 중에 그의 책을 한 권이라도 읽어 본 사람이 있다면, 그럴 가능성이 매우 높다고 여길 것이다. 하지만 분명했던 것은, 말리도마는 우리 문화 속에 표현되지 않은 슬픔의 해일이 어떤 쓰나미보다 강력하게 자리 잡고 있다는 것과 그것이 몇 대에 걸쳐서 진행된 것을 알고 있었다. 그것은 우리 내면에, 우리 토양과 영혼 속에 깊이 뿌리내리고 있었다. 결과적으로, 그 문화의 대표로 모인 90년대 사람들에게는 슬퍼할 것들이 어마어마하게 많았고, 말리도마는 우리가 슬퍼하는 것을 완벽하게 담아낼 그릇을 창조하였다.

이 장에서 나는 가능한 최대한 자세하게 이 제의에 관해 기술할 것인데, 제의가 거기에 있었던 사람들에게 미쳤던 영향과 나에게 주었던 매우 깊은 충격은 연극치료사로서 내 작업에 심오한 방향 수정을 가져왔다.

말리도마가 워크숍의 첫날에 이야기했다. '치료는 필요하지 않다. 왜냐하면 우리에겐 제의가 있기 때문이다.' 더 깊은 탐구가 필요한, 논쟁의 여지가 있는 말인데, 이것이 이 장에서 내가 다룰 내용이다. 워크숍 참여자 중 치료사의 비율이 높고, 그에 더하여 영국 멘스 무브먼트(Men's movement)[1]의 주요 인물들도 함께 한다는 점에서, 이것은 대담한 요청이었다. 하지만, 그 작업의 마지막에 이르러, 우리는 위에 제시된 그의 말이

1. 젠더 문제에 초점을 맞추어 다양한 활동을 하는 집단과 조직으로 구성된 사회운동단체: 옮긴이.

무엇을 의미하는지 분명히 체험할 수 있었다. 우리는 우리의 내면에 존재하는 슬픔의 핵심을 표현하기 위해 치료가 필요한 것은 아니었다. 우리는 제의가 필요했다.

모든 것을 위한 제의

다가라 부족은 모든 일을 행할 때마다 제의를 치른다. 즉, 삶의 중요한 디딤돌을 놓을 때나 이웃과의 분쟁을 해결할 때, 크고 작은 모든 것에 관해서 그렇게 한다. 그들의 삶은 제의에 매우 경도되어 있다. 그들에게 제의는 숨 쉬는 것만큼이나 자연스러운 것이다. 다가라 부족에게 있어 제의는 단순히 제단을 만들고, 초를 켜고, 제물을 바치거나 다른 의례 행위를 하고, 보다 마법적인 해결이 일어나길 기대하는 것의 문제가 아니다. 그 같은 제의가 효과적인 경우도 있겠지만, 대체로 그것은 효과적이지 않다. 다가라 부족이 행하는 모든 제의는 두 가지 사항을 충족해야 한다. 깊은 정서적 관여와 말리도마가 '비교할 수 없는 힘의 보이지 않는 영역'이라 부른 것과의 연결이 그것이다(Somé 1996, p. 60). 이는 어떤 연료가 다가라 제의를 지탱하고 떠받치고 있는지의 문제로, 다가라에선 영적 세계와의 연계가 그것이며, 이 책을 쓴 나와 다른 저자들은 참여자에게 어떤 영적인 믿음도 요구하지 않고도 서구적인 배경에서 이것을 적용할 수 있음을 보여 주려 한다.

다가라 부족에게 제의는 그들의 삶의 모든 면에 영향을 미친다. 삶은 제의로 시작해서 제의로 끝난다. 아기가 태어나기 전에 주술사는 제의를 주재하여 그 아이의 목적과 이름을 확인하는데, 모든 아기는 그들의 목적에 따라 이름이 지어진다. 이것은 아이가 충족시키지 못할 수도 있는 부모 측의 소원이나 소망을 반영하여 이름을 짓는 서구의 풍속과는 상당히 다르다. 다가라의 관습은 그 아이의 운명과 삶의 목적을 기원하는 것이며, 이것은 제의 당시에는 이해하지 못하더라도, 그 사람의 인생 역정을 통해 밝혀지게 되는 것이다. 이는 실제로 그들의 이름이 불릴 때마다 그들의 삶의 본질적인 목적을 상기하고, 그들이 달성해야 할 운명의 과업이 어떤 것인지 상기하게 된다는 의미이다.

제의에서 아기의 어머니는 샤먼에 의해 깊은 가수면 상태로 인도되어, 아기의 삶의 목적을 계시해 줄 조상님의 힘에 빈다. 어머니는 어릴 때부터 보이지 않는 영적인 영역과의 교감을 배워 왔지만, 분만 시기가 다가올수록, 그녀 내부에서 생명이 자랄수록 더 그 차원의 세상으로 열리고 민감해진다. 그리하여 제의에서 아기의 영혼은 어머니를 통하여 그의 이름과 목적을 이야기하는 것이다.

말리도마 소메의 경우, 그의 이름은 '낯선 사람이나 적과 친구가 되는 것'을 의미한다. 그리하여 말리도마는 4살 때 예수회 수사들이 유괴해 갔지만, 그가 어디에 있는지 정확하게 알고 있었어도 그의 가족은 그를 구하려고 시도하지 않았다. 그들은 이것을 그의 목적이 밝혀지는 것으로 생각했던 것이다. 즉, '이방인/적'과 친구가 되는 것이 그의 운명이었는데, 다가라 부족에게 예수회 수사들은 그 이방인이자 적이었기 때문이다(부르키나파소의 문화와 부족적인 뿌리를 빼앗고 토착 인구를 가톨릭교도로 변화시키는 것이 예수회의 의도였다). 훨씬 후에야 이것은 보다 깊은 중요성을 띠게 되었는데, 말리도마가 그의 부족과 서양 사이에 다리가 되어 그의 부족의 가르침과 관습들을 서양으로 가져왔을 때, 부르키나파소(이전에는 오트볼타)로부터 수천 명의 사람들을 노예로 북아메리카에 실어 갔던 서양은 문자 그대로 조국의 적이었던 것이다.

이와 같은 실례는 분석심리학자 힐먼이 그의 주목할 만한 책 『영혼의 코드』에서 이야기한 '도토리 이론'과 크게 다르지 않다. 그 책에서 그는 장대한 참나무의 숙명이 작은 도토리 속에 적혀 있는 것처럼, 개개의 사람은 그의 인생에서 실현해야 할 목적을 가지고 태어났다고 제안했다(Hillman 1997, 표지). 하지만 차이가 있는데, 서양에서는 보통 무엇이 자신의 인생을 의미 있게 할 것인지를 찾는 시기와 연관된 성년기에 개인의 목적을 찾는다는 점이다. 하지만 다가라 부족에게 인생의 목적은 아기가 첫 번째 숨을 쉬기도 전에 이미 밝혀진다.

그 아이의 이름과 목적은 또한 그가 가족과 부족에서 어떤 역할을 해야 하는지를 분명히 알려 준다. 그래서 결혼할 시기가 오면, 부족의 연장자들은 서로의 목적에 보완이 되고 도움이 될 짝을 찾기 위해 조상들(the Ancestors)과 상의한다. 이것은 부나 재산에 의해 좌우되는 게 아니라는 점에서 차이가 있는 중매결혼인데, 양가의 짝들은 상호 간에 근본적인 수준에서 결합이 된다. 결과적으로 다가라 부족의 결혼은 거의 실패하지 않는다. 실제로 결혼한 부부가 난관에 부딪히게 되면, 그들은 조상들에 의해 필연적으로 선택되었기 때문에, 그들 사이의 어떤 사안도 전체 사회에서의 영적인 문제로 보지, 개인적인 문제로 보지 않는다. 부족사회의 어느 영역의 부조화도 전체의 부조화라 여기기 때문에, 제의는 균형을 회복하도록 주재되어야 한다(나는 소분푸 소메의 훌륭한 책 『친밀감의 영혼*The Spirit of Intimacy*』(2000)을 강력하게 추천한다. 그 책은 결혼과 가족에 대한 다가라의 풍습을 완벽하게 탐험하고 있다).

결혼한 부부 사이의 정서적 부조화는 닫힌 문 뒤로 은폐되지 않으며, 마을 전체의 차원에서 제의를 통해 회복된다. 모든 다가라 제의는 절차의 일부로서 전통적인 구역에 재를 뿌려 하나의 원을 만든다. 어떤 부정한 영이 들어와 절차를 망치지 않도록, 안전하게 의례가 치러질 수 있는 보호구역인 것이다. 이것은 또한 그 제의에 직접적으로 관련된 사람들 외에 다른 어떤 사람도 재로 이루어진 원 안으로 들어가지 못함을 의미한다. 하지만, 아이들을 포함하여, 그 사회의 어떤 구성원도 제의를 볼 수는 있는데, 다른 사람의 존재가 제의의 치유적 효과를 도와주기 때문이다. 이것은 또한 서양의 관습상 '아이들 보는 앞에서는 금지된' 것과는 다름을 의미하기도 한다. 다가라의 어린이들은 그들의 부모가 제의라는 안전한 그릇 속에서 상호 간에 강한 감정을 개방적으로 표현하면서 해결해 나가는 모습을 지켜본다. 이것은 관계에서 흔히 표면화되는 강렬한 감정을 소통하는 것이다. 이와 같은 감정의 표현은 가족의 안정에 아무런 위협이 되지 않으며, 만약 무엇인가 영향이 있다면, 오히려 가족의 안정을 보장하는 것이 된다.

제의에서 남편과 아내는 약간의 거리를 두고 떨어져 있는데, 이것은 상호 간에 폭력으로써 접촉하지 않을 것임을 명백하게 합의하는 것이기도 하다. 그리고 남편과 아내 둘 다 상대방에 대해 갖고 있는 어떤 불만도 서로 동시에 나타내며, '눈물이 나올 때'까지 모든 감정을 다해 그렇게 하도록 북돋우어진다(Somé and Somé 1994). 이것은 각 배우자가 싸우지 않고 상대방의 감정을 목격하도록 해 주며, 부정적인 감정을 안전하게 풀 수 있게 함으로써, 부부는 그들 사이에 존재했던 사랑으로 재결합하고 불균형을 초래했던 그 어떤 차이들도 해결하게 된다.

이것은 아마도 다가라 제의 중에서 가장 옮겨오기 편한 것이라 할 수 있는데, 나는 분노와 후회가 커지고 있는 부부들과 함께 하는 작업에 이것을 적용함으로써 매우 성공적인 사례를 경험했다. 이것은 치료 작업에서 사용된 분노 표출의 과정과 그다지 다르지 않을 것이다. 다른 점은 이 제의가 다가라 마을에서 삶의 자연스러운 일부라는 점이다. 다가라 부족은, 감정은 삶의 일부이기 때문에, 강렬한 감정들은 표현되어야 한다고 생각한다.

'마음의 양식'으로서의 슬픔

말리도마는 서구 사회의 사람들이 일반적으로 감정에 거의 주의를 기울이지 않을 뿐만 아니라, 자신이 어떻게 느끼는지 드러내지 않는 것을 자랑스러워하는 걸 보고 당혹스러웠다고 한다. 직장을 잃었거나, 혹은 이별을 경험한 부부가 일어난 그 일에 대해 아무런 [감정] 표현도 드러내지 않는 것이다(Somé 1996, p. 96). 그는 감정을 보이거나 표현하기를 꺼리게 되는 것은 우리가 영적으로나 정서적으로 빈곤해지는 것의 원인이 된다고 주장하였다.

> … 현대사회는 물질적인 풍요로움에선 매력적이나, 영적이고 감정적인 빈곤함에선 혐오스럽다. 서구에서 넘쳐흐르는 것이 토착민들의 사회에서는 매우 결핍되어 있지만, 토착민들의 사회에서 넘쳐 나는 것이 서구에선 턱없이 부족하다. 토착민 사회에 풍부한 것으로서 현대사회와 나눌 수 있는 것이 바로 영혼과 감정이다. (Somé 1996, p. 96)

이것은 진실로 강력한 말이다. 그리고 이러한 감정적 빈곤이 슬픔보다 더 강렬하게 드러나는 것은 없다. '다가라 부족에게 슬픔이란 마음의 양식으로 여겨진다. 몸이 음식을 필요로 하는 것과 똑같이, 마음은 건강한 균형을 유지하기 위해 슬픔을 필요로 한다'(Somé 1996, p. 97). 그러므로 슬픔이란, 서구에서 그렇듯이, 피하거나 숨기거나 사적으로 은밀하게 품고만 있을 것이 아니다. 만약 제의가 슬픔의 제의로 광고되었다면, 나와 다른 많은 이들은 그렇게 열정적으로 참여하지 않았을 것이다. 하지만 다가라 부족에게 슬픔의 온전한 표현은 사회생활의 한 측면이었는데, 그것은 산 자와 죽은 자 모두에게 필요한 무엇으로, '죽음은 끝이 아니라, 우리가 육체라 부르는 다 해진 옷을 벗고 맨몸으로 걸어 나갈 기회이다'라는 말과 같다(Somé 1996, p. 97).

그러므로 다가라 장례 제의는 삶이 죽음과 화해하고, 가까운 이들의 떠남으로 만들어진 공백을 치유하도록 짜여 있다. 이는 또한 세속적인 영역을 완전히 떠나기 위해 '죽음은 우리의 눈물을 필요로 하기' 때문이기도 하다. 말리도마의 설명에 의하면, 만약 이렇게 하지 않는다면, 죽은 자는 살아 있는 것에 대해 매우 화가 날 것이며, 결국에는 '심각한 골칫거리를 빚을 만한 방식으로 살아 있는 것 속에 침범해 들어간다'는 것이다(Somé 1996, p. 98).

말리도마는 미국에서 아파트를 빌리기 위해 보러 다닐 때, 젊은 여인이 주방의 싱크대에서 가슴에 부엌칼을 품고 서 있는 환영을 보고 충격을 받았다고 기술하고 있다. 이 광경은 말리도마에게만 보였다. 보이지 않는 차원을 볼 수 있는 사람이었기에, 충분히 애도되지 않았던 젊은 여인의 영혼을 목격한 것이었다. 말리도마가 설명하기를, 죽은 자를 조상들의 영역으로 보낼 힘을 가진 것은 공동의 슬픔의 표현이라고 하면서, 그 젊은 여인의 가족과 친구들은 분명히 그들의 슬픔을 억눌렀을 것이며, 이로 인해 그녀의 영혼에 필요한 이행이 이루어지지 않았다고 하였다.

이같이 장례 제의의 기능은 문상객들에게 카타르시스의 절정에 이르게 함으로써 그들의 슬픔이 그것을 통해 발산되게 하는 것이다. 제의의 전체적인 핵심은 감정적 탈진에 이르게 하여 '마음, 몸, 생각을 부드럽게 만드는' 것이다. 말리도마는 이것에 대해 아기가 우느라 기진맥진해진 다음에 깊은 잠에 빠져드는 것과 비슷하다고 한다. 이것이 떠난 자들을 받아들이는 상태라 할 것이다(Somé 1996, p. 98).

내가 참여했던 슬픔의 제의에서 일어났던 것이 바로 이것이다. 말리도마는 서구의 관객들을 위해 장례 제의를 상당히 각색하였다. 이는 서양의 맥락에서는 쉽게 번역될 수 없는 많은 요소들이 다가라 제의에 있음을 발견했기 때문이다 — 다가라 장례식은 가치와 관습을 공유한 마을에서 거행된다. 그에 비해 말리도마는 그의 워크숍에 모인 사람들 가운데 즉석에서 집단을 만들어 작업을 하였는데, 이것은 일생 동안 서로를 잘 알고 지내온 다가라 마을과는 전혀 다른 배경을 지니고 있었기 때문이다. 나는 내가 체험한 제의에 대해 기술할 것이며, 이것은 서양인들을 위해 각색된 것이다.

슬픔의 제의

준비

어떤 제의이든 맨 처음에는 준비가 필요한데, 이것은 대개 야외에서 이루어진다. 우리는 태어난 날짜에 따라 각 부족들로 나뉘었는데, 이것은 다가라 시스템 속에서 우리의 소속된 원소를 정해 주는 것으로, 우리 원소를 기념하는 성지를 짓기 위해 초대되었다. 다가라 부족에는 흙, 불, 공기, 물에 광물을 보태어 다섯 가지 원소가 있다. 이 원소의 성지들은 '마을' 공간(제의가 거행되는 우스터셔 대학 운동장 내의 개방된 큰 공간) 주위를 아우르는 반원형으로 지어졌다. 흙 부족의 구성원으로서, 우리 부족은 우리의 흙 성지(엄청난 양의 흙을 가져다 쌓아 놓은)가 훨씬 뒤에 다른 어떤 방법으로도 위로받지 못했던 사람들의 슬픔을 달래는 의례에서 그렇게 중요한 역할을 하리라고는 미처 알지 못했다.

개회식에서 우리는 북과 딸랑이, 우리가 가져온 모든 타악기들을 동원하여 연주했고, 함께 혼을 불러내었다. 그것은 자연스럽게 이루어졌다. 말리도마와 그의 부인 소분푸는 우리에게 인사한 다음 조상신들을 불러냈는데, 이는 어떤 부족사회에서든지 토착적인 제의의 필수적인 과정이었다. 하지만 철저하게 아프리카 식의 행사에서 우리의 서양 조상신들을 불러낸다는 것이 내게는 정말 이상하게 여겨졌다. 하지만, 제의를 마칠 무렵에 참여자들은 제1차 세계대전의 용사들을 보았다는 이야기, 그리고 애도되어야 할 헤어진 친구와 친척들이 함께 하면서 슬픔이 지나가도록 도와주었다는 이야기를 나누었고, 그래서 모든 사람들은 자유로운 마음으로 걸어 나갈 수 있었다.

우리는 슬픔의 제의에서 찬트(chant)[2]를 배웠다. 이 찬트는 분명히 아이

2. 이는 단순하고 반복적인 운율의 토속적인 성가 혹은 영창을 의미함: 옮긴이.

들이 불렀던 것으로, 우리도 매우 친숙해져서 제의 내내 불렀는데, 우리 중 많은 사람들이 이 제의를 처음 겪는 것이어서 여러 모로 다가라 아이와 같았기 때문이었을 것이다. 말리도마와 소분푸가 우리에게 슬픔의 제의에 참여할 곳으로 이야기했던 곳이 바로 여기였다. (말리도마는 우리가 워크숍 장소로 여행해 오는 동안 그 장소에 먼저 도착해서 영적으로 제의를 준비하였고, 조상신들과 교감을 나누며 우리가 집단으로서 필요한 것이 무엇인지에 대해 조율하고 있었다.)

하지만 아직 우리는 가장 강력하고 도전할 만한 수준의 다가라 제의에 온전히 참가하기에 적절한 상태는 아니었던 것 같다. 우리는 워크숍에 여전히 우리 여행의 '먼지'를 지닌 채 참여했고, 뒤에 남겨 두고 온 것에 대해 감정적으로, 정신적으로 사로잡혀 있었다. 즉, 일, 관계, 가족이 그것이다. 우리는 밖으로 나와서 대학 운동장에 나뭇가지와 관목으로 터널을 함께 만들었다. 입회 제의의 일부로서, 우리는 예식에 따라 줄을 지어 터널을 통과하였고, 찬트를 부르고 북을 치며 우리의 여행과 바깥세상에서의 우리 삶을 뒤로 한 채 떠났다. 그리하여 우리는 온전히 제의 공간으로 들어가서 공동체로서 함께 모일 수 있게 되었다.

다음 날, 힘센 남자들로 이루어진 작업반이 중앙 성지를 세우는 일을 맡았는데, 그 구조물은 가로가 약 6미터, 높이가 약 2.5-3미터 정도 되었고, 나머지 사람들은 구조물을 만드는 데 필요한 재료들을 모았다. 쓰러진 나무들의 크고 작은 나뭇가지들이 그것인데, 이 일을 할 때 말리도마가 우리에게 하나의 '묶음'을 만들라고 지도해 주었다. 그 가지들의 '묶음'은 우리가 슬퍼하는 것들을 나타내는 것이었다. 우리는 고인들뿐만 아니라 상실감, 실망감, 실패들에 대해 생각했다. 사실 우리가 화해를 하지 못하고 있는 것은 무엇이든 생각했다. 뚜렷한 '실체'가 없었기 때문에, 이 묶음들은 집단의 슬픔을 나타내는 것이 되었다.

우리는 일을 시작했을 때, 우리의 묶음 속에 있다고 외치는 어떤 작은 항목들도 주목하였다. 이를테면 죽은 나뭇잎, 마디진 잔가지와 이것들을 같이 묶을 때 생각나는 것들을. 그 묶음은 항상 우리와 함께 있을 것이었고, 우리는 그것이 땅에 닿지 않도록 할 것이었다. 마른 성스러운 나뭇잎과 동물의 작은 분변 조각들을 나의 꾸러미 속에 넣고자 했는데, 이것을 내가 입고 있던 사롱[3]의 허리춤에 끼워 넣은 탓에 허리를 구부릴 때마다 성스러운 나뭇잎이 내 살을 따끔거리게 했다. 이 나뭇잎은 훨씬 더 깊은 원형적 슬픔을 신체적으로 상기시키는 것, 문자 그대로 나의 내면을 찌르는 것이 되었다.

제의

모든 것이 준비되자, 우리는 '마을' 안으로 모이라는 부름을 받았다.

제의 공간은 두 개의 영역으로 명확하게 구분되었다. 그중의 한 장소는 슬픔의 공간으로 가로와 세로가 45미터 정도 되었다. 나머지 하나는 '마을'이었다. 선으로 두 영역의 경계를 획정하였기 때문에, 어디에 있는지 명확하게 알 수 있었다. 선을 가로질러 가면 슬퍼하는 장소로 들어간 것이고, 마을로 돌아오면 슬픔이 없는 곳에 있는 것이 되었다. 마을은 잠시 한숨을 돌리는 공간으로, 그곳에서 우리는 온전히 세상으로 돌아와 다른 사람들에게 도움이 되는 존재가 될 수 있었다. 하지만, 아주 작은 슬픔이라도 잠시 스치게 되면, 그 순간 바로 선을 넘어서, 성지 위로 가는, 슬퍼하는 자들의 무리에 합류해야 했다.

마을을 구분하는 경계선 뒤에는, 그 의례를 치르는 동안 5명의 고수(鼓手)들이 반원형으로 앉아 똑같은 리듬으로 계속 북을 치고 있었다. 그리고 그 과정이 진행되는 동안 우리는 첫날 저녁에 배웠던 찬트를 이 리듬에 맞

3. 말레이시아, 인도네시아 등지에서 남녀 구분 없이 허리에 둘러 입는 천: 옮긴이.

추어 불렀다. 고수들은 절대로 멈추지 않았다. 막간에 고수들이 교체되기도 했지만, 북소리는 절대 잦아들지 않았다. 북소리와 찬트 모두 전 과정 내내 유지되었다. 이것은 제의를 통틀어 변함없었다.

슬퍼하는 장소의 중심은 거대한 성지였는데, 우리는 그렇게 웅장한 건물을 창조해 낸 성지 건축자들의 노력에 경탄을 보냈다. 말리도마와 소분푸는 전통적인 다가라 가면들을 그 양쪽에 매달아 두었는데, 그것들의 형태는 상당히 무시무시했지만, 매우 강력한 메시지를 말하고 있었다. 이 다가라 가면들은 살아 있는 사람들을 죽은 자들로부터 보호하고 있었고, 험악할 필요가 있었다. 왜냐하면 슬픔에 빠져 있는 사람들은 자주 죽은 자들을 따르고자 할 수도 있었기 때문이다. 다가라 철학에서, 이것은 위험한 것이다. 마을과 슬퍼하는 자들 사이를 구분하는 명확한 경계선이 있는 것과 마찬가지로, 산 자를 죽은 자들과 구분하는 경계선도 있었다.

다가라 장례식에서 시신은 커다란 성지 안에 앉혀 두고,[4] 두 안내자들이 성지의 입구를 지키면서 슬퍼하는 자들을 통과하지 못하게 한다. 죽은 자의 영혼은 매우 연약한 상태로 두 세상 사이에 있다는 믿음과, 산 자가 '사후 세계'로 가는 문턱을 통과하게 되면 속세로 온전히 돌아올 수 없다는 믿음 때문이다. '정화되지 않은 상태에서 죽은 자들의 거룩한 장소로 걸어 들어간다면, 영원의 세계로 가기 위해 슬픔의 양식을 모으는 망자의 영혼과 합쳐지게 되는 것이다'(Somé 1996, p. 105). 이것은 우리 서양 사람들에게 낯선 개념이다. 서양 사람들은 사랑하는 사람을 잃은 후에 몇 년간 슬픔 속에 갇혀 있곤 하는데, 이는 실제로 우리 자신을 무덤 속에 던져서 죽은 자들의 영혼을 따르는 것이 죽은 자에게 도움을 주는 것이라는 잘못된 믿음에 근거한 것이다. 다가라 제의에서는 이를 막기 위해, 우리가 성지로

4. 관 속에 시신을 숨기는 서양의 관습은 다가라 부족에겐 낯설다. 시신을 앉혀 둔다는 점에서 죽음은 목전에 있다. 두 명의 할머니가 제의가 이루어지는 동안 파리들을 쫓으면서 시신을 돌본다.

몸을 던져 놓여 나고자 하는 슬픔 속에 자신을 묶어 두려 할 때를 대비해서, 성지의 양쪽 끝에 두 사람이 배치되어 있었다.[5]

제의를 시작할 때부터 우리는 합심하여 마을에서 이동하였고, 성지에 우리의 묶음들을 던졌다(하얀색 종이가 성지 속에 깔려 있었고, 우리의 묶음들은 예식을 하는 내내 시체를 나타내며 더미로 쌓여 있었다). 우리는 마을로 돌아와서 찬트를 계속 불렀고, 슬픔이 우리를 불러내어 말리도마가 '혼돈의 길'이라 부른 길을 걷도록 할 때까지, 다른 사람들의 슬픔이 성지에서 마무리되는 것을 목격하였다: 슬픔과 깊은 고통의 장소(Somé 1996, pp. 101-102).
나는 마을에서 다른 사람들이 찬트를 부르는 것을 보면서, 과연 내가 어떤 슬픔이라도 느낄 수 있을지에 대해 의아해했던 것을 기억한다. 몇 분 후에 나는 메스꺼움을 느꼈고, 성지로 올라가야 할 필요가 있음을 알았다.

거기에서 나는 슬퍼하는 다른 사람들과 합류하였다. 어떤 이들은 대성통곡을 하면서 주먹으로 땅을 마구 쳤고, 다른 이들은 조용히 흐느끼고 있었다. 슬픔은 다양한 형태로 다가왔다. 종종 우리는 왜 우리가 슬픈지 혹은 무엇을 슬퍼하고 있는지에 대해 제대로 알지 못했다.

슬퍼하는 고전적인 방식은 무릎을 꿇고 슬픔이 흘러가게 하는 것이었다. 우리는 화를 낼 수도, 슬퍼할 수도 있고, 외치거나 비명을 지를 수도 있으며, 아니면 단지 조용히 있을 수도 있다. 슬퍼하는 데 올바른 방법은 없었다. 무언가 방법이 있기도 했는데, 무릎을 꿇는 것은 슬픔을 표현하도록 도와주었다. 이런 탄원의 자세 속에서 절망, 열망과 분노를 느낄 수 있으며, 거의 아이와 같은 정도로 그 상태로 들어갈 수 있었다. 나는 내가 처음 성지에 오를 때 얼마나 머뭇거렸는지 기억하고 있다. 슬픔이 거기 있었지

5. 모든 치유 작업에서 가장 어려운 측면 중의 하나가 내려놓기이다. 돌보아주는 간호사의 팔에서 학대하는 엄마를 찾아 울부짖는 아이처럼, 우리는 우리의 투쟁, 슬픔, 트라우마를 인정하고 싶어 하기보다는 집착한다. 참여자들은 치유 작업을 하지만, 아무리 의식적으로 많은 변화를 가져오고자 해도, 무의식적으로 '그들의 슬픔의 꾸러미'를 붙들고 문자 그대로 '성지 속에 자신을 던져 버린' 채 고통에 매달린다.

만, 그것은 매우 깊은 곳부터 차곡차곡 쌓여 있었다. 나는 성지에서 대부분의 시간을 보냈던 60대 남자를 기억한다. 아마도 거기서 그는 그의 인생에서 엄청난 크기의 상실감이 있었던 시절을 보냈던 것 같다. 그는 온 마음을 다하여 우리에게 영감을 주었고, 간직하거나 빗장을 걸어 가둔 슬픔은 하나도 없었다. 성지에는 공동체 의식이 있었다. 우리는 함께 슬퍼할 수 있었고, 서로 지지해 줄 수 있었다. 슬픔이란 흔히 그렇게도 외로운 것이라 하지만, 우리뿐 아니라 마을 사람들 모두가 함께 공유할 수 있고 간증할 수 있는 것이었다. 거기에는 공연처럼 누군가 우리를 보고 있다는 인식은 없었다. 마을은 멀리 있었고, 마을에서 들려오는 북과 찬트 소리는 희열에 찬 것이었다.

말리도마는 우리가 안전하게 우리의 슬픔을 나타낼 수 있을 뿐 아니라, 공동체에 의해 100퍼센트 지지받을 수 있는 매우 강력한 시스템을 고안해 냈다. 두 명의 안내자는 슬퍼하는 자들이 그들 자신을 성지로 내던지는 것을 막기에 충분하지 않을 수도 있다(에살렌에서 말리도마가 지휘했던 첫 번째 슬픔의 제의에 관한 그의 설명을 참조할 것: Somé 1996, pp. 123-126). 어떤 사람이 슬퍼하기 위해 성지로 올라갈 때마다, 그는 결코 혼자 가지 않았다. 슬퍼하지 않는 한 구성원이 그를 3미터 정도 뒤떨어져 따라갔다. 나는 이 역할을 동반자라 부를 것이다. 동반자는 슬퍼하는 자의 곁에 있기 위해 거기에 있었지, 슬픔을 위로하거나 슬픔에 관여하려고 거기에 있었던 것은 아니다. 만약 동반자가 자신의 슬픔이 촉발되는 것을 느끼면, 손을 들어 마을에서 두 명의 사람들을 더 오게 하였다. 그리하여 두 명의 슬퍼하는 자를 위한 동반자가 되게 한다.

나에게 있어 이것은 아마도 제의의 가장 강력한 장면 — 절대로 외롭지 않음을 아는 것 — 이었다. 그 사람이 누구인지는 몰랐다. 그 사람은 아는 사람일 수도, 전혀 모르는 사람일 수도 있었지만, 누군가가 당신의 슬픔을 위한 공간에서 당신의 슬픔을 위해 거기에 있음을 알고 있었다. 내게 있어 그 사람이 누구였고, 누가 나와 함께 그 여행을 했는지, 그리고 연민의 마음으로 나를 위해 거기에 있었는지를 돌아보고 발견해 내는 것은 하나의 즐거움이었다. 동반자와 함께 어떻게 마을로 돌아가길 원하는지는 선택할 수 있었다. 팔짱을 끼고 되돌아갈 수도 있고, 노래하고 춤추며, 혹은 침묵을 존중하며 돌아갈 수도 있을 것이다.

슬픔을 뜨겁게

토요일 무렵, 우리는 모두 활력이 떨어지고 있었다. 나는 전날 밤 거의 잠을 이루지 못했기 때문에 기진맥진한 상태였다. 날씨는 추웠고, 어두웠으며, 내가 원하는 모든 것은 오직 잠을 자는 것뿐이었다. 사실인즉, 나는 내 슬픔의 빙산의 끝자락도 건드리지 못하였던 것이다. 그런 점에서 나는 혼자가 아니었다.

다음 날, 말리도마는 슬퍼할 것들이 더 많이 있다고 확신하였고, 영혼들은 슬픔이 따뜻하게 데워지는 걸 필요로 한다고 시사했다. 그도 주로 영국인들로 이루어진 이 집단에서 표출된 것에 대해 놀라워했다. 분명히 그는 우리에게 그리 많은 기대를 하지 않았던 것이다! 그날은 따스했고, 우리 대부분은 전날 밤 진이 다 빠져서 잠에 곯아떨어졌던 터라 원기를 회복한 상태였다. 우리에게서 드러난 슬픔은 '뜨거운 하얀색'으로, 우리의 슬픔이 그렇게 달구어지듯이 날씨도 그러했다. 지독히 더운 날씨였는데, 깊은 곳에 흘리지 않은 눈물샘이 있었음을 발견한 것은 나이든 사람들만 그런 게 아니었다. 젊은 사람들도 마찬가지였다.

한 번은 마을로 돌아오는 길에 보고 상당히 충격을 받았던 장면을 기억하는데, 슬퍼하는 몇 명의 사람들이 몸에 진흙을 두른 상태로 엎드려 있는 주위에서 다른 참여자들이 젖은 흙을 다정하게 그들의 나체 위로 바르고 있었다. 나는 이것이 다가라 관습이라는 것을 배웠는데, 슬픔이 위로할 수 없을 정도로 깊어 제정신이 아닌 사람들에게는 젖은 흙을 특별히 심장 부위에 바르는 것이 그 슬픔을 위로하는 데 도움이 되었다. 이러한 위로를 주는 데 사용되는 재료는 흙과 물의 성지로부터 가져온 것이었다.

제의 전체를 통틀어 나에게 가장 강력했던 순간은 나의 아버지를 위한 애도를 완성한 때였다. 아버지가 돌아가시기 직전에 나는 아버지와 나 사이에 존재하는 강한 정신적 유대를 끊어내는, 상당히 효과적인 작업을 나의 치료사와 함께 하고 있었다. 나의 치료사는 그 회기에 그녀의 모든 지혜로써 아버지와의 끈을 자르는 것을 주저했고, 그 과정에는 시간이 필요하다고 느끼고 있었다. 며칠 후, 아버지는 관상동맥 혈전증으로 돌아가셨고, 그래서 그 작업은 보류되었다.

아버지의 죽음 이후 4년이 지난 슬픔의 제의에서, 그것은 이 신성한 체험의 안전한 공간에서만 일어날 수 있는 일이라는 것을 나는 깨닫게 되었다. 그날의 열기, 집단의 다른 사람들에 의해 표현되었던 순백의 뜨거운 슬픔, 나의 가장 중요한 조상들을 포함한 조상신들의 현존, 나의 아버지까지, 강력한 유대를 내려놓기에 딱 알맞은 상태였다. 나는 내 눈앞에서 매우 또렷하게 나의 아버지를 보았으며, 부드럽고 다정하게 이 끈을 놓아 주었다. 그것이 마무리되고 이 영혼을 찬미했을 때, 이제 그 끈에서 자유로워지면서 아버지와의 깊었던 관계와 그 끈이 내게 헌신했던 모든 방식들을 인식했을 때, 나는 마을로 돌아갈 준비가 되어 있었다. 나는 마을로 다시 옮겨 줄 것을 요청하였고, 네 명의 남자들이 그들의 어깨 위에 나를 올린 채 옮겨 주었다. 이러한 방법으로 벗어나는 것은 치유이자 해방이었다. 나는 전쟁에서 귀환하는 영웅처럼 느껴졌고, 많은 면에서 그러하기도 했다. 전쟁에서 나만의 슬픔을 오롯이 지닌 채 귀환하는 영웅처럼.

나는 마을이 평범한 일상의 장소로서, 그리고 슬픔을 일시적으로 유예하는 곳이면서 슬픔의 층이 소멸되었을 때 슬픔에서 자유로워지는 것이 무엇인지 알 수 있게 해 주는 곳으로서 중요한 기능을 한다는 것을 알 수 있었다. 다가라 부족에게 있어, 이것은 항상 그들이 목표로 하는 상태이다. 왜냐하면, 슬픔을 숨길 때, 사람들은 죽은 자들에게 매달려 그들을 자유롭지 못하게 하고, 조상신의 중요한 모든 역할을 못하게 하기 때문이다. 다가라 부족은 끊임없이 조상들을 불러서 온전히 자유로워진 영혼만이 할 수 있는 방식으로 산 자들에게 기여하도록 하고 있다.

매장

제의의 마지막에 우리는 모두 한 번 더 성지에 다가갔고, 무덤 파는 사람 역할을 맡은 이들이 우리의 모든 묶음들을 시트 속에 말았다. 그리고 이젠 정말 시체와 흡사해 보이는 그것을 어깨에 메고 운반하였다.

이것은 우리들 중 많은 이들에게 몹시 감동적인 순간으로, 매장이나 화장(火葬)을 하는 동안 시신이 사라지는 것을 지켜보면서, 슬픈 기억을 촉발했던 '육신'에 작별을 고하는 것이다. 여기에서 우리는 울 수 있었고, 우리가 슬퍼하는 모든 것들 — 그것이 사람이든, 실망이든, 상실감이든 — 에 대한 우리의 애착을 깨달을 수 있었다. 오래된 친구처럼, 우리 자신의 이로움을 위하여 혹은 그들을 위하여 떠나가게 내버려 두어야 함을 알고 있다 해도, 우리와 함께 그들을 간직하고자 바라는 것이 자연스러운 슬픔의 일면이다.

우리는 무덤 파는 사람들을 따라 장지로 갈 수 없었다. 우리는 육신의 마지막 안식처를 알면 안 되기 때문이다. 다가라 부족에게는 이러한 역할을 맡은 부족원들이 있어서, 그들이 죽은 자를 묻는 신성한 임무를 전적으로 책임지고 있었다. 애도자는 이 임무를 그들에게 맡겨 두어야지, 시신을 따라가려 하거나 어디에 묻었는지를 알려고 하면 안 된다. 왜냐하면 시신은 단지 죽은 사람의 껍데기에 불과하기 때문이다. 제의가 끝나면 그들의 영혼은 자유로워진다. 그리고 우리가 슬퍼했던 모든 것들의 영혼도 자유로워진다.

6주 후, 다이애나 왕비가 죽었을 때, 나는 이 용감한 여인을 잃은 비극에 대해 슬퍼했다. 하지만 나라 전체를 휩쓸며 터져 나온 슬픔 속에 휘말리지는 않았다. 다른 사람들과는 달리, 나의 고유한 슬픔은 촉발되지 않았다. 이 놀라운 다가라 슬픔의 제의는 몇 해 동안 나와 함께 하였던 슬픔을 내게서 씻겨 주었고(아마도 내 전 생애에 걸쳐서 그러할 것이다), 나를 자유롭게 놓아 주어 진정으로 내 삶을 즐기게 해 주었다. 이것이 제의의 온전한 기능이다. 말리도마는 다음과 같이 말한다. '왜냐하면 슬픔의 또 다른 측면은 진정한 기쁨이기 때문이다. 끝나지 않은 슬픔은 하찮은 제의이고, 어리석은 유희이다. 제의가 없이는 인간은 향수(nostalgia) 속에서 살아갈 뿐이다(Somé 1996, p. 126).

현대인의 삶에서 제의

서양에서는 슬픔을 가슴에 안고 사는 것에 매우 익숙해져 있다. 우리 삶의 속도가 너무 빨라서, 우리는 슬픔을 원치 않는 장난감처럼 다룬다. 하지만 이런 방법으로는 슬픔을 해결할 수 없다. 그것은 충실한 강아지처럼 우리 주위를 맴돌며 떠나려 하지 않는다. 지금까지 우리는 이 강아지를 너무 좋아한 나머지, 슬픔이 없는 인생은 상상할 수가 없다. 우리의 의례와 제의는 이 일에 적합하지 않으며, 다이애나의 죽음처럼, 무엇이 무덤 안에 묻히는가에 대한 깨달음 속으로 우리를 흔들어 넣을 무언가를 필요로 한다. 묻히지만 죽지는 않는 것이다. 좀비처럼 오직 부분적으로만 살아 있는 존재로 남아, 우리의 기쁨, 우리의 상처와 우리의 고통을 충분히 경험할 수가 없다. 결과적으로, 우리는 진정으로 행복해지기 어렵다.

물론 이것을 행하는 데 아주 많은 길들이 있고, 많은 사람들이 이 길 —

'아직도 가야 할 길' — 을 걷고 있다. 스콧 펙이 그의 책을 썼을 때, 이 길을 선택한 사람들은 거의 없었고, 내가 1980년대에 성장 작업을 시작했을 때, 그것은 이상한 것으로 여겨졌다. 최근에 개인의 성장은 수백만 불짜리 산업이 되었다.

슬픔의 제의에 참여했던 나의 경험은 현대인의 삶에서 제의의 중요성을 입증해 주었다. 무엇인가가 고장이 났기 때문에 하는 치료가 아니라, 평범한 일상적 삶의 일부로서의 치료인 것이다. 슬픔, 상실, 상처, 절망은 삶의 일부이기 때문이다. 그것은 우리를 우리 자신이 되게 해 준다. 쓰라림이나 후회 없이 이러한 경험들을 겪어 낼 때, 우리는 더 연민적이고 인간적인 사람이 될 수 있다. 우리의 기쁨은 보다 깊어지고, 우리의 아픔은 더욱 강렬해진다. 하지만 우리는 더 빨리 그것을 통과해 지나게 되며, 감정은 우리 안에서 폭발을 기다리는 시한폭탄처럼 머무르지 않는다.

나는 연극치료사로서 '실제 작업'을 시작하기 전에 이 슬픔의 제의에 참여했는데, 이 경험의 결과로서 제의는 내 워크숍과 집단 작업에서 중요한 일부가 되었으며, 결국 그것은 훗날 **신화-드라마**의 핵심적인 요소가 되었다(5장과 6장 참조). 하지만 제의는 또한 내 삶의 일부이기도 하다. 나는 제의를 치른다. 모든 경우에 행하지는 않지만, 내가 할 수 있을 때에는 언제나 제의를 삶에 가져온다. 관계를 마무리 짓는 것을 도울 때 제의를 행했고, 친구들을 위해 제의를 만들기도 했다. 50번째 생일을 축하하기 위해 근사한 제의를 갖기도 했고, 종종 하지(夏至)와 벨테인 축제[6]를 기념하기 위해 워크숍을 열기도 했다.

그리 오래지 않은 옛날, 이 모든 것은 이곳 영국에서 우리 선조들을 위한 삶의 일부였다. 나는 연극치료 작업을 하면서, 계절의 흐름을 기리며 그토록 귀중한 심리적 효용과 연극을 내포하고 있는 드루이드[7] 제의와 기념행

---

6. 고대 켈트족의 May Day 축제: 옮긴이.
7. 고대 켈트족의 종교였던 드루이드교의 성직자: 옮긴이.

사에 매료되었다. 이것은 우리 선조들에게 삶의 일부였으며, 나는 토속 신앙인이 되는 것에는 관심이 없지만, 여전히 대지와 고대의 지혜에 연결되어 있음을 느끼고자 하는 사람들에게 이를 가져다줄 길을 모색하기 위해 노력하고 있다.

연극치료사로서, 안내자로서, 그리고 상담가로서의 역할 속에서, 사람들이 자신에게 일어나는 일이 무엇인지 이해할 능력을 가졌는지 여부와 상관없이, 우리는 흔히 그들의 삶을 인식하도록 돕고 있다. 정신 건강 병원의 급성 병동에서 연극치료사로 일할 때, 단 한 명의 환자만이 나의 주간 개방 집단에 참여한 적이 있었다. 그녀는 제의를 만들기를 원하는 소수민족 출신이었다. 그 세부 사항까지는 기억하지 못하지만, 그 제의의 분위기는 기억한다. 그것은 마술적이고 창조적이었으며, 재미있었고, 그녀는 그것이 끝날 때까지 입이 귀에 걸릴 만큼 활짝 웃었다. 나는 이 장이 여러분에게, 여러분의 작업과 어쩌면 여러분의 인생에 이르기까지, 제의를 가져올 더 많은 방법들을 찾도록 영감을 주길 소망한다. 그것이 신성하고, 엄숙하고, 혹은 거창한 것일 필요는 없다. 연극치료 제의는 꽤 편한 마음으로 즐길 수 있고, 재미있으며, 각자에게 온전히 개별적일 수 있다. 그것은 매우 치유적이고 변형적일 수 있으며, 무의식적인 패턴화로 깊이 다가갈 수 있다. 그래서 희망을 포기했던 사람들에게 희망을 가져다줄 수 있다. 마치 나와 이 책의 다른 필자들이 여러분에게 보여 준 것처럼 말이다.

참고 문헌

Hillman, J. (1997) *The Soul's Code: In Search of Character and Calling*. London and New York: Bantam.

Somé, M.P. (1996) *Ritual: Power, Healing and Community*. Bath: Gateway (reprinted in 1997 by Penguin).

Somé, S.E. (2000) *The Spirit of Intimacy: Ancient African Teachings in the Ways of Relationships*. London and New York: Harper.

Somé, M. and Somé, S. (1994) *We Have No Word far Sex: An Indigenous View of Intimacy* (Audio tape). Pacific Grove, CA: Oral Tradition Archives.

Ⅱ. 개인적 성장에서 제의 연극

신화-드라마

개인적 성장에서 제의 연극

클레어 슈레더

신화-드라마는 제의 연극의 심오한 지형을 나의 참여자들과 함께 탐험해 온 14년간의 결과이다.

이 장에서 나는 어떻게 신화-드라마가 진화하였는지, 그리고 신화-드라마를 형성했던 영향들에 대해 기술할 것이며, 독자들에게 내가 따라갔던 길로 향하는 창을 안내할 것이다. 그것은 그 길을 따라가면서 이룬 발견들, 연극치료와 제의 연극을 개인적 성장의 접근법으로서 탐험하고 발전시키며 마주친 도전들로 가는 창이기도 했다. 처음 시작할 때에는 이것이 어떤 결과를 가져올지, 어떤 거대한, 흥미진진하고 보람 있는 과정이 될지에 대해서 거의 아는 바가 없었는데, 이것은 연극치료에 내재한, 특히 제의 연극 속에 있는 엄청난 힘과 잠재력을 샅샅이 훑어보도록 이끌어 주었다. 이 책의 다른 많은 저자들과 마찬가지로, 진정으로 관객의 요청에 부응하기 위해서는 개인적 성장에서 제의 연극의 몇 가지 각색과 새로 만들기가 필요하다는 것을 나는 알게 되었다. 이는 연극치료에서 치료의 본질에 대해, 또한 개인적 성장의 접근법으로서 제의를 진실로 그 본연의 것 속으로 들어가게 하려면 어떤 경계와 구조들이 필요한지에 대해 많은 질문들을 제기하였다.

신화-드라마로 향하는 나의 여정

1995년에 연극치료사 자격을 얻었을 때, 나는 연극치료의 기저에 깔려 있는, 광범위한 스펙트럼의 사람들을 치유할 수 있는 커다란 잠재력을 인식하게 되었다. 공공기관이라는 환경 속에서 드라마의 치유적 측면에 초점을 맞추어 훈련을 하면서, 아직 탐험하지 못한 영역으로서 대단히 큰 캔버스가 남아 있음을 알게 되었다. 나는 나의 초기 훈련 과정에서 수 제닝스가 해 주었던 이야기를 잊을 수가 없는데, 그녀는 연극치료를 새로운 영역으로 이끌 것과, 연극치료가 적용되고 실행되는 맥락을 넓힐 것을 격려하고 간청하였던 것이다.

나는 연극치료사 훈련 과정에서 나를 변화시킨 의미 있는 경험을 하면서 그것이 내 인생에 준 영향에 충격을 받았고, 나처럼 작업의 자기 표출적인 방식에 매력을 느끼는 사람들로부터 그러한 것들을 끌어내기를 원했다. 인간의 잠재력에 관한 워크숍[1]에 참여했던 10년 동안에 개인적 성장을 경험하면서, 나는 배웠던 것을 그러한 맥락 속에 적용하라는 깨우침을 얻었다. 나는 자신을 성장시키고 변화시키는 것에 관심을 갖고 있는 사람들이 많다는 것을 알고 있었다. 또한 그들 중에 많은 사람들이 연극치료, 특히 제의 연극에서 연기하며 치유할 수 있는 흥미로운 가능성이 있음을 발견하게 되었다고 확신하였다.

나는 연극치료 훈련 과정에서 넓은 범위에 걸쳐 있는 귀중한 도구들을 익혔고, 그것은 주로 시설이란 환경 속의 작업에 초점이 맞추어졌다. 이는 정서적으로 건강한 사람들을 대상으로 하는 다양한 도전은 아니었다. 나

1. 인간 잠재력 운동(human potential movement)은 미국에서 기원하였으며, 우리 안에는 갇히지 않은 어마어마한 양의 잠재력이 있는데, 우리의 훈련이 그것을 표현하지 못하게 막고 있다는 관점에서 일어났다. 이는 많은 상이한 자원들(치료를 포함하여)에서 기술과 도구들을 가져와 사람들이 자신을 전적으로 다른 관점에서 바라보고 자신의 내면에 있는 보다 강력한 지점에서 움직이도록 하였다.

의 참여자들은 이 점에 있어서는 나의 스승이었는데, 그들은 깊이 정화되는 경험과 연극치료가 줄 수 있는 모든 것을 원했다. 또한 결과를 원했는데, 내가 성과를 내지 못했을 때에는 강력하게 항의할 정도였다. 이것은 또한 연극치료를 깊이 탐구할 기회를 제공하였는데, 이는 변형적이고 카타르시스적인 접근법으로서 광대한 잠재력을 발굴해 낼 기회이자 나의 소명으로 더 깊이 이끄는 기회이기도 했다.

이것은 새로운 도구를 찾고, 떠오르는 새로운 작업을 지지해 줄 접근법들을 탐색하는 연구를 시작하게 했으며, 안전이 가장 중요한 요소가 되었다. 하지만 이 집단의 사람들에게는 경계선과 안전이 새롭게 정의되어야 할 필요가 있었다. 그들은 감정적으로 열려 있고, 수용적이었으며, 함께 작업하면서 자신에게 기쁨을 주는 연극이란 매체를 통해 탐험하고자 하는 의지가 있었다. 또한 보다 섬세한 관객이면서, 광범위한 개인적 성장에 대한 접근법들을 자주 경험하기도 했다. 그들 중에는 치료사나 치유와 관련된 직업을 갖고 있는 이들이 많았다.

이 모든 사람들은 심리적인 위험 없이 그 과정에 심도 있게 참여할 능력과 관심을 갖고 있었다. 많은 사람들이 다양한 상황에 갇혀 싸우고 있었다. 그들은 그 안에 차단되어 있다고 느끼거나 자신의 내면에 죄수로 갇혀 있다고 여겼고, 그들이 원하는 방식으로 삶을 살지 못하게 막는 억압 때문에 장애를 갖고 있다고 느꼈다. 그들이 필요로 하는 것은 그들을 철창 안에 계속 가두어 두는 심리적 장벽을 돌파할 수 있는 강력한 개입이었다. 내가 막 성인이 되었을 무렵, 비슷한 경험을 겪은 많은 사람들처럼, 수줍어 하고 내성적인 성격으로 인해 방해를 받다가 그 모든 것을 드라마를 통해서 반전시켰을 때, 연극치료가 그 같은 해결책을 제공해 줄 수 있으며, 그것도 잘 해결해 줄 수 있음을 알게 되었다. 그러나 그것이 저마다 성공할 수 있다고 주장하는 다른 많은 접근법들보다 더 잘할 수 있었다 해도, 연극치료에 본질적인, 필수적이고 활력 있는 창조적 경험을 참여자들에게 주지는 않았다.

그 즈음에, 4장에서 이야기한 바와 같이, 말리도마 소메의 작업에 참여하였다. 다이애나 왕세자비의 죽음보다 앞서 열렸던 다가라 슬픔 제의에 참여했을 때, 나는 종교적 혹은 영적인 흐름의 밖에서 제의가 과연 어떤 힘을 갖고 있는지 근본적으로 깨달을 수 있었다. 나는 대부분의 전통적인 방법들이 응할 수 없는 요구를 충족시킬 수 있는 제의의 방식들을 이해하기 시작했다. 정말로 다이애나의 죽음은 제의 연극 중에서 최고로 강력한 표현이었는데, 그때까지 우리 중 대부분은 그와 비슷한 것도 보지 못했던 것이다. 다가라 슬픔 제의에서 직접 체험한 것은 나를 내 안에 있는 내면의 장소로 데려다 주었다. 그것은 여태껏 했던 치료 작업에서 한 번도 이르지 못했던 곳으로 데려갔으며, 그에 더하여 그곳에서 나를 안전하게 데려오기까지 하였다. 그 작업의 정화적이고 강렬한 본질에도 불구하고, 후속 워크숍에서 아무런 후유증도 경험하지 않았다. 사실 나는 정화되었고 자유로움을 느꼈다.

그때부터 나는 내 워크숍에서 제의에 좀 더 초점을 맞추기 시작했다. 혼자서 제의의 경계상의(*liminal*) 공간을 경험했기 때문에(로저 그레인저의 경계상의 상태의 노출은 12장 참조), 이것은 내 워크숍에서 제의 공간을 다른 방법[2]으로 마련할 수 있게 해 주었다. 제의는 내 참여자들에게 치유와 변화를 가져오는 데 강력한 방법이 될 뿐만 아니라, 마무리 과정에서 필수적인 부분이기도 했다. 정서적으로 긴장이 이완되었을 때, 제의 작업은 참여자들이 그들의 삶 속으로 전진해 나갈 결의와 긍정적인 초점을 제공해 주었다.

2. 나는 제의를 사용하길 원하는 연극치료사들이나 연극인들에게 혼자 힘으로 제의를 깊이 체험해 보기를 강력하게 요청한다. 경계상의 제의 공간에서의 깊은 치유의 경험 없이 참여자들에게 제의 공간을 제공한다는 것은 불가능하다.

새로운 경계

신화–드라마의 발전에 효과적으로 영향을 미친 한 가지는 스튜디오 업스테어즈에서 일했던 경험이었다. 그 스튜디오는 필라델피아협회의 원칙과 R.D. 랭(1970. 그리고 Laing and Esterson 1970)의 선구적인 업적에 기초한 치료적 관심을 바탕으로 세워진 예술 · 드라마 스튜디오이다. 그 스튜디오의 기반이 되는 고객은 정신 건강의 생존자들이고, 그 스튜디오의 감독은 두 명의 예술치료사들로, 이름은 클레어 맨슨과 더글러스 길이다. 그들은 자신들이 주는 것이 단지 치료만이 아니라, 생존자들이 자신을 예술가나 공연가로 진지하게 받아들일 기회를 제공하는 것이라고 강하게 확신하였다.

그 스튜디오의 목표는 생존자들에게 그들의 삶 속에서 보다 주도적인 역할을 맡고 수동적으로 봉사 받기만 하는 문화를 뒤집을 수 있도록 힘을 주는 것이었다. 스튜디오가 행한 그런 방법들 중의 하나는 '그들'과 '우리'의 역할을 깨는 것이었다. 혹은 다른 식으로 표현하면, 두 편 사이의 격차를 좁히는 것이었다. 즉, '그들'이란 분투하는 사람들로, 스튜디오의 구성원들(혹은 고객들)이고, '우리'란 스튜디오 구성원들이 보기에 모든 것이 해결되도록 하는 사람들로, 치료사들(스튜디오에서 스튜디오 매니저로 알려진)을 가리킨다.

스튜디오에서는 치료사의 역할 뒤로 도저히 숨을 수가 없었다. 거기에선 속내를 투명하게 다 드러내도록 격려 받았다. 우리는 삶이라 부르는 문제들과 투쟁한다는 점에서 모두 같은 사람들이며, 이는 우리가 씨름하는 문제들에 대해 보다 개방되어 있음을 의미한다. 이것은 많은 치료사들이 스튜디오에 일하러 왔을 때 도전이 되는 문제였는데, 왜냐하면 치료사인 우리들 내면에 워낙 깊이 배어 있는 치료적 거리를 포기해야 하는 것을 뜻하기 때문이었다. 어떻게 그러한 장치 없이 우리가 우리의 역할을 스튜디오 매니저로(또한 치료사로) 정의할 수 있었을까? 우리가 미처 자신을 열 준비가 되지 않았는데 도전에 직면하게 된다면 어떻게 될까? 우리는 좀 더 변덕스럽고 상처 입은 스튜디오 구성원들로부터 어떻게 우리 자신을 심리적으로 보호하였나?

그런 질문들과 씨름하는 것이야말로 그 스튜디오의 작업에 관한 모든 것이다. 치료 작업을 막 시작했을 무렵, 나에게 치료사의 역할은 나 자신을 감추고 보호하는 교묘한 방패막이 되어 주었고, 그것은 나에게 해방감을 가져다주었다. 이러한 역할이 없다면 나는 보다 현실적일 수 있었고, 좀 더 진실한 모습으로 존재할 수 있었을 것이며, 덜 '치료사 같고' 더욱 진짜일 수 있었을 것이다. 이것은 섬세한 균형을 요하는 것으로, 스튜디오 매니저로서 우리는 여전히 절대적으로 공간과 구성원들을 위한 안전을 지키고 유지하면서, 예술가와 연극 제작자로서 그들을 위한 새로운 방식들을 찾아내야 했다(Schrader 1998).

실제로, 우리는 참여자들과 관계된 정신 역동적 모델에서 벗어나, 스튜디오의 배경과 목적에 보다 알맞은 것을 연결시켜 줄 수 있는 새로운 방법을 찾고 있었다. 우리의 모델이 필라델피아협회의 신랄한 작업에 기초를 두고 있었기 때문에, 우리는 여전히 심리 치료적 원칙 내에서 작동하고 있었다. 스튜디오 구성원들은 더 진정한 방법으로 치료받는 것에 고마워하였고, 우리와의 사이에서 더 강한 신뢰 수준을 형성해 주었다. 그 스튜디오는 병원에서 벗어난 사람들이 지역사회에서 평범한 일상을 성공적으로 살게 하였고, 이는 의미 있었다. 그 스튜디오는 자존감과 외부 세상의 일부라는 인식을 세워 주는 전시회와 공연들을 정기적으로 실행하기 시작하였다. 이는 사실 구성원들이 예술가로서, 인간으로서 성장하고 발달하는 것을 지지해 주는 것이었다.

또한 이 같은 접근법을 통해 내 개인적 성장을 지켜본 사람들과 어떻게 연관되어 있는지 알게 되었는데, 연극치료사로서 내 자신을 개인적으로 드러내는 것이 나의 일이 됨에도 불구하고, 이것을 또 다른 국면에서 접근하기 시작했다. 나는 내 개인적 성장 작업의 참여자들이, 스튜디오의 구성원들과 마찬가지로, 다양한 양식의 '유지하기(holding)'가 필요하다는 것을 알게 되었는데, 그들은 의미 있는 쟁점들과 문제들을 가지고 싸우는 중에도 그것들을 해결하기 위한 치료나 치유를 반드시 필요로 하지는 않았다. 『체임버스 사전(*The Chambers Dictionary*)』(2008)은 'therapy'를 그리스어로 *therapeia*, 혹은 '병이나 비정상적인 상태와 싸우기 위해 사용되는 처치'라고 정의하고 있다. 나의 참여자들은 그들의 문제가 어렸을 때의 트라우마에서 비롯된 것이라 해도 처치를 구하지 않았다. 이는 영국의 많은 사람들이 'therapy(치료)'라는 말을 아직도 금기시하고 있기 때문이었다. 어떤 이들은 처치가 필요할 정도로 자신이 무언가 잘못되었다고 보거나 인정하기를 원하지 않았다. 그들은 신체적인 문제에 대해서는 기꺼이 의사에게 가거나 접골사나 대체요법 치료사들에게 가곤 했지만, 그들의 감정 문제에서 '치료가 필요하다'는 사실과 직면하는 데에는 여전히 많은 시간이 걸렸다.

정말로, 프로이트의 히스테리 환자들처럼, 처치(treatment)가 필요한 이상이나 병이라는 의미에서 보면, 그들에겐 아무런 잘못된 점이 없었다. 나의 참여자들은 평범한 삶을 살고 있었다. 미국 심리학자인 척 스페짜노에게 들은 바에 의하면, 그의 수많은 워크숍에서 90퍼센트의 가족들이 역기능적 상태이고, 그래서 그들이 다룬 주제는 완전히 정상적인 상태에 관한 것이었다고 한다. 그러나 나의 참여자들이 찾고 있었던 것은 이러한 정상성을 초월하여, 이상해질 수 있는 많은 방법들에 관한 것이었다. 우리가 하나의 문화로서의 우리에게 무엇을 투사하든지 간에, 행복은 서구인들이 거의 성취할 수 없는 하나의 상태이다.

그들의 문제를 해결할 수 있는 다른 많은 방법들이 있었다. 인간의 잠재력에 관한 훈련과 워크숍의 경험에서 짧은 시간 동안 얼마나 인상적인 결과를 얻을 수 있는지 알게 되었는데, 표현하지 않았던 감정들을 놓아 줄 수 있는 정화적인 방법들과 결합시킨 다양한 렌즈들을 통하여 참여자들이 자신의 삶을 들여다볼 기회를 주었던 것이다. 결과적으로, 강렬한 각성이 일어났다. 이것은 1983년에 내가 참여했던 첫 번째 인간 잠재력 훈련에서, 아버지와의 관계에서 치유와 변화를 경험했던 바로 그 순간에 일어났다.

치료 작업에서 그와 같은 전환을 경험할 수도 있었을 것이다. 하지만 나는 그것이 그처럼 극적으로 명확하게 올 것이라고는 믿지 않았다. 그처럼 강력한 전환을 가져왔던 것은 치열한 훈련 분위기 때문이었다. 당시에 나는, 다른 많은 참여자들처럼, 치료사를 찾아가 상담할 아무런 필요도 느끼지 못했다. 나는 내 삶을 제대로 살고 있지 않아서 이에 대한 모든 방법들을 찾으려 했다기보다, 보다 효과적인 삶을 살도록 나를 훈련하는 워크숍이라 여기며 좀 더 편하게 참여하고 있었던 것이다. 그에 더하여, 그 훈련은 인생에서 힘겨운 전투를 치르고 있는 사람들만 참여한 것이 아니라, 의욕 넘치는 성공한 사람들이 자신의 잠재력을 극대화할 방법을 찾기 위해 온 경우도 있었다. 결과적으로, 우리는 성장의 도정에서 우리의 삶과 그것을 둘러싼 세계를 꾸준히 변화시키고 있는 사람들의 움직임의 일부임을 느꼈다.

캘리포니아는 그러한 과정을 훈련하는 토대가 되었고, 빅 수르의 에살렌 센터는 심리학, 영성, 예술, 생태학, 마사지, 신체 작업의 영역에서 가장 도전적이고 실험적인 작업을 발전시킨 연구 공간이 되었다. 이는 마이클 미드와 딕 프라이스가 설립하였고, 에살렌이 육성해 왔고, 에이브러햄 매슬로우, 프리츠 펄스, 칼 로저스, 앨런 와츠, 디팍 초프라, 버지니아 사티르, 이다 롤프, 수전 손탁, 조셉 캠벨, 폴 르빌롯, 로버트 블리, 말리도마 소메, 그 외의 많은 사람들의 재능과 사상을 특징으로 하고 있었다.

그러한 과정들은 주로 자기 삶에 강력한 변화를 가져오려면 무엇이 필요한가에 관한 것이었다. 많은 치료사들이 그것을 의심의 눈으로 바라보았는데, 그 이유는 문제의 근본을 건드리지 않은 채 변화가 너무 빠르게 일어났고, 그것이 치료적 과정으로 인식되었기 때문이다. 나의 경우도 명백히 이와 같은 경우였다. 인간 잠재력 코스는 아버지와의 고통스러운 주제를 해결하였고, 일에 활기를 불어넣어 주었으며, 자아 존중감의 고취와 관계의 향상을 가져왔다. 하지만 가장 깊은 곳의 아주 다루기 힘든 장애에 부딪혔을 때, 치료사를 찾아가라는 인도를 받았는데, 이처럼 나 자신을 위해 무엇인가를 한다는 것은 한 번도 꿈꾸어 보지 못했던 일이었다.

나의 많은 참여자들이 비슷한 캠프에 참가했다. 그들은 자기 향상 과정을 밟으며 기뻐했지만, 감당하지 못할지도 모른다는 두려움 때문에 마음속에 감추어 둔 괴물을 깨우기는 주저했다(사람들이 치료하러 가서 견딜 수 없는 문제들과 상황들에 직면하지 않으려고 하는 가장 흔한 이유이다). 참으로 연극치료는 그들에게 그들 자신에 대해 가르쳐 주었고, 보다 강력하게 자신을 표현할 수 있는 방법을 가르쳐 주었다. 그들은 어떻게 연기할지, 그리고 자신이 진정으로 누구인지에 대해 배웠다.

어떤 치료를 더해 시작한다고 해도 연극에는 언제나 변형적이고 교육적인 측면이 있다. 연극 학교에서 가르쳤던 바로는, 말이 없는 미성숙한 소년, 소녀 들을 자신감에 찬 남자와 여자로 빠르게 성장시켰다. 로렌스 올리비에는 다음과 같이 말했다. '나는 사람의 마음에 관한 것을 가르침에 있어, 배우에게 주어지는 작업보다 더 좋은 것을 알지 못한다'(Olivier 2007).

연극치료는 **치료와 성장에 모두 능하다**는 점에서 독특했다. 그것은 그 길을 선택해서 심도 있게 파고들어가 그들의 괴물과 직면하길 원한다는 것을 알고 있는 사람들에게 개인적인 치료로서 절대적으로 효과적이었다. 또한 그것은, 어떤 이유 때문에 치료를 원하진 않지만, 인간으로서 확장되고 성장할 수 있는 다른 길을 추구하는 사람들에게도 개인적 성장 접근법으로서 동등하게 강력하였다. 연극치료는 참여자들이 마음을 다해 즐겁게 연기하면서 드라마 속의 상징과 은유로써 뿌리 깊은 문제들을 해결하게 된다는 점에서 특별하다.

이는 연극치료를 매우 강력한 위치에 두게 하였고, 자신의 삶에서 변화를 추구하지만 정작 어떤 결과가 따라올지 경계하는 사람들이 쉽게 접근할 수 있게 해 주었다. 그들은 워크숍에 참여하여 자신을 표현하고 즐거움을 나누면서, 고통을 겪거나 아픈 미해결의 기억들을 파고들 필요 없이 문제들에 훨씬 더 깊이 들어가 작업할 수 있을 것이다. 이런 요소 하나가 성장에의 거대한 잠재력을 열고, 연극치료를 보다 많은 사람들에게 확산시키게 한다.

게이브리얼 로스의 리듬 댄스와 같은 동작은 서구 사회를 단번에 사로잡았는데, 단순한 제의 과정을 창조하면서, 거기에서 사람들은 모든 일상의 행보에서 벗어나 춤을 통해 자신을 표현하며 스트레스와 긴장을 풀 수 있었던 것이다. 캘리포니아와 다른 지역에서도 이런 종류의 춤이 '춤 예배'라고 불리면서, 많은 헌신적 추종자들에게 영적인 훈련으로서 활용되는 것을 보았다. 많은 사람들이 영겁의 세월 동안 부족원들이 해 왔던 것과 똑같은 방법으로 몸을 움직이면서, 신의 존재와 초월적인 힘과 연결되길 원하고 있었다. 자기표현의 세계, 제의와 영성은 함께 오는 것이다. 가장 중요한 것은 창조성과 자기표현이, 오직 재능 있는 사람들만 참여할 수 있는 예술적 형태의 공연에서 벗어나, 보통 사람들을 위한 자기표현의 수단이 되었다는 것이다. 이제 건강을 위해 요가를 하는 것처럼, 사람들은 살면서 자기 안에 쌓였던 감정들과 스트레스들을 풀어내기 위해 춤추러 간다. 그들이 똑같은 것을 각색된 형태, 특별히 일반인을 위해 짠 형태의 연극치료를 통해 할 수 있다면 어떨까?

부족적 토대

말리도마 소메의 작업(4장 참조)과 다른 영향들의 결과로서, 나는 연극치료의 기초를 심리 치료로부터 소위 치유의 부족적 뿌리라고 부르기 시작한 것을 향해 꾸준히 이동시키고 있음을 깨달았다.

다가라 부족과 같은 토착 문화에서는 서양 사람들이라면 치료를 받으러 갈 만한 종류의 문제들이 제의에 의해 해결된다. 이 경우, 우리가 서양에서 치료를 통해 이루어 내는 성과보다 이들이 제의를 통해 사안을 해결하면서 얻어 내는 결과물이 더 성공적인 것을 자주 보게 되었다. 내가 4장에서 기술한 다가라 부족의 관계와, 전담 상담사나 치료사들과 작업하면서 몇 달간 관계를 형성해 가는 서양을 비교해 보라. 후자의 경우, 다가라 제의처럼 그 사안에 대한 바람직한 해결책을 효과적으로 가져오지 못할 수 있다.

나는 또한 여러 가지 이유로 심리 치료에 대해 환멸을 느낀 참여자들과 함께 작업한 경우도 있었다. 그들은 뭔가 다른 것을 찾고 있었다. 그들은 심리 치료적인 언어와 구조에 지치고 짜증난 상태였는데, 그것들이 자신을 조작하며 영향력을 빼앗아 가는 것으로 경험했기 때문이었다. 이와 같은 참여자들을 위해, 나는 스튜디오 업스테어즈에서의 경험을 바탕으로 내가 그 스튜디오 구성원들과 함께 작업하였을 때로 참여자들을 연결시켜, 나와 그들 사이의 간격을 좁혔다. 나는 심리 치료적 언어를 벗어던지고 보다 일반적인 일상적 언어를 사용하였다. 이 책을 쓴 다른 저자들처럼, 나도 내가 무엇을 '치료'로서 제공하고 있는지 의구심을 갖기 시작하였다(스티브 미첼이 제8장에서 패스파인더 프로젝트에 관해 기술한 것을 참조할 것). 나는 치유 작업에서 안내자이자 조력자였고, 나의 고객들은 능동적인 참여자들이었다. 나는 나의 고유한 투쟁과 어려움 들을 나누었고, 그것들을 변화시킨 방법들도 함께 하였다. 내가 그런 것을 더욱 많이 할수록, 그들은 더 깊이 그들의 치유 여행에 나설 준비를 하는 것으로 보였다. 이것은 역설적이었다. 접근법이 덜 치료 같아 보일수록, 결과적으로 더욱 치료적이 되어 간 것이었다.

왜 이런 일이 일어나고 있는지, 나는 궁금하였다.

영혼을 되찾기

그즈음에 나는 잰이라 부르는 여자와 함께 개인 작업을 하고 있었다. 잰은 매우 민감한 문제 몇 가지를 가지고 작업하고 있었고, 나는 그녀의 필요에 맞추어 작업의 흐름을 조정했다. 잰은 나와 함께 했던 그 작업이 영혼을 되찾는 것이었다고 이야기하기 시작했다. 나는 영혼 되찾기에 대해 아무것도 모르고 있었고, 궁금하여 이를 찾아보았다.

이것은 주술적인 치료사들의 훈련에 참여하도록 이끌었는데, 여기에는 어떻게 영혼 되찾기 여행을 권하는지 배우는 것도 포함되어 있었다. 영혼 되찾기는 트라우마의 결과로 영혼의 일부가 퇴행하였을 때, 그 영혼을 불러와서 문자 그대로 몸으로 불어넣어 되돌리는 것이 여행의 목적이라는 것을 인식하는 것이다. 나는 이에 대해 약간 다른 관점에서 설명하였는데, 왜냐하면 영혼이란 개념이 어떤 사람들에게는 어렵고, 샤머니즘적인 의미에서는 서양인에게 통용되는 의미와 조금 달랐기 때문이었다. 하지만 우리들 대부분은 트라우마의 결과로서 우리의 일부가 퇴행한다는 생각과 연계를 지을 수 있었다. 우리는 충격 상태에 빠지면 망연자실하여 그것에서 회복되는 데 며칠, 몇 주, 혹은 몇 달이 걸리기도 한다. 우리는 그것을 가리켜 정상으로 돌아가기, 충격이 깊어서 그렇게 오래된 자신으로 돌아가지 못한다 해도, 우리의 오래된 자신으로 돌아가기로서 표현하였다. 우리의 어떤 부분은 영원히 잃어버렸기 때문에, 다시는 똑같이 회복되지 않을 수도 있음을 [우리는] 알고 있었다.

잰과의 작업에서, 우리가 함께 하는 작업을 통해, 그녀가 잃어버렸던 자신의 일부가 돌아오고 있음을 느낀 것은 분명하였다. 그 과정을 진행하면서 광범위한 샤머니즘적 여행을 경험했을 때, 어떻게 연극치료가 실제로 영혼 되찾기 과정을 신체화 하는지를 보았다. 샤머니즘적인 여행처럼, 그것은 사람들을 퇴행적인 내면의 세계로 데려가, 거기에서 그들이 상실한 영혼을 원형의 표현을 통해 구체화했다. 샤머니즘적인 영혼의 되찾기 여행에서 열쇠가 되는 것은 영혼을 육신으로 다시 불러내는 것으로, 이것은 참여자에게 에너지와 삶의 힘을 다시 가져오는 것이었다. 이것은 여러 가지 방법으로 경험될 수 있는 극적 효과를 참여자에게 주는 것이기도 했는데, 그 효과들은 통합된 존재감, 나 자신으로 돌아온 느낌, 보다 강해진 느낌, 건강상의 문제가 사라진 느낌들이었다. 또한 결과적으로 많은 사람들이 암울했던 상태에서 다가온 돈과 기회, 경력이나 관계에서 찾아온 변화를 경험했다.

나의 참여자 역시 마찬가지였다. 나는 셀 수 없이 많은 사람들이 워크숍 이후에 당장 일자리를 얻게 된 것, 만성적인 피곤증이 사라진 것, 감기를 이겨내거나, 배우자, 가족, 친구들과의 관계 문제들이 해결된 것(아무것도 할 필요 없이), 몇 년간 혼자 있다가 새로운 짝을 만나게 된 것들을 보았다. 다음은 재능 있고 내성적인 영화 제작자인 데이비드가 신화-드라마 워크숍에 참여한 뒤에 후기로 간략하게 적은 것이다.

> 나는 당신의 워크숍에 참여한 뒤 매우 이상한 2주일을 보냈습니다. … 앉아서 무언가를 생각할 시간이 거의 없었습니다. 내 영화 두 편이 1주일 사이에 두 가지 상에 후보로 지명되었답니다! 하나는 축제에서 상영되었는데 최우수 작품상의 후보로 올랐고, 다른 하나는 수백 편이 참여한 온라인 경쟁 부문에서 12편의 최종 작품 명단에 올랐습니다. 그 한 달 내내 나의 일을 둘러싸고 놀라운 것들이 너무 많이 일어나서, 나에게 끌림의 법칙이 작동하고 있는 것처럼 느껴졌어요! 이는 내가 이전에는 믿는다고 결코 확신하지 않았던 것입니다.

어떻게 이런 일이 일어났을까? 나의 결론은, 신화-드라마가 참여자들이 정신 내적인 이야기를 구체화하는 과정을 통해 그들의 '잃어버렸던 영혼의 조각들'을 되찾게 해 주었다는 것이다. (나는 신화-드라마를 공감하는 목격자가 함께 하는 자리에서 신화를 상연하는 것이라고 말한다. 보다 자세한 설명은 6장과 10장 참조.) 이것은 특히 참여자들이 연기하고 있는 인물에 깊이 연결될 때 일어나는 것으로 보였다. 이는 그들 자신의 트라우마나 어려움의 핵심적인 면들과 공명이 일어나기 때문이었다. 그것은 그들의 내적인 이야기와 인물의 외적인 이야기가 하나가 되는 지점으로, 상실했던 에너지나 영혼의 조각이 온전하게 구현되어 치유, 해방, 변화가 일어날 수 있었던 것이다. 그 과정이 샤머니즘적 여행과는 전혀 다르다 해도, 트라우마의 결과로 잃어버렸던 에너지가 완전히 몸으로 돌아오는 것과 비슷한 과정이 일어나고 있는 것으로 보였다.

나는 그 접근법이 형태를 갖추어 가고 있음을 알게 되었는데(지금부터 그것을 가리켜 신화-드라마라 부를 것이다), 이것은 부족의 치유와 강한 끈으로 연결되어 있었다. 그것은 제의, 이야기, 춤과 기념이라는 유사한 구조로 작업이 진행되었기 때문이다. 사실 내가 하고 있던 것은 연극치료의 근원으로 옮겨 가는 것이었고, 그 뿌리는 수 제닝스의 인류학적인 연구에 있었다(Jennings 1995).

고대의 연극과 신화-드라마는 결국 부족사회에서 실행되었던 것으로서, 오늘날까지 전 세계에서 계속되고 있다. 다가라 부족과 같은 부족들은, 우리의 기술 시대가 최대로 구가하는 모든 빠른 진보보다는, 부족민들이 더 건강하고 행복하게 잘 살 수 있도록 정교한 심리학적 시스템을 고안해 냈다. 말리도마 소메는 그것을 다음과 같이 매우 힘 있게 강조하였다. '서양의 기계 기술은 생명처럼 보이도록 만들어진 죽음의 영혼이다.' 그는 우리가 중앙난방식 집에서 화학적으로 생산된 음식을 먹는 아늑하고 안락한 삶 속에서, '우리의 삶을 속도, 빠른 동작과 시간에 보조를 맞추며 살아야' 한다는 점을 지적하고 있다. 이것은 이 모든 것이 우리에게 저지르고 있는 것은 무엇인가 하는 질문을 제기하고 있다. 물론 상황은 점점 악화되고 있고, 기술 세계는 빠른 속도로 발전하여 스트레스와 질병을 증가시키고 있다. 말리도마 소메는 이 시스템 안에 존재하는 모순을 분별한 것이다. '그것은 자연적인 삶을 원시적으로 보이게 만들고 있다. 그것은 기근, 질병, 무지, 가난으로 가득하여, 우리가 기계의 노예가 된 것을 감사하게 만들며, 나아가 기계의 노예가 되지 않은 사람들이 그러한 자신을 슬퍼하게 만든다' (Somé 1996, p. 85).

지난 세기를 거치면서 많은 서양의 작가, 사상가, 철학자 들은 이 같은 모순과, 우리가 '기술과 기계에 노예화' 되는 부정적인 효과들을 중화시킬 여러 가지 해법과 치유 시스템에 관해 숙고해 왔다. 그 내용들의 일부를 이 장에서 언급하고 있다.

연극치료는 다른 접근법들에 비해 해결책을 제공하기에 더 나은 자리에 위치하고 있다. 왜냐하면 연극치료는 부족민들의 생활을 표현할 많은 도구와 구조를 사용하여, 서양인이 부족민의 삶의 긍정적인 면들 중의 몇 가지를 경험할 수 있게 하기 때문이다. 물론 **서구적인** 방식으로 경험하는 것이다. 서양인이 부족사회에서 사는 것은 너무 불편하기 때문에, 우리는 거기에서 매우 멀어져 왔다. 하지만 제의 공연에서 상징, 은유, 원형의 표현을 통해 인간 존재로서 우리는 누구인가 하는 문제와 더 조화를 이룰 수 있었다. 우리는 복잡한 생활의 스트레스, 걱정과 감정적 긴장들을 떨쳐버릴 수 있었다. 우리는 우리 옛것과 선조들, 그리고 인간으로서의 근원적인 본성과 연결되어 있음을 느낄 수 있었다. 우리가 이것을 할 때, 조셉 캠벨이 우리에게 말했듯이, 우리는 '대자연과의 합일' 로 돌아오게 된다 (Cousineau 2003, p. 16). 이것은 왜 우리가 우리의 본능과 직관으로부터 단절되어 머리에 머물러 있는지에 대한 또 하나의 이유이다.

이것이 **신화-드라마**의 핵심 목표들 중의 하나이다. 즉, 서양인들이 경직된 기술 시대로부터 자신을 자유롭게 함으로써 보다 부족적인 사람이 되는 것 — 단 서양의 방식으로 — 이다. 그것을 이루는 방법들 중의 하나는 공동체에서 함께 하는 방식을 제공하는 것으로, 이는 서구적 생활양식에서 눈에 띄게 결여되어 있는 점이다. 신화-드라마는 사람들이 함께 모여 보편적인 의미를 갖는 신화를 같이 만들고 탐험함으로써 영감을 얻을 수 있게 한다. 비교적 짧은 시간 동안이었지만, 사람들은 마치 평생 동안 알고 지낸 사이처럼 서로 연결되어 있음을 느꼈다. 그들은 자기 자신보다 훨씬 더 큰 어떤 것의 일부라는 인식을 가지고 집으로 돌아갈 수 있었던 것이다. 그들은 미토스라는 더 큰 그림의 일부였다.

조셉 캠벨은 다음과 같이 말하였다. '신화는 그것을 통해 우주의 고갈되지 않는 에너지를 인간의 문화적 현현 속으로 쏟아붓는 비밀의 문이라고 해도 과언이 아니다'(Campbell 1993, p. 3). 그가 말하고자 했던 것은, 우리가 신화를 향해 마음을 열어 둔다면, 그것이 우리 안으로 흘러들어와 우리가 인간 존재로서 진정으로 누구인지를 일깨워 줄 것이라는 이야기다. 마치 햄릿의 아버지의 귀 속으로 독이 부어졌던 것처럼, 신화가 우리 귀로 흘러 들어오면, 그것은 반대의 효과를 초래하는데, 즉 '우리의 간담을 서늘하게' 하고, '우리의 골수를 얼어붙게' 하는 대신(Shakespeare 2005, p. 32), 우리를 생명으로 가득 채우고, 우리 안에 잠들어 있던 생명의 힘을 깨운다.

신화-드라마의 요소

신화-드라마는 제의 공연을 통해 표현된 드라마와 신화의 치유적인 힘을 묶어 주는데, 이는 특히 개인적 성장 경로에 있는 사람들을 위해 만들어진 것이다. 연극치료의 공연 모델은 그 강력한 효과를 이루기 위해 많은 요소들을 이끌어 냈다(Jennings 1991, 1992). 즉, 신화, 분석심리학, 부족의 의술, 키스 존스턴의 즉흥극, 조셉 캠벨의 가르침과 개인적 성장 워크숍에서 각색된 구조들이 그것이다.

처음 시작할 때부터 바로 나는 신화에 강렬하게 이끌렸고, 보편적인 중요성을 띠고 있는 신화들을 연기하면서 치유적인 옛 이야기들이 오랫동안 묻어 둔 감정들과 트라우마를 어떻게 해방시키는지 발견하였다. 신화는 그 기능을 하고 있었고, 카를 융이 이야기했던 집단 무의식의 에너지를 가지고 있었다(Jung 1991).

신화는 옛날이야기로 오천 년이나 된 것도 있는데, 수백만 번도 넘게 이야기로 전해져서 오늘날 우리와 함께 하는 이유는 단 하나이다. 그것은 보편적인 진실에 대해서, 그리고 인간이란 무엇인가에 대해서 우리에게 무언가를 가르쳐 주고 있다. 이는 지난 세기에 융(1991)과 프로이트(2008)에 의해 재발견된 지식이며, 다시 순차적으로 많은 작가들에게 영감을 주었고, 심리학적인 여러 접근법을 낳았다. 정말로 심리학자들은 이 같은 고대의 시스템들이 얼마나 정교한지, 그리고 우리 안에 있는 힘과 정신의 본질이 얼마나 정확한지에 대해 놀라고 있다. 수천 년이 지난 지금의 우리가 이제 겨우 이해하기 시작한 복잡성을, 고대인들은 어떻게 이해할 수 있었을까?

조셉 캠벨은 융의 작업을 발전시켜, 세계적으로 통틀어 볼 때, 서로 어떤 접촉도 가능하지 않았던 다른 문화권들에서 비슷한 이야기가 전승되어 오고 있음을 발견했다. 세계의 모든 민족들은 같은 사상과 진실로 수렴되면서 그 같은 진실을 반영한 이야기를 만들어 냈던 것이다. 캠벨은 이러한 신화들을 연구하였고, 그 결과 하나의 원형적 패턴을 따르되 많은 변형들을 거느린 하나의 신화, 하나의 이야기가 근본적으로 있었음을 인식하게 되었다. 이것은 제임스 조이스의 '단일 신화(monomyth)'[3]로부터 차용해 온 용어로서 영웅의 여정으로 알려지게 되었다. 그 내용은 다음과 같다.

> 영웅이 일상적인 세상에서 멀리 여행을 떠나 초자연적인 영역으로 간다. 엄청난 힘을 만나 결정적인 승리를 거둔다. 영웅은 친구에게 중요한 것을 바칠 수

3. 영웅 이야기에서 영웅들이 전형적으로 거치는 여정: 옮긴이.

> 있는 힘을 가지고 이 신비로운 여정에서 돌아온다. (Campbell 1993, p. 30)

하지만 캠벨은 한 걸음 더 나아갔다. 그는 사라 로렌스 여대에서 교편을 잡고 있었는데, 그곳에서 학생들은 그들이 공부하고 있는 신화와 자신들의 삶과의 관련성에 대해 알고자 했다(Cousineau 2003, p. 60). 이것은 캠벨로 하여금 이러한 이야기 속으로 깊이 파고들어가 연관성을 찾아내게 하였는데, '당신 내면의 기쁨을 따라가라'는 그의 유명한 이론으로 발전하게 되었다. 그는 학생들에게 자신의 삶의 가장 깊은 곳에 있는 부름에 따를 것을 격려한 것이다.

> 만약 당신이 당신 내면의 지고의 기쁨을 따른다면, 당신은 언제나 당신을 기다리고 있던 길 위를 걷고 있는 것이다. 그 길을 걷게 되면, 지금 당신이 살아가고 있는 삶은 바로 당신이 살아야 할 인생이 된다. 당신 내면의 기쁨의 뜰 안에 있는 사람들을 만나기 시작할 때, 그들은 당신을 향해 마음의 문을 열 것이다. 나는 당신에게 전한다. 당신 내면의 지고의 기쁨을 따르고 두려워하지 말라고. 그러면 당신이 알지 못했던, 가고자 했던 길로 난 문이 열릴 것이라는 것을. (Campbell and Moyers 1988, p. 120)

나의 관객들은 다음과 같은 것에 지대한 관심을 가지고 있었다. 그들은 자신의 삶 속에서 의미를 찾고자 했고, 성취를 원했으며, '그들의 지고의 기쁨'을 찾기를 소망했다. 살아 있음의 목적이 무엇인지, 그리고 무엇이 그들의 심장을 뛰게 하는지를 찾고자 했다.

이것은 캠벨의 작업이 왜 그렇게 단번에 세상을 사로잡았는지를 알려주는데, 그것은 신화를 우리와 연관 지어 주었기 때문이다. 캠벨의 작업은 전 세계의 많은 사람들에게 영감을 주었다. 또한 영화 산업에 지대한 영향을 미쳤다. 이는 심리학자와 치료사만이 아니라, 시인, 화가, 조각가, 작가, 영화인, 목사, 록스타, 기업 교육 강사들의 생각에까지 영향을 미쳤다. 그것은 캠벨의 철학과 게슈탈트 이론 그리고 연극을 종합했던 폴 르빌롯(1993)에게도 영감을 주었다(스티브 미첼이 쓴 7장 참조). 캠벨의 생각은 신화로써 작업하는 것에 매력을 느꼈던 연극치료사들과 대단히 밀접한 관련이 있었다.

신화-드라마의 초창기에 나는 신화를 깊이 파고들었고, 융의 상징론을 공부하면서 융과 그에 영향 받은 이들의 책들을 많이 읽었는데, 그것은 가장 대중적인 신화들을 조명했다. 로버트 A, 존슨(1989, 1995), 로버트 블라이와 매리온 우드먼(1998), 클라리사 핀콜라 에스테스(2008), 실비아 브린턴 페레라(1981)가 그들이다. 신화가 무엇을 하였고 무엇을 할 수 있는지를 더 깊이 이해하면서, 나의 참여자들은 내가 직접 말하지 않아도 작업에 더 깊이 참여할 수 있게 되었다. 분석심리학자인 로버트 A. 존슨은 다음과 같이 지적하고 있다.

> 신화가 단순한 이야기를 초월하여 진실로 우리를 위해 살아서 다가올 때, 우리는 깊은 심리적 이해에 이르게 된다. 우리 자신의 내면에서 진행되는 작업을 통해 이러한 원형 인식하기를 배우면서 우리는 진정으로 개인적인 변화를 이룰 수 있게 된다. 우리가 이런 깊은 수준까지 이해하기 시작하면, 우리의 의식적 자아와 무의식적 자아 사이에 소통의 길이 열리고, 우리는 이를 통해 중요한 통찰을 얻고 우리 인생을 풍부하게 만들게 된다. (Johnson 1989, p. x)

신화와 이야기 속의 원형을 연기함으로써 그것을 정말로 생생하게 만드는 것은 물론 연극치료의 작업이다. 신화와 이야기 속 인물들을 구체화하여 연기하는 과정에서, 그 작업은 온전히 다른 수준으로 옮겨간다. **마음, 몸, 그리고 영혼을 하나로 하여 의식적 자아와 무의식적 자아 사이의 통로를 열어줌으로써, 심층적인 개인의 변화를** 일으키는 것이다. 연극치료사로서 우리는 참여자들의 과정에 대한 이해 여부와 상관없이 이것이 효과적임을 알고 있다.

하지만 신화-드라마에서 나는 그 과정에 심도 있게 관여하며 자신에게 무엇이 일어나고 있는지 이해할 수 있는 능력을 가진 열성적인 사람들과 작업하고 있었다. 소메가 신화와 원형의 주제에 관하여 폭넓게 읽어 주었다. 그들도 신화를 공연하면서 고대의 지혜와 집단 무의식의 세계를 조율하며, 그들이 일상적 삶에서 거의 표현할 기회가 없었고 접촉조차 하지 못했던 자신의 강력한 일부에 접근할 수 있음을 알고 있었다. 그들에게 가장 중요한 것은 그들이 엄청나게 재미있는 것을 하고 있다는 것이었다. 그들의 삶은 심각한 문제들로 가득 차 있었기 때문에, 재미있는 것을 찾기가 어려웠다. 그들에게 재미란 뒤돌아본 어린 시절의 추억이거나, 혹은 너무 빨리 어른이 되어 가진 적도 없이 잃어버린 것, 둘 중의 하나였다.

신화-드라마는 이 모든 것을 하고 있었고, 그렇게 하면서 다양한 수준에서 작업이 이루어졌다. 즉, 신체적으로, 감정적으로, 인지적으로, 심리적으로, 그리고 어떤 사람들의 경우엔 영적으로도 이루어졌다(Schrader 2006, p. 31). 이것은 그들을 자유롭게 해 주어 자기 자신이 되게 하고, 인생의 대부분의 순간에 지니고 다녔던 짐들을 벗어던지고, 트라우마를 치유하거나 상처 입은 부분을 재통합시켜 주었다.

신화와 제의 연극은 그들을 경계성의 상태로 데려가 주었는데, 이것이 종종 그 공간에서 분명하게 구체화되었다. 우리가 직접 신화-드라마에 참여하건, 혹은 지켜보건 간에, 조셉 캠벨의 우주적인 감각이 우리에게 쏟아지고 있었다. 우리는 문자 그대로 치유/변형이 일어나고 있다는 것을 느낄 수 있었다. (신화-드라마 작업에서 무엇이 일어나고 있는지 측정할 수 있는 가이거 측정기[방사능 측정기]와 유사한 기계가 발명된다면, 우리는 눈금을 벗어날 것이라고 확신하였다.) 우리가 실제로 무엇을 경험했는지를 기록하는 것은 항상 어렵다. 왜냐하면 형태를 바꾸어 기록하는 것은 언어를 초월한 것이기 때문이다. 우리는 종종 기절초풍할 정도로 놀라기도 했고, 가끔 감동해서 울었고, 어느 때는 배꼽을 잡고 포복절도하기도 했다.

결과적으로, 참여자들은 늘 노력해도 교묘하게 그들 사이로 빠져나갔던 다른 접근법들을 지나 놀랄 만한 돌파구와 변화를 이루어 냈다. 그 여행에 전념하며 몇 번씩 다시 돌아온 사람들도 있었다. 그들은 신화를 이런 방식으로 탐험하면 자기 자신과 더욱 깊은 관계로 들어갈 수 있음을 알고 있었기 때문이다. 어떤 이들은 그때까지 스스로의 힘으로 미처 찾지 못했던 새로운 방향을 찾거나 직업을 바꾸기도 했다.

한 남자는 제의 연극이 도전의 시간을 통해 그를 어떻게 지지해 주었는지에 대해 다음과 같이 기록하였다.

> 나는 아주 많은 워크숍의 생생한 경험을 갖고 있다. 나는 내면에 있는 지하의 깊은 우물 속에 그 경험들을 간직하고 있음을 느낀다. 나는 내가 필요로 할 때면 그 우물에 의지하게 됨을 민감하게 알아차리고 있다.

즉흥의 힘

즉흥은 **신화-드라마**의 핵심적 요소들 중의 하나이다. 나는 사람들이 경계상의 상태에 있는 집단 무의식의 힘에 접근할 수 있도록 하기 위해 융의 방식을 사용했다. 정말로 **신화-드라마**가 유효했던 것은 무엇을 하고 있는지 인식하지 못하는 사이에 사람들을 즉흥적인 흐름 속으로 매우 빠르게 유도할 수 있었기 때문이다. 그들 자신을 방해하는 것들과 내적인 마음의 제약들로부터 자유롭게 만든 것은 즉흥이었다. 즉흥은 논리적인 좌뇌를 통해 통제와 규율과 자기비판을 하는 버릇을 잊고서, 무한히 창조적인 우뇌를 찾도록 해 준다. 즉흥은 대부분의 사람들에게 어릴 때부터 주입된 좌뇌적인 교육 체계의 프로그래밍을 풀어 준다. 이 같은 체계는 직관, 본능, 정서적인 지능과 자연적인 지혜로부터 그들을 차단시켜 왔다(Johnstone 2007, pp. 13-23).

나는 극단을 만들기 몇 년 전에 이것을 두 가지 다른 방식의 즉흥극 훈련을 받으면서 스스로 발견했다. 하나는 미국인 교사였던 비올라 스폴린(1999)의 것이며, 나머지 하나는 키스 존스턴의 즉흥(2007)이었다. 두 가지 양식 모두 우리의 머리와 마음의 비판적인 영역을 잠재우도록 가르침으로써 직관적인 자원에 다가가는 것에 초점을 맞추었다. 키스 존스턴의 접근법은 나의 능력을 무의식적인 자원들에 가까워지도록 열어 주었다. 내가 하고자 하는 노력을 덜하고, 상황을 통제하려는 노력을 덜 할수록, 그리고 나 자신을 덜 판단할수록, 점점 더 깊은 힘이 흐르면서 보다 더 창조적이 될 수 있다는 것을 배웠다. 그로써 만들어진 나의 잠재의식 속의 잡동사니는 종종 다른 사람들을 웃게 만들 정도로 신기하고 놀라운 방법으로 나타났다.

심리학적으로 무엇이 일어나고 있는지 알 수 있었다면, 나는 얼어 버렸을 것이다. 하지만 나의 선생이었던 존 뮈르헤드(키스 존스턴이 만든 본래의 즉흥극단 시어터 머신Theatre Machine 소속 배우들 중의 한 사람)는 우리가 금기를 포용하고, 일어나고 있는 것을 즐기도록 격려해 주었다. 이것은 우리를 '구역(zone)'으로 들어가게 해 주었다. 그 구역은 우뇌적 상태로, 무아지경 속으로 도취해 들어가 창조적이 되는 것이다. 우리는 우리가 무엇을 하고 있는지, 어떻게 그것이 일어나고 있는지에 대해 몰랐다. 우리는 단지 이 무의식적이고 창조적인 힘을 담기 위한 그릇에 지나지 않았다. 드러난 것은 그 어디도 아닌 곳에서 온 듯한 기상천외한 창조력이었다.

연극 학교에서 즉흥을 가르쳤을 때, 움직임 속에서 내가 본 것은 이것이다. 감정 표현을 꺼리는 평범한 학생들이 진정으로 자신을 놓았을 때, 굳이 노력하지 않아도 현란한 빛을 낼 수 있다는 것을 말이다. 빛나고자 하는 노력을 덜할수록 더 찬란하게 빛날 수 있었다. 그 당시 연극치료 훈련을 받고 있었기 때문에, 나는 무엇이 일어나고 있는지를 알고 있었다. 무의식의 세계가 우리 앞에 펼쳐지고 있었다. 벌어지는 것을 검열하지 않고 충분히 마음을 열 수 있는 학생들의 경우, 무의식이 작업 속으로 흘러나와 서로의 상호작용을 넘나든다. 이것은 절대로 고독한 작업이 아니었다. 함께 하는 창조였다. 왜냐하면 지켜보고 있는 나머지 학생들도 능동적인 참여자들이었기 때문이다. 우리는 우리가 보고 있는 것과 연결되어 고양되고 흥분되는 것을 느꼈고, 자지러질 정도로 웃어젖히곤 했는데, 그것이 자연스럽게 즉흥극을 하고 있는 학생들에게 전해져, 더 깊이 몰입하도록 격려해 주었다. 학생들의 논리적인 사고가 방해되거나, 함께 하는 즉흥 공연자의 제안을 받아들일 수 없거나, 혹은 상황을 조절하려고 애쓰느라 막히는 경우, 관객은 순식간에 지루해하거나 불편해하고, 즉흥극은 멈춤 상태로 떨어진다. 나의 참여자들도 예외가 아니었다. 그들은 신화를 상연함으로써 이러한 무의식적인 창조적 힘이 흐르도록 하였는데, 그 흐름이 막히자 갇혀서 꼼짝 못하게 되었다.

참여자의 대부분은 드라마에 대한 경험이 거의 없고, 어떤 사람들은 즉흥을 하게 될 것이란 말을 듣자마자 도망치려고도 했다. 이 같은 상황을 피하기 위해 몇 가지 기본적인 원칙을 제시했다. 그 덕분에 놀랄 만큼 짧은 시간 안에 쉽게 즉흥 연기를 할 수 있었고, 내면의 강력한 에너지와 연결될 수 있었으며, 비언어적인 표현 방법을 찾을 수 있었다.

나중에 신화 속에 이를 가져왔을 때, 그들은 무엇이 일어나는지 혹은 무엇을 하는지에 대한 생각 없이, 본능적으로 원형적 내용에 반응하는 자신을 발견하게 되었다. 어떻게 신화를 탐험할 것인지에 대해 집단으로 토의하는 시간이 있었는데, 공연에 관해 말하자면, 초점은 그들과 그들이 연기하는 인물의 본능을 따르는 것에 맞추어졌다. 많은 사람들이 가장 어리석다고 여긴 것은 미리 준비해 온 구조를 곧이곧대로 따르는 것이었다. 신화-드라마의 목표는 이 무의식적인 창조력이 검열당하지 않고 흐르게 놓아두는 것이며, 그렇게 함으로써 무의식 속에 묻어 두었던 억압된 감정과 고통이 흘러나와 자유로워지고 치유될 수 있게 하는 것이다.

내 참여자 중의 한 사람인 리처드는 이것을 '그 안에 인생이 담겨 있고, 그토록 깊은 단계까지 우리에게 영향을 미칠 수 있는 무의식의 항아리'라고 묘사하였다. 자신이 흘린 눈물바다에 빠져 죽을 지경이 되었던 이상한 나라의 앨리스처럼, '검은 호수'에서 헤엄치고 있는 것이라 느꼈던 것이다. 리처드는 그의 억눌렸던 분노와 아픔의 독기로 가득한 호수에서 말 그대로 헤엄쳤던 것이다. 신화-드라마는 그에게 '그 호수를 휘저어 호수 안에 무엇이 있는지, 그리고 그 탁한 물을 어떻게 밀어내는지를 보도록' 해 준 것이었다.

결론

넓은 의미에서 볼 때, 이것은 어떻게 신화-드라마가 발전되었는지에 관한 이야기이다. 이는 내가 의도적으로 하려 했던 무엇이 아니라, 참여한 사람들이 작업 중에 표현하면서 자신의 심오한 영역을 치유할 기회를 얻은 경험이 축적된 결과였다. 그 작업이 계속하여 점점 더 강력해진 것은 믿기 어렵지만 사실이다. 이것은 대체로 제의 연극을 통해 참여자들이 내적인 토양을 탐험하고 표현하는 역량과 매번 심도 있는 작업을 하고자 하는 그들의 의지와 연관이 있다.

나는 참여자들이 지난 작업에서 겪었던 경험들이 — 융의 집단 무의식(1991)과 유사한 — 창조적 항아리에 양분을 준다고 생각한다. 이것은 그리 많은 말도 필요 없이 새로운 참여자들에게 보이지 않게 전해져, 창조적인 탐험의 흐름을 쉽게 따라가도록 해 준다. 신화와 원형을 탐험하고자 할 때 기본적인 구성 요소가 융의 이론이 된다는 것은 별로 놀랍지 않다. 또한 연극치료 역시 그 구성 요소가 된다. 다음 장에서 나는 실제적인 신화-드라마의 작업을 소개할 것인데, 그 작업을 안전하게 담을 그릇을 만들기 위해 섬세한 변화와 조정을 할 필요가 있다. 이는 치유와 변형을 이루기 위해 제의 연극의 온전한 정화적인 힘에 다가가는 것이기도 하다.

참고 문헌

Bly, R. and Woodman, M. (1998) *The Maiden King: The Reunion of Masculine and Feminine*. New York: Henry Holt.

Brinton Perera, S. (1981) *Descent to the Goddess*. Enfield: Inner City Books.

Campbell, J. (1993) *The Hero with a Thousand Faces*. London: Fontana.

Cousineau, P. (2003) *The Hero's Journey: Joseph Campbell on His Life and Work*, 1st New World Library Edition. Novato: New World Library.

Campbell, J. and Moyers, B. (1988) *The Power of Myth*. New York: Doubleday.

Estes, C.P. (2008) *Women Who Run with the Wolves: Myths and Stories of the Wild Woman Archetype*. London: Rider.

Freud, S. (2008) *The Interpretation of Dreams: The Complete and Definitive Text*. Oxford: Oxford University Press.

Jennings, S. (1991) 'Theatre art: The heart of dramatherapy.' *British Association of Dramatherapy Journal* 4, 1, 4-7.

Jennings, S. (1992) 'The Nature and Scope of Dramatherapy: Theatre of Healing' In M. Cox (ed.) *Shakespeare Comes to Broadmoor: The Actors Are Come Hither: The Performance of Tragedy in a Secure Psychiatric Hospital*. London: Jessica Kingsley Publishers.

Jennings, S. (1995) *Theatre, Ritual and Transformation: Senoi Temiar*. London: Routledge.

Johnstone, K. (2007) *Impro: Improvisation and the Theatre*. London: Methuen Drama.

Johnson, R.A. (1989) *Ecstasy: Understanding the Psychology of Joy*. New York:

Harper/Collins.

Johnson, R.A. (1995) *The Fisher King and the Handless Maiden: Understanding the Wounded Feeling Function in Masculine and Feminine Psychology*. New York: Harper Collins.

Jung, C. (1991) *The Archetypes and the Collective Unconscious*. London: Routledge.

Laing, R.D. (1970) *The Divided Self*. Harmondsworth: Penguin.

Laing, R.D. and Esterson, A. (1970) *Sanity, Madness and the Family: Families of Schizophrenics*. Harmondsworth: Penguin.

Olivier, L. Available at www.brainyquote.com/quotes/authors/l/laurence_olivier.html, accessed on 24 January 2011.

Rebillot, P. (1993) *The Call to Adventure: Following the Hero's Call*. San Francisco, CA: Harper.

Schrader, C. (1998) 'The Studio Upstairs: Performance as a way of relating to the world.' *Dramatherapy Journal* 20, 2, 15-19.

Schrader, C. (2006) 'Freeing the Firebird.' *Kindred Spirit Magazine* 79, 29-31.

Shakespeare, W. (2005) *Hamlet*. London: Penguin.

Somé, M.P. (1996) *Ritual: Power, Healing and Community*. Bath: Gateway (reprinted in 1997 by Penguin).

Spolin, V. (1999) *Improvisation for Theater*. Chicago, IL: Northwestern University Press.

신화-드라마의 실제

클레어 슈레더

그렇다면 신화-드라마는 어떻게 작동하는가? 신화-드라마는 시설이라는 환경 속에서 작업하는 연극치료와는 무엇이 다른가? 여러 가지 방식들을 배우고 훈련하는 다양한 연극치료들이 있기 때문에, 이를 명확하게 정의하기는 어려운 일이다. 이 장에서 나는 신화-드라마를 개인적 성장 접근법으로서 구분시켜 주는, 두드러진 특징들을 확인하려고 할 것이다. 이는 1991년과 1995년 사이에 로햄턴에서 훈련받았던 연극치료사로서의 관점이다.

신화-드라마의 실제적인 구조는 매우 단순하고, 연극치료의 공연 모델에 기초해 있다(Jennings 1991, 1992). 이는 소집단으로 신화를 공연하는 것이며, 극장에서와 비슷하게 관람을 한다. 공연이 끝날 때, 집단의 참여자들이 연극을 본 경험과 상연한 경험을 돌아본다. 이것은 안내/준비, 공연, 마무리의 세 부문으로 나뉜다.

안내

작업으로의 안내는 참여자를 우뇌의 흐름 상태로 진입하게 만드는 데 있어 중요하다. 신화-드라마의 한 회기는 고전적으로 몸, 감정, 개인이 이루고자 원하는 목적을 깨닫게 하는 확장된 명상으로 시작되며, 많은 개인적 성장 문학에서 대중적인 목적의 개념을 가지고 작업을 한다(Chopra 2005, Dyer 2004). 목적은 목표 설정과 다르다. 목표는 구체적이고, 시간의 틀을 갖고 있으며, 성취하기도 하고, 성취를 못하기도 한다. 그에 반하여, 목적은 좀 더 넓은 개념이며, 방향을 나타낸다. 목적은 에너지를 모아서 연계된 작업을 하게 해 준다. 이는 기대했던 시간의 틀 내에서 목적을 이루지 못했어도 마찬가지다. 목적은 예정된 시간을 넘어서 이를 달성할 여백을 열어 두며, 때로는 더 깊은 수준까지 도달하게 한다(목적을 정하기 전에 참여자는 제한된 의식의 틀 안에서 움직이며, 그들에게 무엇이 가능한지를 알 수 없다. 목적은 집단 무의식의 온전한 힘을 불러일으켜, 처음의 기대를 능가하는 사안/문제에 대한 놀랄 만한 해결책으로 나타날 것이다. Chopra 2005; Dyer 2004).

명백한 목적과 몰입이 있는 사람이 모호한 사람보다 그들이 원하는 것에 대해 빠른 시일 안에 더 많은 것을 이루어 낸다는 연구 결과가 있다(Locke et al. 1981). 신화-드라마에서 우리는 많은 익명의 사람들과 작업을 했지만(사람들에게 무엇이 나타날지 모르지만 그것에 마음을 열라고 독려했다), 치유의 맥락을 만드는 것은 여전히 강력했다. 신화-드라마 작업에서는 긍정적으로 초점을 맞추는 것이 중요하며, 난 그것이 가능할 때마다 강화하였다. 내 역할 중 한 가지는 무엇이 일어나고 있는지에 대해 사람들을 교육하는 것인데, 그 과정의 신비로움에 대해 더 많이 가르칠수록 그들은 더욱 향상되는 것으로 보였다. 이를 얻어 내는 방법들 중 하나는 심리학적 교재나 개인적 성장에 관한 글에서 관련된 자료들을 뽑아서 읽어 주는 것이다(Johnson 1989a, 1989b, 1991, 1995; Pearson 1991). 이것은 흥미를 불러일으키고, 이해를 심화시키며, 작업에서 변형이란 양상에 참여자를 심리적으로 준비시킨다.

하지만 참여자가 워크숍이나 집단에 도착하기 전에 강력한 과정이 진행되기도 한다. 그들은 인쇄물, 기사, 내가 보낸 전언에 매혹당하기도 했다. 무엇인가 그들의 주의를 끌어서 저항과 두려움을 제쳐놓고 미지의 것을 시작하게 했다. 그것은 그 이벤트를 신청할 정도의 끌림이었다. 이같이 신화-드라마 작업은 홍보하는 과정부터 그 작업을 시작하는 것이라 볼 수 있다. 이것이 안내 작업의 전 과정이다.

명상의 목적 가운데 하나는 무엇이 그들을 그 워크숍이나 집단 작업으로 오게 했는지를 대면하게 하는 것인데, 그것은 보통 감정과 정서를 이미지로 상징화하도록 초대하는 연극치료의 방식을 사용한다. 이는 몇 가지의 무의식적 요소들이 표면으로 드러나게 한다. 나는 이미지를 해석하기보다 그것을 경험하라고 초대하는데, 다음과 같은 수 제닝스의 금언은 후에 더 깊은 의미를 드러내 주었다. '상징과 함께 머물고, 의미가 스스로 나타나게 하라' (Jennings 1994, p. 15).

회기를 시작할 때 함께 빙 둘러서 원을 만든다. 이것은 참여자들이 서로를 알게 하고, 내면의 풍경을 어느 정도 공유할 기회를 주는 것이다. 그들은 그들의 이미지나 그들이 고민하고 있는 것을 함께 나누길 원할지 모른다. 이는 참여자들이 서로 관계를 형성하게 하는데, 인생의 중요한 내용들을 함께 나눔으로써 안전해지는 것이다. 나의 경험상, 신화-드라마 참여자는 자신에 대한 개인적인 정보와 자신의 취약점을 나눌 때 거침없이 말한다. 이는 그들이 이렇게 하는 게 친숙하기 때문이기도 하지만, 또한 남들도 모두 자신을 드러내고 있다고 믿을 만큼 그 흐름이 충분히 안전하다고 느끼기 때문이다. 이것은 그들이 나중에 탐험할 정서적 토양을 준비하는 것이다. 이 나눔은 종종 매우 감동적이며, 모든 사람들이 연결되어 있다는 느낌을 준다.

연극의 힘

많은 신화-드라마 참여자들은 첫 회기에 경직된 상태로 집단 작업에 온다. 너무 두려워 차에 한참 머물렀다 온 사람들도 있고, 어떤 이들은 들어오긴 했지만 다시 나가고 싶은 엄청난 욕망에 시달렸음을 고백하기도 한다. 하지만 마지막 회기에 이르면, 그들은 편하게 참여하고, 자연스럽게 연기하며 자신을 표현하고, 사회생활에서 목표를 이룬 자신을 보고 놀라기도 한다. 그들이 성취해 낸 목표는 집단에 합류할 때만 해도 가능성의 영역 밖에 있었던 것이다.

참여자들 중 많은 사람이 연기 경험이 거의 없었고, 연기에 대해 트라우마가 있거나 연기와 단절되어 있었다. 그래서 신화-드라마의 구조는 그들에게 성인으로서 어떻게 연기할지, 그리고 연극이 그들의 건강과 행복에 대해 줄 수 있는 가치에 대해 가르치도록 구성되어 있다. 신화-드라마는 자신을 표현할 방법을 제공하고 즉흥에 익숙해지게 해 주었다. 이는 그들을 현재의 순간에 살게 하였고, 자연스럽고 본능적으로 반응하게 하였다. 이는 삶에서 좋게 보이려고 가면을 써야 할 필요성을 없애 주고, 자신의 참된 목소리를 찾아가는 행동과 움직임에서 진정한 방식에 이르게 했다. 또한 '감정을 표현하는 것이 재미있다'는 것을 발견하게 했다(Schrader 2004, p. 18).

선택

아마도 신화-드라마는 참여자에게 다양한 수준의 선택의 힘을 연습할 기회를 준다는 점에서 가장 독특한 영역일 것이다. 그들이 작업을 원하는지 원하지 않는지, 자기 자신에 대해 얼마나 많은 말을 하면서 나누고자 하는지 선택하는 것처럼(나의 의도는 부담없이 참여하고 싶어 하도록, 이완되고 위협적이지 않은 분위기를 만드는 것이다), 신화에서 어떤 역할이 끌리는지, 어떤 역할과 공감이 되는지 선택하라고 요청한다. 내가 초점을 맞추는 것은 그들을 가두거나 무력화시키는 역할에서 벗어나게 하는 것이기 때문에, 그들은 다른 많은 가능성들이 유용하다는 것을 발견한다. 어떤 성(性)의 역할도 택할 수 있고, 한 명 이상이 똑같은 인물을 연기할 수도 있다. 작업 도중에 언제라도 인물을 전환할 수 있고, 인물을 연기할 필요조차도 없다. 감정, 사물, 자연적인 요소(바람, 별), 또는 이야기에 존재하지 않는 인물을 창조할 수도 있다.

선택의 힘을 연습하고 있던 참여자 중 한 명인 나나는 힌두 신화에 나오는 불행의 여신에게 심한 애착을 느꼈다. 그녀는 이야기에 불행의 여신이 나오지 않을 때에도 기회 있을 때마다 그녀를 연기하였다.

이야기에서 바다가 휘몰아치고 있고 신과 악마가 싸우고 있을 때, 불행의 여신 지에스타가 부패한 검은 기름 속에서 떠올라 신들의 일들을 엉망으로 만들려 한다. 다소 무거운 상태에서 뭔가가 깨어나서 이 장면에서 내가 누구여야 하는지 질문한다. 좋은 인물? 아니! 난 불행의 여신이 되고 싶어! 그게 나쁜 생각일까? 내 안의 깊은 곳에 검은 것이 있나? 그런 생각을 하면서 흥분과 장난기가 달아오르는 것을 느꼈다.

내가 우스운 검은 옷과 검은 머리장식을 하고 나무 막대로 칠 때, 자유가 솟아오르는 것을 느꼈다. 그것은 어리고 장난기 가득하며 자연스러워서, 춤추며 구르고 싶어졌다. 갑자기 나 자신으로 돌아와 내가 '장면' 안에 있음을 깨달았다. 난 참견하고, 조정하며, 가끔 집적거리기도 하면서, 하나의 결말을 향해 나의 길을 나아갔다. 자신감이 문제가 되지는 않는 것 같았다. 하지만 중요한 건, 기분 나쁘지 않았고, 다른 사람을 곤란하게 하지도 않았다는 점이다. 단지 살아 있음이 기분 좋게 느껴졌다.

다음 주에 우리는 약간 다른 이야기를 작업하였다. 하지만 난 다시 불행의 여신이 되지 않을 수 없었다. 난 불행의 여신이 되기를 고대했다. 그녀는 가족의 일부가 되는 듯하더니, 그녀의 에너지가 계속 점점 더 나에게 드러나기 시작했다. 그녀는 섹시하기도 했다. 무엇보다 그녀의 영혼은 쾌활하면서도 깨끗하고 솔직했다. 나는 방해받지 않는 자유를 느꼈다. 불행의 여신은 내게 도덕적이지 않은 것에 대해 가르쳐 주었고, 내가 나를 은연중에 나쁘게 보고 있었음을 알게 해 주었다. 난 항상 내가 상당히 '느슨하다'고 생각했다. '착함'은 혹독한 것이며 편안하지 않다고 여겼다. 나는 종종 작업에서 상쾌하고 이완된 느낌으로 돌아왔다. 내 안에 있던 나만의 개념들이 해명되는 것 같았다. 나에 대한 비판이 어디에서 비롯되는지 알게 되면서 그 힘이 눈에 띄게 약해졌다.

그 시간 이후로 나는 내가 원하는 것을 더 찾았고, 직관에 대해 정직해지기 시작했다. 그 새로운 방향 속에서 창조적인 감동을 만났다. 어떤 영성과 연계되면서 평화와 알아차림으로 열리기 시작했다. 나의 창조적인 일과 삶에서 불만을 감수하면서 더 많은 '아니오'를 하겠다고 각오하지 않았다. 불행의 여신이 준 약은 정말로 꽤 치유적이었고, 분명히 자유로운 곳으로 인도했다.

신화-드라마는 (연극치료에서와 마찬가지로) 참여자에게 초점이 맞추어진 것이지, '관객'에게 맞추어진 게 아니다. 공연을 하면서 그것을 보는 사람에게 이해시킬 필요도 없다. 중요한 인물이라도 아무도 선택하지 않으면 뺄 수 있다. 빠진 인물은 집단이 만들어 낸 인형이나 초상으로, 혹은 무대 뒤의 보이지 않는 존재로 표현될 수 있고, 완전히 없는 것으로 할 수도 있다. 누구도 하려 하지 않는다는 이유로 자기에게 적합하지 않은 그 역할을 맡는다 해도, 이는 어디까지나 그의 선택이다. 만약 자유로운 선택에 따라 건강하지 않은 패턴으로 물러서는 걸 선택한다면, 이것은 그들이 이를 검토하여 삶 속에서 그 역할 입기 방식을 인식할 수 있는 기회가 된다.

참여자들은 또한 다른 선택이 가능하다는 것을 발견하기도 한다. 그들은 이야기를 바꿀 수도 있다. 어떤 신화이든 참여자에 따라서 병적인 패턴이나 경험을 복제하는 것일 수 있기 때문에, 이야기를 바꿀 기회를 준다는 것은 신화-드라마가 제의적인 치유가 될 수 있음을 뜻한다. 이는 제의 연극의 정수이다. 참여자는 곧 신화가 많은 가능성들의 출발점이 된다는 것을 알게 된다. 자신의 본능에 따라 강렬한 감정이 흐르도록 놓아 두면, 원래의 이야기 구조에서 꽤 멀리 이동한 것을 알게 될 것이다. 이것은 실제 공연에서 그 이야기가 상당히 극적으로 바뀔 수 있다는 것이다.

신화-드라마는 집단 구성원들이 서로 조화롭게 상응하도록 촉진시키는데, 이야기가 향하는 새로운 방향에 반응하는 자신을 발견하게 해 준다. 즉, 자신에게서 놀랄 만한 강력한 반응을 이끌어 내거나, 새로운 방향이 집단 전체를 더 심오한 자기표현에 이르게 하거나, 예상하지 못했던 뜻밖의 해결책이 나타나기도 한다. 신화-드라마 작업에 꾸준히 참여한다면, 그것이 주는 자유로움과 힘을 느낄 수 있으며, 이후에 삶 속으로 가져가 본능의 흐름을 따를 때, 예측 가능한 시나리오에 새로운 가능성을 주고, 삶을 마법적인 모험으로 변화시킬 생활 방식을 가져오게 된다.

신화

신화를 선택하는 것은 중요하다. 모든 신화가 다 적합한 것은 아니기 때문이다. 일반적으로 치유적인 특성을 가지고 있거나 자기표현의 기회를 주는 신화를 선택한다. 내가 좋아하는 신화들이 있는데, 예를 들면 다음과 같다. 디오니소스의 이야기는 자신의 야성적인 면을 발견하게 하며, 혼돈에 빠질 자유를 준다. 이난나[1]는 참여자들을 지하세계로 데려가 가장 깊은 두려움

1. 수메르 신화에서 대지의 모신: 옮긴이.

과 대면하게 하고, 아주 작은 조합을 통해 강력한 치유가 일어날 수 있음을 발견하게 한다. 일본의 태양신 아마테라스는 트라우마를 따라가면 숨겨져 있던 무엇이 나온다는 것을 발견하게 하고 자연적인 빛을 다시 찾게 한다. 멀린[2]은 사람들 내면에 존재하는 마법적인 힘을 요청할 수 있게 한다.

이 이야기의 대부분은 융 학파의 분석심리학자들이 광범위하게 탐험한 것이지만, 대단히 흥미로운 것은 이러한 이야기들을 읽으면서 그 안에 담긴 더 깊은 층들을 이해하게 되고, 연극치료/신화-드라마를 통해 이 신화들을 공연하면서 참여자가 부가적으로 풍부한 내용을 발견한다는 점이다. 이는 분석심리학자들이 주인공의 경험을 통해 신화를 보는 데 반해, 연극치료는 참여자에게 신화 속의 모든 인물들을 탐험할 기회를 주기 때문이다. 이는 어떤 인물을 연기할 것인지의 선택에 따라 자기 발견, 통찰과 자기 노출의 많은 가능성을 열어 준다.

대개 나는 신화를 가지고 작업하기를 선호하는데, 동화보다 신화가 개인적 성장이라는 맥락에서 작업하기에 더 안전하다고 생각하기 때문이다. 이는 신화가 더 오래된 것으로서, 좀 더 원형적이며 덜 친숙하기 때문일 것이다. 동화는, 내 경험상, 어린 시절의 상처를 건드리며, 어떤 것은 매우 불안하게 만드는 내용을 담고 있다. 신화에는 폭력성이 있어도 서사적인 데 비해, 동화 속의 폭력은 실제 삶에서 일어나는 것에 좀 더 근접한 경우가 많다. 예를 들어 칼리는 힌두교의 파괴의 신으로서 세계를 파멸시키려는 악마를 죽이기도 하지만, 지모신[3]으로서 인도에서 숭앙받기도 한다. 그녀는 난폭하고, 축 늘어진 혀와 아기 해골로 머리에 관을 두른 소름끼치는 외모를 지녔다. 하지만 그녀의 목적은 대지의 균형을 회복시켜서 평화를 가져오려는 것이다. 한번 그 목적이 달성되면, 그녀는 평화로운 상태로 떠난다(Ajit Mookerjee 1988, pp. 57-58). 동화 속의 폭력은 신화에서 일어나

---

2. 아서 왕 이야기에 나오는 예언자 혹은 마법사: 옮긴이.
3. 대지의 풍요성, 생명력이 신격화된 것: 옮긴이.

는 것보다 심리적이며, 종종 충격적이어서 적절하지 않을 수 있다.

하지만, 바바 야가[4]와 같이 신화적인 특성을 갖고 있는 경우에는, 특별히 동화를 갖고 작업하기도 한다. 클라리사 핀콜라 에스테스(2008), 로버트 블리, 매리온 우드먼(1989)은 모두 바바 야가가 고대의 여신이며 동화 속의 마녀나 사악한 계모와는 다르다는 점에 동의하고 있다. 그녀는 대적하려 하지만 공정하며, 상대가 동등하다고 여기면 자유롭게 풀어 줄 것이다.

잘 알려진 동화들을 가지고 작업을 하기도 했는데, 최대한 원래의 내용에 가깝게 가져가되 단단하게 담아낼 필요가 있다. 예를 들면, 결국엔 승리한다 해도 주인공이 지나치게 희생물이 되는 신데렐라 이야기의 경우, 그녀를 일방적인 피해자로만 조명하지 않고 상당히 균형 잡힌 인물로 접근한다. **신화-드라마**의 목적은 개인에게 외상을 다시 입히는 게 아니며, 참여자가 이미 다른 작업에서 깊이 있게 이 부분을 탐색한 경우에는 특히 그렇다. 이러한 이유 때문에, 참여자가 어떤 인물을 연기하겠다고 선택하는 힘을 갖는 것이 중요하다.

동시에, 이 장면을 연기하는 것은 참여자에게 그의 힘을 상기시켜 그런 대우를 받는 것에 정당한 분노를 표현하거나, 그들을 억압하는 자들에게 보복할 수 있게 한다. 나는 잔뜩 곤두서서 화가 난 신데렐라가, 그녀를 괴롭히는 자의 혐오와 비난이 쏟아져도, 결코 희생 제물이 되지 않았던 것을 똑똑히 기억한다. 그녀가 다른 집단원들로부터 자신을 어떻게 경험했고, 그녀가 그려 낸 신데렐라를 얼마나 대단하게 즐겼는지 피드백을 받았을 때, 어린 시절의 중요한 상처로부터 얼마나 멀리 벗어나 있는지를 볼 수 있었다.

---

4. 러시아의 숲속에 사는 불사의 마녀로 뼈와 가죽만 남은 사악한 노파의 모습을 지님. 사람 고기, 특히 어린아이를 즐겨 먹은 식인 마귀할멈: 옮긴이.

진실한 연기

참여자가 점점 드라마의 언어로 빠져들어가 그의 자연적 본능이 흐르도록 내버려 둘 때, 신화적 인물과 이야기가 그의 이야기를 말하고 풀어내는 통로가 될 수 있는 마법적인 순간이 올 때가 있다. 이때는 더 이상 참여자가 연기하거나 인물인 척하는 것이 아니며, 진실한 연기 상태로 들어가게 되는 것이다. 이것은 심오한 영역으로 들어가 그 인물을 자기 고유의 인물로 몰아가는 충동에 굴복할 수 있는 상태이다. 그가 연기하고 있는 원형적 인물의 이야기에 참여자 개인의 역사가 올려지며, 그와 그의 이야기가 모두 영웅적인 이야기가 된다. 이것은 본질적으로 많은 트라우마에 엉겨 있는 수치심을 치유한다. 이 경험은 정점의 경험과도 같이 강렬하여 거의 잊히지 않는다. 이것은 인물과 융합되는 것과는 다르다. 참여자는 여전히 자신의 정체성을 매우 잘 인식하면서도 인물이라는 매개체를 통해 자신에게 좀처럼 허락되지 않았던 모든 것이 될 수 있고, 이전의 역할과 그를 제한하던 존재의 방식을 과거지사로 돌리며 잊어버릴 수 있다.

사례 연구

리처드는 집단 작업에 합류하기 전에 분노와 좌절감으로 대단히 불안한 상태였는데, 특히 운전 중에 분통을 터뜨리곤 했다. 그는 일하러 가다가도 갑자기 그의 분노를 자극하는 더듬이들 중 하나가 발동이 걸리면 몇 초 안에 '피를 갈망하는 전사'가 된다. 그는 자신과 다른 운전자들에게 위험한 존재였다. 또한 침체된 일자리 시장에서 새로운 직장을 찾고 있었는데, 그에겐 면접을 보러 오라는 전화도 없었다. 리처드는 그런 느낌이 어디에서 오는지 알지 못했다. 많은 심리 치료와 다른 개인적 성장 작업을 경험하면서, 그는 과거에 대해 이야기하기도 지쳤으며, 그렇게 해도 분노의 깊은 근원을 찾는 데 실패하였다. 이는 말로 표현할 수 있는 영역을 벗어난 것이었다. 그는 이런 분노가 아주 오래된 것이며, **신화-드라마**가 그에게 효과적일 것이라는 예감을 갖고 있었다. 사실 그는 여섯 달이나 기다린 끝에 새로운 돌파구가 될 집단을 제안 받았다. 그는 다음과 같이 말한다.

> 그때 이 모든 괴물들이 모습을 드러내기 시작했다. 운전자 폭행 괴물과 담배 괴물이 있었다. 나는 니코틴을 끊을 방법을 찾을 수가 없었다. 이것은 거대한 노란 민달팽이로 모습을 드러냈다. 나는 그 작업 중에 많이 메스꺼웠다. 그것은 내 안에 있는 아주 많은 것들을 불러일으켰다. 나는 이것들에 대해 말할 수 있었고, 내 자신을 표현할 수 있었다. 작업은 내 무의식의 후미진 곳에 숨겨져 있는 것으로 가는 지름길을 알려 주었다. 또한 숨겨져 있던 어둠들을 불러오고 표면으로 떠올려 풀려나게 했다.

신화-드라마는 리처드가 그의 분노의 근원을 파악하여 표현하도록 해 주었다. 사실 분노(운전 중)의 괴물의 바닥까지 가 보겠다고 그렇게나 열심이었지만, 처음에 작업하길 바란 것은 담배 괴물이었다. 다른 많은 중독증과 마찬가지로, 담배는 그의 분노를 억제하여 감당할 수 있을 정도로 유지시키고 있었다. 담배는 계속하여 그의 분노를 가두어 억누르고 있었다. 그 압력이 너무 커지면, 압력솥처럼, 예상치 못한 순간에 폭발해 버렸다.

거대한 노란 민달팽이와 함께 작업한 뒤에 다소 부드러워진 리처드는 그의 분노 괴물이 억눌렀던 탓에 받아들일 수 없었던 모든 역할들 — 스트레스 가득한 경험의 결과 — 을 연기하였다. 실제로 다른 사람들은 그 역할들을 리처드의 얼굴과 행동에서 볼 수 있었지만, 그는 그것이 보이지 않을 것이라 믿었고, 다른 사람들은 그로부터 일정한 거리를 지켰다. 리처드는 분노 괴물을 연기하면서 그 괴물에게 자신이 표현하지 못했던 분노를 담아서 버렸다. 그 괴물은 그리하여 몇 부대나 되는 원치 않는 폐기물을 버릴 수 있을 만큼의 효과적인 쓰레기 처리장이 될 수 있었다. 그의 진실한 연기가 이를 가능하게 했다. 다른 집단원들이 이 분노 괴물에 대해 강력하고, 무시무시하거나 흥미로운 것으로 반응한 덕분에, 리처드도 그 분노 괴물을 보는 방식을 바꿀 수 있었다. 그는 자신의 힘을 주장하며 삶 속으로 들여올 수 있었다. 일반적으로 변형된 분노는 목표를 향해 행동하고 전진하게 하는 에너지이자 권위를 얻고 타인의 존경을 받을 수 있게 하는 능력이 된다.

(분노와 같은 강력한 감정을 표현할 기회가 주어지면 많은 이들이 꺼리며 뒷걸음질 치곤 하는데, 일반적인 방식으로 그의 분노를 표현하게 하는 것보다 이것이 훨씬 더 효과적이다. 내가 실수로 집단에게 이번 작업에선 분노를 표출할 것이라고 말하면, 참여자들은 어김없이 그것을 주저하고 꺼린다. 하지만 똑같은 작업을 하면서도 우리는 게임을 할 것이라고 하면, 그들은 넘쳐나는 분노를 거리낌 없이 만족스러운 방식으로 표현한다. 그래서 후자의 방식이 훨씬 효과적이다.)

이 과정의 끝부분에서 리처드를 표현할 적절한 단어는 '사랑스러운'이 될 것이다. 다른 사람들을 멀찌감치 떨어지게 만드는, 화 잘 내고 쉽게 욱하는 분노 자판기에서, 마음이 따뜻하고 유머 감각이 있어 모두와 함께 즐길 수 있는 사람이 된 것이다. 그는 노란 민달팽이의 본질로 변형되었다. 왜냐하면 리처드의 속마음은 부드러운데, 다른 많은 남자들이 그러하듯이, 이런 여린 내면을 지킬 필요가 있었기 때문이다. 이 작업이 끝났을 때, 그는 넘치는 남성성 속에서 부드러울 수 있었다. 그리고 그것은 곧 그의 삶에서 드러났다.

> 마지막 회기가 끝나고 며칠이 지나지 않았을 때, 나는 일자리를 준다는 전화 한 통을 받았다. 정말로 취직이 되었던 거다! 요즘 같은 취업난에, 그렇게 좋은 직장에 그렇게 수월하게 들어가 본 적은 한 번도 없었다. 면접관조차도 처음 면접부터 최종 합격까지 그렇게 일사천리로 진행된 적이 없다고 하였다. 그곳은 정말 좋은 직장이고, 나는 아주 훌륭한 사람들과 일하고 있다. 바로 내가 꿈꾸었던 직장이다. 최고는 아니지만 두 번째로 월급도 높았다.

이 같은 결과에 이르기까지 리처드는 5주간에 걸쳐 18시간의 작업을 하였고, 이

> 작업은 개인과 사회 생활의 차원에서 모두 그의 인생을 전환시켰다. 고용주들은 보통 찾기 쉬운 사람, 일 잘하고 열정적인 사람을 고용하길 좋아한다. 그들이 누군가 골라서 선택한다면, 그렇게 보이는 사람을 뽑게 되며, 이는 면접의 최초 5초 사이에 알아볼 수 있게 되는 것이다. 개인 무의식이 집단 무의식과 소통한다는 융의 이론을 믿는다면, 그 사람의 이력을 보고 알아차릴 수도 있을 것이다. 그리하여 다른 사람들은 당신이 없을 때에도 당신에 대한 것들을 익히 파악할 수 있다. 단지 이력서만 보아도 그것을 알아낼 수 있다(Jung 1991).

의상과 음악

신화-드라마가 내면의 연기를 이끌어 낼 수 있는 상태를 창조해 내는 방법들 중의 하나는 의상, 가면, 악기, 그리고 음악을 사용하는 것이다. 나는 옷감, 스카프, 모자, 가면, 왕관 등을 여행 가방 속에 챙겨 다닌다. 대부분의 경우, 참여자들은 이러한 기본적인 재료들로부터 자기 의상을 만들어 내는데, 지난 세월 동안 내 가방에는 다른 사람들이 선사한 몇 가지 의상 소품들도 생겼다. 이것은 참여자가 잠시 자신을 잊고, 알렉 기네스에게 바쳐진 인용구 — 그가 알맞은 신을 신었을 때 온전히 그 인물 안에 살게 된다 — 처럼, 그 인물로 변형되게 한다.

이렇게 차려 입으면 참여자들은 신과 영웅, 괴물과 공주 들의 신화적 세계로 들어갈 수 있다. 이것의 치유적인 측면 중 하나는, 옷 입기 게임을 하며 놀았을지도 모르는 참여자에게 어린 시절의 달콤한 세상으로 다시 들어갈 기회를 준다는 것이다. 그들은 다시 순수해질 수 있고, 어른의 역할과 책임을 뒤에 남겨 둔 채 어른의 방식으로 놀 수 있다. 적당한 의상을 찾는 것도 재미있는 일인데, 이것은 매우 창조적인 경험이다. 모든 면에서 예의범절에 맞게 점잖은 차림으로 다녔던 어떤 남자는 호화로운 연극 의상을 입고 나타나 다른 사람들을 깜짝 놀라게 했다.

어떤 사람들에게 이것은 매우 도전적인 일이 되는데, 특히 아이 때 거의 놀지 않았거나 다른 많은 사람들처럼 오직 경쟁적인 게임만 하면서 놀았던 경우에 그렇다. 한 의사는, 훨씬 후에 고백하기를, 이렇게 차려입는 것이 매우 공포스런 경험이었다고 하였다. 그는 무엇을 해야 할지 알지 못한 채 두려움에 떨며 의상 가방으로 향했던 것을 기억하였다. 하지만 몇 가지 옷감을 골라 걸쳤을 때, 그는 마치 꿈에서처럼 자신이 우스꽝스러워 보일까 불안했던 감정과, 그렇게 한다면 과연 무슨 일이 벌어질지 보고 싶다는 욕망 사이에서 괴로워했다. 다른 사람들처럼, 그에게 의상을 고르는 행위는 이성적인 세계와 그를 손짓하며 부르는 새로운 상상력의 세계 사이의 문지방이었다. 상상의 세계에 들어감으로써, 그는 자신이 정말로 누구인지를 그리고 자기 안에 성장을 멈춰 버린 면들이 남아 있음을 훨씬 더 많이 경험할 수 있었던 것이다.

음악은 참여자가 진실한 연기를 경험할 수 있는 또 하나의 강력한 방법이다. 음악은 고유한 자신만의 여행을 하게 해 주는데, 이것은 감정과 극적인 요소를 심화시킨다. 이야기를 통해 그들의 길을 따라 돌진해 들어가는 대신, 음악이 이끄는 여행을 통해 인물 속으로 깊이 들어가서 그들이 느끼는 것은 무엇이고, 다른 인물들과의 관계는 어떻게 되는지를 탐색한다. 음악은 자체의 움직임이 있지만, 이야기를 펼쳐 가는 것을 돕기도 한다. 음악은 극적 경험이 거의 없고 남의 시선을 의식하는 사람들이 긴장을 풀고 충분히 경험으로 들어갈 수 있게 해 준다. 신화-드라마에 적합한 음악을 고르는 것은 대단히 무거운 책임감을 안겨 주는데, 참여자들은 '그 음악은 항상 옳아요'라고 한다. 이는 즉흥적으로 음악 작품을 고르기 때문인데, 그렇게 하면 원래의 나보다 훨씬 더 낫고, 더 깊은 지혜로 이끌어 어떤 음악을 선택할지 알게 해 준다.

공감적으로 보기

보는 것은 어떤 치유 드라마 작업에서든 중요한 일면이다. 그것은 참여자가 보이도록 하며, 그렇게 보임으로써, 비판적인 시선과 의견들로 상처 입었던 경험을 심도 있게 치유할 수 있다. 이것이 공연의 강력한 양상들 중의 하나이며, 1장에서 설명했던 *theaesthai*/보는 것에 관한 것이다. 어떤 경우에도 세간의 주목을 피하는 수줍고 내향적이었던 나에게도 공연은 매우 도전적이고 강력하게 치유하는 면을 지닌 것이었다. 많은 내성적인 배우들과 마찬가지로, 나도 상당히 잘하는 것으로 드러났다. 그러므로 공연은 내가 억눌러 왔거나 아직 발견하지 못했던 자신의 일부를 표현할 안전한 공간이 되어 주었다. 이러한 공연의 경험에서 인정받음으로써 자신감을 가졌고, 그러면서 감추어졌던 면들이 더 많이 표출되어 나왔다. 결과적으로 난 더 이상 수줍고 내성적인 행동을 하지 않았다.

하지만 누군가에게 보이는 것은 많은 이들에게 매우 도전적인 일이 될 수 있다. 특히 자신이 보잘것없다고 믿는 사람들이나 무대 위에서 자신이 바보처럼 보인다고 느끼는 사람, 연극에 대한 경험이 좋지 않은 사람의 경우가 그러하다. 나의 몇몇 참여자들처럼, 드라마를 하면서 자신감을 키웠는데, 그 뒤에 연극 학교에서 트라우마를 경험하면서 그 자신감이 깨어진다면 어떻게 될까? 일반적으로 관객은 자녀에 대한 인정이나 불만을 조금씩 나누어 이야기하는 비판적인 부모와 같다는 인식이 깊이 배어 있다. 그래서 공연에 관한 한, 아무리 공간이 안전하게 만들어졌다 해도, 사람들은 여전히 관객을 적으로 보게 된다.

내가 참여했던 많은 개인적 성장 코스에서 인정은 중요한 측면의 하나였는데, 많은 이들이 전형적으로 아이들이 너무 자만해질까 두려워 칭찬받을 만큼 잘한 경우에도 칭찬하기를 꺼리는 부모들의 양육을 받았기 때문이다. 그리하여 많은 사람들이 자신이 누구인지, 성격은 어떤지, 어떻게 다른 사람들을 만나야 하는지에 대한 진정한 인식 없이 자랐다.[5] 앞서 말한 과정들에서, 참여자들은 자신에 대한 긍정적인 메시지를 받을 수 있는 구조를 창조함으로써 이러한 손상을 바로잡고자 했다. 전문 배우들은 우리에게 관객의 박수갈채를 충분히 느끼고 받아들이라고 조언해 주었다. 이러한 인정을 일축하거나 약화시키는 것보다 어떻게 수용하는지 배우는 것이 오히려 쉽지 않았다. 이것은 관객에게 되돌려 주는 방법이며, 관객의 기쁨을 받아들임으로써 그들을 만족시키는 방법이다.

공감적으로 보는 것은 신화-드라마의 핵심적인 국면이다. 신화-드라마를 보아 온 참여자들(공감하는 관객들)은 그들이 본 것에 대해 깊이 있는 생각을 하도록 인도된다. 그들은 이 작업에서 능동적인 역할을 한다. 관객은 비평가가 공연자의 기술을 평가하듯이 보는 것이 아니라, 감정이입하여 바라봄으로써, 그들이 바라보는 사람들에게 힘을 준다. 공감하는 관객은 그와 동시에 자신이 느낀 것, 즐긴 것, 감동한 것, 충격적이었던 경험의 순간, 혹은 자기를 표현했던 중요한 순간과 연결 짓는다.

신화-드라마를 연기하며 종종 갈피를 못 잡는 상태에 이르는 사람들에게 힘을 줄 수 있는 것은 바로 관객 경험을 통해서이다. 그들은 종종 눈앞에서 무엇이 일어났는지를 알지 못한다. 그들은 그 경험으로 인해 숨이 막히거나 정서적인 느낌을 가질지 모른다. 관객들 역시 그들이 바로 본 것이 무엇인지, 혹은 누가 어떤 인물을 연기하고 있는지조차 정확하게 모를 수 있다. 그것을 이해하거나 알아내는 것은 그들의 일이 아니며, 그들이 본 경

---

5. 『내 영혼의 닭고기 수프』의 저자인 잭 캔필드는 하루 종일 2살짜리 집단을 따라다닌 대학원생이 했던 연구를 종종 인용한다. 이처럼 보통 가정의 평균적인 아이가 매일 듣는 긍정적인 말은 32개인데 반해, 부정적인 말은 432개라는 것이다. 선생님, 보조교사, 다른 친구들은 끊임없이 이렇게 말한다. "그건 만지지 마." "아니야, 이건 이렇게 하는 거야." "안 돼, 넌 아직 그 정도로 크지 않았어." 전국학부모교사연합회(PTO: Parent Teacher Organization)는 학령기 아동의 경우, 비판에 대한 칭찬의 비율이 칭찬 1에 대해 부정적 대응 18이라는 사실을 발견했다. 부정적으로 말하는 것은 너무 자동적인 반응이라서, 우리는 우리 아이들을 격려하는 데 사용할 말들을 배워야 한다(Wright. 2004).

험을 돌이켜 생각하는 것이 그들의 할 일이다. 사실 공감하는 관객은 그가 본 것, 연기자에게 매우 가치 있는 것의 미묘한 양상을 주목한다. 워크숍이나 집단 작업의 경험을 통틀어 볼 때, (그 작업에는) 일반적으로 관대한 분위기가 흐르는데, 참여자들은 열정적이며 서로 지지하는 것에 열심이다. 공감하는 관객은 어떤 연극을 보아도 깊이 감동하거나 넋을 빼앗긴 채 감정이 울컥하는 경우들이 흔히 있는데, 이것은 연기자에게 매우 치유적일 수 있다.

많은 개인적 성장 워크숍이 '당신이 초점을 맞춘 것을 확대하라'는 철학에 대해 이야기한다. 신화-드라마의 긍정적인 측면에 초점을 맞춤으로써, 우리는 참여자들이 부정적인 신념, 판단, 혼잣말에서 해방되도록 도울 수 있다. 그래서 이 작업에서 나는 참여자가 신화-드라마에서 표현하거나 자유롭게 된 것을 확인하는 것에 초점을 맞춘다. 그리고 나의 고유한 반성과 격려를 덧붙인다. 공감하는 관객들은 연기자에게 중요하고, 카타르시스적이거나 의미 있는 순간을 증언할 것이며, 이는 트라우마를 치유하고 긍정적인 관점에서 재구성하게 할 것이다. 많은 사람들이 이와 같이 심층의 치유와 함께 자유로워졌다. 말은 강력한 것이어서, 사람들은 말에 상처입기도 하고 치유되기도 한다.

많은 사람들이 어린 시절에 자신을 표현했다가 창피를 당하거나 벌을 받기도 했다. 그래서 신화-드라마에서 강력하고 혼란스러우며 파괴적인 인물을 연기한 것에 대해, 공감하는 관객에게서 흥미로웠고, 자유로워 보였다는, 혹은 무서웠다는 피드백을 받을 때, 참여자는 자신이 충분히 표현할 수 있는 힘이 있다는 메시지를 전달받게 된다. 그들은 배우가 무대 위에서 하듯이 자신의 그림자의 측면을 드러내고, 그에 대한 상을 받는다. 이는 자신의 폐쇄적이던 부분을 자유롭게 하여, 사회생활에서 자신이 누구인지 보다 잘 나타낼 수 있게 해 준다. 거기에서 시작하여 하늘 끝까지 가닿을 수 있게 된다.

배우 역시 작업에서 자신이 느낀 것과 자신에 대해 발견한 것, 경험한 것을 돌아보며 생각할 것인데, 이는 관객의 그것과는 완전히 다른 것이다. 이는 다른 사람에게서 무엇을 보았든지, 그것이 그들 자신을 투사한 것임을 연극치료 작업의 핵심적 요소로 가르쳐 주며, 다른 사람의 이야기에 휘둘리지 않게 한다. 이것은 또한 신화-드라마나 그들이 충격적인 인상을 받은 곳에서, 무엇이 자신에게 긍정적인지 혹은 어려운지 말할 기회가 되기도 한다.

이러한 나눔이 중요하다 해도, 어떤 참여자들에겐 말로 진행되는 과정이 엄청나게 중요하고, 어떤 참여자들에겐 신화-드라마에서의 실제 표현 작업이 중요하다. 그것은 타인에게 보이는 것과 결합된 에너지의 전환이나 표출에 의해 치유에 이르게 한다. 그러므로 경험을 말했는지 여부는 중요하지 않다. 사실, 대부분의 경우에 나누게 되는 것은 단지 빙산의 일각이다. 갑자기 나타나는 깨달음과 통찰, 꿈, 현실적으로 변형이 일어나고 며칠이나 몇 주가 지나서 동시에 일어나는 사건들은 그 경험을 한 이후에 생기는 것들이다.

사례 연구

앞 장에서 소개한 젊은 영화 제작자 데이비드는 전형적으로 내성적인 사람으로, 조용하고 그리 야단스럽지 않은 성격이어서, 상당한 재능이 있음에도 불구하고 성공하기가 매우 힘들었다. 워크숍에 참여했을 당시, 그는 싫어하는 일을 하고 있어서 불행하였고, 자신이 떠나야 한다는 것을 알았다. 하지만 그는 이 재정적 안정을 포기하길 주저하고 있었다.

태양에 너무 가까이 날아갔던 이카로스를 연기하면서, 그는 그의 삶에서 경험하기를 갈망했던 자유를 체험하였다. 그는 그의 한계를 넘어서 한 걸음 내딛을 수 있었고, 이카로스의 이야기가 비록 슬픈 이야기임을 인정했지만, 그가 이것을 어떻게 경험했는지에 대한 것은 아니었다. 그는 태양을 향한 비상을 통전성으로의 여행으로 보았고, 그의 집단은 그 이야기의 결말을 바꾸어 이카로스가 바다로 떨어졌을 때 어부가 구해 주는 것으로 정하였다. 데이비드에겐, 이카로스가 아무리 어리석다 해도, 감히 불가능에 도전한 것은 사실이었다. 그가 승리했다고 느낀 것은 다이달로스(데이비드에게는 권위적인 인물로 보이는, 이카로스의 아버지)에 대한 불복종의 행동 속에 있었다. 워크숍을 마친 후, 그는 자신이 싫어하던 일을 포기할 용기(권위적 인물에 맞서서 그 자신의 권위의 근원이 될 용기)를 발견했다. 데이비드에게 또한 중요했던 것은 이러한 해방을 표현하는 것이 다른 이에게 보였다는 것이다. 그가 표현한 해방은 평소 사람들이 그를 바라보던 관점과는 완연하게 다른 수준의 것이었다. 이렇게 보이는 것은 그가 자신을 보는 관점을 변화시켰고, 세상을 살면서 어떻게 행동해야 할 것인가에 대해 무수히 많은 가능성을 열어 놓았기 때문이다. 이어서, 사회생활에 이것이 반영되어 자신의 가치를 인정받는 성공의 회오리가 뜻밖에 찾아오게 되었다(9장에 제시된 셰일라 루빈의 참여자, 10장의 앨시어 헤이턴과 같은 경우로, 그는 6-7년이 지나서도 선명하게 이 경험을 기억하였다).

유연한 경계

신화–드라마에서 안전성은 유연한 경계를 통해 창조된다.

신화–드라마 작업을 하면서, 기존에 내가 취한 심리 치료의 경계가 생각처럼 절대적이지 않음을 알게 되었다. 그것은 개인적 성장 작업의 참여자에게는 필요하지 않거나 적절하지 않았다. 그것은 심리 치료 작업을 위한 것이며, 진행되던 작업과는 매우 다른 방식의 것이기 때문이었다. 그것은 마치 미켈란젤로의 조각처럼, 신화–드라마의 형태가 이미 존재하고, 나는 단지 그것을 발견하기만 하면 되는 것으로 보였다. 그래서 각각의 경계와 그것이 어떻게 작업에 기여하는지 질문하는 것이 중요해졌다. 사실 이러한 경계를 인식하는 것은 작업에 초점을 주어, 내가 특정한 경계를 완화시키거나 제거했을 때, 나는 무엇을 하고 있는지, 무엇이 뒤따를지를 알게 되었다. 가끔 경계가 필요하다는 것이 명백해지면, 경계를 복귀시키기도 했다.

또한 참여자들이 전념할 수 있도록 두 가지를 약속했다. 집단에 합류하게 될 때, 비밀 유지, 정확성 등의 전형적인 합의에 앞서, '자신, 집단, 그리고 작업에 헌신할 것인지,' 그리고 '자신의 성장과 진보를 위해 집단에서 일어나는 모든 것을 활용할 것인지'를 묻는 것이었다. 이 두 가지 연관된 약속은 보다 유연한 경계를 가지고 작업할 수 있게 하는데, 왜냐하면 자신과 서로에 대한 헌신은 작업에 힘을 불어넣어 주기 때문이다. 이렇게 할 경우, 그것은 인생의 강력한 칵테일이 된다. 해야 하기 때문에 복종하느라 반항과 억울함을 부르는 규칙이 아니라, 그들이 스스로 선택한 원칙에 의해 움직이는 것이다. 이것은 '말 잘 듣는 아이'가 아니라, 강인한 성인에게 말을 거는 것이다(Berne 1973).

신화-드라마에서 안전성은 편안하고 격식에 얽매이지 않는 분위기에서 만들어지며, 그 과정을 촉진시키기 위해 나의 개인적 이력과 경험을 허심탄회하게 보여 준다. 내가 거쳐 온 여정과 투쟁을 밝힘으로써, 참여자가 이내 안전함을 느끼도록 개방적이고 믿을 만한 환경을 조성한다. 내가 나눔을 유도하는 것은 참여자들을 교육하고, 그들에게 영감을 주거나 힘을 주는 길을 열어 자신의 삶에 변화를 가져오게 하려는 것이다. 그러므로 만약 충분히 다룰 수 없는 설익은 주제를 갖고 있다고 특별히 느껴지면, 그것을 함께 나누기에 적절한 순간까지 유보해 둔다.

첫 번째 경계 중의 하나는 시간의 경계였다. 제의로 작업을 할 때, 부족사회와 같이 특정한 시간의 경계 내에서 작업하기란 좀 더 어렵다는 것이 이내 명백해졌다. 즉, 제의는 보통 며칠씩 이어지며, 모든 사람이 그들의 과정을 마칠 때까지 계속되는 것이다. '우리의 삶을 시계에 맞추어야' 하는 서구의 도시에서 이것은 불가능하지만(Somé 1997), 보통 마치는 시간은 거의 정확하다. 참여자들이 자신의 영혼의 흐름을 따를 경우, 이는 심리 치료적 배경에서 작동되는 경계가 신화-드라마의 더 자유롭고 확장적인 분위기에서는 적절하지 않은 이유가 된다. 하지만 시간의 경계는 작업에 초점을 맞추며, 나는 가능한 광고했던 시간에 가깝게 마치고자 최선을 다한다.

나는 또한 개인 고객 중의 일부는 재정적인 문제로 인해 매주 반복되는 작업에 참여할 수 없음을 알고 있었다. 이는 내가 절대적인 것으로 여기는 또 하나의 심리 치료적 경계였다. 하지만 이런 참여자들이 잠시 회기를 쉬었다가 돌아오면, 극적인 변화가 일어나 있는 것을 보았다. 이는 매주 작업을 계속했던 사람들보다 비교적 더 많은 변화였다. 나는 휴식이 그들에게 우리가 다루어 왔던 내용을 진척시킬 기회가 되며, 그러한 진전은 사실 쉬는 것 때문에 더 빠르게 이루어졌다는 것을 깨닫기 시작했다. 또한 가끔 특정한 주제를 가지고 깊이 있게 작업하기 위해, 두세 시간에 걸쳐 개인 회기를 열거나 열린 구조로 마무리하기도 했다. 시간과 구조의 틀 안에서 이러한 방식으로 실험하는 것은 작업을 생생하고 활기찬 것으로 만들었다.

오랜 세월 동안 장기 집단 작업을 매주 진행하면서, 정기적으로 주말 워크숍에 참여하는 사람들이 긴 회기에 걸쳐 매주 작업에 참여하는 사람들보다 더 큰 변화를 보인다는 것을 알아냈다. 개인적 성장 워크숍 참여자들에게 12주 이상 매주 작업을 지속하는 것은 효과적이지 않음을 깨닫게 되었다. 참여자들은 작업과 집단 내의 관계가 깊어짐에 따라, 표면화된 문제에 대해 좀 더 말하고 싶어 했다. 그 결과, 그런 중요한 문제를 이야기하다 보면 연극치료로 그 내용을 다루기에는 시간이 충분하지 않았다. 시간의 제한 때문에 우리는 그 내용을 피상적인 방법으로 다룰 수밖에 없었고, 다음 주에는 '그 순간이 지나 버려서' 또 새로운 문제가 떠올랐다. 그 내용은 연극치료를 통한 깊이 있는 탐험을 요했다.

매주 진행되는 작업의 구조는 대다수의 시설에서 효과적이었지만, 자기를 잘 인식하고 자기주장이 강한 개인적 성장 워크숍의 참여자들에게는 그렇지 않았다. 참여자들이 중요한 통찰을 나누지 못하게 하거나 — 이는 그리 내키지 않는 것이었다 — 연극치료 과정의 중요한 양상들(극적인 탐험과 반영)을 위한 새로운 구조를 찾거나, 둘 중의 하나를 선택해야 했다. 나는 집단 치료에 참여한, 연극치료를 공부하는 훈련 과정생들에 대해서도 관심이 있는데, 아쉽게도 그들은 연극치료를 통해 자기 주제를 제대로 탐험하지 못했다(그들이 작업에서 연극치료의 진정한 힘을 보지 못하여 안타까웠다).

이러한 과정을 거쳐 나는 제의 연극 집단을 만들었고, 유연한 경계를 효과적으로 세움으로써 제의 연극이 변형적 접근법으로서 진가를 발휘하게 되었는데, 그 내용은 10장에서 기술하였다.

결론

두 장에 걸쳐 나는 신화-드라마의 주요 원칙들과 이론적 토대뿐 아니라, (작업 속에서 참여자들을 지지해 주는 구조와 철학에 접근하면서) 개인적 성장 작업을 일반적인 연극치료 작업에 활용하는 것에 대해 전하고자 노력했다.

신화-드라마는 참여자들이 그들을 가로막았던 제한과 장애 들로부터 자유로워질 수 있게 비판적이지 않은 공간을 제공하며, 서로 돕고 공감하고 이해하면서 변화를 이루는 집단의 힘을 발견하게 한다. 조셉 캠벨의 작업에서 영감을 받은 신화-드라마는 신화를 통해 자신의 고유한, 억누를 수 없는 자아를 발견하고 표현함으로써, 참여자들이 원하는 삶을 창조할 수 있다는 믿음을 준다. 신화는 인생의 심연에서 그들을 불러내는 것이 무엇인지 밝혀내는 수단을 제공하며, 관문으로서의 드라마를 통해 '지고의 행복의 들판'으로 들어가, 강력하고 열정적으로 존재하는 '황홀' 속에 살게 하는 것이다(Campbell and Moyers 1988, p. 5).

참고 문헌

Berne, E. (1973) *Games People Play: The Psychology of Human Relationships*. London: Penguin.

Bly, R. and Woodman, M. (1998) *The Maiden King: The Reunion of Masculine and Feminine*. New York: Henry Holt.

Campbell, J. and Moyers, B. (1988) *The Power of Myth*. New York: Doubleday.

Chopra, D. (2005) *Synchrodestiny: Harnessing the Infinite Power of Coincidence to Create Miracles*. London: Rider.

Dyer, W.W. (2004) *The Power of Intention*. London: Hay House.

Estes C.P. (2008) *Women Who Run with the Wolves: Myths and Stories of the Wild Woman Archetype*. London: Rider.

Jennings, S. (1991) 'Theatre art: The heart of dramatherapy.' *British Association of Dramatherapy Journal*, 14, I, 4-7.

Jennings, S. (1992) 'The Nature and Scope of Dramatherapy: Theatre of Healing.' In M. Cox (ed.) *Shakespeare Comes to Broadmoor: The Actors Are Come Hither: The Performance of Tragedy in a Secure Psychiatric Hospital*. London: Jessica Kingsley Publishers.

Jennings, S. (1994) 'Dramatherapy in Groups.' In S. Jennings (ed.) *Dramatherapy Theory and Practice 1*. Croom Helm/Routledge.

Johnson, R.A. (1989a) *Ecstasy: Understanding the Psychology of Joy*. New York: Harper/Collins.

Johnson, R.A. (1989b) *Inner Work: Using Dreams and Active Imagination for Personal Growth*. San Francisco, CA: Harper/Collins.

Johnson, R.A. (1991) *Owning Your Own Shadow: Understanding the Dark Side of the Psyche*. San Francisco, CA: Harper/Collins.

Johnson, R.A. (1995) *The Fisher King and the Handless Maiden: Understanding the*

Wounded Feeling Function in Masculine and Feminine Psychology. New York: Harper/Collins.

Jung, C. (1991) *The Archetypes and the Collective Unconscious*. London: Routledge.

Locke, E.A., Shaw, K.N., Saari, L.M. and Latham, G.P. (1981) 'Goal setting and task performance: 1969-1980.' *Psychological Bulletin* (American Psychological Association), 90, 1, 125-152.

Mookerjee, A. (1988) *Kali, the Feminine Force*. London: Thames and Hudson.

Pearson, C. (1991) *Awakening the Heroes Within*. San Francisco, CA: Harper.

Schrader, C. (2004) 'Performing the pathway to freedom.' *Connections Magazines* 40, December 17-19.

Somé, M.P. (1996) *Ritual: Power, Healing and Community*. Bath: Gateway (reprinted in 1997 by Penguin).

Wright, J.H. (2004) 'Encouraging phrases that build confidence.' Available at www.activityvillage.co.uk/encouraging_phrases.htm, accessed on 27 January 2011.

폴 르빌롯의 현대의 통과의례

스티브 미첼

도입

동양 사람들은 말하기를, 인생에서 스승을 만나려면 그의 넓은 사랑을 받아들일 준비가 되어야 가능하다고 한다. 이것은 내가 폴 르빌롯의 독창적인 작업과 훈련을 함께 한 경험에서 보면 분명히 맞는 말로, 그는 게슈탈트 학파의 전통 속에서 실험적인 가르침을 전하였다.

르빌롯은 자신을 치료사로 보기보다는 '창조성의 근원'을 밝히는 현대적 제의를 통해 학생들을 인도하는 교사로 생각하였다(Rebillot and Kay 1979, p. 68).

> 나는 내가 하는 작업이 사람들이 더 잘 기능할 수 있도록 바로잡아 주는 치료 유형과는 다르다고 본다. 작업의 결과가 말해 주겠지만… 나 자신을 선생이라고 생각한다… 내가 할 일은 사람들이 자기 존재의 미래를 열 수 있게 돕는 것이다…. 그러한 열림에서… 그 사람은 자신의 고유한 창조적인 원천을 이용할 수 있게 될 것이다. (Rebillot and Kay 1979, p. 68)

르빌롯의 중요한 특징은 초개인적인 것의 중요성을 주장한 점이다. 정서적이거나 인지적이거나 함축적인 갈등을 다루는 서구적인 방법에만 주의를 기울이는 것으로는 충분하지 않았다. 고대인의 통과의례나 동양적 방식의 개인적 성장에서 파생된 제의, 명상, 영적인 수련의 방법을 통하여 보편적인 신비에 접근할 필요가 있었다. 그렇게 많은 사람들과 공명을 이루었던 이 방법은 아무도 모방할 수 없는 통합이었다.

이 장은 6개의 절로 구성되어 있다. 폴 르빌롯의 삶에서 있었던 연대기적인 사건들로 시작하여, 두 번째 절에선 그 사람의 성격을 개관할 것이다. 세 번째로 그의 핵심적인 영향력을, 네 번째로 그의 주된 워크숍을 기술할 것이다. 다섯 번째 절에서는 르빌롯의 주된 방법론을 밝혀 줄 훈련 방식에 초점을 맞춘다. 마지막 절은 르빌롯의 유산에 대한 간단한 비평이다.

1. 전기

유진 폴 르빌롯은 1931년 5월 19일 미시간 주의 디트로이트에서 콘라드 르빌롯과 로즈 르빌롯 부부 사이에서 4남 중 셋째 아들로 태어났다. 그는 일생을 통해 그의 어머니에게 헌신적인 아들이었고, 아버지를 존경하며 살았다. 그의 남동생 멜빈은 르빌롯이 미시간에서 어린 시절을 어떻게 보냈는지 자세한 내용을 적어 보냈다. 다음은 이 장에 실을 수 있도록 그가 보내 준 글이다.

> 가족과 친구들이 '진'이라 불렀던 르빌롯은 1921년과 1923년에 태어난 형들인 레로이와 콘라드 2세와 꽤 나이차가 있었다. 1936년 12월, 형 레로이는 15살을 일기로 척수막염으로 죽었다. 그때 폴은 겨우 5살이었다. 폴의 부모님은 로마가톨릭교의 독실한 신자였기 때문에, 당시에 위로를 받기 위해 신앙에 의

지하는 게 안전하다고 믿었다.

남동생 멜빈은 1938년에 태어났는데, 그때 폴은 세인트 엘리자베스 가톨릭 학교에서 초등학생 시절을 보내고 있었다. 그 가족에게는 그 학교와 관할 교구가 절대적이었다. 그 아들들은 어린 시절에 복사[1]와 성가대원으로 활동하였다.

로마가톨릭교회의 가르침은, 폴이 자신의 동성애적 성향을 점점 인식하게 됨에 따라, 억압적인 것으로 보였다. 그러한 억압의 느낌은 그가 미시간을 떠날 결심을 하는 데 한몫을 하였다.

1940년대 중반, 그는 척추측만증 진단을 받고 몇 달 동안 스트라이커 프레임[2]에 매여서 지내야 했다. 이런 일을 겪기 전에도 예술에 흥미를 보인 적이 있었지만, 이같이 갇혀 있는 생활은 그를 온갖 장르의 예술과 만날 수 있게 이끌었다. 마침내 스트라이커 프레임에서 벗어났을 때, 그의 척추를 곧게 유지시켜 줄 버팀쇠를 등에 착용해야 했고, 그렇게 해야 치료가 제대로 마무리될 수 있었다.

이제 그에게는 예술적인 창조성이 정체성의 결정적인 부분이 되었다. 폴은 디트로이트에 있는 가톨릭 중앙 고등학교를 졸업하였다. 그는 성가대에서 노래하며 그의 첫 번째 무대 경험을 가졌고, 피아노 교습도 받았으며, 그림과 시에도 잠시 흥미를 가졌다. 그는 또한 발레 교습도 받았다. 1940년대 후반에 폴은 디트로이트 대학에 들어가 졸업을 하였다. 이 대학도 예수교의 후원을 받고 있던 가톨릭 학교였다.

폴은 대학에서 공부를 하면서 드라마와 공연에 깊이 빠지게 되었다. 졸업을 한 뒤, 앤아버에 있는 공립인 미시간 대학에서 대학원을 다녔다. 이때부터 자신을 E. 폴 르빌롯이라고 부르기 시작한다.

1. 사제의 미사 집전을 돕는 소년: 옮긴이.
2. 신체 부위가 움직이지 않게 하거나 신체 부위를 지지해 주는 딱딱하고 단단한 구조물: 옮긴이.

그는 미시간 대학을 다니면서, 1954년에 자신이 쓴 시로 권위 있는 호프우드 상을 받았다. 그는 군에 징집되어 일본에서 근무했다. 1957년 8월에 그의 부친 콘라드가 사망하였을 때, 폴은 조기 전역 조치되어 어머니를 돌보고 부양하는 일에 전념할 수 있었다. 그 시기에 그는 디트로이트 교외에 있는 학교에서 교사로 일하였다. 멜빈이 1958년 9월에 군 복무를 마치고 제대하였을 때, 폴은 연극 경력을 쌓기 위해 디트로이트를 떠나 뉴욕으로 향했다. 하지만 거기에서 잠시 머무른 뒤 다시 캘리포니아로 이동했다. 이제 그는 E. 폴이라는 이름을 쓰지 않았고, 자신을 폴 르빌롯이라 불렀다. (Rebillot 2010, 개인적인 이메일 서신).

일본에 체류하는 동안, 르빌롯은 미군의 극동 라디오 방송국에서 라디오 프로그램을 제작, 감독하면서 일했다.

그가 고대의 영적이고 문화적인 전통에 닿아 있는, 미학적으로 세련된 문화와 만난 것은 그의 개인적인 삶뿐만 아니라 직업적인 삶에도 심오한 영향을 주었다. 그는 특히 일본의 가부키와 노 공연에서 인상적인 느낌과 감동을 받아, 후에 동양의 연극 예술을 그의 작업에 다양하게 통합시켰다. (Grof 1993, p. xii)

캘리포니아에 있었던 60년대 초반에, 르빌롯은 샌프란시스코 배우 워크숍의 구성원이었고, 4년간 샌프란시스코 주립 대학에서 드라마를 가르쳤다. 그는 예이츠의 '쿠훌린' 순환극과 에우리피데스의 극적인 이야기 〈바쿠스의 시녀들〉을 가지고 연극을 연출함으로써 연극, 제의, 신화의 기원에 대한 독자적인 조사 방법을 개발하였다. 또한 무마코(mumako)라는 일본 마임으로 샌프란시스코에 있는 '배고픈 나' 극장에서 일하였다. 그는 스탠퍼드 대학의 연극학과에 자리를 제의받아 일하였지만, '너무나 보수적인 정신'(1990, 개인적인 대화)은 그를 숨 막히게 하였고, 1년 뒤에 그는 계약을

갱신하지 않았다. 학문적인 삶을 뒤로 한 채, 르빌롯은 그의 아방가르드적인 집단을 만들었다. 게슈탈트 바보 극단(the Gestalt Fool Theatre Family)이 그것으로, 이전에 가르쳤던 학생들과 같이 일했던 사람들로 구성되었다. 그들은 함께 살았고, 게슈탈트 작업을 하면서 다양한 공연 형태를 실험하였다. 르빌롯에 의하면(개인적 대화에서), 그는 그 당시에 다른 형식을 갖춘 연습은 하나도 하지 않았고, 게슈탈트 이론을 갓 배워 이해하기 시작한 신출내기였다. '당시 샌프란시스코에 살고 있던 다른 많은 사람들처럼, 우리는 우리를 황홀경에 빠지게 할 것들을 탐험하고 있었다. 내가 신화적인 차원으로 여행을 떠나는 것은 인생의 변화, 공연적 실험, 명상, 환각적 도취의 경험을 벗어난 것이었다' (Grof 1993, p. xiv). 르빌롯에게 있어, 그로프의 용어를 빌리자면, '영적 돌발사건(spiritual emergency)'이 도화선이 되었고, 그 결과 그는 한동안 정신병원에 갇히게 되었다.

그 후유증은 르빌롯의 인생에서 중요한 전환점이 되었다. 병원에서 나왔을 때, 그는 인습에 얽매이지 않는 조직에 대해 들었다. 캘리포니아 빅 수르에 있는 단체로, 샤머니즘적이고, 예술적이며, 전통적인 '성장'에 대한 접근법들을 다루고 있었다. 이것은 그에게 호소력이 있었고, 좀 더 탐구해 보고 싶은 마음으로 이끌었다(개인적인 대화 중에서). 그는 1971년에 에살렌으로 갔고, 그 후로 여러 해 동안 그곳은 새로운 집이 되었다. 르빌롯은 몇몇 아메리칸 인디언 치유자들과 몸 훈련 전문가들뿐만 아니라, 딕 프라이스, 윌 슈츠, 스타니슬라브 그로프 등 많은 뛰어난 스승들과 함께 연구하였다. 여기에서 그는 또한 조셉 캠벨을 만났는데, 이 만남은 그의 미래의 작업에 심원한 영향을 끼치게 된다.

1972년, 여전히 에살렌에 있을 때, 캘리포니아의 툴록과 마르티네즈의 정신과 병동에서 시간제로 일하였다. 그곳에서 그는 심각하게 아픈 환자들, 그들을 대하는 스태프들과 경험한 것에서 '구조'를 만들었는데, 이는 책에서 배운 대로 환자에게 접근하기보다 스태프가 환자의 심리적인 내면세계를 실험적으로 안전하게 탐험할 수 있는 구조였다. 르빌롯은 신화적 변형을 담은 단일 신화(monomyth)라는 캠벨의 개념에서 플롯을 가져와 하나의 과정을 창안해 냈으며, 이는 후에 두 가지 워크숍 — 〈영웅의 여정〉과 〈죽음과 부활〉 — 으로 분리되었다.

1974년, 에살렌에서 게슈탈트 집단과 정기적으로 작업을 하고 있을 때, 르빌롯은 그의 독창적인 워크숍 — '작은 촌극'(개인적인 대화) — 을 프랑스의 보예센 연구소와 네덜란드의 통합심리학협회에 제공하기 시작했다. 이것은 그의 연례 해외 투어의 시작이 되었는데, 오스트리아, 영국, 프랑스, 독일, 아일랜드, 이탈리아, 네덜란드, 스위스에서 워크숍이 활발하게 전개되었다. 또한 극단이나 중세 길드의 수련에 근거한 도제식 체계를 만들기에 이르렀는데(1984-1988), 이를 통해 학생은 스승과 함께 여행을 하였으며, 그 훈련은 대개 스승의 솜씨를 보고 직접 경험하면서 이루어졌다.

1985년 에살렌 근처 협곡에서 딕 프라이스가 떨어진 바위에 맞아 죽는 우발적인 사건이 일어났다. 이 사건이 계기가 되어, 그는 스위스에서 그의 게슈탈트와 실험적 교수법을 가르치는 학교를 세움과 동시에, 그가 하는 훈련을 형식화하고자 하였다(1987-1990). 또한 프랑스에서도 훈련을 하였고(1990-1994, 1996-1998, 2000-2007), 독일(1990-1994 그리고 2001-2005), 아일랜드(1998-2003), 북아메리카(1993-1997), 그리고 영국에서도(2004-2007) 훈련 과정이 진행되었다. 1996년, 참여자들이 그들의 새로운 워크숍을 만들도록 가르치는 것에 초점을 맞추었던 이전의 훈련과는 대조적으로, 르빌롯과 일제 슈미트는 '통과의례' 훈련을 함께 개발하였다. 이는 학생들에게 르빌롯의 워크숍의 안내자가 되도록 가르치는 것이었다. 르빌롯의 저작물은 다양한 정기간행물로 출간되었고, 이는 1993년 멜리사 케이와 함께 영웅의 여정 워크숍에 대한 해설서 — 『모험으로의 초대: 영웅의 여정을 일상적 삶에 가져오기』 — 가 나오면서 정점에 달했다. 그의 마지막 워크숍인 '아브라함의 발자취에서'는 2006년에 만들어져, 2007년 독일에서 시범적으로 행해졌으며, 2009년 아일랜드에서 대중에게 상연되었다. 폴은 2008년 5월 유럽에서 행하던 작업의 일선에서 은퇴하였고, 샌프란시스코의 집으로 돌아와, 비록 소규모라도, 그의 작업을 계속하고자 했다. 6월 초순, 그의 건강이 악화되었다. 그는 병원에 4개월간 입원해 있었고, 집으로 돌아온 지 4개월 뒤인 2010년 2월 11일, 자신의 집에서 잠을 자던 중에 사망하였다. 가장 친한 친구들의 곁에서.

2. 그 사람

울림이 풍부한 목소리, 방대한 지식, 연민과 창조성으로 그의 워크숍 참여자들을 강력한 자기 발견의 여정으로 이끌었던 폴 르빌롯의 본연의 힘을 어떻게 정확하게 그려낼 수 있을까? 단지 167센티미터밖에 안 되는 키였지만, 강인해 보이는 외모를 지닌 르빌롯은 심리적으로 자기 현시의 기쁨과 고통을 모두 지지해 줄 수 있는 사람이 여기 있다는 믿음을 주었다.

어린 시절과 청년기에 그의 성격은 강한 자기애성 요소를 띠고 있었다. 그는 반항적인 면모를 숨기지 않았고, 활기찼으며, 고향에서 보낸 선동적인 60년대에는 저항적인 선전성 연극과 함께 기존 사회의 도그마를 드러내고 격렬하게 문제를 제기했다.

르빌롯의 인생의 두 번째 시기(중반기)는 깊은 실존적 위기에서 비롯되었는데, 정신 의학적 치료가 필요하였다. 또한 이는 그의 페르소나에 큰 변화를 가져왔다. 즉, 겸손을 배웠고, 다른 사람에게 건강을 찾아 주는 일에서 자신의 개인적 능력을 활용하게 되기를 간절히 소망하였다. 그는 그의 투지, 장난기, 음악적 기교, 놀랄 만한 독창성을 사용하여 치유 워크숍과 같이 예술적으로 독특한 공연을 만들었다.

하지만 르빌롯 또한 인간이었고, 상처 입은 치유자였으며, 그의 일생의 동료였던 스탠퍼드 케이츠를 1988년에 에이즈로 잃는 비극도 겪었는데, 이는 극복하기 어려운 것이었다. 상실과의 투쟁은 그의 육체적 건강에 눈에 띄게 영향을 미쳤다. 이미 폐기종으로 고생하고 있어서 담배는 진작에 끊었지만, 이제 음식으로 즐거움을 채우며 자신을 위로하고 있었다. 그의 몸무게는 엄청나게 증가하여 편안한 위로를 주는 부처 같은 풍모를 지니게 되었다. 하지만 이것 역시 그의 호흡기관 문제를 악화시켜 결국엔 그를 죽음에 이르게 했다.

르빌롯의 인생의 마지막 장면은, 내가 생각하기에, 그의 개인적인 상실과 화해를 이루어 가는 과정으로, 그는 한 번 더 다른 차원의 인간성에 다다르게 할 자원을 찾았다. 육체적 고통에도 불구하고, 그는 일하기로 결심했고, 워크숍을 나누었고, 그와 함께 훈련하는 사람들과 약속을 지켰다.

르빌롯은 샌프란시스코에 있는 — 그가 자랑스러워했던 정원이 있는 — 작고 푸른 집에서 소박하게 살았다. 그는 또한 사진과 전자 기술을 즐겼고, 텔레비전에서 방송되는 탐정 쇼나 영화를 시청하거나 1940년대나 50년대 — 미국 라디오의 황금시대 — 의 라디오 드라마의 녹음분을 듣거나 친구들을 위해 음악을 구성하여 CD를 만들었고, 텔레비전에서 버락 오바마의 연설을 포착하여 정치적인 무대에서 사용하기를 좋아했다. 그 시기는 스탠퍼드의 죽음 이후 그와 함께 살았던 멜리사 케이 — 그의 비서이자 글을 함께 쓰는 동료 — 처럼 친한 친구들이 여럿이 모여 집에서 시간을 함께 보낸 여유로운 때로서 소중하게 여겨졌다. 그는 비행기 여행을 싫어했지만 끊임없이 항공 여행을 하였다. 남자로서 그는 관대하였고, 적은 돈을 받고 일했지만 학생들에게는 상당한 액수의 장학금을 제공하였다. 엄격하게 금욕적인 사람은 아니었지만, 그의 돈에 대한 태도와 사람에 대한 이타적인 신념은 세속적이지 않은 색채를 가미해 주었다. 사업적인 측면에서 보면, 그는 너무 천진난만하였고, 때로는 이를 이용하는 사람들도 있었다. 운 좋게도 그의 워크숍에 참여하여 그의 패기를 경험했던 우리는 앞서 이야기한 그의 작업에 대한 헌신과 그의 품위를 기억할 것이다.

3. 작업

르빌롯은 그의 워크숍을 구조라고 불렀는데, 이는 기술적인 방법을 배우거나 이론적 논쟁이 제기되는 세미나와 구별하기 위해서였다. 이 장에서 나는 의도적으로 워크숍이라는 용어를 사용할 것인데, 이 개념이 더 잘 알려져 있기 때문이다. 르빌롯 역시 그의 글에서 자신의 작업을 가리켜 이렇게 불렀다.

이런 워크숍에서의 목표는 현대의 통과의례를 치유의 제의적 공연으로서 창조하는 것이었다. 그리고 그는 제의 형식과 게슈탈트 수련과 집단 작업으로 이루어진 '삼각 모델'이라 부르는 것에 의존하였다.

인류학자들은 전 세계를 다니며 많은 제의의 유형과 종류 들을 기록해두었다. 머리 호프는 그녀의 『제의의 심리학』(1988)에서 제의의 다양한 사회적 기능들을 능숙하게 진술하였는데, 보다 세부적인 검토를 원하는 사람들에게는 이 책을 추천한다.

제의가 의도하는 것은 참여자가 초자연적인 신성과 결합하도록 하는 것이다. 반 헤네프는 그의 『통과의례』(1960)에서 세 가지 특정 단계를 포함하는 기본적인 개요와 패턴을 정의하였는데, 세 가지 단계는 곧 분리, 경계성(liminality), 재결합이다. 터너가 『통과의례』(1995)에서 문지방을 넘어 신성과 합일되는 것으로 묘사한 부분이 두 번째 단계이다. 마지막 세 번째 단계에서, 참여자는 영원과의 만남에 의한 변형을 거쳐서 세속적인 세상으로 돌아오는데, 이는 새로운 위상으로 귀환하는 것이다.

이와 대비되는 제의의 유형은 입문의식으로, 조셉 캠벨과 접하면서 영향을 받은 르빌롯이 자신의 작업에서 주로 사용했던 것이다. 이 모델에도 세 가지 단계 — 분리, 입문, 복귀 — 가 있다. 르빌롯은 입문의식이 외부적 속성을 몸에 새김으로써 '위로' 혹은 '내면으로' 향하도록 인도한다고 설명한 적이 있었다.

『영웅의 여정』(1979)을 녹음하면서, 르빌롯은 육화(incarnation)의 개념에 대해 면밀하게 검토하였다.

> 육화는 그러한 이미지들, 신화들, 원형들, 신의 모습들을 육체에 구체적으로 형상화하는 것을 의미한다. … 그것이 나의 작업이다. 그 작업이 무엇이든, 영웅, 신, 신화의 원형과 이미지를 골라 구체적으로 나타내고, 그것들을 살을 가진 존재 — 육체화된 존재 — 로 만드는 것이다. (Rebillot 1979 녹음)

제의는 여전히 신성한 사건이지만, 그 목적을 보면 세속적이고, 보다 높은 힘에 의해 신비롭게 하나로 통일된다기보다는 심리적인 노력인 것이다(Turner 1982, p. 80).

> 원형적 구조를 선택하여 지금 여기에서 그것을 연기할 때, 우리의 일상적인 삶은 영원에 의해 밝게 비추어진다. 이것은 두 가지 차원 사이에서 교환의 가능성을 창조한다. 출입구가 열리면서 그것을 통해 원형적 세계가 우리의 삶에 들어오고, 우리의 삶이 매일 계속되는 세상 속에 새로운 에너지와 형태를 가져올 수 있다. 두 세계의 상호 침투는 제의적 드라마의 필연적인 본질이다.
> (Rebillot with Kay, 1993, p. 8)

르빌롯은 연극을 시작한 이래로 신화와 캠벨의 '단일 신화'의 개념에 매혹되어 왔다(『조셉 캠벨: 개요』[1987]를 쓴 로버트 시걸, 제임스 조이스의 『피네간의 경야』에서 가져온 용어). 이것은 변형 작업의 구조화에 제의를 사용할 때 핵심적인 요소가 되었다. 캠벨은 아래의 중요한 글에서 그의 '단일 신화' 개념의 핵심을 말한다.

> 영웅의 신화적 모험의 표준적인 경로는 통과의례에 표현된 공식의 확대이다. 즉, 분리-입문-복귀… 영웅은 평범한 나날을 보내던 세상에서 초자연적인 경이의 땅으로 모험을 떠난다. 엄청난 힘을 만나 결정적인 승리를 거둔다. 그 영웅은 동료에게 중요한 것을 줄 수 있는 힘을 안고 신비로운 모험에서 돌아온다. (Campbell 1988, p. 39)

르빌롯은 융의 원형을 대표하는 인물을 가지고 영웅 이야기를 사용했다. 첫 번째, 이러한 영원한 주제를 전형적으로 보여 주는 인물들에게 생기를 불어넣거나, 신화적인 드라마를 만들었다(예를 들면, 그의 워크숍 '연인의 여정'에는 긍정적 인물과 부정적 인물로 남녀가 등장한다). 두 번째, 참여자가 그 인물들에게 마음속으로 통합되도록 했다. 르빌롯은 현대적인 입문 과정을 개발했다. 제의에 관해 그는 다음과 같이 적고 있다.

> 제의는 평범한 세상으로부터 다른 차원으로 이동하는 문이며 … 그때 제의는 의식의 문지방이다…. 제의의 원은 사람들이 자신의 몸과 의식(意識)으로써 만들어 낸 보호 구역으로, 이것은 존재의 변화된 상태를 안전하게 경험하기 위함이다. 그 원은 신성한 존재를 초대하는 사원이 된다. 제의의 원에서 우리는 의지의 작용에 의해, 의식의 확장된 단계 속으로 어떻게 들어가고 다시 나오는지 배운다. 우리가 제의 공간을 떠날 때, 제의 공간의 현실과 법칙도 떠난다는 것을 깨닫는 것은 매우 중요하다. 우리가 제의 공간으로 들어갈 때, 우리는 일상적인 제한을 뒤에 남겨 두어야 한다. 그럼으로써 우리는 제한적인 세상을 떠나서 모든 것이 가능한 세상으로 들어갈 수 있어야 하며, 그 후에 모든 것이 가능한 세상을 떠나 제한적인 세상으로 다시 들어올 수 있어야 한다. (Rebillot with Kay 1993, pp. 16-17)

르빌롯의 말에 의하면, 원형의 차원에서 작업할 때, 일상의 심리학으로 복귀하는 것은 지극히 중요하다.

> 원형적인 형태와 지금 여기의 개인적인 삶 사이에 연관성을 만드는 것은 절대적으로 중요한 일이다. 그렇지 않으면 그 사람은 원형의 단계에 머무르게 될 것이며, 이는 그를 그의 삶에서 분리시키게 될 것이다. 그러한 분리 상태가 지속되면 미친 상태가 되는 것이다. 직접적이고 즉각적으로 지금 여기의 구체적 현실과 접촉하도록 이동시키지 않는다면, 질서지우는 원형의 힘은 생길 수 없다. (Rebillot and Kay 1981, pp. 89-100, p. 97)

참여자들이 이러한 연계를 맺을 수 있도록 돕기 위해, 르빌롯은 그의 워크숍에서 적절한 시점에 구조 속으로 들어갔다. 이는 참여자가 고안한 개인적 입문의식 혹은 게슈탈트 수련 회기에서 이루어졌다.

에살렌에서 르빌롯은 게슈탈트 치료의 창시자인 프리츠 펄스의 문하생이었던 딕 프라이스와 훈련하였다. 딕은 펄스의 논쟁적인 접근 방식을 다듬어서 게슈탈트 수련이라는 과정을 만들었다. 근본적인 차이가 있다면, 게슈탈트 수련은 변화가 아니라 접촉을 하는 존재 양상과 관련된 동양적인 명상을 포함하는 깨달음의 연습이란 점이었다. 이것이 치료적인 변화에 더 초점을 맞춘 펄스의 게슈탈트 치료와 대조되는 측면이었다.

예를 들면, 게슈탈트 수련을 여는 알아차림의 연속체 훈련에서, 참여자(작업자)는 짝(촉진자)과 함께 앉아 눈을 감고, 자신의 존재의 현 상황에 초점을 맞춰, 몸에서 느껴지는 감각들을 짝에게 보고한다. 이러한 충동들을 과장하기 위해 몸을 사용하면서 전경에서 알아차림이 강화된다. 호흡에 초점을 맞춰 소리를 내면서 그것을 계속한다. 그 소리가 만들어지면, 참여자에게 그것을 단어로 바꾸어 보라고 한다. 단어가 나오면, 다음 단계는 구절, 종국에는 문장에 이른다.

상자 7.1 명확하게 하기

분노

참여자 '나는 당신이 …한 것(특정한 예를 들어 내용을 충분히 표현한다)에 대해 화가 납니다.'
'나는 …을 요청합니다.'
'…을 해 주세요.'

치료사 (끼어들지 않고 능동적으로 듣는다. 참여자에게 물을 수 있다.)
'좀 더 구체적으로 명확하게 말하세요.'
'분명하게 말하세요.'
'예를 들어 주세요.'

감사

일단 분노가 표현되었다면, 우리가 다른 사람에게 무엇을 '감사'하는지에 대해 똑같은 과정을 진행한다.

참여자 '나는 당신이 …한 것에 대해 감사합니다(당신이 무엇을 좋아하는지 충분히 표현하며, 특정한 예를 든다).'

치료사 '감사합니다. 당신이 알아차려서 기쁩니다.'

만약 다른 사람과 바꿈으로써 더 깊은 감사로 이어진다면, 그 과정은 다시 시작된다.

폴 르빌롯의 아일랜드 훈련 워크숍, 1993-2003, 유인물

누구에게 이 문장이 건네어지는가? 대답이 장면을 드러내 준다. 알아차림의 연속체는 어느 시점에서 마음이 즉각적인 현전에서 벗어나 주의를 필요로 했는지 밝혀 준다. 여기서 짝은 보다 관습적인 대사로 반응했다. 그렇게 함으로써 참여자는 대화가 있는 장면으로 발전시켰다(개인적인 상징이나 자기의 일부, 중요한 타인들을 나타내는 대체물이나 쿠션 작업을 사용). 참

여자는 그 문제를 가지고 완료될 때까지 작업을 계속하거나, 작업 완료 전에 시간이 다 되면, 그 내용을 탐험할 다른 기회가 올 때까지 잠정적으로 마무리한다.

르빌롯은 윌리엄 C. 슈츠와 함께 집단 회기도 진행했는데, 슈츠는 당시에 르빌롯과 마찬가지로 에살렌에 거주하고 있었다.

본질적으로, 슈츠는 그의 개방된 만남의 기술을 통해서, 집단이 특정한 패턴을 따른다는 것을 이론화하였다. 그것은 소속 욕구, 통제 욕구, 그리고 정서 욕구이다. 보다 자세한 사항은 슈츠(1973)를 참조하라.

르빌롯은 집단 역동을 다루는 것이 매우 중요하다고 믿었는데, 그렇지 않으면 작업의 진행을 방해할 것이라 생각했다. 시간이 흐르면서, 그는 언제 구조가 필요하며, 전체 작업의 주제와 관련된 발전 속으로 통합시킬 수 있는지에 민감해졌다. 하지만, 뜻밖에 '명확하게 하기'가 필요할 경우에는 준비한 일정을 중단시키고 명확하게 하기 작업을 하였다. 그가 사용했던 방법은 '분노'와 '감사'를 표현하는 것이었다(상자 7.1 참조).

심리적 안정감을 위해, 르빌롯은 보통 한두 명의 보조 진행자와 작업을 하였다. 그중 한 명은 최소한 게슈탈트 전문가였는데, 만약 그 작업의 주제가 큰 규모의 집단 내에서 탐색될 수 없는 개인적인 위기를 표현하게 될 경우, 개인 작업을 하게 될 참여자에게 필요하다. 이러한 회기들은 예정된 작업 전후에 생길 수도 있고, 상황에 따라서는 참여자와 짝, 두 사람이 시간을 따로 가질 수도 있다. 이런 식으로 개인적인 문제들을 포함시키면서도, 그것이 워크숍의 전체 일정을 방해하지 않게 하였다.

4. 워크숍

나는 르빌롯의 워크숍을 세 가지 범주로 구분하는데, 내 기억에 르빌롯이 가르쳐 준 바에 의하면, 다음의 순서를 따르는 것이 가장 좋다고 하였다. 그 이유는 자기의 원형적 측면을 탐험하기 전에 먼저 심리적인 문제를 이야기하게 하려는 것이었다. 그는 강력한 원형을 가지고 작업을 시도하기 전에 먼저 심리적인 영역 내에 있는 독성의 에너지를 최소화할 필요가 있다고 느꼈다.

그래서 그는 다음의 순서를 추천한다. 연도는 그가 처음으로 프로그램을 광고하고 선보였던 시기를 의미한다.

- 가족의 원(1978)
- 죽음과 부활(1975)
- 영웅의 여정(1975)
- 당위의 악마 쫓아내기(1982)
- 연인의 여정(1982)
- 그림자 수용하기(1984)
- 꿈 타로: 꿈을 삶으로 가져오기(1986)

이것은 르빌롯이 에살렌에서 교사로 있던 시기에 혼자 고안해 낸 최고의 창조물이다. 이어서 다음과 같은 공동 작품이 나왔다.

- 변형의 제의
- 이별의 기술
- 나의 탄생 신화

게슈탈트 치료사들을 위한 일련의 고급 훈련 과정도 있었다.

- 빈 의자

- 게슈탈트 치료사들을 위한 상급자 과정

이에 더하여, 르빌롯과 그가 훈련시킨 집단원들이 고안해 낸 구조들도 있었다.

- 환생 게임
- 황금 양털 찾기
- 성배: 파르지팔의 여정을 따라서
- 섹스, 환상, 낭만적 사랑의 변형
- 파우스트: 현대인과 권력의 추구
- 이난나의 여정을 따라서
- 타인(Táin)[3]의 경험
- 아브라함의 발자취에서

한 해의 마감이나 겨울 축제 행사를 기념하기 위해 에살렌에서만 행하는 워크숍들도 있었다.

- 크리스마스 선물
- 태양의 탄생
- 새해의 비전 세우기

르빌롯의 워크숍에 참여하는 것은 강한 책임을 떠맡는 것이었다. 그들은 숙박 시설을 제공받아 보통 6일이나 7일 정도 워크숍에 참여했으며, 어느 때는 더 길어지기도 했다. 매일 회기당 세 시간씩 지속되는 작업을 세 차

3. 8세기 아일랜드의 유명한 영웅담: 옮긴이.

상자 7.2 구체적인 단계

1. 작업에서 일상생활로 가져가고 싶은 세 가지 주제(행동의 변화)를 생각한다.
2. 하나를 고른다.
3. 몇 분 동안 그로 인해 영향을 받게 될 인생의 몇 장면들을 상상한다.
   a. 그것의 긍정적인 영향은 무엇인가?
   b. 부정적인 것은 무엇이 있을까?
   c. 당신은 기꺼이 긍정적인 면을 지지하고, 부정적인 면을 다룰 수 있는가?
4. 일상생활에 이 같은 행동의 변화를 가져올 수 있는 구체적이고 작은 시도 세 가지를 생각해 본다.
5. 하나를 고른다.
6. 그렇게 하는 것을 상상한다.
7. 어떻게 당신 자신을 방해하고 있는가?
8. 지지를 얻기 위해 당신이 할 수 있는 세 가지는 무엇인가?
9. 결과를 어떻게 평가할 수 있는가? 어떤 규준을 가지고 평가할 것인가?
10. 다음 단계는 무엇이 될까?
11. 첫 번째 걸음을 내딛기 위해 장소, 시간, 날짜를 정한다.
12. 짝과 상호 간에 서로 지지하기로 약속하고, 결과를 함께 평가하고, 다음 단계를 위한 날짜를 약속한다.

폴 르빌롯의 아일랜드 훈련 워크숍, 1993-2003, 유인물

례 받았다. 가끔 그날로 완성해야 하는 소그룹 작업의 경우, 자정을 넘어서 진행되기도 했다. 워크숍은 공통적으로 일반적 구조를 갖고 진행되었는데, 준비 과정을 지나, 주제가 되는 과업과 그 해결을 모색하는 중간 시기를 거쳐, 주제의 마무리에 이른다.

첫 번째 단계는 집단 전체가 웜업을 한다. 한 쌍을 이루어 운동을 시작해 8명 이하로 구성된 기본적인 소그룹이 되어 마친다(30명이 넘는 큰 집단

의 경우, 이런 소그룹은 안전을 담보하는 중요한 기능을 한다). 이 단계는 효율적으로 사용할 기술뿐만 아니라, 작업의 초점 — 유도된 환상으로의 안내, 드라마 기법, 미술 작업, 바이오에너제틱스, 명상 — 을 도입한다. 두 번째 단계는 소그룹 단위로 하는 개인 작업뿐만 아니라 움직임, 극적 · 제의적 탐험과 관련하여 주제를 살피는 것이다. 마지막 단계에서는 마무리와 관련된 활동들로 상징적이거나 신화적인 이야기를 떠나보내고, 일상적인 삶으로 가져올 수 있는 보다 구체적인 변화의 단계로 전진하는 것에 뿌리를 내린다(상자 7.2 참조).

워크숍에 대해서 '르빌롯과의 대화'가 궁금한 사람들은 온라인으로 「근본적인 변화 집단(The Radical Change Group)」(2007)에 접속하여, 안내에 따라 녹음을 들어 보라.

5. 훈련

르빌롯의 훈련의 목적은 학생들이 르빌롯의 모델에 따라 새로운 실험적 워크숍을 어떻게 구성하고 도모할 것인가 하는 것을 배우게 하는 것이었다. 일반적으로 훈련에 참여하고자 하는 사람들은 폴의 워크숍 중 몇 가지에 먼저 참여해야 한다는 자격 조건이 있었다. 그 훈련은 '신들과 춤을'이라는 예비 워크숍으로 시작되는데, 치료사 지망생들이 자신들이 선택한 신화를 가지고 작업하였다. 한 가지 권고 사항이 있다면, 인물들 중 하나는 초자연적인 인물이어야 한다는 것이었다. 신화는 세 가지 다른 방식 — 육체의 사원, 공연의 사원, 입문의 사원 — 으로 탐험되었다.

르빌롯은 신화로 작업하는 것의 중요성을 다음과 같이 설명한다.

그리스인들은 머리, 가슴, 몸 사이의 관계를 인식하여 치유의 중심에 병원뿐만 아니라 체육관, 사원, 극장을 두었다. 병의 정신적인 반영을 다루고 있는 연극들은 한 사람의 치료의 일부로 처방되었다. 연극에서 그 사람은 영원히 살 수 없는 인간 존재가 영원한 원형과 조우하는 것을 보았다. 그리스의 관객은 배우와 깊이 동일시되어, 배우를 통하여 갈등, 위기, 영웅의 변형의 치유력을 경험할 수 있었다. 공연의 치유적인 마법을 되찾기 위해, 우리는 우리의 고유한 영혼의 극장에 들어가 우리만의 우주적인 드라마를 이끄는 배우가 되어야 한다. 신화적 구조의 영원성이 일상적 삶의 연대기를 관통하게 하면서.
(Rebillot with Kay 1993, pp. 8-19)

육체의 사원

이것은 두 가지 요소로 구성된다. 첫째, 전체 집단이 태극권에 참여하는데, 이때 학생들이 선택한 신화에서 주요 인물 다섯 명 각각에 초점을 맞춘다. 르빌롯이 그의 오토하프를 연주하면, 학생들은 이에 맞춰 즉흥적인 독무를 춘다. 학생들은 각 인물을 탐험하고, 그가 신화에서 어떻게 기능하는지를 살핀 다음, 각 인물의 태도를 조각상으로 요약한다.

두 번째 요소는 그들의 신화를 가지고 바보의 춤(Fool's Dance)을 구성하는 것에 관한 것이다. 이것은 태극권과 비슷한 활동 형태인데, 신화의 전체적인 이야기를 묘사하는 일련의 몸의 자세가 만들어진다(Rebillot with Kay 1993, p. 19). 처음에 이야기 속의 행동을 간단한 일련의 문장으로 전환한다. 약 50개의 문장을 만들면서 각 문장에 해당되는 자세를 찾는다. 다음 단계에서 한 사람이 각 문장에 대해 하나의 자세를 찾아 신화를 몸으로 구현하는 태극권을 창조하는 동안, 짝은 그 문장을 소리 내어 읽는다. 바보의 춤의 마지막 단계에서 각 참여자는 전체 집단 앞에서 자신의 바보의 춤을 제의적으로 공연한다.

공연의 사원

다음 과제는 각 신화를 극화하는 것이다. 르빌롯은 처음에 이 구조를 전체 집단 앞에서 한 사람과 함께 시범을 보여 주었다. 그런 다음 전체 집단을 작은 그룹으로 나누며, 각 소그룹은 다른 장소에서 모인다. 그들은 3시간에 걸쳐 그들의 신화나 에피소드를 무대 위에 올리는 작업을 한다.

무대에 올리는 작업은 연출가 역할을 하는 참여자, 옆에서 격려하고 시간을 보며 지원해 주는 진행자와 함께 시작된다. 신화에서 무대에 올릴 에피소드를 고르는 것으로 시작해, 참여자들 중에서 인물에 맞는 배역 정하기, 장면이 만들어질 공간 내에서의 위치 선정이 이어진다. 집단원들은 특정 장면에서 색색의 천과 그 장면의 배경을 묘사해 주는 다른 소품들로 공간을 꾸민다. 이러한 장식은 마법적인 제의 공간을 창조하도록 돕는다. 공간을 꾸미고 나면, 각 개인은 장면에서 해야 할 움직임들을 이해하는 작업을 한다. 예행 연습을 하는데, 대역이 주인공을 연기한다. 그 다음에는 해당 신화를 선택했던 학생이 주인공을 연기한다. 주인공은 즉흥적으로 연기하면서 신화 속 주제와 개인적으로 깊은 연관이 있음을 찾아냄으로써 크게 영향을 받는다(상자 7.3을 보라).

입문의 사원

나는, 참여자가 게슈탈트 수련을 통하거나 자신의 독창적인 입문의식을 고안하게 함으로써, 르빌롯이 일반인을 위한 워크숍에서 입문 과정을 어떻게 다루었는지 이미 언급한 바 있다. 그의 훈련에서, 학생들은 르빌롯이 작은 장면 작업(small scene work)이라 부른 것에 참여하였다. 학생은 신화 속의 인물과 직접적으로 작업할 때 게슈탈트 수련을 사용하였다. 르빌롯은 신화를 가지고 작업할 때 사각지대가 드러날 것이라고 덧붙였다.

상자 7.3 신화를 무대에 올리기

1. 진행자를 선택한다.
2. 둘 중 하나를 선택한다: (a) 당신이 작업하고 싶은 장면 (b) 신화 전체
3. 역할을 정한다: 주인공을 대신할 사람, 나머지 역할들(어떤 역할은 두 사람 이상이 연기할 수 있다. 사물로 대신할 수도 있다).
4. 대본이 있는 바보의 춤
5. 각 역할에 움직임과 행동을 주고, 즉흥을 시작할 첫 문장을 준다.
6. 장면을 만든다: (a) 방 안에서 위치, (b) 그 장면에 관련된 사람들이 장소를 꾸민다.
7. 위치를 정한다.
8. 리허설: 주인공에 대역을 써서 연습하고, 필요한 수정을 가한다.
9. 신화로 들어가서, 가능한 충분하게 연기한다.
10. 이상의 과정을 두 번째 주인공과 함께 반복한다.
11. 끝나면, 당신이 경험한 것과 발견한 것을 요약한다.
12. 다양한 연기자들과 역할을 벗는다.
13. 피드백.

폴 르빌롯의 아일랜드 훈련 워크숍, 1993-2003, 유인물

그리스 신화는 항상 영웅이 직면하는 위기를 내포하고 있다. 영웅은 약점을 가지고 있는데, 어떤 종류의 결함은 그로 하여금 매우 중요한 무언가를 보지 못하게 막는다. 그렇게 보지 못한 결과, 그는 재앙을 자초한다. 그리스 관객들은 이것을 보면서 영웅에 완전히 감정이입되어 자신에게서 똑같은 결함을 인식한다. 그들은 이러한 결함을 갖고 있음으로써 초래된 재앙을 정서적으로 경험했기 때문에 자신의 인생을 조율할 수 있게 된다. 그리스인들은 신화를 보면서 경험할 수 있었다. 우리는 배우에게 깊이 감정이입하는 능력을 더 이

> 상 갖고 있지 않기 때문에, 나는 단지 신화를 보는 것만으로 심도 있게 교훈을 경험할 수는 없다고 생각한다. 그래서 우리는 배우가 되어 우리 자신을 통해서 그것을 경험해야 한다. (Rebillot 1997, p. 18)

작은 장면 작업에서 참여자들은 3인조로 나뉘어, 한 명은 한 시간 삼십 분 동안 배우의 역할을 하고, 또 한 명은 그 역할을 도와주며, 나머지 한 명은 대역이나 목격자의 역할을 맡는다. 진행자의 과제는 우선 그 과정에서 가져오려는 에너지를 배우에게 반영해 주는 것이다. 두 번째 과제는 배우가 제대로 궤도에 오르게 하는 것이다. 세 번째 과제는 역할 바꾸기가 적절하다면 그것을 제안하고, 네 번째 과제는 게슈탈트 실험을 제안하는 것이다. 이와 같은 방식으로 원형은 직접 일상적 심리학의 차원으로 이동할 수 있다(상자 7.4 참조).

훈련이 끝날 무렵, 르빌롯은 심화 과정까지 나아갈 학생들을 선택한다. 이것은 '당신의 신화를 드러내기(Manifesting Your Personal Myth)' 워크숍으로 시작된다. 그는 그 훈련에 학생들을 초대하는 글 서두에서 다음과 같이 말했다.

> 다음 무대는 다른 사람들과 함께 작업해야 할 당신의 신화에 기초를 둔 구조를 발전시키는 것이다. 당신의 구조는 신화에서 특별히 중요하다고 발견한 측면, 속성, 도전들 중의 하나를 전하는 것이다. 이것은 당신이 구도자에서 안내자로 관점을 바꾸고 있음을 의미한다. 당신은 자신의 신화에서 집단과 정서적으로, 신체적으로, 지적으로 소통한 경험을 통해 집단을 인도할 것이다. 나는 당신이 일정한 기준선을 정하기를 바란다. 당신의 구조는 처음, 중간, 끝을 갖추고 있어야 한다. 어떻게 해서든 당신은 그 내용을 집단에 전하게 된다. 중간 부분에서 표현의 정점과 경험한 내용을 넣을 수도 있고, 마지막에 종결 동작을 할 수도 있다… 당신의 구조는 또한 인간 존재의 세 가지 중점을 사용

상자 7.4 작은 장면 작업

1. 진행자와 대역을 정한다.
2. 당신의 몸과 일어나고 있는 경험 속으로 천천히 들어간다.
3. 신체적 문제를 탐험하고, 강화하며, 그것에 연결된 느낌을 발견한다.
4. 어떻게 그 느낌이 신화 속의 인물이나 장면에 연결되어 있는지 발견한다.
5. 선택한다: (a) 신화 속 인물과 대화를 나누고, 무엇이 당신의 인생과 관련되어 있는지, 그가 당신에게 무엇을 해야 하는지 혹은 하면 안 되는지를 가르쳐 줄 수 있는지 알아낸다. (b) 두 사람이 서로 대화를 나누는 신화 속 장면을 만들거나 극화한다.
6. 대역은 주인공이 연기하지 않는 역할을 어느 정도 즉흥적으로 연기할 수 있지만, 주인공이 그 역할을 했을 때 말하고 행한 바에서 멀어지지 않도록 한다 .
7. 진행자는 장면 연출을 돕고, 연기자가 역할을 유지하도록 하며, 장면을 강화하기 위해 연기자가 할 수 있는 것을 제안하거나 문제점의 해결책을 찾는다. 진행자는 주인공의 딜레마를 해결할 필요가 없으며, 오직 함께 하며 이야기를 따라서 주인공의 가능성과 자원들을 상기시킨다.
8. 진행자는 역할의 명확성을 유지하도록 돕는다.
9. 그 장면을 잠깐 동안 작업한다.
10. 마지막에, 당신이 스스로 발견한 것을 말한다.
11. 역할을 벗는다.
12. 피드백

폴 르빌롯의 아일랜드 훈련 워크숍, 1993-2003, 유인물

해야 한다: 몸(움직임), 가슴(느낌), 머리(이미지와 생각)… 구조를 시작하기 전에 당신이 원하는 것의 목적을 명확하게 써서, 어떻게 그것이 당신의 신화나 동화와 연결되는지를 참여자들에게 알려야 한다. (Rebillot 1999)

부분적으로는 이것이 르빌롯의 기준에 따라 구조를 만드는 연습이자, 동시에 활성화 연습이었다. 이 워크숍에서 비평에 이어 활성화가 뒤따랐다. 구조를 주도했던 학생과 그 구조에 참여했던 학생들은 처음에는 자신의 인상을 이야기했고, 다음에 르빌롯이 자신의 기준에 일치하는 구조를 고안한 능력을 평가하였고, 활성화하는 기술을 감정하였다(상자 7. 5 참조).

그 워크숍은 집단 작업 회기에 대한 비평을 하고, 개별적인 게슈탈트 작업으로 학생들에게 피드백을 진행시키게 하거나, 그룹 혹은 폴 르빌롯과 관련된 문제를 해결할 수 있도록 하면서 종결되었다.

고급 훈련 과정

그러고 나서 훈련의 핵심이라 할 수 있는 일련의 연간 고급 훈련 과정이 뒤따랐다. 그것의 초점은 다음 세 가지이다. (1) 게슈탈트 훈련을 촉진하는 기술 개발하기, (2) 집약적인 집단 회기 참여하기, (3) 르빌롯의 철저한 검토 하에 학생 팀의 도움을 받아 일반인을 위한 워크숍의 기초로 사용될 신화 고르기.

양보에 의한 의사 결정을 통하여 신화가 선택되었다. 하나 이상의 신화가 제안되는 경우, 각 지지자들이 교대로 자신의 다른 관점에 대해 이야기하였다. 이것은 한쪽이 다른 쪽의 의견을 인정할 때까지 계속되었다. 만약 주어진 시간 내에 합의에 이르지 못하게 되면, 르빌롯은 합의가 이루어진 사람들끼리 하위 그룹을 만들어 분리함으로써 이것을 해결하였다. 각 하위 그룹은 특정 주제를 표현하는 다른 신화를 다루었다.

각 훈련 집단은 고유한 자기들만의 방식으로 일반인을 위한 워크숍을 준비했다. 학생들은 신화 전체를 극화하는 것으로 시작했지만, 여러 소규모 팀들은 신화의 특정 요소를 위해 사전에 합의된 기준에 따라 워크숍 구조의 일부를 디자인했다. 이러한 팀들은 훈련 회기들 사이에 만나서 다음

상자 7.5 구조 만들기

1. 한 해에 걸쳐 함께 작업할 짝을 찾는다.
2. 다른 이들에게 전하고 싶은 중요한 신화에서 주제를 고른다.
3. 사람들이 경험하기를 바라는 것을 문장으로 만든다.
4. 그 주제를 '경험하게 할' 수 있는 활동들의 목록을 만든다.
5. 처음, 중간, 끝을 갖고 있는 3시간 단위의 구조를 준비한다. 이는 세 가지 중심점을 사용한다.
   몸: 감각, 움직임
   가슴: 느낌, 소리
   머리: 생각, 기억, 이미지, 상징
6. 개인적인 배역의 타이밍을 주목하고, 그 순간에 적절한 대안을 탄력적으로 제시한다.
7. 클라이맥스가 어디일지 정한다.
8. 구조 작업을 할 때, 짝은 곁에서 돕고, 기록하며, 끝부분에서 목적의 진술문을 읽는다.
9. 음악, 색칠 도구, 종이 등 필요로 하는 자료는 무엇이든 제공한다.

폴 르빌롯의 아일랜드 훈련 워크숍, 1993-2003, 유인물

워크숍에서 시험할 구조를 고안하였다. 이 구조는 평가, 수용, 변경되거나 거부되었다. 이 같은 방식으로 일반인을 위한 워크숍의 전체적인 구조가 만들어졌고, 각 구조를 담당한 소규모 팀들은 서로 협력하여 전체를 다듬어야 했다.

이는 영화 제작에 필적하였다. 마침내 준비가 끝났고, 첫날밤이 왔다. 일반인을 위한 워크숍의 첫 번째 발표의 순간으로, 폴이 관찰자로 참여하였다. 많은 조력 기술들 중의 하나는 바로 결단을 내릴 수 있고, 참여자들이

회기에 가져오는 역동에 적절하게 반응할 수 있는 능력을 갖는 것이다. 그에 더하여, 워크숍이 진행되어 감에 따라, 작업을 살펴보기 위해 저녁 미팅을 가졌다. 이것은 공연 순서를 바꾸거나, 미래의 구조를 변형시키거나, 밤새 작업하여 새로운 것을 찾는 것이 될 수도 있었다.

학생들의 마지막 미팅은 보고를 듣고, 평가하고, 졸업하는 시간이었다. 여기에는 끝맺지 못한 작업을 완결하고 훈련을 마무리하는 느낌과 마주하는 집단의 마지막 회기가 포함되었다. 이에 더해, 르빌롯은 안내자로서 다섯 가지 영역에 걸쳐 마지막 평가를 하였다. 즉, 실험적 구조를 만드는 데 기여했는지, 게슈탈트 수련에서 진행자로서 어떻게 했는지, 진행자를 보조하는 일은 어떠했는지, 팀 구성원으로서 작업 능력과 훈련 과정을 통해 자기 인식이 얼마나 깊이 이루어졌는지에 대한 것이었다. 물론, 종결의 구조는 인증의 제의인데, 각 학생은 르빌롯의 학교를 졸업하여 전문가가 되거나, 그것에 실패하면, 앞으로 졸업을 하기 위해 어떤 결함을 보완해야 하는지에 대해 안내를 받았다.

6. 비평

르빌롯이 개인적 성장 영역, 심리 치료, 그리고 예술 치료에 기여한 것을 평가하기에는 시기상조라고 할 수 있을까? 나로서는 어떤 활자화된 평가도 찾아낼 수가 없었다. 그래서 이 논평은 13년간 각기 다른 워크숍에 참여하며 참여자에게 들었던 소감에 기초한 것이다. 소감은 객관적 평가라기보다는 개인적 방어로 인해 왜곡되기 쉽기 때문에 방해를 줄 수 있다. 예를 들면, 어떤 참여자들은 충분한 생각의 공간을 주거나 감정적인 과정을 충분히 흡수하기에는 워크숍의 강도가 약했다고 지적했다. 확실히 르빌롯의 워크숍은 강력한 힘이 있지만, 워크숍이 진행되는 동안에 워크숍의 모든 경험들이 온전히 스며들거나 처리된다는, 또는 그래야 한다는 전제는 없다. 워크숍에서 배운 것이 효과를 드러내는 것은 구조가 종결되고, 참여자들이 새로운 내용으로 자신들만의 삶 속에서 살아갈 때이다.

훈련받지 않은 사람들이 개인 회기를 이끄는 것에 대해 치료사들이 의문을 제기하는 경우도 있다. 하지만 이것은 참여자가 치료사의 역할을 맡는 게 아니라 진행자의 역할을 맡는 것이기 때문에 잘못된 관점이다. 르빌롯은 확고했다. 그는 집단에게 게슈탈트 수련의 진행자는 해석하지 않고 실험을 제안할 뿐이며, 그것을 받아들일지 여부에 대해 결정하는 것은 참여자의 책임이라는 점을 명확히 하였다. 이것은 게슈탈트 이론의 핵심적인 원리이다. 참여자가 과정의 전체에 대해 모든 책임을 진다. 또한 가능하면 언제나 르빌롯 자신이나 그의 조수가 게슈탈트 회기에 참석하여 참여자 그리고/또는 진행자로 활동하는 사람에게 제안을 할 수 있도록 했다.

르빌롯의 워크숍의 참여자가 도달한 개인적 과정의 깊이가 어느 정도인지에 대해 의문을 품는 이들도 있었다. 그들은, 워크숍이 엄격하여 낙오자가 생길 수 있기 때문에, 그런 심도 있는 작업을 하기에 적합하다고 볼 수 없다고 했다. 르빌롯은 이런 일이 생길 수 있으리라는 것을 알고 있었고, 워크숍 동안 힘들어하는 참여자가 없는지 경계하였다. 어떤 경우에는 개입하기도 하고, 참여자에게 어떤 구조를 고를지 주의를 다하라고 하거나 멈추라고 조언을 하기도 했다. 르빌롯의 철학에서 '실패'의 의미는 자신의 고유한 경험과 20대 중반에 비슷한 경험을 겪었던 딕 프라이스와의 만남에서 영향을 받아 구축된 것이었다. 만약 참여자가 고통스러운 마음의 여행을 하고 있다면, 르빌롯은 오히려 치유에 역효과를 낼 수도 있는 개입보다는 안식처를 제공하였다. '영웅의 여정'에 대한 그의 책(Rebillot with Kay 1993, p. 26)에서 그는 어떤 사람들에게 그의 작업이 부적합한지, 그리고 그런 상황에서는 무엇을 해야 하는지 밝히는 조언을 하고 있다.

혹자는 르빌롯이 참여자들에게 너무 성급하게 카타르시스와 오래된 심리 문제에 대해 바라던 바의 해결책으로 이끌려고 하지는 않았는지 의문을 제기한다. 르빌롯은 자신이 카타르시스를 좇아 작업한 것이 아니었다고 대답하였다. 하지만 어떤 참여자는 정서적 해방을 소망했기 때문에 그것을 경험하기도 했다. 각 워크숍의 중요한 특색은 참여자들이 자신의 작업에 책임을 지겠다는 기본적인 규칙에 합의하는 회기가 있다는 점이었다. 르빌롯은 각 구조마다 매우 명확하게 이 규칙을 소개하였고, 적절한 심리 수준에서 그 활동을 할 수 있도록 격려하였는데, 심지어 그 순간에 참여하지 않겠다는 의사를 표현하는 경우도 있었다.

개인적으로 책임지는 것을 강조하는 것은 게슈탈트와 인간 잠재성 운동 모두에 중요하였다. 그것은 치료사가 '임상적인 책임'을 지는 치료와는 구별되었다. 어떤 사람들은 개인적 성장 작업에서 그들이 입는 충격을 받아내는 것이 치료사의 의무라고 반박하기도 하였다. 하지만 그렇게 하면 참여자들을 어른의 지위에 두기보다는 의존적으로 만들게 된다. 내가 믿는 바에 의하면, 이것은 복잡한 문제이며, 성장 운동과 치료 작업 사이의 차이를 강조한다.

성인 정신의학 분야에서 연극치료사로 일하고 있는 나는 르빌롯의 작업이 매우 유용하다고 생각하는데, 이는 많은 전문가 동료들도 동의하는 바이다. 하지만 정신상 문제가 있는 환자들과의 작업에서는 주의 깊은 조정이 필요하다. 나의 연극치료에서 제의 공연 형태는 **자기표현의 연극**(1998a, b, 2003, 2010: 14장 참조)으로서, 르빌롯의 영향을 받아 그의 영웅적 자아를 창조하기에 앞서, 세 가지 더 깊은 원형적 인물을 통합하였다. 그것은 불굴의 용기를 가지고 양면성을 수용할 수 있고, 갈등하는 정신 영역에서 화해하고자 하고, 상징적 제의에서 자기 목소리를 낼 수 있는, 심리 내적인 페르소나이다(Rebillot with Kay 1993, p. 58). 이러한 인물들로는 '고아,' '보살피는 사람,' 그리고 '전사'가 있다(Pearson 1991, pp. 82, 94, 108). 나는 환자들과 작업하면서 이것이 전제 조건이라 생각했다.

르빌롯은 그의 책에서(Rebillot with Kay 1993, p. 59) 영웅의 창조는 부담이 큰 작업이어서 정신 건강상 아무런 문제가 없는 참여자와 해야 한다고 말하고 있다. 임상 환경에서 연극치료사는 많은 정신 병리적 문제를 고려할 필요가 있다. 이것에 대응하기 위해, 우선 참여자들이 근래 심리적으로 드러내고 있는 것에 주의를 기울이고, 그들의 상처를 고아의 원형으로 바꾼다. 이 인물을 만들어 가면서 참여자는 진실한 인정을 경험할 수 있다. 이는 또한 내면에 있는 돌보는 사람의 원형을 활성화시켜, 심리적 변화의 복잡성에 대해 고심하고 싸울 수 있게 한다.

게다가, 참여자가 선택한 허구적인 상징을 통해 작업하면서 긍정적인 인물에 생기를 불어넣고 전사의 원형을 표현함으로써 — 예를 들면, 영화 〈에일리언(*Alien*)〉의 엘런 리플리처럼 —, 상징의 간접적인 특성은 습포제와 유사하게 작동하며, 참여자의 내면에서 잠자고 있던 긍정적인 특성들에 서서히 침투하여 위협적이지 않은 방식으로 드러나게 된다. 그렇게 함으로써 참여자는 그들의 건설적인 자원들과 접촉하여, 마침내 영웅적 자아를 창조할 수 있게 된다. 이와 같은 사전 작업이 없다면 참여자의 무의식적인 힘과 내적 자아의 적대적인 면들에 압도될 수 있다. 르빌롯은 캠벨의 단일 신화에 이러한 수정을 가하여 사용했기 때문에 연극치료사에게는 치유의 강력한 내적인 지도를 제공할 수 있었고, 참여자에게는 효과적인 변형의 경험을 선사할 수 있었다.

르빌롯의 작업은 미국의 공식적인 심리 치료의 관례가 유럽의 그것과는 분명하게 다르다는 것을 확실히 하는, 미국의 사회-정치적 전통 속에 확고하게 심어진 것이다. 미국에는 유럽과 마찬가지로, 정신분석적 사고에 대응하여 일어난 반문화적 흐름이 있었다. 제3의 세력으로서 인본주의적 심리학이 대조적인 방향을 제시하였다.

하지만 미국인들에게 이 학파는 그리 성공적이지 않았는데, [그 이유는] 영혼의 문제를 고려하지 않았기 때문이다. 인간 잠재력 운동은 이것이 유효하다고 대답한다. 에살렌은 이 새로운 작업 영역을 탐사한 첫 번째 중심지의 하나로, 영적인 것과 심리적인 것을 통합하였다. 르빌롯이 그 영역에서 이룬 유산을 비판하는 사람은 그를 이 같은 문화적 맥락 내에서 평가할 필요가 있으며, 지나치게 편협하고 독단적인 관점을 가질 수 있음을 주의해야 한다. 이런 점에서 볼 때, 그의 작업이 비록 미국에서 발전된 것이지만, 오히려 가장 따뜻한 환대를 받은 곳은 20세기 후반에 유럽 무대에서였다는 점은 재미있는 일이라 생각한다.

르빌롯의 워크숍이 심도 있는 변형의 경험이라고 할 수 있는 현대의 중요한 치유 제의를 많이 제공하고 있다는 것을 주목해야 한다. 그의 작업은 인류학과 신화학, 심리학 및 초개인적 지식에 이론적, 실질적 사고의 기반을 두고 있다. 그러한 경험적 작업은 권능을 부여하는 공간을 조심스럽게 품으면서 동시에 제한적으로 가두지는 않는데, 그 공간에서는 강렬한 감정의 바람이 안전하게 흐를 수 있고, 인지적인 선명함이 새겨질 수 있다. 그는 여러 대륙에 사는 개인들과 치료 분야에 종사하는 전문가들에게 중요한 영향을 주었다. 예를 들어 그는 영국에서 많은 연극치료사들에게 영감을 불어넣었는데, 심리치료사와 교육자뿐만 아니라 게슈탈트와 신체 치료사에게도 영향을 주었다. 그의 작업은 진정한 치유의 공연이었다.

결론

폴 르빌롯에 관한 이 장은 그의 성격에 관한 초상화를 스케치하는 것뿐만 아니라 그의 자전적인 세부 사항을 언급하는 것으로 시작하였다. 나는 그의 작업에 미친 핵심적인 영향을 요약하고 많은 워크숍을 기록하였다. 마지막으로 그의 훈련 방법의 개요를 서술하였고, 간단하게 그의 작업을 평가했다.

나는 내 인생에서 커다란 의미를 지닌 스승을 추켜세우는 상투적인 칭찬의 문구는 피하고 싶다. 하지만 르빌롯은 독보적이었고, 많은 참여자들의 삶에 감동을 주었다. 그의 훈련을 수료한 사람들은 그가 디자인한 워크숍을 지속적으로 제공했고, 어떤 경우에는 그의 방법으로 다른 사람들을 훈련하기도 했다. 그렇게 하는 가운데, 그의 작업이 계속 전 세계에 살아있음을 확인시켜 주었다. 그의 작업이 대단한 것으로 여겨지든 혹은 논란을 불러일으키는 것이든 간에, 폴 르빌롯이 공헌한 바는 독창적인 신기원을 이룬 것으로, 그 심오함으로 말미암아 시대를 초월하여 끊임없이 메아리칠 것이다.

참고 문헌

Campbell, J. (1988) *The Hero with a Thousand Faces*. London: Paladin.

Gennep, van A. (1960) *The Rites of Passage*. Chicago, IL: The University of Chicago Press.

Grof, S. 'Foreword.' In Rebillot, P. with Kay, M. (1993) *The Call to Adventure: Bringing The Hero's Journey to Daily Life*. San Francisco, CA: HarperCollins.

Hope, M. (1988) *The Psychology of Ritual*. Shaftesbury: Element Books.

Mitchell, S. (1998a) 'Reflections on Initiation through Ritual Theatre.' In A. Cattanach (ed.) *Arts Therapy Process*. London: Jessica Kingsley Publishers.

Mitchell, S. (1998b) 'The Theatre of Self-Expression: Seven approaches to an interactional ritual theatre form for dramatherapists.' *Journal of the British Association for Dramatherapists* 20, 1, 3-11.

Mitchell, S. (2003) 'The need to make adaptations to inspirations when working clinically as a dramatherapist or how Paul Rebillot's work gave rise to The Theatre of Self Expression a ritual theatre form of dramatherapy.' *The Prompt, the Magazine of the British Association of Dramatherapists*, Winter, 5-7.

Mitchell, S. (2010) *Dramatherapy as a Ritual Theatre of Self-Expression: A Practitioners'*

Textbook. Unpublished manuscript in preparation.

Pearson, C. (1991) *Awakening the Heroes Within*. San Francisco, CA: Harper Collins.

Radical Change Group (2007) *Conversations with Paul Rebillot*. Available at Google: radicalchangegrouppaulrebillot, accessed 30 August 2011.

Rebillot, M. (2010) *Paul in Michigan*. Unpublished personal communication.

Rebillot, P. (1979) *The Hero's Journey*, recording by PS Productions, re-recorded and now available for download through the Radical Change Group(contact sergey@ radicalchangegroup. com).

Rebillot, P. (1997) *The Magic of Myth*. Newsletter (Spring). San Francisco, CA: Bay Press.

Rebillot, P. (1999) Letter 'Joining the Training — Instructions' unpublished personal communication.

Rebillot, P. (1998-2003) *Boxes 7.1-7.5 Paul Rebillot workshop handouts from his Irish Training*, unpublished.

Rebillot, P. and Kay, M. (1979) 'A trilogy of transformation.' *Pilgrimage: The Journal of Pastoral Psychotherapy*, 7, 1. Atlanta, GA: Pilgrimage Press, Inc.

Rebillot, P. and Kay, M. (1981) 'Dancing with the Gods.' *Pilgrimage: Journal of Existential Psychology* 9, 2, 89-100.

Rebillot, P. with Kay, M. (1993) *The Call to Adventure: Bringing the Hero's Journey to Daily Life*. San Francisco, CA: HarperCollins.

Roose-Evans, J. (1994) *Passages of the Soul*. Shafetsbury: Element Books.

Schutz, W. (1973) *Elements of Encounter*. Big Sur, CA: Joy Press.

Segal, R. (1987) *Joseph Campbell: An Introduction*. New York: Mentor Penguin Books.

Turner, V. (1982) *From Ritual Theatre: The Human Seriousness of Play*. New York: PAJ Publications.

Turner, V. (1995) *The Ritual Process*. New York: Aldine Gruyter.

8

패스파인더 스튜디오의 연극 만들기

'제의'를 통한 자기-수양의 추구[1]

스티브 미첼

도입

패스파인더 스튜디오는 1980년 일반인과의 연극 제작을 통한 자기-수양의 방법을 찾는 것을 목표로 세워졌다. 우리는 '자기-수양'을 치료가 아닌 정신적인 운동 또는 기술의 습득으로 정의하였다. 비록 얼마간은 그러한 뜻이 포함되어 있긴 하지만, 주된 탐구의 목적은 창조적인 자원을 확장하는 것 혹은 폴 르빌롯의 말처럼 '사람들을 돕는 것은 삶의 시야를 넓게 만들어 삶을 보다 살 만한 것으로 — 문제가 아닌 경험으로 인식하도록 — 만들어 주는 것이다'(Rebillot and Kay 1979, p. 68).

패스파인더 스튜디오의 탐구 방식은 경험적인 것과 이론적인 것을 포함하는 개인 또는 집단의 작업에서 우리가 예술적인 탐구라고 정의해 왔던 것이었다. 첫째는 리더가 집단을 작업에 몰입시키는 것이고, 둘째는 그 탐구에 근거하여 프로젝트를 진행하는 것이다. 연극치료를 필두로 한 서구의 심리 치료, 개인 성장에 관한 동양 예술의 연구와 마찬가지로 브룩의

1. 이 장은 2010년 영국 런던의 센트럴스쿨에서 개최된 드라마 적용 컨퍼런스에서 발표한 글을 보완한 것이다.

'실험 연극,' 그로토프스키의 '초연극 작업,' 핼프린의 '삶/예술' 과정, 로스의 '도시의 샤머니즘' 그리고 르빌롯의 현대적 '통과의례'가 모두 이 패턴을 따라왔다. 새로운 연극 형태를 포함하는 이러한 원천으로부터 패스파인더 연극 프로젝트라고 부르는 작업이 드러나게 되었다.

이 장에서 나는 먼저 이 작업의 배경과 영감을 준 것들을 기술할 것이다. 이 프로젝트의 구조를 종합적으로 묘사하기 전에 7가지 중요한 질문과 답변을 간결하게 기록할 것이다.

배경

70년대에 나는 런던에서 구르지예프의 가르침(Ospensky 1950; Watts 1973 참조)을 기반으로 한 경제학 학교(School of Economic Science)를 파트타임 코스로 다니면서 실천철학을 공부하였다. 그러면서 나는 전문 연극 연출가가 되겠다는 야망에 내가 만족하지 못하고 있다는 것을 알게 되었다. 당시에 나는 런던 프린지에서 일하면서 연극 제작 기술을 배우고 있었고, 오프-프린지(the off-fringe)라는 극단을 운영하고 있었다.

철학 코스는 '[나 자신의] 본성을 거울로 비춰 본' 첫 번째 경험이었다. 셰익스피어를 마음대로 인용하자면, 난 내가 본 것이 마음에 들지 않았다. 연극 연출가가 되겠다는 야망을 따르는 대신에 철학 코스의 핵심 요소였던 '창조적인 원칙을 따르기, 지금 여기를 알아차리기, 다른 사람을 대함에 있어 자신의 고유의 자원을 이용하기'에 영감을 얻었다. 나는 생각을 바꾸어 정신병원에서 일하기 시작했다.

나의 미래의 직업과 소명을 알게 된 곳이 바로 여기였다. 간호 보조로서 나는 환자와 친해지는 것이 필요했고, 어느 정도 재능이 있었다. 어느 날 한 젊은 남자가 자신을 실존적인 신경증 환자라고 말했다. 외견상으로는 그와 내가 달라 보이지만, 실제로 그의 상태는 나의 불안을 상당 부분 반영하고 있다는 것을 느낄 수 있었다. 그러나 정신과 의사는 그의 병이 심리적인 문제가 아니라 사회적인 문제라고 일축했다. 그는 퇴원 조치를 당했다.

바로 그때 나는 나의 소명을 찾았다! 나 자신의 삶의 문제를 다루면서 그러한 사람들을 도울 수 있는 연극을 만드는 것 말이다. 이것이 출발점이 되어 연극치료사가 되었고, 성인 정신병원에서 전일제로 일하면서 제의 연극 형식, 자기표현 연극을 구축했다(Mitchell 1992, 1996, 1998, 1999, 2003, 2010, 14장 참조). 그곳에는, 처음에 나에게 영감을 주었던 환자처럼, 심리치료 모델을 따르기보다는 자신의 고유한 치유 방식을 찾아간 참여자들이 있었다.

나는 연극치료사로 일하면서 나의 소명을 구체화할 수 있었다. 페트루스카 클락슨이 '성장원(physis)'이라고 말한 것과 일반인들이 관계를 맺을 기회를 제공하는 연극이 바로 그것이다.

> 나는 앞으로 몇 년 동안 성장원을 우리 자신에게 다시 적용하길 원한다. 그것은 우리 심리치료사들이 믿고 있는 삶의 원동력이다. 나는 내면의 힘은 개인에게 있고, 교육자와 심리치료사들의 과제는 사람들이 자신 안에 있는 그 힘과 계속 접촉할 수 있도록 이끄는 것이라고 믿는다. 다시 말해, 그들의 일은 사람들이 첫 번째 본성에 계속 접할 수 있게 하는 것이다. 이는 사람들에게 영향을 주어 무엇인가를 하도록 만드는 것이 아니다. (Clarkson 1993, p. 104)

패스파인더 스튜디오의 행동 연구는 1980년에 나타난 일련의 중요한 주제들로 시작되었다. 나는 일찍이 피터 브룩과 만날 수 있었던 것에 감사한다. 런던 프린지에서 작업하면서 어떻게 연극을 연출해야 하는지 깨달았다. 하지만 일반인들과 연극 워크숍을 어떻게 이끌어 가야 하는지, 제한된 시간 속에서 개인과 작업하면서 어떻게 변형을 이끌어 내야 하는지, 집단 과정은 어떻게 작업해야 하는지, 마지막으로 어떻게 적절하게 프로젝트를 끝낼 것인지에 대한 고민과 이를 위한 다양한 기술들이 필요하다고 느꼈다.

이는 워크숍에 참여함으로써 배울 수 있는 기법이 아니라 기량으로서의 자기-발견의 긴 여정이었다. 사소한 잘못을 회피하지 않고 직면하는 것만이 그 기량을 모을 유일한 길임이 명백히 드러났다. 불안을 넘어 만족감을 구하고자 하는 욕구는 작업 초기에 열정이 일어나게 하는 중요한 부분이다. 그러나 우리의 비전은 이제까지와는 다른 것을 하는 것이며, 연극치료를 통해 이제까지 만난 많은 것들과 마찬가지로, 이것은 느리고 때때로 불안한 도전이다. 비록 개인의 감성에 기반을 두고 작업하는 것이 근본이지만, 성장원을 추구하는 연극의 목표는 각 단계를 일관성 있게 구조화하는 방법을 익히는 것과 기법을 기술적으로 탐험하는 것, 그리고 연극 양식과 개인적 성장의 형태를 대조하는 것을 의미했다.

패스파인더 연극 프로젝트의 구조

이 프로젝트는 최근의 두 가지 구체적인 작업과 관련되어 있다. 워크숍 A(습작 또는 각색)와 워크숍 B(오프닝)가 그것이다. 그것은 두 가지 다른 강도로 설계되어 있다. 워크숍 A는 모두에게 열려 있으며, 자기-수양과 연극 제작의 안전한 결합을 경험할 수 있는 기회를 준다. 워크숍 B는 특정한 자격 요건을 갖추어야 참여할 수 있다. 또한 평가 과정을 요한다. 자기-수양 과정에 참여하기를 원한다 해도, 실제로 이렇게 하는 것은 상당히 힘든 일이다.

워크숍 A에서 참여자는 대사가 없는 다른 배역에게 이야기하는 한 인물의 짧은 대사를 고른다. 워크숍에서는 두 사람씩 짝을 지어, 한 사람이 말 없는 역할을 맡은 상대에게 대사를 한다. 이제 우리는 그 과정을 안전하게 이끄는 세 가지 기술을 구체적으로 살펴볼 것이다. 첫째, 참여자가 스스로 텍스트를 선택함으로써 탐험할 테마를 정한다. 둘째, 두 사람이 함께 함으로써, 혼자 연기할 때 따르는 무대 공포증이 줄어들도록 도와준다. 셋째, 침묵하는 사람 역시 짝과 연결되어, 브렌더 멜드럼이 '감정이입의 연출가' 라고 부른 협력자가 된다(1993, p. 10).

워크숍 A에서 참여자들은 허구 작업을 하고, 그것을 워크숍 B를 위한 극적인 작업으로 변형한다. 이는 부분적으로 조인트스톡 메소드(Ritchie 1987)를 활용하는 것인데, 즉흥극에서 나온 것을 워크숍 후에 작가가 모양을 잡아 일관성 있는 대본으로 만든다. 대본에 나온 참여자가 반드시 다음 과정에 참여할 필요는 없다. 워크숍 A의 각각의 구성 방식은 다음 과정에 의존적이지 않다.

물론, 워크숍 A(습작뿐 아니라 각색에서도)에는 태극권과 함께 움직임과 목소리의 앙상블 작업이 있다(공연과 같은 도전적인 과제에 참여하도록 만드는). 그리고 인물 구축을 돕기 위한 시각화의 방식이 있다. 마지막으로, 참여자는 게슈탈트 훈련을 받는다. 여기에서는 심리적으로 각자에게 적당한 수준까지 그들이 인물 작업 혹은 자기-개념을 발전시키는 가운데 올라온 여러 주제를 통합할 수 있다.

두 번째 워크숍 B(시작)는 훨씬 큰 몰입을 요한다. 다트무어 변두리에서 숙식을 하는 탐험으로 주말을 보내면서 함께 여러 가지 단계를 경험하게 한다. 이 워크숍의 참여자는 하나의 대본을 극화하는데, 개인적인 선택을 통해 배역을 결정하기보다는 무작위로 인물을 뽑아 연기한다. 그러나 늘 그런 것은 아니다. 서로 합의하여 대본을 여러 개의 작은 장면으로 나누고, 각 집단이 그것을 극화하도록 만든다. 이때는 자연주의적인 양식을 따른다. 참여자들은 이 프로젝트의 끝에 관객들을 초대할 것이고 주어진 극적 양식으로 이 장면을 공연하게 될 것임을 안다.

또 다른 측면으로, 워크숍 A에서 했던 움직임과 목소리 작업, 각 인물의 본질적 욕동, 정서, 자기-파괴 행위, 미덕, 그림자, 그리고 성 역할 주제를 탐험하는 다양하고 적극적인 시각화 자료를 창조적으로 발전시킨다. 이 인물 작업을 통해 구축된 특성은 때때로 개인적인 주제를 드러낼 수 있으며, 게슈탈트 작업에서 다루어질 필요가 있을 것이다.

창조적인 노력은 전체 앙상블에 영향을 주어 상호 관계의 역동을 상승시킨다. 중심적인 장소를 집단 작업 내에 마련하고 특정한 구조를 통해 그 역동이 안전하게 표현되고 인정받고 변형될 수 있게 한다. 또한 전체 과정 내내 프로젝트 멘토가 있어서 처음부터 너무 복잡한 이슈를 경험한 참여자나 개인적으로 중요한 어려움을 가지고 있는 참여자를 도와준다.

예술적인 작업에서도 일상생활에서와 같이 생산적인 방식으로 아이디어를 배양하고 흡수할 시간이 필요하다. 이를 위해서 명상 훈련을 받아야 하고 주로 태극권, 초연극적 감각 작업과 몸 감각 명상을 해야 한다. 마지막으로, 각각의 하루는 공식적으로 북치는 원(Drum Circle)으로 열고 닫는다. 북을 두드리며 노래를 하거나 말하면서 개인적으로 하루를 시작하고 끝내는 것이다.

워크숍 B의 다음 단계는 '구성'과 '시작'이다. 그것은 앞서 만든 장면들을 이미지의 구성으로 바꾸는 것이다. 이것은 피터 홀턴(다팅턴 예술대학의 작문 선생님, 여러 연극 양식 중에서도 미국의 '해프닝' 운동에 영향을 받음)의 작업에 영향을 받은 조각-세우기 형식을 취한다. 그 연극 형식은 워크숍에서 제한된 시간 내에 앞서 준비한 작은 장면들에 극적인 구조를 주어 참여자들의 모든 작업을 몽타주화 한다. 이는 통상적인 연극 미학의 맥락 속에서 작품의 주제를 예술적으로 경험할 수 있게 한다. 그런 반면, 참여자들이 지나치게 자기를 드러내거나 멋대로 하지 않도록 보호해 준다.

더 나아가 이 워크숍의 또 다른 성과는 관객을 위해 공연을 구성하고 연출하는 '프로듀서'의 존재이다. 이 새로운 요소 역시 더 발전된 예술적이고 자기-수양적인 실험을 이끈다. 참여자에게 집단 작업과 게슈탈트 연습을 위한 공간을 구조화하는 것은 매우 중요하다. 이 워크숍은 '오프닝'으로 끝난다. 그것은 참여자들이 이미지의 구성을 상연하고, 프로젝트가 끝나는 분위기를 느낄 수 있는 예식을 행하는 것이다.

프로젝트의 마지막 워크숍은 '종결'이다. 패스파인더 연극 프로젝트에서의 개인적이고 우선적인 목표, 곧 자기-수양 과정을 통합하기 위해 제의를 준비하고 생기를 불어넣는다. 또한 집단은 전체 프로젝트를 종결하는 통과의례를 행한다.

예술적 질문

많은 질문들 가운데서 가장 중요한 7가지를 간단히 언급하고자 한다.

1. 시간이 제한된 프로젝트에서 심리적 성장과 예술적 탁월성 중에 무엇이 현실적인 성취가 될 수 있는가?

이 목적을 위해서 워크숍의 구조는 주요한 삶의 주제를 해결하거나 세부적인 연극적 훈련을 시키는 것이 아닌, 이미 갖고 있는 재능을 잘 발휘하도록 도와야 한다. 훈련은 성장과 탁월성 사이에서 균형을 잡을 필요가 있다. 그렇지 않으면 그것들은 너무 압도적이거나 해로운 것이 될 수도 있다. 예술적인 훈련의 목적은 그로토프스키(1981)가 '에너지를 해방하라'라고 진술한 것으로서, 인물을 통해 발휘되는 힘을 긍정적으로 고취시키는 것이다. 애너 핼프린(1955, 루스-에반스와의 개인적 대화 1989, p. 31)은 우리의 창조적인 표현을 축소시키는 신체적, 감정적, 정신적 억압이 일상적인 삶에서도 역시 표현의 장벽이 된다고 말한다. 그러므로 자기-수양의 과정은 에이브러햄 매슬로우(1973)가 창조성을 향한 '장벽'이라고 언급한 것을 제거하는 것에 초점이 맞춰져 있다. 이러한 초점을 좁혀 가다 보면, 미적인 기준과 개인적인 성장이 시간-제한적인 프로젝트에서 만나게 될 수 있다.

2. 어떤 연극 훈련이 참여자를 압도하지 않으면서 기술을 발달시키는가?

이것은 근본적인 문제이다. 예를 들어, 모두가 인물을 구축할 때 그들 자신의 독특한 접근법을 가지고 있다. 비록 마지막 선택은 각 참여자의 책임에 달려 있지만, 프로젝트에서 우리는 특정한 연기 양식을 추천한다.

이러한 양식은 배우 알 파치노가 무의식적/직관적 연기라고 칭한(Pacino 2009) 접근법과 관련된 것으로서, 전통적인 스타니슬랍스키 시스템의 산물이다. 인물의 페르소나를 창조하는 과정에서 참여자/배우는 인물의 성격을 다양한 차원에서 경험함으로써 직관을 발휘할 필요가 있다. 이것은 통상적인 텍스트 분석을 넘어선다. 그것으로는 충분하지 않기 때문이다. 배우는 텍스트의 빈 곳을 채워, 인물의 상세한 전기를 창조해 낼 필요가 있다.

그럼에도 불구하고, 너무나 충분하지 않다!

사실만으로는 직관을 나타낼 수 없다. 피터 브룩이 '일련의 일시적인 가짜를 만들어 낼 필요성'이라고 언급한 것을 넘어서야 한다. 배우에게 이것이 가능하기 위해서는 미리 의식적으로 준비한 것을 내면화할 필요가 있다. 신성함은 경험해야 할 필요가 있다. 이것은 매슬로우가 정의한 절정의 경험과는 다른, 심오한 심리학적 영향력을 가진 충전된 경험이고 고상한 것이다. 그것은 사실을 서서히 터득함으로써 흡수하는 것이 가능하게 된다. 이 작업은 심리적으로 복잡하며, 패스파인더 연극 프로젝트의 신중한 연구의 중심에 놓여 있다.

우리는 이것을 가능케 하는 여러 기술을 사용한다. 자주 쓰는 방법은 능동적인 시각화이다. 이는 참여자/배우가 인물에게서 찾은 사실과 움직임 명상(movement meditation)을 결합하여 유도된 환상과 자기-현시를 경험하는 것이다. 인물에 관한 사실적인 지식과 그에 대한 참여자/배우의 개인적인 경험의 상호작용이다. 새롭게 심리적으로 내사(introjection)된 것을 전의식으로 내면화할 수 있게 하며, 그것이 곧 직관을 형성한다. 이 정보는 상연의 순간에 적절하게 활용될 수 있다.

또한 각 워크숍 사이에 있는 시간이 중요하다. 그것은 **품기**(*incubation*)와 피아제가 말한 심리적 **동화**(Flavell 1963, p. 18)를 가능케 한다. 다시 말해, 기존의 인물 작업을 명백한 의식적 이해에서 무의식의 저장고로 옮기는 것이다. 그럼으로써 참여자는 적절하게 조절된 공연에서 즉흥적인 상연에 자발적으로 접근할 수 있다.

반대로, 인물 구축의 준비에서, 극작가 데이비드 마멧이 『진실과 거짓』(1997)에서 밝힌 개념 — 배우는 인물을 구축하지 않는다, 단지 작가에 의해 드러난 장면의 행동을 어떻게 연기하는지 배우는 것일 뿐이다 — 도 똑같이 중요하다.

> 배우는 관객과 소통하기 위해 무대 위에 있다. 그것이 배우라는 직업의 시작과 끝이다. 그렇게 하기 위해서 배우는 강한 목소리, 훌륭한 발음, 유연함, 균형 잡힌 신체 그리고 연극에 대한 기본적인 이해가 필요하다… 배우는 인물이 '되려고' 노력할 필요가 없다. 이러한 말은, 사실상, 아무런 의미가 없다. 인물은 없다. 오직 종이 위에 줄이 처져 있을 뿐이다. 그들은 배우가 말함으로써 의미를 지니게 된 대화의 밑줄이다. 극작가가 제시한 것의 목적을 성취하려는 시도 속에서, 배우가 단순히 대사를 말할 때, 청중은 무대 위에 있는 인물의 환상을 보게 되는 것이다. (1997, p. 9)

만약 배우가 존재한다면, 그리고 적당하게 배역을 받는다면, 배우는 인물 작업의 장치 없이 자신의 존재만으로도 서사를 살아 낼 것이다.

이러한 급진적인 시각은 제의 연극의 목적과 상당히 겹쳐진다. 그것은 재현을 목적으로 하지 않으며, 의인화를 통해 타자의 화신이 되기를 지향한다. 제의 안에 있는 다른 것들은 무엇인가? 그것은 분명히 신성한 형식으로 드러나거나, 현재에 온전히 참여하여 자아를 초월하거나, 항복하는 것으로 보일 수 있다. 많은 스포츠 해설자는 직접적으로 경기를 말하기보다는 선수가 어디에 있는지, 경기가 그들을 통해 어떻게 진행되고 있는지를 이야기한다. 이때 스포츠와 관련된 사람들은 각각의 그리고 모든 순간의 고조된 알아차림과 직관적으로 응답하는 것을 습득할 것이다. 이것이 연극에서도 통용되는가? 이것이 브룩이 '신성한 연극'(1968)이라는 용어로 준 힌트인가? 어떻게 배우는 눈부시게 밝은 순간을 준비할 수 있는가?

무대를 구축하는 방법을 통해 본다면, 나는 배우를 위한 전통적인 준비와 마멧이 제시한 것이 양립할 수 있다고 믿는다. 무엇보다도 모든 전통적인 인물 구축의 메소드는 자연주의적으로 설득력 있는 심리 구조를 주며 직관을 키운다. 이러한 기술적인 작업을 통해 배우는 그동안 강한 신념으로 준비한 것을 표현할 수 있는 공간을 마련한다. '배우의 작업 들여다보기'라는 TV 인터뷰에서 여배우 케이트 블란쳇(2003)에게 그녀가 인물의 말투를 창조하기 위한 힌트를 어디서 얻는지에 대해 물어 보았다. 그녀는 먼저 조사하고 재료를 모으는 것이 중요하다고 하였다. 그리고 원하는 목소리를 반복적으로 듣는다고 하였다. 그 다음에는 그녀가 들은 것을 모방하는 흉내 내기의 단계를 갖는다고 하였다. 마지막으로 자신의 자연스러운 목소리와 배운 것을 혼합한다고 말했다.

프로젝트에는 원칙적으로 자연주의적인 맥락과 이미지 구성의 양식적인 맥락 속에서만 작업하는, 이 두 가지 예술 형식이 있다. 후자에 진지하게 접근하기 위해서 연기자는 전통적으로 인물의 페르소나에 근거할 필요가 있다. 그리고 내 생각에는, 그럴 때에만 마멧의 개념도 실현될 수 있다.

3. 집중적인 창조 과정에서 무엇이 심리학적 성장을 가져오는가?

불운하게도 많은 연극 기관들이 배우의 개인적 과정에 대해 고려하는 것을 피하고 있다. 그것이 아주 이상하게 보일 수도 있고, 그들의 관심이 아닐 수도 있다. 결과적으로 이러한 태도는 심리적으로 날것의 느낌과 내적인 갈등을 낳을 수 있다.

프로젝트에서 이 작업 영역은 핵심적이다. 우리는 참여자들이 각자 선택한 방식으로 통합하는 것을 다룰 수 있도록 게슈탈트 연습을 사용한다. 이 게슈탈트 형식은 참여자에게 프로젝트의 마지막에 자신만의 통과의례를 창조할 수 있는 참조점을 제공한다. 이러한 작업 속에서 참여자는 자기-수양에 대한 책임감을 갖게 된다.

예술적인 창조는, 앙상블 속에서 긍정적이건 부정적이건 간에, 관계에서 오는 감정을 경험하도록 촉발시킨다. 또다시, 연극 공동체는 이러한 강렬한 집단 내의 역동을 때때로 피한다. 나는 그것이 두려움에서 기인한 것이라고 생각한다. 강렬한 집단 역동을 담아낼 방법을 알지 못하고, 그러한 고역에서 놀라운 예술적 성취가 빚어질 수 있다는 신화를 믿는 것이다. 그러나 그것은 배우의 주관적인 현실이며, 연극적 목표는 '객관적인' 프로덕션에 초점을 유지하는 것이다.

워크숍 B의 참여자는 이러한 집단 역동을 탐험하는 프로젝트를 통하여 만난다. 서로를 직면하고, 때로 애매한 집단의 삶을 명쾌하게 소통하는 것은 개인과 집단 과정을 생산적으로 만든다. 뿐만 아니라 내가 찾은, 앙상블을 예술적으로 만들어 가는 가장 효과적인 방식이다.

4. 동서양의 어떤 구조가 개인 혹은 집단 작업에 건설적이거나 해로운가?

패스파인더의 관점에서, 배우는 공연 속에서 끊임없이 깨어 있을 필요가 있다. 이러한 소양을 획득하기 위해, 직관의 내용을 표현하는 기술을 훈련할 필요가 있다. 이 고요하고 차분한 기질 — 집중을 훈련함으로써 명료함에 도달할 수 있는 능력과 정신적 체력 — 을 얻기 위해서는 강렬한 감정적 경험을 수용하고 그에 연극적으로 반응하는 것이 요구된다.

우리는 브룩 센터, 그로토프스키의 실험 극장, 로스(1989) 그리고 르빌롯과 펠덴크라이스의 작업(1977)에 바탕을 둔 전통적인 서구 연극의 훈련 방식을 도입했다. 이에 더하여 우리는 태극권과 같은 동양적 명상의 확실한 형식을 포함하였고, 구르지예프(Ospensky 1950)의 작업과 함께 연계하여 훈련을 하였다.

5. 리더 혹은 연출의 적절한 역할은 무엇인가? 그리고 그 역할들은 프로젝트의 목적과 양립할 수 있는가?

이 작업에서 우리는 연출가, 감독관, 안내자, 설계자보다는 그 역할의 독특함 때문에 프로듀서의 개념을 다시 찾게 되었다.

무엇보다 프로듀서의 근본적인 역할은 참여자가 안전함 — 프로듀서의 존재, 환경, 앙상블 — 을 통해 영감을 얻어 새로운 업적을 일구어 내도록 안전한 환경을 만들어 주는 것이다. 20세기 중반에는 그로토프스키, 브룩 그리고 다른 연출가들의 영향 때문에, 연출가의 연극이 유행하게 되었다. 이것은 종종 독재적인 연출가와 억압적인 작업 문화를 포함하였다(연극 훈련에도 역시 영향을 끼친 관점). 이 시기에 이러한 접근은 독창적인 작업을 가능케 하는 환경을 창조하는 방식으로 여겨졌다. 그러나 다양한 심리학 연구들(Arieti 1976; Hillman 1977; Jung 1971; Maslow 1973; May 1975; Redfield

Jamison 1993; Rogers 1976)을 참조할 때, 그 결과는 정반대라 할 수 있다. 숙련된 집단 리더인 폴 르빌롯에 따르면,

> 초기에 나는 사람들이 문제를 해결하도록 돕는 데 내가 많은 것을 해야 한다고 생각했다. 이제 내가 해야 할 것은 — 그들 자신의 제의를 창조하고 경축함으로써 — 그들이 문제를 해결하고 자신의 존재의 깊이를 발견할 수 있도록 사람들을 자극하는 환경, 즉 안전함을 제공하는 것뿐임을 알게 되었다. 기회가 주어진다면, 원하는 모든 사람들은 그들 자신을 치유할 수 있다. (Rebillot 1986, p. 8)

특히 일반인과 작업할 때, 나는 르빌롯의 관점을 따른다. 사람들은 안전할 때 비로소 위험을 감수할 수 있다. 창조적인 과정을 위태롭게 하는 주제가 떠오르더라도 안전하고 서로를 존중하는 집단은 그것을 다룰 수 있다(프로듀서 역시 집단의 구성원이자 이 과정의 완전한 참여자이다).

예술적인 과제 속에서 프로듀서는 워크숍의 구조를 만든다. 그러나 배역을 정해 주거나 역할에 대한 해석을 하지 않는다. 공적인 오프닝에서 프로듀서는 '연기자'에게 그들의 작업을 담아내고 극적인 형식을 통해 그것을 '보는 사람'들에게 전할 수 있는 대본을 제공한다. 우리는 앞에서 이미 프로듀서가 연출가적인 역할을 할 필요가 있음을 설명했다. 그리고 이 역할을 취하지 않고서는 연기자들이 심리적인 혼돈에 빠질 수 있다.

자기-수양의 과정에서 프로듀서가 안전, 위험, 감정 표현 그리고 성찰적 수용을 고취하는 구조를 확립하는 것은 매우 중요하다. 이러한 과정에서 프로듀서의 역할은 연극치료사의 그것과 부분적으로 유사하다. 프로듀서는 작업의 해석자가 아니며, 참여자의 경험을 재구성하기 위한 전략을 제공해 주는 사람도 아니다. 오직 참여자에 의해 만들어지는 작업을 촉진할 뿐이다. 프로듀서는 게슈탈트 형식, 초연극 경험을 제공하여 참여자가 창

조적으로 작업을 수행함으로써 심리적 탐험에서 감정 표현과 인지적 명료함에 대한 욕구를 충족시키도록 한다.

6. 예술 작업과 관련된 관습적인 행동 규약과 치료적 경계를 어떻게 양립시킬 것인가?

심리 치료와 예술 치료 분야에서는 지켜야 할 의무적인 경계가 있다. 이것은 법적 구속력이 있다. 공식적인 기록을 삭제하는 것은 어떤 행위라도 처벌받을 수 있다.

이러한 경계들은 무엇인가? 그것은 치료사로부터 참여자를 그리고 참여자로부터 치료사를 보호하기 위한 형식적인 규약이다. 치료적인 관계 속에서 치료사와 참여자는 서로에 대한 감정을 갖게 된다. 이것은 다른 사람에 대한 감정의 무의식적인 전이나 투사일 수 있다. 치료적인 계약에서 이러한 투사, 원시적이고 강렬한 충동은 때때로 필요한 환경이다. 그것은 다른 감정들과 함께 치료 과정에서 지속되며, 참여자와 치료사 사이에서 명백하게 행위화 되지 않는다.

연극에서는 공식적인 행동 규약이 없으며, 배우가 서로 연락하거나 '연출가와 자는 것'과 같은 일은 흔한 일일 수도 있다! 비록 같은 역동이나 약점이 창조 행위 속에서 표현될 수 있다 할지라도, 그것은 직업적인 문제가 아니라 개인적인 도덕성과 관련된 것이다. 배우가 표현할 수 있는 복잡한 심리적 과정의 세부 사항은 이 장에서 다룰 수 있는 것이 아니다. 게다가, 배우와 연출가(또는 사업가) 사이에는 비슷한 역학이 존재한다. 그러나 앞서 이야기한 연극의 세계에서는 이것을 연극 프로덕션의 객관적인 목적과는 무관한 주관적인 책임으로 여긴다.

패스파인더 연극 프로젝트에서 우리는 이것을 매우 심각하게 받아들였다. 다음은 참여자의 서명을 받은 합의문의 일부이다.

> 프로젝트가 진행되는 동안에 참여자와 스태프는, 프로젝트 시작 전부터 이미 커플이었던 경우가 아닌 한, 집단의 다른 구성원과 절대로 성적인 관계를 맺어서는 안 된다.

이러한 결정은 친밀한 관계를 보호하며, 스태프에 의한 개인적인 폭로를 막는다. 치료적인 배경에서 온 참여자들은 이로 인해 종종 당황하곤 한다. 이것을 완화하기 위해서 프로젝트를 시작할 때 토론을 통해 경계를 명확하게 할 필요가 있다. 참여자는 그 과정에서 계약 내용을 숙지하고, 연극 작업의 참여 여부를 확실하게 결정할 수 있다.

7. 패스파인더 연극 프로젝트란? 제의 연극, 액츄얼, 초연극, 삶 예술 과정, 응용 연극, 연극치료 또는 연극?

패스파인더 연극 프로젝트를 어떻게 정의해야 하는지에 대한 질문이 있다. 미적인 비평 속에서 전통주의자들은 연극이라는 용어를 오직 보여 주고 모방하는 연기에 한정된 것으로 논의하고 있다. 참여, 과정, 변형된 양식은 연극의 전통적인 개념 바깥에 놓여 있다. 그러나 이것은 다양한 범위의 실험적 연극을 창조한 20세기 후반의 많은 연극인들을 만들어 냈다.

그렇다면 상호 관계적이고 표현적인 요소를 가진 패스파인더 연극 프로젝트는 어디에 놓여야 하는가? 이를 확인하기 위해 워크숍과 오프닝, 이 두 가지 관점에서 프로젝트를 조사하는 것이 도움이 될 것이다.

일반적으로 기술의 발전에 초점을 맞추는 워크숍에는 연기, 명상, 리허설, 게슈탈트, 또는 집단 역동 과정이 있다. 이 모든 기술과 구조는 워크숍의 전통적인 개념에 의한 것이다. 특히, 마지막 워크숍에서 제의를 사용한다. 이같이 하는 것으로 제의 연극이 되는가? 나는 워크숍에서 다른 연극적 요소와 함께 하나의 형식으로서 제의를 사용하는 경우를 말하고자 한다.

오프닝에서는 질적으로 완전히 다른 경험이 있다. 그것은 연극 행위로서의 예술적인 시도를 공유하는 것과 관계가 있다. 이것의 구조는 몇 개의 단계로 이루어져 있다.

1. 비공식적 모임; 참여자는 관객을 만나고 다과를 제공한다.
2. 관객을 연극의 공간으로 이끈다.
3. 행렬(배우와 관객)은 이미지의 공간으로 안내된다.
4. 행렬은 제의의 공간에서 그들이 목격한 바에 대한 그들 자신의 관계를 탐험한다.
5. 행렬은 시작 단계로 돌아가서, 공식적이거나 비공식적인 나눔을 주고받는다.

질문은 여전히 남아 있다. 이 작업을 어떻게 분류하는가? 오프닝의 목적을 검토하는 것은 어떤 실마리를 가져다줄 것이다. 목적에는 어떤 것들이 있는가? '프로젝트의 예술적인 맥락에 어울리는 절정을 참여자에게 경험시키는 것, 그들의 자기-수양 과정에 기여할 고양된 행동을 창조하는 것, 관객들이 보편적으로 접근할 수 있는 연극 만들기, 제한된 환경에서 진행되는 프로젝트의 여러 부분들을 관객이 볼 수 있게 하는 것, 마지막으로 관객과 프로젝트 토론하기' 등이 있다. 이것들은 모두 중요하고, 우위를 가릴 수 없다.

조심스럽게 선택된 용어인 오프닝에서, 초점은 리처드 셰크너가 그의 유명한 **퍼포먼스 이론**에서 변형이라고 칭한 것이 아니라 공유와 받아들임 — 제의에 속하는 — 에 있다. 제의에서, 참여자는 전형적으로 신학적, 신화적, 또는 원형적 형상에 연관되어 있다. 인물을 연기하면서 관객과 소통하는 것에 초점이 맞추어질 때, 어떤 움직임이 시작된다. 의도는 더 이상 참여자의 교화에 있지 않다. 그러나 이제, 배우로서, 관객에게 영향력 있는 행동을 전하는 메신저의 역할을 갖게 된다. 비록 공유 과정을 통해서 참여자가 어느 정도 자기-수양의 목적에 영향을 받게 된다 하더라도 말이다.

오프닝 동안에 게스트 역시 축제에 참여자로 초대된다. 그것은 그들의 역할을 수동적인 것에서 참여적인 것으로 바꾼다. 그러나 우리는 터너가 명확히 말한, **'축제는 드러내고, 제의는 변형한다'**(1982, p. 80)는 것에 주의를 기울일 필요가 있다. 그러므로 오프닝에서 관객은 제의에 참여하지 않는다. 셰크너(1977)는 제의 연극의 개념을 거부한다. 그에게는 모든 참여자가 변형의 효험에 집중하는 제의 참여적인 이벤트와 참여자가 오락의 규칙에 따르는 연극만이 존재한다. 후자에는 가벼운 연극, 진지한 연극, 아방가르드 연극이 모두 포함된다.

이에 대한 가능한 해법은 아마도 오프닝에서 참여자와 관객의 의도에 있을 것이다. 참여자의 목적은 해당 연극 양식에 예술적 성취를 공유하는 것이다. 초대에 응한 관객의 목적은 볼 수 있고 상호작용할 수 있는 연극 이벤트에 참여하는 것이다. 그러므로 오프닝은 제식을 통합하는 연극 기법을 지니고 있다는 점에서 연극으로 분류된다. (고도로 정제된 노 형식과 유사하지만 또 다른 방식으로서) 그것은 세련되고 정교한 연극 이벤트로 준비된 작업이다.

제의 연극이 만약에 셰크너의 '액츄얼'의 개념으로 분류될 수 없다면? 이것['액츄얼']은 블루 마운틴 대학(1933-1957)에서의 혁신적인 작업에서 비롯된 특별한 예술적 이벤트에 붙여진 이름이다. 케이지, 커닝햄, 카프로, 커비, 로젠버그, 올젠 등과 같은 예술가들은, 창조의 과정에서 지금 여기를 개척하는 작업을 생산하였다 — 카프로의 『집합, 환경, 그리고 해프닝』을 참고할 수 있다(1966). 이러한 창조는 그리니치빌리지의 예술가들에게, 그중에서도 특별히 벡과 말리나의 '리빙 시어터,' 차이킨의 '오픈 시어터,' 핼프린의 '삶/예술 과정'으로의 발전 과정, 그리고 셰크너의 '퍼포먼스 그룹'에 영향을 끼쳤다.

셰크너가 정의한 액츄얼의 핵심적인 구조에 따르면,

> 액츄얼은 다섯 가지 기본적인 요소를 가지고 있고, 각각은 우리 자신과 부족민들의 액츄얼에서 찾을 수 있다. 1) 과정, 그리고 지금 여기에서 일어나는 무엇, 2) 결과적으로, 돌이킬 수 없고, 변경할 수 없는 행동, 대화, 상황, 3) 경연, 연기자 혹은 관객에게 좌우되는 무엇, 4) 입문의식, 참여자의 지위 변화, 5) 구체적이고 유기적으로 사용되는 공간. (1977, p. 51)

프로젝트의 내용과 유사한 셰크너의 '액츄얼' 작업은 대중 앞에서 만들어진다. 반면에 패스파인더 프로젝트에서는 스튜디오의 개인적 공간에서 예술적 창조가 이루어진다. 공적인 영역에 속하는 것은 아주 적은 비율이고, 이때 연극이 준비된다. 그러므로 액츄얼이라는 용어는 적합하지 않다.

이것은 그로토프스키의 '초-연극'도, 70년대에 실험 연극에서 진화된 후기 연극 작업의 경우도 마찬가지이다. '액츄얼'과 유사한 초연극은 연극 행위를 사용하여 지금-여기의 창조적인 행동에 초점을 맞춘 작업으로, 고립된 지점에서 유기적 즉흥의 순간에 생기를 불어넣기도 한다. 이 작업의 목표는 만남의 특별한 형식을 환기시키는 것을 향해 있다.

> 초연극은, 문자 그대로, 연극과 나란히 있는 것, 연극의 경계에 있는 것, 또는 그것의 경계를 확대하는 것을 의미한다. … 그로토프스키는… 창조적인 과정에서 참여자가 어떻게 직접적으로 관여하는가의 문제와 씨름하였다. 그것은 각자의 에너지의 흐름을 어떻게 표현할 것인지 그리고 더 진짜인 즉흥에 어떻게 도달할 것인지에 관한 것이다. 이를 위해서는 사회적인 가면, 개인적인 클리셰와 대치할 무장해제의 기간이 있어야만 한다. 그리고 상처받기 쉬운 상태를 드러내어 두려움과 불신을 걷어 낼 시간도 있어야 한다. 이 시기는 간단한, 인간적 표현의 만남 뒤에 온다. (Slowiak and Cuesta 2007, pp. 33-34)

초연극과 패스파인더 프로젝트 사이의 근본적인 차이점은 목적에 있다. 초연극은 작업의 행동 — 만남 — 을 풍성하게 하는 것을 주된 목적으로 삼는다. 패스파인더 프로젝트의 목적은 참여자의 창조성이 삶 속에 확장되어 가는 것에 있다. 프로젝트에서 초연극이 자연스럽게 증가하는 것은 중요한 결과로 드러난다. (시골에서의 평온함 가운데 북치는 원으로 매일을 열고 닫는 의식. 다트무어 황야에서 감각적인 경험을 하며 걷기.) 그러나 그들의 전개는 자기-수양 과정을 강화한다.

애너 핼프린의 샌프란시스코 댄서 워크숍(1955-1977)과 타말파 인스티튜트(1989년 창립)에서의 작업은 다양한 환경에서의 표현적인 춤을 창조해 냈다. 그것은 그러한 액츄얼과 게슈탈트 치료와 같은 블랙 마운틴의 개념을 통합하여 전문가들의 작업으로부터 '삶/예술 과정'이라 불리는 일반인들과의 작업으로의 이동 과정을 천천히 보여 주었다.

> 삶/예술 과정은 타말파 인스티튜트의 공연 작업과 훈련, 워크숍의 중심에 놓여 있다. 그것은 삶의 표현과 예술적인 표현 사이의 잠재적인 변형적 관계와 복잡성을 연구하는 것에서 발달하였다. (Worth and Poyner 2007, p. 35)

핼프린의 작업은 우리 연구의 중추에 있으나 분명히 다르다. 그녀는 외현적 구조 속에서 참여자의 개인적인 소재를 다룬다. 이 소재는 그녀의 유명한 RSVP(자원, 득점, 가치, 그리고 공연) 사이클을 포함하는, 집단 창작 작품을 만드는 핵심 요소가 된다. 핼프린은 그것을 공적인 제의라고 불렀다. 그것을 이벤트 워크숍과 공적인 제의라고 부름으로써, 그것이 속한 연극적 장르가 무엇인지에 관한 질문을 피했다.

이러한 연극적인 혁신을 감안하여 학계에서는 이 새로운 분야를 응용드라마라 부르고 있다.

> 이 작업은 관습적인 연극 공간에서 일어날 필요가 없다… 서사와 응용 드라마는 치료적인 매체가 될 수 있다. 극적 맥락 속에서 서사, 그리고 현실의 이야기나 꾸며낸 이야기를 공유된 경험을 검토하는 도구로 사용하는 것이다. 이것은 참여자가 의지를 갖기를, 진실하기를, 그리고 정직하기를 요구하며 감정을 자극하여 반응을 이끌어 내고 때로 변화를 독려한다. (『응용 드라마』 2011)

나는 이러한 용어로 프로젝트를 정의하기를 꺼려 왔다. 그것은 응용 드라마가 교육적이거나 사회적인 영역을 주로 하여 심리적인 변화와는 크게 관련이 없는 것으로 생각되었기 때문이다. 패스파인더 스튜디오 프로젝트의 취지는 연극 형식이 자아 재교육의 도구임을 표방한다. 그것은 심리학적인 또는 인류학적인 형식의 변화라기보다 교육적인 것이다. 이러한 인식은 매우 좁은 것이다. 응용 드라마와 연극은 균형 잡힌, 통합적인 자기됨을 탐험한다기보다는 구상적이거나 사회적인 목적과 좀 더 조화된 포괄적인 용어라고 나는 믿는다.

이를 통해 나는 연극치료에 더 가까이 가게 되었다. 하지만 자기-수양을 위한 작업과 치료를 목적으로 하는 작업에는 뚜렷한 차이가 있다. 연극치료는 참여자가 정신병리학적인 문제를 극복하고 증상을 통제하는 데 초점을 맞추고 있다. 자기-수양은 개인이 열망하는 것을 성취할 수 있는 아주 강한 자아를 요구한다. 그러므로 프로젝트는 치료와 다른 차원에서 진행되며 연극치료라고 간주할 수 없다.

패스파인더 연극 프로젝트는 정의하기가 어렵다. 내 관점으로는 이름이 제한적이고, 학문적으로 어떤 하위분류에도 속하기 어렵다고 생각된다. 자기-수양을 촉진하는 연극 형식을 위해 이 연구를 시작하면서, 우리는 기존의 연극의 전통과 새로운 것들, 그리고 앞으로 등장할 형식들을 탐험하였다. 이것은 아마도 전통주의자들을 위협할 것이다. 그러나 연극이 새로운 경계를 탐험하는 장이 될 수 없는가? 나는 제의라는 용어가 일반적으로 특정한 목적을 의미할 수 있다고 믿는다. 그리고 개인의 자기-수양에 영감을 주도록 하는 연극적 제의를 하나의 프로젝트로 만드는 것이 가능하다고 믿는다.

결론

이 장에서 나는 최근의 세부 규정을 논하기 이전에 패스파인더 연극 프로젝트의 목적과 영감을 주는 것들에 대한 개요를 설명하는 데서 시작하였다. 그리고 작업 과정에서 제기된 7가지 특별한 질문과 그에 대한 대답을 다루었다. 그러나 여기에 제시된 답은 잠정적이며, 작업이 더 진행되면서 바뀔 수 있다.

글을 마치면서, 나는 이 프로젝트가 활성화되어 가는 시기에 함께 작업을 했으며 현재 프로젝트 구성원이 된 두 명의 참여자의 증언을 인용하고자 한다.

애니 토쉬의 첫 번째 리포트.

> 나는 2005년 살로메와 함께 시작된 연구의 최근 단계 이후로 패스파인더 프로젝트에 참여해 왔다. 나는 배우 훈련을 받으면서 프로젝트에 처음부터 빠져들었다. 나는 배우라는 나의 꿈을 위해 심리치료사/연극치료사 일을 내려놓았고, 재훈련 과정에서 내가 어디에 고착되어 있는지 발견하게 되었다. 나 자신으로서 그리고 특별히 배우로서, 나는 변화하기 위해 필사적으로 노력했다. 첫째는 매우 도전적이었고, 종국에는 큰 보상이 있었다. 그리고 배우로서 나의 진정한 발전이 시작되었다. 그해가 끝날 무렵, 나는 외쳤다. 이 작업은 나를 위한 것이었어!

그해에는 모든 의문이 다 풀리지는 않았지만, 큰 비약 없이 차츰 진전을 보였다. 오프닝은 매우 다양한 반응을 이끌어 냈으나 궁극적으로 연극 작품이 되지는 못했다.

우리는 그때까지도 프로젝트를 마치고 그 작업을 우리의 실제 삶으로 가져올 적절한 방식을 찾지 못했다. 그것은 흥미로운 체험이었다. 무엇이 효과적이고 어떤 발전이 필요한가를 규명하는 것과 그리고 여러 프로젝트를 경험하는 것은 나에게 중요했다. 여러 해 동안, 우리는 배우들에게 모험을 충분히 감수할 만큼 안전한 공간을 제공하고 관객들이 작업에 들어오는 것을 허용하는 오프닝 구조를 구축하였다. 또한 제의 속에서 엔딩 구조도 찾아냈다. 그것은 작업을 반영하면서 동시에 프로젝트로부터 우리가 현실적으로 무엇을 어떻게 가져올 수 있는지를 표현하게 만들어 주었다.

오프닝은 작업에서 신뢰를 배우게 해 주었다. 과정 가운데 중요한 것은 나 자신 그리고 다른 사람들과 함께 작업하는 것이었다. 초점은 누군가가 어떻게 마음을 열고 작업을 공유하는지에 달려 있었다. 그것을 실험하기에 이 작업은 매우 유용했고, 배우로서 나의 성장에 열쇠가 되었다.

과정의 마지막에 제의는 작업의 기반을 다지며 내가 나 자신에게 헌신할 수 있도록 만들었다. 그것은 그때까지 진행된 작업을 기념하는 것이었으며, 장차 일어날 작업에 대한 약속이 되는 것이었다. 다시 말하면, 이것이 나에게 핵심이었다.

다른 흥미로운 부분은 장점 훈련 또는 인물의 그림자 작업과 같은 적극적 시각화를 포함하는 것이었다. 이것들과 그리고 다른 비슷한 훈련들은 인물을 통하여 그와 같은 것들을 구성함으로써 안전함을 주었고, 이는 나에게 깊이 있는 자아 작업을 허용하는 상상과 신체 작업을 가능케 하였다. 목소리를 찾아내고 기초를 다지고 표현하는 '노래하기' 훈련 역시 심오하며 동시에 삶을 고양시키는 것이었다. 반면에 게슈탈트 작업에서 시간과 공간의 가치는 묘사하기 힘들다.

이 모든 작업방식은 대본에서 거주하는 동안 일상적인 삶의 밖에 있는 공간을 창조한 덕분에 완전한 표현이 가능해졌다. 내가 언제나 놀라워했던 것은 그렇게 짧은 시간 동안 그들이 그것을 해낸다는 것, 다른 작업들이 리허설 작업이 깊어지게 도와준다는 것, 그리고 아주 짧게 리허설을 함에도 진실하고 훌륭한 결과가 나타난다는 것이었다. 프로젝트는 기대했던/기대하지 못했던 방식으로 내가 배우로서 그리고 한 사람으로서 발전하도록 만들었다. 그것은 내가 절대로 잊지 못할 여정이었고, 나는 그것이 앞으로 지속되기를 바란다.

존 바우텔의 두 번째 리포트.

내가 패스파인더 프로젝트를 처음 경험한 것은 여름이었고, 연극치료사 훈련 과정의 중반에 이르렀을 때였다. 나는 이미 책을 통해 스티브의 작업에 익숙했다. 처음에는 상상의 풍경보다는 작은 방 바깥으로 나가 자연에서 하는 작업에 끌렸다. 연극적 배경을 가진 나는 아동 발달과 심리학에 관한 것의 배움이 매우 새로웠다. 그러나 훈련받는 동안 연극이 주는 미학적이고 관계적인 요구와 보상이 아쉬웠다.

그러나 나는 하나의 역할(연극 전문가)에서 다른 역할(연극치료사)로 가치를 이동하는 여정의 중간에 나를 개인적으로 충족시키는 무언가를 찾았다.

때때로 나는 내가 소화하지 못할 만큼 많은 것들을 받아들이는 것이 아닐까 의문스러웠다. 이 첫 번째 경험은 엄청나게 도전적이었지만, 개인적으로는 풍성해졌다. 나는 그동안 내가 거부해 왔지만 양육되고 통합될 필요가 있었던 자신의 모습을 나 자신과 내가 신뢰하게 된 다른 참여자들에게 보여 주고 접촉할 수 있었다. 다음 프로젝트에서 나는 몇 년 동안 자기-표현과 자신감을 제한한, 아주 오랫동안 억압된 분노를 표출할 수 있었다. 다른 사람들과 그리고 우리 자신과의 일상적인 많은 만남이 피상적으로 느껴졌다. 패스파인더 프로젝트에는 서로가 진실로 함께 하는 모든 걱정, 기쁨, 성취감을 통해 자기 자신과 서로를 만나는 기회와 헌신의 시간이 있다.

나에게는 작업의 개인 과정을 마무리하는 것으로서 제의가 필요했다. 오프닝 구조의 인물 작업의 일환으로 진행되는 변형의 개괄적인 공연을 통해 힘을 얻을 수 있었다. 지금까지 세 개의 프로젝트에 참여하면서 나는 스티브와 그의 동료들이 작업에서 활용된 구조를 다듬어 온 연구 과정의 진가를 이해하게 되었다. 스티브는 그가 성취한 것에 연연해하지 않는다. '이것이다' 싶을 때 바로 바꾸거나 다른 것을 시작한다.

이 장에서 묘사된 패스파인더 연극 프로젝트는 패스파인더 스튜디오의 현재에 관해 말하고 있다. 그것은 여전히 진행 중에 있으며, 미래의 프로젝트는 일반인들의 자기-수양을 위한 연극-만들기[2]의 과정으로 계속해서 진화할 것이다.

참고 문헌

Applied Drama (2011) Wikipedia, the free encyclopaedia. Available at http://en.wikipedia.org/wiki/Applied-drama, accessed 28 August 2011.

Arieti, S. (1976) *Creativity: The Magic Synthesis*. New York: Basic Books, Inc.

Blanchett, C. (2003) 'Inside the Actors' Studio.' Interview by James Lipton, season 10, episode 138, produced and directed by Jeff Wurtz for Bravo Cable Television.

Brook, P. (1968) *The Empty Space*. Worcester and London: Trinity Press, Macgibbon & Kee.

Brook, P. (1993) *There Are No Secrets*. London: Methuen.

Clarkson, P. (1993) *On Psychotherapy*. London: Whurr Publications.

Flavell, J.H. (1963) *The Developmental Psychology of Jean Piaget*. New York: Van

2. 더 자세한 사항은 www.pathfinderstudio.co.uk에서 알아볼 수 있다.

Nostrand Reinhold Company.

Feldenkrais, M. (1977) *Awareness through Movement*. New York: HarperCollins.

Grotowski, J. (1981) 'Meeting with Grotowski.' Talk at Cardiff Lab, Chapter Arts Centre, Cardiff.

Hillman, J. (1977) *Re-Visioning Psychology*. New York: HarperCollins Publishers.

Jung, C. (1971) 'Awareness and Creative Living.' In A. Jacobi (ed.) *C.G. Jung: Psychological Reflections: A New Anthology of his Writings 1905-1961*. London: Routledge and Kegan Paul.

Kaprow, A. (1966) *Assemblages, Environments, and Happenings*. New York: Abrrams.

Mamet, D. (1997) *True and False*. London: Faber and Faber Limited.

Maslow, A. (1973) *The Farther Reaches of Human Nature*. London: Pelican Books.

May, R. (1975) *The Courage to Create*. New York: W.W. Norton and Company, Inc.

Meldrum, B. (1993) 'A theatrical model of dramatherapy.' *Journal of the British Association for Dramatherapists* 14, 2, 10-13.

Mitchell, S. (1992) 'Therapeutic Theatre: A Para-Theatrical Model of Dramatherapy.' In S. Jennings (ed.) *Dramatherapy Theory and Practice 2*. London: Routledge.

Mitchell, S. (1996) 'The Ritual of Individual Dramatherapy.' In S. Mitchell (ed.) *Dramatherapy Clinical Studies*. London: Jessica Kingsley Publishers.

Mitchell, S. (1998) 'The Theatre of Self-Expression: Seven approaches to an interactional ritual theatre form for dramatherapists.' *Journal of the British Association for Dramatherapists* 20, 1, 3-11.

Mitchell, S. (1999) 'Reflections on Dramatherapy as Initiation through Ritual Theatre.' In A. Cattanach (ed.) *Process in the Arts Therapies*. London: Jessica Kingsley Publishers.

Mitchell, S. (2003) 'The need to make adaptations to inspirations when working clinically as a dramatherapist or how Paul Rebillot's work gave rise to The Theatre of Self Expression a rirual theatre form of dramatherapy.' *The Prompt, the Magazine of the British Association of Dramatherapists*, Winter, 5-7.

Mitchell, S. (2010) *Dramatherapy as a Ritual Theatre of Self-Expression: A Practitioners' Textbook*, Unpublished manuscript in preparation.

Ospensky, P. (1950) *In Search of the Miraculous*. London: Routledge and Kegan Paul Ltd.

Pacino, A. (2009) 'Inside the Actors' Studio.' DVD of interview by James Lipton, season 12, episode 190, produced and directed by Jeff Wurtz for Bravo Cable Television.

Rebillot, P. (1986) *Newsletter*. San Francisco, CA: Imprime Printed Matter.

Rebillot, P. and Kay, M. (1979) 'A trilogy of transformation.' *Pilgrimage: The Journal of Pastoral Psychotherapy*, 7, 1, 68-70.

Redfield Jamison, K. (1993) *Touched with Fire: Manic-depressive Illness and the Artistic Temperament*. New York: Simon and Schuster.

Ritchie, R. (1987) (ed.) *The Joint Stock Book*. London: Methuen Theatre File.

Rogers, C. (1976) 'Toward a Theory of Creativity.' In A. Rotherberg and C. Hausman (eds) *The Creativity Question*. Durham, NC: Duke University Press.

Roose-Evans, J. (1989) *Experimental Theatre: From Stanislavsky to Peter Brook*. London: Routledge(originally published in 1970 by Studio Vista).

Roth, G. (1989) *Maps to Ecstasy: Teaching of an Urban Shaman*. San Rafael, CA: New World Library.

Schechner, R. (1977) *Performance Theory*. New York and London: Routledge.

Slowiak, J. and Cuesta, J. (2007) *Jerzy Grotowski*. London: Routledge.

Turner, V (1982) *From Ritual to Theatre: The Human Seriousness of Play*. New York: PAJ Publications.

Watts, A. (1973) *Psychotherapy East and West*. Pelican: London.

Worth, L. and Poyner, H. (2007) *Anna Halprin*. London: Routledge.

신화, 가면, 움직임

지역사회에서의 제의 연극

셰일라 루빈, 캐리 토드

신화적인 것을 어떻게 일상에 담아낼 것인가? 신화적인 것을 경험하면, 계속해서 의식에 남아 있을까? 그 영향력은 얼마나 오래 지속될까? 우리의 개인적 삶에서 원형은 어떻게 남아 있는가? 신화와 제의 연극을 통해 무의식의 심층을 탐험할 때 그 변형은 얼마나 지속될 수 있을까? 신화적인 것을 일상의 삶에 통합하는 데 도움이 되는 것은 무엇인가? 가면은 일상생활에서 원형을 담아낼 수 있는 충분히 강력한 도구일까? 가면은 장기적인 전이 대상으로 기능할 수 있는가?

2001년에 우리는 5개월 동안 데메테르와 페르세포네 신화를 움직임과 가면과 제의로 탐험하는 강렬한 신화적 여정에 합류할 사람을 모집하여 작은 집단을 꾸렸다. 그리고 그로부터 10년 뒤에 함께 했던 이들을 다시 만났다. 여전히 그 워크숍을 기억하고 있을까? 당시 만든 가면은 어떤 영향을 주었나? 일상의 삶에 원형을 얼마만큼 통합할 수 있었나? 신화가 남긴 것은 무엇인가?

참여자들을 다시 만났을 때 가장 감동적이었던 것은 한 사람도 예외 없이 워크숍을 잘 기억하고 있었다는 사실이다. 뿐만 아니라 모두가 가면을 벽이나 제단 등 가깝고 눈에 잘 띄는 곳에 놓아두었다. 많은 이들이 원형에 대한 이해를 통해 자기 자신을 훨씬 편안하게 수용하게 되었고, 신화와 제의 덕분에 삶 속에서 원형을 친숙하게 접할 수 있었으며, “페르세포네의 시간” 속에 조화롭게 있는 법을 배웠다.

워크숍은 신화와 가면과 움직임을 활용한 원형의 여정이었다. 당시 셰일라 루빈은 연극치료사로서 작업에 한창 불이 붙은 상태이면서 동시에 대학원을 졸업하고 결혼과 가족치료사 자격증을 받기까지 8년의 과정을 마친 피로함 속에서 재충전을 갈망하고 있었다. 그녀는 학자금 상환을 위해 정신병원에서 주당 15시간씩 연극치료와 심리 치료 집단을 진행했다. 캐리 역시 법원 명령을 받은 청소년과 몇 년간 연극치료를 해 왔다. 작업에 지친 두 사람은 모두 신화적인 것을 통해 힘을 얻고자 했고, 이를 위해 지하세계로 들어갔다가 다시 나올 수 있는 데메테르와 페르세포네 신화를 선택했다.

데메테르와 페르세포네 신화는 다른 어떤 신화보다 우리를 깊은 무의식의 세계로 불러들인다. 데메테르와 페르세포네, 엄마와 딸은 하데스가 페르세포네를 납치하여 지하세계로 끌고 가기 전까지 무구한 축복 속에 산다. 하지만 딸을 잃은 데메테르는 슬퍼하고, 그 슬픔은 이내 격노로 바뀐다. 그녀는 제우스를 찾아가 하데스에게 페르세포네를 돌려주라 명하기를 청한다. 재판에서 제우스는 페르세포네가 지하세계에 있는 동안 아무것도 먹지 않았다면 다시 돌아오게 해 주겠다고 판결을 내린다. 그러나 불운하게도 페르세포네는 석류 씨앗 여섯 개를 먹었고, 그에 제우스는 페르세포네가 여섯 달은 지하세계의 하데스 곁에서 그리고 나머지 여섯 달은 지상에서 어머니와 함께 보내야 한다고 결정한다.

수천 년 동안 전해 내려온 데메테르와 페르세포네의 신화는 사람들을 지하세계로 데려갔다가 돌아오도록 돕는 도구다. 한 해의 계절의 순환을 설명하기도 하고, 두려움과 슬픔과 절망과 분노의 강렬한 감정을 내포한 그 이야기는 폭력과 비극, 치유와 통합의 신화로서 5개월 동안 참여자들의 개인적이고 실존적인 작업을 이끌어 주었다.

타냐 윌킨슨(Tanya Wilkinson)은 여성의 영혼에는 소녀와 어머니와 할머니의 세 부분이 있으며, 그것을 통합해야 한다고 말한다. 이 신화는 열정과 격노의 깊은 감정을 불러일으키며, 원형의 표현을 통해 변형을 이끌어낼 수 있다.

> 페르세포네의 상승과 하강이라는 영원한 순환으로 상징되는 심리적 능력은 다면적이다. 그것은 경계성(liminality)을 위한 개인적이고 자기초월적인 능력이다. 경계성은 글자 그대로 "문지방"을 뜻한다. 이 경우 문지방은 의식과 무의식, 개인적인 것과 자기초월적인 것, "지상세계"와 "지하세계" 사이에 있다. (Wilkinson 1996, p. 45)

워크숍 구조

워크숍은 한 달에 한 번씩 총 5회에 걸쳐 진행되었다. 주말에 모일 때마다 이야기에 나오는 인물의 원형적인 감정에서 끌어낸 주제를 정했다. 신화를 다시 이야기하고, 그 주의 초점을 명명하며, 중립 가면을 만들어 원형 중 하나로 바꾸고, 움직임과 제의와 공연을 통해 감정을 다루었다. 이 창조적 과정을 통해 참여자들은 원형의 위력을 탐험할 수 있었다.

전체 주제의 흐름은 이렇다.

1. 천진함과 배신 — 하데스가 페르세포네를 납치한다.
2. 슬픔 — 데메테르가 잃어버린 딸을 찾아다닌다.
3. 현재에 도전하기 — 데메테르가 페르세포네의 귀환을 요구한다.
4. 균형 찾기 — 신들이 페르세포네를 놓아 줄 것을 협상한다. 페르세포네는 일 년에 6개월만 돌아올 수 있다. 엎질러진 물은 담을 수 없다.

5. 통합 — 신화 전체를 이야기한다. 초대한 관객을 위해 준비한 장면을 보여 준다.

워크숍은 매주 비슷한 구조를 따랐다. 금요일 밤 3시간 동안의 회기에서는 둥글게 둘러앉아 한 달 동안 어떻게 지냈는지에 대해 이야기를 나누고, 촛불 아래서 이야기를 읽고, 해당 주차의 주제를 명명하며, 그와 관련한 감정을 표현하는 움직임 작업을 한 다음 짝과 함께 가면을 만들었다.

토요일에는 종일 워크숍을 했다. 둥글게 둘러앉는 것으로 시작해 유도된 상상, 체현 활동, 중립 가면 등을 활용하여 신화적 공간으로 옮겨 가는 제의를 만들었다. 그 과정을 통해 원형 중 하나가 떠오르도록 했다. 우선 각자가 탐험할 원형을 선택하여 가면을 만들고, 그것을 즉흥적인 움직임과 가면 퍼포먼스로 발전시켰다.

그리고 워크숍 사이에는 가면을 집 안의 벽이나 제단에 걸어 두게 했다. 그것은 원형과 신화와의 연결을 지속하기 위함이었다. 그리고 꿈을 관찰하면서 원형과 함께한 과정에 대해 일지를 쓰도록 했다.

원형과 제의로 작업하기

원형과 개인적으로 만나지 않은 채 신화를 탐험하는 것은 순수하게 학구적인 작업이 될 것이다. 하지만 우리는 참여자들에게서 변화 혹은 치유를 이끌어 내고자 했다. 『늑대와 함께 달리는 여인들: 야생의 여인 원형의 신화와 이야기(*Women Who Run with the Wolves: Myths and Stories of the Wild Woman Archetypes*)』에서, 클라리사 핀콜라 에스테스(Clarissa Pinkola Estes)는 "원형은 우리를 변화시킨다. 만일 변화가 없다면, 그것은 원형과 진정으로 만나지 않았기 때문이다"라고 말한다(Estes 1992, p. 463). 우리는 사람들이 데메테르와 페르세포네의 이야기에 담긴 강렬한 감정을 경험하고, 인물들의 결함 있는 행동과 연결됨으로써 보편적인 인간 경험인 깊은 고통과 심원한 기쁨에 접촉하기를 바랐다.

그러나 그저 강렬한 감정을 느끼는 것만으로는 충분하지 않다. 그 경험을 개인의 심리로 통합하여 치유와 이해 혹은 변형을 창조하려면, 그로부터 반드시 의미를 도출할 수 있어야 한다. 안전하게 담아낼 수 있는 구조 없이 강렬한 슬픔, 절망, 분노의 사건으로 이끈다면, 참여자들은 당황하여 감정에 압도되거나 피해자처럼 느낄 수도 있다. 절망으로 무너지거나 격노에 떠는 상태에서 참여자를 일상으로 내보낸다면 매우 부정적인 결과를 초래할 수 있다. 따라서 우리의 워크숍은 정서를 담아내고 그것을 이해하도록 도울 수 있는 강력한 구조를 제공할 필요가 있었다.

다행스럽게도, 신화와 제의로 작업할 때 담아 주기(containment)는 그 과정에 내재한다. 제의는 일상 현실 밖에서 일어난다. 그것은 의식(意識)이 다소 변화되는 경계상의 공간이다. 참여자들 사이에는 거기서 일어나는 것이 일상 세계에서의 우연한 만남과 다른 것이라는 암묵적인 동의가 있다. 제의의 경계성 내에서, 사람들은 그곳이 아니면 수용되지 않거나 불편을 초래할 수도 있는, 자기 자신에 관한 많은 것을 나눌 수 있다.

우리의 작업에서도 신화가 담아 주는 역할을 했다. 신화는 수세기에 걸쳐 전해 내려온 대본이자 처음, 중간, 끝이 있는 보편적 이야기로서, 참여자의 개인사를 보탤 필요가 없다. 그래서 자기 삶의 이야기가 아님에도 참여자들은 신화의 다양한 장면을 극화하면서 자신의 경험을 이해하고 연민할 수 있었다.

원형은 안전함과 담아 주기에 또 다른 층위를 더했다. 사람들은 자기 것이 아닐 때 오히려 위협적이지 않은 안전함 속에서 깊은 슬픔과 격노 혹은 이기심을 표현할 수 있다. 또 우리는 정서의 전 범주를 경험할 수 있는 능력을 갖고 있음에도 불구하고, 제한된 범주에 갇혀 타성에 빠지곤 한다.

그러나 원형을 체현하면서 우리는 낙인이나 판단에 대한 두려움 없이 자신의 그림자를 표현할 수 있다. 다시 말해, 갈등을 회피하는 사람은 격노한 데메테르를 연기하면서 분노의 힘을 경험할 수 있고, 언제나 선한 얼굴의 박애주의자는 이기적인 하데스를 통해 이기심을 탐험할 수 있으며, 과격한 독립주의자는 무력하게 납치된 페르세포네의 역할을 빌려 무력함을 포용할 수 있다. 이 경험은 자기 인식을 증진하고 정서의 표현 능력을 확장한다. 그리하여 자기를 좀 더 깊이 있고 온전하게 드러낼 수 있게 해 준다. 자신의 모든 측면을 인식하고 그것들이 각자의 목소리를 더 크게 낼수록 무의식적으로 행동하는 경향이 줄고, 보다 근거 있는 선택을 하면서 삶을 더욱 진실하게 살아 낼 수 있다.

마지막으로, 다양한 예술 형식이 감정 작업을 더욱 촉진하였다. 감정을 그림으로 그려 가면에 붙이고 종이에는 글을 적었다. 진정한 움직임(authentic movement)[1]은 시간, 공간, 형상으로 정의되었다. 극화 활동은 명확한 구조를 가지고 역할을 "입고" "벗으면서" 장면을 시작하고 맺었다. 그리고 일 분 독백을 했다. 우리가 사용한 구조는 엄격하지는 않았지만 충분히 강력하고 의도적이었다. 워크숍 내내 담아 주기를 다양하게 제공한 덕분에 참여자들이 심도 있고 의미 있는 작업을 할 수 있었다.

움직임

움직임은 이 워크숍의 강력한 끈이었다. 우리는 처음부터 움직였다. 강렬

1. 진정한 움직임은 1950년대 메리 화이트하우스(Mary Whitehouse)와 조운 초도로우(Joan Chodorow) 등이 융의 적극적 상상 개념을 현대 무용의 즉흥과 통합하여 만든 접근법으로, 몸으로 행하는 자유연상이라고도 할 수 있다. 대개 움직이는 사람은 눈을 감고 주의를 내면에 집중하여 충동에 따라 움직이고, 그것을 최소한 한 명 이상의 목격자가 관찰하는 방식으로 진행되는 단순한 방식의 자기 주도적 움직임이다: 옮긴이.

한 음악에 맞추어 춤을 추었고, 고요함과 열린 자세와 정지를 두루 경험했다. 이야기를 다시 말한 다음, 움직임 웜업을 했다. 참여자들은 바닥에 누워 숨을 쉬면서 셰일라의 안내에 따라 몸에 주의를 기울였다.

각자의 속도에 따라 숨이 들어오고 나가는 것을 느낍니다… 바닥이 지지하는 감각을 느껴 보세요… 몸이 바닥으로 깊이 가라앉습니다… 호흡을 따라가면서 몸에 주의를 기울이세요… 감각과 함께 꽉 조여져 있는 곳과 열린 곳을 알아차려 보세요… 언제 충동이 일어나고 잦아드는지… 처음으로 아주 작게 움직이고 싶은 느낌이 일어나는 순간을 발견하세요… 몸 속 깊은 곳에서 시작된 감각으로부터 아주 천천히 올라옵니다… 그것이 차차 커집니다… 이제 그 움직임을 탐험해 보세요. 깊고 신성한 곳으로부터 나아갑니다… 그리고 천천히 그 움직임이 커지도록 놓아두세요… 내면의 무언가가 당신을 이끌도록 놓아두세요… 바닥을 가로질러 움직이기 시작합니다… 움직임을 탐험하세요… 그리고 마지막에는 잦아들다가 멈춥니다.

움직임 작업을 한 뒤에는 전날 밤에 만든 빈 가면으로 넘어갔다. 중립 가면을 쓰고 둥그렇게 둘러섰다. 가면은 여전히 빈 상태였다. 셰일라는 이렇게 안내했다.

몸에서 자기를 천천히 비우세요. 생각을 내려놓고 고요하게 비어 있는 곳을 찾습니다… 가면을 쓰고 그 중립의, 열린, 무지의 장소로부터 시작하여 공간을 움직여 다닙니다. 한 곳에서 다른 곳으로, 또 다른 곳으로 걸어갑니다.

다시 한 번 "비울 것"을 지시한 다음에는 원형 중 하나가 될 준비를 했다.

온몸의 감각 전부를 발로 내보내세요. 몸이 비어 있는 것을 느끼세요. 잠시 후에 원형 중 하나가 발을 통해 들어오기 시작하면, 몸에서 일어나는 감각과 충동을 잘 느낍니다. 어디가 움직이고 싶어 하나요? 원형의 에너지 중 하나가 들어오게 하세요. 그 에너지와 힘을 느낍니다. 움직입니다. 원형을 체현하면서 공간을 움직여 다니세요.

이 움직임 회기가 끝나면, 집단은 옆방으로 옮겨 준비된 재료를 가지고 캐리의 안내에 따라 움직임에서 얻은 영감을 사용하여 원형이 원하는 바를 가면으로 표현했다.

가면

가면은 원형을 통해 떠오른 감정을 구체화하는 방식이었다. 가면을 만들어 쓰고 연기하는 것은 스토리텔링처럼 고대 제의 형식의 일종이다. 범지구적으로 시대와 무관하게 모든 문화는 이 같은 관습을 지녀왔다. 가면에는 모종의 주술과 변형이 작동한다. 가면을 쓰는 것은 자신을 숨기면서 동시에 드러내는 역설적인 경험이다. 조운 핼리팩스(Joan Halifax)는 "제의에서 가면의 자성(磁性)은 인성 내면의 억압된 양상을 끌어내면서 동시에 자기의 경계를 넘어 초개인적 양상을 끌어들인다"라고 말한다(Briggs 1985, p. 73). 셰일라와 캐리는 버클리에서 바리 롤프(Bari Rolfe)와 함께 가면 작업을 훈련했다. 그녀는 가면의 인성으로 가득 채우기 전에 몸을 비우는 것의 중요성을 강조했다(Rolfe 1977).

주말마다 가면을 만드는 것이 전체 작업의 핵심을 이루었다. 매 워크숍은 참여자 전체가 자신의 얼굴을 본뜬 석고 가면을 만드는 제의로 시작되었다. 둘씩 짝지어 작업한 참여자들은 그 과정이 매우 친밀하고 편안하며 원시적이기도 하다고 했다. 얼굴에서 가면을 벗겨낼 때 다시 태어나는 느

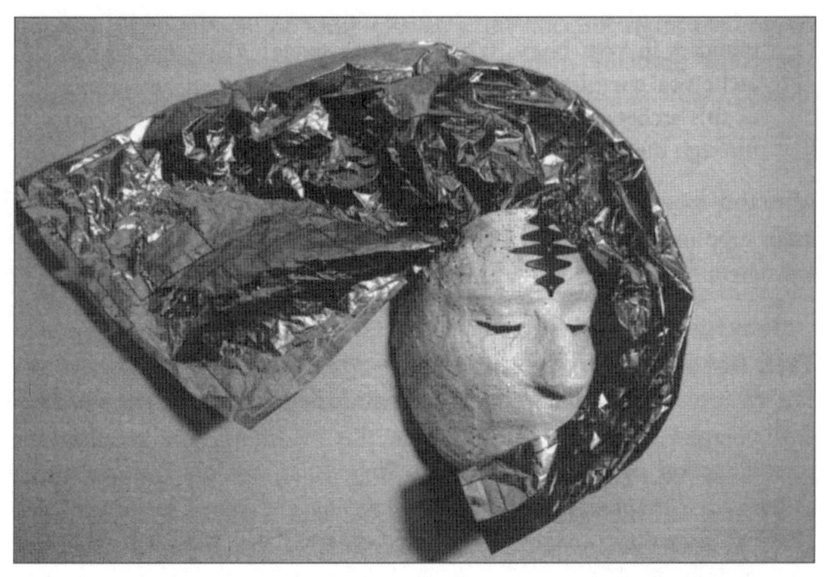

사진 9.1 _ 데메테르의 가면
셰일라 루빈이 만듦. 리아 델슨이 사진 찍음. 딸을 찾아 헤매는 동안 데메테르는 슬픔과 격노에 휩싸여 대지를 황폐하게 버려두었다. 그러다가 중간 세계를 발견한다. 거기서 그녀는 비로소 감정의 깊이를 경험하고 활용하여 페르세포네를 되찾는 데 필요한 일을 할 수 있게 된다.

낌이 들었다는 참여자도 있었다.

하룻밤 지나 토요일에 다시 모였을 때는 가면이 바짝 말라서 색칠과 장식이 가능했다. 가면을 꾸밀 수 있는 풍부한 재료는 그 자체로 고무적이다. 그림붓, 아크릴 물감, 팔레트를 비롯해 다양한 장식물을 준비했다. 단추, 버클, 구슬, 금빛 나뭇잎, 금속 장식물, 반짝이, 여러 가지 천, 나무 조각, 돌, 깃털, 반짝이는 얇은 천, 조개, 크고 작은 나뭇가지, 꽃, 씨앗 등. 참여자들은 그 많은 것들 가운데서 가면이 저절로 만들어졌다고 말하곤 했다.

공연

공연은 워크숍에서 두 가지 용도로 사용되었다. 첫째, 심리적이고 창조적인 과정을 촉진하고 심화시키는 것이다. 관객을 위한 공연은 의식을 고양시키고 "집중된 '존재'의 상태를 활성화한다. 그것은 충만한 현존의 제의다"(McNiff 1992, p. 121). 우리는 세 마디 대사가 있는 장면, 일 분 독백, 천천히 움직이는 조각상, 타블로 스토리텔링 등 정제된 극적 구조를 사용하여 공연에 대한 불안을 줄이고, 하이쿠가 그러하듯 이야기를 그 본질만 남기고 증류하고자 했다. 말 그대로 움직이는 시로서의 공연.

관객 앞에서 역할을 체현하는 것은 배우의 경험을 강화하고 많은 것을 알려 준다. 예를 들어 일련의 짧은 장면을 상연하고 지켜본 뒤에 참여자들은 "하데스의 운명이 그렇게 고통스러울 거라고는 생각조차 못했어요," "아마 페르세포네는 과잉보호하는 엄마 때문에 숨이 막혔을 것 같아요," 혹은 "나는 페르세포네가 자신을 보호하기 위해 마음을 닫아 버리는 걸 느꼈어요"라고 말했다.

공연의 또 다른 쓰임새는 장면을 완결하는 것이다. 매 워크숍은 가면과 연극적 소품을 활용한 공연으로 끝맺었다. 가면이 생명을 얻고, 글에 갇혀 있던 말이 들려지며, 몸을 통해 에너지가 펄떡이는 것을 목격하는 통합 과정은 지극히 강렬했다. 워크숍 시리즈는 최종적으로 관객을 초대하여 신화 전체를 재극화하는 것으로 마무리되었다.

무엇이 흥미로운가?

누군가 깊은 이해에 도달하거나 움직임이나 극적 과정 혹은 원형과의 깊은 연결을 통해 전환을 경험하는 순간은 그야말로 눈을 뗄 수 없었다. 데메테르가 잃어버린 딸을 찾으려 필사적으로 노력하는 대목은 우리에게 상실감, 슬픔, 절망, 두려움, 죄책감, 섹슈얼리티, 정서적 외상 그리고 애도하는 데메테르와 길을 잃은 페르세포네, 하데스와 목격자에 대한 강박을 탐험할 수 있는 기회를 주었다. 우리는 그 장면이 해결되지 않은 날것의 슬픔에 접근할 뿐 아니라 정서적 외상을 겪은 사람들의 고통스런 기억을 촉발함을 알고 있었다. 그래서 참여자들의 개인적 과정을 촉진하면서 동시에 그것을 담아낼 수 있는 구조를 고심했다. 가령 한 지점에서는 애가(哀歌)를 불렀다. 그것은 흐느낌과 울음과 노래의 조합으로 아일랜드와 스코틀랜드의 전통적 관습이다. 둥글게 서서 몸을 흔들며 소리를 내는 단순한 활동이지만 엄청난 힘을 발휘했다. 집단은 전체로서 개인의 감정을 거울처럼 반영하고 확장하였다. 방 안을 울리는 진동은 땅으로부터 존재론적 슬픔을 퍼 올리는 듯했다. 집단은 그 집단적 슬픔 속에서 스스로를 지지했고, 아무도 그 밖으로 나가지 않았다.

또 다른 움직임 회기에서 안젤라는 하데스의 역할을 맡았다. "원하는 바는 무엇이든 할 수 있으며, 나쁜 일은 전혀 일어나지 않는" 원형 하데스는 안젤라가 원하는 이상적 자기상과 정반대였고, 그래서 연기하기를 꺼렸다. 하지만 어쨌든 역할을 맡았고, 처음에는 중립 가면을 쓰고 망설이는 듯 탐험하더니 시간이 지나면서 차츰 하데스를 실감나게 연기하기 시작했다. "움직임의 힘이 놀라워요." 그녀는 자신이 평소의 조용하고 수동적인 태도에서 벗어나 강렬한 힘을 행사한 것에 놀랐다. 우리는 그녀가 자신의 움직임을 가지고 놀 수 있도록 안내했고, 천천히 원형의 움직임을 시도했다가 다시 자신의 것으로 돌아오게 한 다음, 그 경험을 글로 적어 집단과 나누게 했다. 그녀는 놀랍게도 "나는 한 번도 내가 정말로 원하는 것을 요구해 본 적이 없었다"고 썼다. 그리고 하데스로 움직이고 그 가면 작업을 하면서 역할을 확장한 덕분에 직장과 관계에서 전보다 자신을 주장하게 되었다고 말했다.

또 다른 참여자 블랑카는 살면서 자유롭다고 느껴 본 적이 없음을 토로했다. 그녀는 하데스의 원형이 한 달 동안 꿈에 나타났는데, 그러다가 갑자기 꿈이 심란해졌다고 했다. 그래서 우리는 다시 대화하고 싶어질 때까지, 상징적으로 가면을 포장하여 치워 두라고 제안했다. 그것이 가면이 아닌 그녀 자신에게 힘을 부여하고 에너지를 담을 수 있도록 도왔는지, 블랑카는 꿈이 가면 원형의 가르침을 전보다 더 깊이 있게 통합하게 해 주었고, 나중에는 가면의 원형적 에너지를 담아낼 수 있다는 느낌이 든다고 말했다.

마지막 공연

마지막 공연에는 관객을 초대했다. 공연은 참여자들이 가까운 사람들과 신화와 그에 대한 해석을 공유할 수 있는 계기가 되었다. 공연을 마친 뒤에는 가면을 전시하여 관객이 자세히 살펴볼 수 있게 했다. 많은 이들이 공연의 열정적인 힘과 가면에 나타난 창조성과 예술적 기교를 신중하게 감상하였다.

공연은 전체 신화를 일련의 짧은 삽화로 들려주는 방식, 곧 시나 글을 낭독하는 동안 짧은 장면 속에서 가면을 쓴 원형들이 움직이는 구조를 취했다. 움직이는 사람과 말하는 사람은 서로에게 지속적으로 반응하면서 자연스럽게 정지된 순간으로 나아갔다. 그리고 가면을 쓴 사람들이 멈추면 한 개의 장면이 끝나는 것이다. 그렇게 세 장면을 보여 준 뒤에는 잠시 음악을 이용한 휴식을 가지고, 또 다른 세 장면으로 넘어갔다. 이야기는 움직임의 감정과 시어를 통해 천천히 깊이 있게 표현되었다. 그리고 각 참여자는 반드시 세 장면에 참여하도록 했다.

장면은 다음과 같다.

- 페르세포네와 데메테르. 젊음의 천진함과 두 사람의 사랑.
- 늘 그랬듯이 페르세포네는 밖으로 놀러 나간다. 그녀는 알지 못하나 그것이 마지막이다.
- 땅이 열리고, 하데스가 페르세포네를 납치한다.
- "내 딸이 사라졌다." 슬픔, 데메테르, 양치기가 연기한다.
- 발보와 함께 우물곁에 있는 데메테르.
- 진실을 깨닫다.
- 하데스에게 잡혀 있는 페르세포네의 슬픔.
- 죽어 얼어 있는 자와 함께 앉아 있기, 하데스 곁에 있기, 음식을 거부하기.
- 석류 씨앗 — 먹을 것인가 먹지 않을 것인가? 살 것인가 살지 않을 것인가?
- 페르세포네와 데메테르의 만남 — 슬픔을 넘어선 기쁨.
- 페르세포네가 석류에 대해 알다. 당황스러움.
- 레아와의 협상 — 페르세포네는 6개월을 지하세계에서 하데스와 지내고, 나머지 6개월 동안은 땅 위에서 엄마와 지내야 한다. 우리는 이것을 어떻게 받아들이는가? 그녀는 이를 어떻게 받아들이는가? 그는 이를 어떻게 받아들이는가?

이 매혹적인 공연은 단순하고 진심이 어려 있었다. 다른 어떤 현대의 작품 못지않게 오늘의 우리를 말해 주는 3000년 된 옛 이야기를 시적으로 아름답게 되살려냈다.

무엇이 남는가?

그래서 신화적 접근은 무엇을 남겼는가? 가면의 유산은 무엇인가? 제의 공연에서 발생한 마법은 어떻게 "일상의" 삶으로 옮겨졌는가?

참여자들은 가면을 잘 보이는 벽이나 제단 등 가까운 곳에 두었다. 그리고 많은 이들이 원형에 대한 이해를 통해 자기 자신을 훨씬 더 편안하게 받아들일 수 있었다. 워크숍의 제의와 신화는 일상생활 속에서도 원형을 잊지 않고 곁에 두게 해 주었다. 그들은 "페르세포네의 시간" 속에서 균형을 취하는 법을 배웠다. 테레사는 페르세포네와 매년 이어지는 지하세계로의 여정을 상기하기 위해 가면을 제단에 올려두었다고 말했다. 양극성 장애가 있는 그녀는 해마다 어두운 곳으로 떠나야 하는 페르세포네의 이야기가 자신의 기분 변화를 병리적인 증상으로서 뿐만 아니라 신화적 측면에서 이해할 수 있게 도와준다고 했다.

블랑카는 워크숍에서 만든 다섯 개의 가면을 모두 침실 벽에 걸어 두었다가 아기 방을 만들면서 상자에 넣어 지하실에 보관한다고 했다. 그녀는 가면을 바라보면서 새로운 기분과 함께 힘을 받을 수 있는 방법을 찾았다.

블랑카와 사라는 워크숍이 진행될 당시에는 데메테르 원형과 특별한 연관을 형성하지 않았는데, 그 뒤 몇 년이 지나 임신했을 때 데메테르 원형을 불러낼 수 있었다고 했다. 두 사람 모두 워크숍에서 만난 데메테르 원형을 기억함으로써, 엄마라는 새로운 역할을 입으면서 그 변화가 가지는 신성한 신화적 의미와 자기 자신과의 깊은 연결을 간직할 수 있었다. 그리고 그것은 워크숍에서 경험한 원형의 힘 덕분인 것으로 보인다.

블랑카는 워크숍이 커다란 도약대가 되어 페르세포네의 여정에 관한 세 편의 단독 공연을 하고 그것으로 논문을 쓸 수 있었다고 말했다. "이야기를 여러 관점에서 볼 수 있는 게 변형적이었어요." 그리고 워크숍에서 경험한 체현이 그것을 안착시킬 수 있게 도와주었다고 했다.

앤젤라는 낯선 곳으로 이사 갔을 때 워크숍에서 만든 가면이 일종의 전이 대상처럼 불안을 줄여 주었다고 했다. "이사 가는 게 너무 무서웠어요. 그래서 가면을 제단에 올려두고, 볼 때마다 워크숍에서 배운 원형으로부터 보호받는 느낌을 기억했죠. 그렇게 하고 나면 마음이 안정되면서 누군가 지켜 주는 것 같았어요."

테리는 워크숍에 참여하기 전에는 압도되지 않고도 깊은 감정을 경험할 수 있음을 알지 못했다고 했다. 태어나 처음으로 회피하지 않고 깊고 강렬한 감정을 몸으로 느끼고 표현해 본 것이다.

우울증을 앓았던 참여자들은 워크숍에서 여러 원형을 통해 자신의 내면 풍경을 탐험할 수 있었다고 했다. 앰버는 "이제는 어두운 시기에 대한 두려움이 전보다 훨씬 줄었어요. 순환을 이해하게 되었거든요. 여전히 무섭긴 하지만 그 강도가 훨씬 약해졌어요"라고 말했다.

우리는 순전히 예술적인 구조 안에서 작업했기 때문에 참여자들의 개인적인 체험을 일일이 말로 나누지 않았다. 그래서 근년에 인터뷰를 하고 나서야 이야기의 원형과 은유를 통해 낙태, 우울증, 성적 트라우마가 다뤄졌음을 알게 되었다. 경계상의 공간에서 일어난 작업이 시간을 초월하여 참여자들의 현재에도 작동하고 있었다. 데메테르 원형은 엄마가 된 참여자에게 통찰을 주었다. 페르세포네의 하강과 지하세계로의 궁극적 귀환은 고난의 시간을 견디는 사람들에게 통찰과 위로를 전했다. 그리고 아이를 잃은 데메테르의 슬픔은 애도하는 사람들에게 위안과 구조를 제공했다. 우리 두 사람 역시 집단과 함께 원형과 신화를 경험하면서 그리고 공연과 가면 작업의 아름다움으로 인해 변형되었다. 가면은 워크숍에서 그랬듯이, 여전히 가까이에 있다.[2]

---

2. 셰일라 루빈의 작업을 더 자세히 보고 싶다면 www.TheHealingStory.com을 참고할 수 있다. 캐리 토드는 www.therapy4moms.com을 보면 된다.

참고 문헌

Briggs, J. (1985) "The magic of masks." *Science Digest* 93, 11.

Estes, C.P. (1992) *Women Who Run with the Wolves: Myths and Stories of the Wild Woman Archetype*. New York: Brunner/Mazel, Inc.

McNiff, S. (1992) *Art as Medicine*. Boston, Massachusetts: Shambhala Publications, Inc.

Rolfe, B. (1977) *Behind the Mask*. Persona Books.

Wilkinson, T. (1996) *Persephone Returns: Victims, Heroes and the Journey from the Underworld*. Berkeley, CA: Pagemill Press.

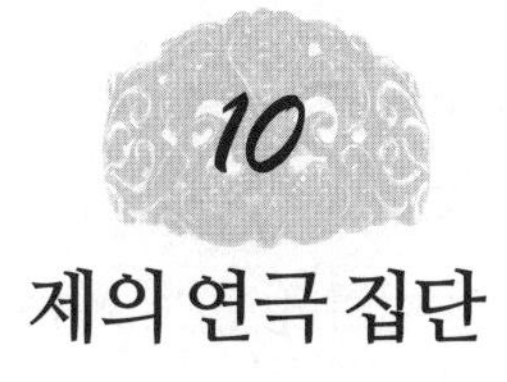

10 제의 연극 집단

클레어 슈레더

시작은 하나의 충격이다. 이것이 신비로운 것들이 비밀로 남은 이유이다. 탄생 역시 하나의 충격이며, 재탄생 또한 하나의 충격이다. 제의가 우리를 변형시킬 때, 우리는 그것을 마치 처음인 것처럼 경험해야만 한다.

캠벨(2007)

제의 연극 집단에서, 나는 심층의 치유와 변화를 가져오는 제의 연극의 잠재력을 온전히 이해하고 확신하는 참여자 안에서 일어나는 변형을 보았다. 나는 그 프로그램을 6년간 운영해 왔고, 지금에 이르러 참여자들에게 그들이 경험했던 다른 어떤 개인적 성장 코스나 치료보다 이 집단이 그들에게 깊은 영향을 주었다는 피드백을 받고 있다. 몇 년이 흐르는 동안 그들은 제의 연극 집단에서 했던 작업 덕분에 생겨난 결실을 누리게 되었다.

그들은 그 집단과, 제의와, 이야기 또는 원형을 절대 잊지 못할 것이라고, 그 집단의 경험이 그들의 마음에 지워지지 않게 각인되어 있다고 이야기했다. 그들이 함께한 시간 동안 만든 연극과 의례와 춤, 웃음소리, 선물들, 쉬는 시간 동안 나누었던 영감을 불러일으키는 대화들, 그리고 다른 집단 구성원으로부터 받은 한결같은 지지 역시 마찬가지로 절대 잊을 수 없는 것이었다. 제의 연극 집단은 구성원들이 주고받는 힘을 진정으로 발견함으로써 관용의 정신을 낳았다. 그들은 다른 집단 구성원들에게 더 나누어 줄수록, 그들이 그들 자신의 성장과 치유에 더 많은 것을 돌려받을 수 있다는 것을 배웠다.

이 과정의 산파로서, 나는 제의 연극의 힘이 성취한 것에 대해 놀라워하며 겸손하게 되었다. 제의 연극은 사람들이 그들의 어두운 면을 안전하게 캐낼 수 있는 공간을 제공하고 그 반대의 측면, 곧 힘과 힘을 갖게 되는 위치로부터 진실로 그들의 삶을 사는 빛나는 새로운 존재가 드러나게 한다.

개관

이 장에서 나는 제의 연극에 대한 개략적인 설명과 함께, 어떻게 이 구조가 감정을 정화시키는 대부분의 치료법들이 가진 부작용 없이, 참여자가 자신의 깊은 트라우마를 떠나서 작업할 수 있는 개인 성장의 시간을 가져다 주었는지를 다룰 것이다. 나는 참여자, 특별히 앨시어 헤이턴의 잃어버린 쌍둥이를 발견하는 여정의 이야기와 경험에 집중하고, 작업의 구조와 사용된 방법론의 개요를 작성할 것이다(나는 이미 5장과 6장에 제의 연극에 기반을 두고 발전시킨 신화-드라마를 위한 이론적인 기초에 대해 다루었다. 이 장들을 먼저 읽기를 권한다).

제의 연극 집단은 6개월 과정으로 시작했다. 그러나 곧 9개월 과정으로 훨씬 더 만족스럽게 자리 잡게 되었다. 그리고 나는 이것이 임신 기간과 유사하다는 것을 알게 되었다. 끝이 열려 있는 주말 워크숍은 표면에 떠오르는 것을 탐험하고, 경험으로 온전히 들어갈 수 있으며, 해결책을 가져오는 시간과 공간을 제공했다. 이것은 참여자에게 제의 연극 과정으로 깊이 뛰어들 수 있고, 어두운 지형을 통과해 여행할 수 있으며, 그들 자신의 치유의 경로를 얻는 기회를 주었다.

극적 거리

제의 연극 집단은 항상 존재하는지는 알고 있지만, 만약에 정말 만난다면 각성되거나 해방될 것을 두려워했기 때문에, 도망쳐 왔던 자기 자신들의 어떠한 부분들을 탐험할 수 있는 안전한 공간을 제공하였다. 지난 몇 년 동안, 나는 치료 과정에서 고통이 매우 커졌다는 참여자들의 이야기를 굉장히 많이 들어왔다. 그들은 치료를 멈춰야만 했다. 왜냐하면 그들은 단지 그와 같은 수준의 고통을 견디는 방법을 알지 못했고, 만약에 그들이 이 과정을 끝까지 해낸다면 그들의 가족과 사랑하는 사람의 지배하에 있는 그들의 삶이 분리될 것이라는 것을 아는 단계와 마주할 수 없었기 때문이었다.

그러나 그들은 제의 연극 집단에서 그들의 고통의 근원을 찾아냈다. 그리고 '극적 거리'(Jennings 1990)의 과정을 통해 오래된 상처와 기억을 건드리는 견디기 힘든 고통을 참지 않아도 되는, 그리고 매일의 삶에서 더 이상 그것들이 기능하지 않는, 다른 방향으로 나올 수 있었다.

극적 거리는 참여자가 그것으로부터 멀리 떨어져 존재함으로써 그들의 고통을 끝내는 것을 가능하게 한다. 그들 자신과 비슷한 고통을 나타내는 인물을 연기함으로써, 참여자는 견디기 힘든 외상의 결과로서 종종 그들이 의식하지 못한 채 그들 안에 가두어 놓은 억압된 화, 슬픔, 비탄 혹은 분노를 표현한다. 그 표현이 일어나는, 그렇지 않았다면 알아차리지 못했을, 그들 자신이 하고 있는 연기에 집중할 때 자주 '해방된 순간'이 생겨난다. 그들은 이야기와 인물('내가 아닌' 존재로서)에 집중하고 있고, 무엇이 다르게 일어나는지 알지 못한다(드라마를 지켜보는 집단 내 모든 사람들처럼,

나는 그것을 볼 수 있다). 그들은 모두 자신들이 인물의 슬픔, 비탄, 화, 분노를 잘 표현한 것이라고 느끼고, 인물의 경험을 대변하는 것에 불과하다고 믿으며, 지켜보는 사람들과 마찬가지의 경험을 했을 뿐이라고 알고 있다. 보통 연극이 끝난 후에야 참여자들은 그들이 실제로 그들 자신의 마음과 이야기에 대해서 작업했다는 것을 알게 된다.

구조

제의 연극 집단은 조셉 캠벨(1993)이 발전시킨 영웅의 여정의 종합적인 패턴을 따라 9단계로 이루어진 주말 워크숍으로 구성되어 있다. 나는 6가지로 구별된 단계를 이동해 가면서 집단의 처음부터 끝까지의 과정을 살펴보겠다.

1. **모험으로의 부름** — 참여자는 변형의 여정에 나서는 자신의 내부의 부름에 응답한다. 이는 대개 집단이 시작하기 전 각 구성원이 집단에 참여하라는 부름을 받는 것으로 시작된다.
2. **문지방 넘기** — 신화적인 모험 속으로 들어간다. 그들의 일상적인 삶의 현실을 넘어 원형과 개인의 무의식이 나타나는 상상의 풍경 속으로 들어가는 첫 번째 주말이다. 이 단계에서는 집단 내에 함께 흥분된 분위기가 생긴다. 그들은 상호 관계를 발견하고, 지나온 역사를 나누고, 자진하여 연극을 만든다. 그 다음에 함께 모험의 문지방으로 넘어간다(진짜 작업이 시작되는 때이다).
3. **시련의 길** — 집단은 경로를 따라 방해물과 조력자를 만난다. 이것은 첫 주말부터 셋째 주말까지 계속된다.
4. **괴물과의 만남** — 집단은 남성과 여성의 원형을 통해 그들 내면의 괴

물/그림자와 직접적인 만남을 갖게 된다. 이것은 4주와 5주차 주말의 과정이다.

5. 결과와 문지방으로 돌아가기 — 집단은 괴물/그림자와의 만남에서 벗어난다. 그리고 그 과정에서 올라온 해결되지 않은 과제와 끝나지 않는 작업을 다룬다. 이것은 그들이 집으로 돌아갈 준비를 하기 위해, 새로운 지향 혹은 삶의 목적을 발견하고 여정으로 가는 데 있어 가장 큰 방해물을 떨쳐내도록 인도한다. 이것은 6주와 7주차 주말의 과정이다.
6. 선물과 함께 귀향하기 — 집단은 집으로 돌아간 뒤 그들이 여정을 시작한 진짜 이유를 발견한다. 이것은 여정에서 주고받은 선물들을 사실로 인정하는 통합의 단계이다.

주제

각 주말은 참여자가 6가지 단계 사이를 순차적으로 적용할 수 있는 여러 신화와 원형에 초점을 맞춘다. 대부분의 참여자는 이미 집단에 들어오기 전에 다른 신화-드라마 워크숍이나 집단에 참여한 적이 있었다. 그들은 과정에 친밀함을 느끼고, 그들 자신의 것으로 깊이 있게 작업할 수 있는 드라마에 충분히 안도감을 느낀다. 나는 두 가지 기본 사이클을 두고 해마다 번갈아 사용한다.

사이클 1	사이클 2
탄생	창조
마법의 아이	잃어버린 아이
추구자	연인

디오니소스	귀신이다!
메두사	칼리 — 창조자이자 파괴자
트릭스터[1]	바보 광대
개인적 제의의 주말	제의 연극의 주말
현자	빛으로 나오기
변형	탈바꿈

이러한 원형적 여정의 구조화와 해석은, 나의 영원한 친구, 캐럴 펄슨의 책 『내 안에 있는 영웅을 깨워라』(1991)에 있는 것이다. 원형에 대한 그녀의 간결한 설명에서 집단 구성원들을 움직인 힘 혹은 움직이기 위해 필요한 힘이 무엇인지를 이해할 수 있게 해 주는 로드맵을 얻었다.

1주차

나는 집단의 주제를 탄생과 창조로 잡고 시작했다. 본질적으로 첫 번째 주말이 바로 집단의 탄생/창조이기 때문이다. 나는 창조와 파괴가 동시에 드러나는, 세계의 창조를 묘사하는 강력한 신화인 아폴로의 탄생 신화, 가이아 신화 혹은 중국의 반고 신화 등으로 작업을 하였다. 창조는 파괴를 낳으며, 반대의 경우도 마찬가지이다(Pearson 1991, pp. 163-176). 첫 주에는 집단이 함께 만들어 내는 것에 긍정적인 초점을 맞춘다. 한 명이 다른 사람과 관계를 맺고, 신뢰를 쌓아 가며, 과정과 서로에 대한 온전한 노력을 만들어 낸다.

각 주말의 마무리는 전체 과정의 경험을 통합하고 초점을 모으는 방식

1. 우리말로 굳이 옮기자면 사기꾼, 꾀보, 도깨비 등 여러 가지가 가능하다. 그러나 그중 어느 것도 '트릭스터'가 담고 있는 중요한 세 가지 특성, 곧 속이는 것, 장난치는 것, 변신하는 것을 충분히 담아내지 못한다. 그래서 이 책에서는 번역하지 않고 발음 그대로 표기하기로 한다: 옮긴이.

을 사용한다. 그 주에 선택된 주제를 중심으로 집단이 제의를 창조하는 것에 초대되는 것이다. 만약에 그 과정이 오래된 상처 혹은 해결되지 않은 내면을 열어젖힌다면, 참여자는 그들의 과정에 책임을 지고 긍정적인 초점을 회복한다(종종 그 시점에 치유가 일어나기도 한다). 그래서 그들은 집단에 의해 붙잡히고 지지받는 느낌으로 그 주말을 마감할 수 있게 된다. 이 느낌은 다음 달까지 그들에게 지속된다.

2주차

두 번째 주말에 나는 신뢰와 안전의 방해 장벽을 탐험하는 방법으로서 어린 시절의 주제를 다룬다. 나는 순수한 사람과 고아라는 원형이 나오는 동화 이야기를 사용하는데, 이것은 그 아이가 신뢰와 안전의 '정원'에서 쫓겨난 것을 견뎌 내고, 자원을 성장시키며, 결국 그들은 세계에서 위기를 넘길 수 있게 된다. 혹은 그들의 고아됨/근원적인 상처로부터 회복될 수 있게 된다(Pearson 1991). 어린아이 원형으로 작업하는 것은 거의 항상 참여자에게 강력한 재료가 된다. 그리고 이것은 대개 집단 구성원들 사이에서 강한 유대를 만들어 내어 애정 어린 주말이 되게 한다.

이것은 내가 신화 사용을 반대하고 동화를 작업에 사용하는 유일한 때이다(이렇게 하는 이유에 대한 자세한 설명은 6장을 참조할 것). 조셉 캠벨은 이렇게 신화와 동화를 구별한다. '동화는 오락을 위해 이야기된다.' 반면에 신화는 '사회와 자연의 질서라는 관점에서 살아 있는 삶의 심각한 문제들에 대해 이야기해야만 하는 것이다'(Campbell and Moyers 1988, p. 138). 그는 동화를 '어린아이의 신화' 같은 것으로 간주하고, 어른에게는 '더 강건한' 방법론이 필요하다고 말한다.

그러나 동화를 가지고 치유적으로 작업을 할 때, 내 의견으로는, 동화가 아이들의 놀이라고 볼 이유는 없다. 제의 연극 집단과 같은 과정에서, 치유되지 않은 어린 시절의 상처를 수면 위로 가져와 접촉하는 데 오리지널 버전의 그림 형제 동화처럼 효과적인 것은 없다. 이를 보여 주는 이야기 하나가 특별히 떠오른다. 고아됨을 폭력적으로 묘사하는 이야기인 『노간주나무』[2]라는 동화는 그 고아가 순수한 사람으로 돌아갈 수 있는 회복과 마법적인 변형으로 집단을 이끈다. 이 이야기에 빠져 7개월간 작업을 하는 동안, 집단은 수면으로 올라온 매우 효과적인 내용을 통합하고 생성하는 시간을 가졌다. 집단은 겹겹의 내용으로 작업을 구조화하였다. 그렇기 때문에 두 번째 주말에 표면으로 올라온 것은 다음 주말에 올라오는 것과 조금 다른 형식이 된다. 실제로 후속 과정에서는 같은 문제를 다른 각도에서 조명함으로써 그러한 상처를 치유할 수 있는 더 나은 도구들이 나타났다.[3]

3주차

3주차 주말은 참여자에게 그들의 사랑이나 삶에서 굉장히 의미 있거나 충만한 것을 추구하는 그들 자신의 여러 부분들과 접촉하는 기회를 제공한다. 사랑은 치유의 초석이다. 그리고 셋째 주말에 참여자는 그들 안에 살아 있는 것들, 이 여정을 인내할 수 있는 용기와 기꺼이 도움을 받을 수 있는 능력을 통해 사랑의 강력한 힘을 발견하는 기회를 갖는다. 각 집단 구

2. 새엄마가 아들의 목을 잘라 죽이고 순댓국으로 끓여 아버지에게 먹인다. 그러나 새엄마가 낳은 여동생은 오빠의 뼈를 모아다가 노간주나무 아래 묻는다. 노간주나무는 예쁜 새로 변하여 아름다운 노래를 불러 지나가는 금세공사와 구두장이, 방앗간 일꾼들에게 금목걸이와 구두, 맷돌을 얻게 된다. 집으로 돌아가 아버지에게는 금목걸이를 떨어뜨려 주고, 여동생에게는 구두를 떨어뜨려 준다. 새어머니도 무언가 받을까 하여 바깥으로 나오자 맷돌이 떨어져 죽게 된다. 새는 다시 아들로 변하고, 세 식구는 함께 손을 잡고 집 안으로 들어가 식사를 한다: 옮긴이.

3. 그림자를 다루는 과정에서, 제의 연극 혹은 후속의 변형 과정은 다른 관점의 내용으로 일하며, 오히려 참여자의 성인으로서의 능력을 불러낼지도 모른다.

성원이 치유 또는 그들의 진정한 소명을 발견하고픈 갈망에 더 집중하고 있는 것을 제하면, 이 작업은 추구자 원형에서 가장 비슷하게 반영된다. 이는 제임스 힐먼이 '그들 안의 잠재적인 도토리'라고 묘사하는 것이다(1997). 이 3주차 주말에 우리는 프시케나 에로스, 길가메시와 파르지팔과 같은 신화를 가지고 작업한다. 이것은 4주차와 5주차 주말에 그림자를 가지고 작업할 수 있는 준비를 할 수 있도록 힘을 주는 주말이다.

4주차와 5주차

괴물과의 만남(4주차와 5주차)에서, 우리는 남성적 · 여성적 괴물을 모두 다루는 작업을 한다. 미노타우로스는 흔히 왜 그가 그런 방식을 취하는지 알 수 없는, 그러나 그의 야수 같은 본능에 의해 이끌리는 조련되지 않는 취약성과 파괴적인 남성성의 원형을 드러내 보인다. 그가 알고 있는 모든 것은 그 자신이 파괴해야만 한다는 것과 모든 가능성을 다해 그것을 죽여야 한다는 것이다. 디오니소스(엄격한 의미에서 괴물은 아니지만)는 참여자가 혼돈과 광란의 힘을 창조하는 것을 발견하게 해 준다. 이는 무자비한 자신감과 경계 없음으로 위험을 감수하는 남성성의 측면이다.

여성적 원형의, 보통 머리가 세 개인 괴물 메두사는 대담한 능력을 자유롭게 사용하며, 동시에 아직 충분한 여성적인 힘을 경험해 보지 못한 여성으로 유명하다. 이것은 단지 여성에게만 해당되는 것이 아니다. 나는 어떤 집단에서 마지막에 혼자 있기를 좋아하는 남자 구성원 — 그는 게이였다 — 이 메두사 역할을 맡아 집단의 여성에게 가혹한 사랑을 나누어 주었던 것을 생생하게 기억한다. 그 메두사는 매우 뻔뻔하고 잔혹한 대사를 만들었다. 나는 전율을 느꼈다. 그 남자는 이렇게 행동하면 된다는 것을 매우 잘 알고 있었다. 그는 연기하는 것을 '매우 즐겼다.' 그리고 그의 파괴적인 엄마가 했던 행동을 모델로 삼고 있었다. 그러나 이 제의에서 그는 원형을 통해 그녀의 해로운 영향으로부터 자유롭게 되었다(이것은 놀라운 일이 아니다. 자신의 본래 성 역할을 연기하는 것보다 여성을 연기함으로써 더 큰 자유와 기쁨을 찾은 이 남자와 같은 경우는 셀 수 없이 많다). 왜 집단의 여성들은 그의 메두사 연기를 그처럼 즐겼을까? 아마도 그것은 남자가 그 연기를 함으로써 여자가 얼마나 강력해질 수 있는가 하는 것을 그들에게 환기시켰기 때문일 것이다.[4]

힌두의 여신 칼리와 작업을 하는 것은 강력한 여성 전사로서의 황홀경을 촉발시킬 기회를 집단에게 제공하기 위한 나의 노력 중의 하나이다. 그러나 제의 연극 집단에서 칼리와 작업한 거의 모든 시간에 반대의 경우가 일어나곤 했다. 집단 구성원들은 병에 걸리거나, 오는 것을 잊어버리거나, 아주 심한 무기력에 빠졌다.

한 집단이 지루하다며 아무것도 하지 않겠다고 반항적으로 공격해 왔다. 내가 그들에게 무엇인가 하도록 만들었을까? 나는 그 주위에 누워, 그들의 무기력한 상태와 그들에게 영향을 끼치고 있는 엔트로피의 강력한 느낌을 거울처럼 보여 주었다. 잠시 후에 이것은 마지막 제의의 행동으로 변형되었고, 그 안에서 그들은 카타르시스적이고 도전적인 치유 작업에 참여했다. 그리고 그것은 나를 그 자리에 못 박아 놓았다. 운 좋게도 집단을 위한 나의 목표는 그들이 필요로 하는 작업을 방해하지는 않았다!

그림자를 다루는 주말은 강력하게 표현적이다. 여기서 참여자는 파괴자를 수용하는 것을 발견하고, 그것의 파괴적인 힘을 해방시킨다. 이것은 재에서 불사조가 태어나는 것처럼, 그동안 억눌려 왔던 창조적인 힘의 상승을 가져온다(Pearson 1991, pp. 143-146). 종종 참여자가 그들의 파괴적인 힘을 탐험하는 것, 혹은 이난나처럼 지하세계로 하강하여 그들의 깊은 두려움과 어둠을 만나는 것을 두려워하거나 원하지 않는다고 드러낼 때, 나

---

4. 나는 이러한 역의 경우를 셀 수 없이 많이 보았다. 여성들은 많은 남자들이 표현하기 어색해하는 남성적인 전사들의 억제되지 않은 힘을 표현하며 더 편안함을 느낀다.

는 어둠 속을 걷는 것이 빛으로 가는 길이라고 그들을 안심시킨다. 그들이 그러한 원형에서 구현된 그들의 두려움에 충분히 들어갔을 때, 그들의 두려움은 에너지로서 풀려난다. 그리고 자연스럽게 신의 현현으로 이끈다. 다시 태어나는 것이다(Campbell and Moyers 1988).

6주차 주말

그림자와의 작업 후, 6번째 주말은 다른 빛의 존재가 드러나는, 지금까지의 모든 중요한 감정의 정화 작업이 통합되는 시간이 주어지는 더 활동적인 주말이다. 우리는 무정부적인 영혼을 가진, 종종 그들의 행동에 양심의 가책이나 의식이 없는 바보 광대 혹은 트릭스터 역할을 탐험한다. 이것은 사랑을 얻거나 인정을 받기 위해 항상 좋은 사람처럼 행동하거나 다른 사람들의 필요에 맞추느라 지쳐 있는 집단 구성원들에게 안도감을 준다.

집단 구성원들은 어쨌든 이 주말을 사랑한다. 왜냐하면 이 과정에서는 그들에게 거리낌 없이 그들 자신을 표현하는 것을 허가해 주기도 하고 다른 주말보다 감정적으로 덜 느끼며 참여할 수 있다는 것을 알았기 때문이다. 이것은 이 주말의 중요한 측면이다. 감정적 몰입으로부터 휴식을 주기 때문이다. 그러나 감정이 표현되지 않는 것은 아니다. 흔히 그렇듯이, 가장 훌륭한 희극에서 감정은 등 뒤에서 표현된다. 집단은 말하지 못하는 것, 금지된 것, 극적 거리 층위의 경험 영역에서 금기를 표현하는 데 자유롭다. 희극은 너무 깊거나 수치스러워서 인정하거나 표현하기 힘든 고통으로부터 훨씬 거리를 둔다. 그들은 고통을 느낄 필요가 없다. 그들은 웃기는 행동을 하면서 [고통을] 날려 보낸다. 이것은 더 이상의 언급이 필요 없는 치유의 통로로 대체될 수 있다.

성찰은 제의 연극 과정의 중요한 측면이다. 이것은 종종 깊은 나눔이 이루어질 수 있는 집단에서 가장 풍요로운 시간을 가져다준다. 무의식적인 재료는 이해하기 쉬워질 수 있고, 깊은 이해는 신화적인 재료를 탐험한 경험으로부터 성찰의 결과로 나올 수 있다. 이러한 수준의 과정은 집단이 깊이 있는 내용으로 작업할 준비가 되어야 하므로 매주 일어날 수는 없다. 이제는 마쳐야 할 시간이다. 제의 연극 집단은 이러한 깊은 대화와 드러냄이 적절한 때에 가능한 시간과 공간을 제공한다.

7주차

7주차 주말에는 집단이 문지방을 다시 넘을 준비가 되어 있다. 그러나 이것은 여정이 끝나는 것을 의미하지는 않는다. 이 돌아감은 종종 매우 깊이 있는 작업을 가져온다. 폴 르빌롯이 지적한 것처럼, 괴물을 죽이는 것은 이야기의 끝이 아니다.

> 나는 괴물이 다시 나타나고 당신에게 몰래 접근할 것이란 걸 확신한다. 왜냐하면 그 괴물은 영웅으로서의 당신의 중요한 일부이기 때문이다. 양쪽 모두 당신이다. 당신은 당신 자신을 죽일 수 없다. 당신은 에너지를 가진 파괴적인-자아의 형식은 죽일 수 있지만, 에너지 그 자체는 죽일 수 없다. (1993, p. 143)

제의 연극 과정에서 각 참여자는 개인적 제의를 통해 그들의 심층에 자리한 저항과 작업할 기회를 갖는다. 이것은 전체 집단이 구축해 온 것들이 여러 방식으로 나타나는 것이다. 이것은 악마를 자기 자신이 가진 것으로 그리고 수용할 수 있는 것으로 받아들이는 과정이다. 이 주말에는 몇몇 참여자가 트라우마를 치유하기 위해 공연할 필요가 있는 제의를 발견한다(혼자서 하거나 집단의 참여자들과 한다). 혹은 가면이나 이미지 만들기와 같은 예술 작업을 통해 극적으로 드러나게 된 무의식적 장벽을 탐험하게 된다.

마지막 주말

마지막 두 번의 주말은 종결에 속하며, 궁극의 변형인 마법사 역할에 초점을 맞추고 있다. 마법사는 고전적으로 위대한 치유 혹은 마법적인 힘을 길러내게 하는 깊은 상처를 경험해 왔다(Pearson 1991, p. 204). 그러므로 그의 상처는 상당한 내면의 힘을 탄생시키고, 그 힘은 다른 사람을 치유하거나 변화시키는 데 사용될 수 있다. 그리고 그의 현실도 굉장한 변화를 겪게 될 수 있다. 참여자가 마법사의 역할을 할 때(우리가 마지막 주에 실연하는 연기), 그들은 그들의 경험을 다시 구성하고 새롭게 이름 붙일 수 있게 된다. 그리하여 그들은 삶의 다음 단계로 자유롭게 이동한다. 트라우마를 다시 이름 짓는 도전적인 삶의 경험은 그들의 선물과 재능을 성장시키는 것을 가능하게 한다. 그들은 자기 자신을 자유롭게 할 수 있으며, 온전히 상처의 '선물'을 받을 수 있다.

영웅의 여정의 마지막 단계에서는 선물이나 인류를 위해 꼭 필요한 것과 함께 돌아온다(Campbell 1993). 폴 르빌롯은 여정을 성취한 이들이 가장 힘들다고 말한다. 왜냐하면 그들은 '여정의 선물'(Rebillot 1995)을 받은 시간과 공간을 자신에게 주지 않은 채 서둘러 떠나고 싶어 하기 때문이다. 그 결과로 그들은 빨리 지치고 끝없이 같은 곳을 돌고 있는 것처럼 느끼게 된다. 추구자의 양상을 가진 그림자는 항상 진실한 결론 없이 쉴 새 없이 찾아다닌다.

선물을 가지고 돌아가기

제의 연극 집단의 마지막 주에는 선물과 감사에 초점을 맞춘다. 나중에 진행한 집단에서 나는 선물을 주는 의례를 소개했다. 각 집단 구성원들은 다른 구성원들을 위한 선물을 가져왔고, 그것은 각자의 집단을 통한 여정을 반영하는 것이거나 아니면 그들의 앞으로의 여정을 위한 부적처럼 보이는 것들이었다. 그러한 선물은 집에서 만든 것이거나 구입한 것이었다(아주 적은 경비로).

의례에서 '왕좌' 자리에 앉는 참여자는 집단의 다른 참여자들이 분장해 준다. '왕좌'에 앉는 참여자는 다른 참여자들로부터 그들 속에서 발견한 선물이나 혹은 서로에게 받은 선물에 대해 감사를 받았다. 이후에 이 집단은 그들을 선택한 이유와 함께 그들의 선물을 제공하였다.

이것은 몹시 감동적인 과정이었다. 나는 집단 구성원들이 서로에게 꼭 알맞은 선물을 선택해 왔다는 사실을 깨닫고, 그 관심에 거듭 놀라워했다. 이것은 각 집단 구성원들이 그들 자신에게 이러한 말과 몸의 선물을 온전히 받아들이는 것을 허락하는 여정의 마지막 단계의 완성이었다(신화-드라마에서 받아들임의 치유적 능력에 관해 서술한 6장을 참조할 것).

인디언 남자인 샨카에게, 이 분장의 의례는 의식의 상태에 극적인 변화를 가져오는(Jennings 1992, p. 232) 특별한 의미가 있었다(분장의 치유적인 힘에 관해 논한 6장 참조). 몇몇 집단 구성원은 샨카의 과정을 통해 도전을 받았다. 그는 흔히 방에서 다른 집단 구성원들에 의해 묶이거나 끌려가는 역할을 반복적으로 요청받아 작업했다. 그 과정에서 샨카의 참을성 없는 행위들과 그들의 비판은 그들의 심층에 자리한 편협함과 그들 자신을 향한 공감의 부족을 반영했다. 그러나 이러한 선물 주기 의례에서 샨카의 분장은 놀라운 변화를 불러일으켰다.

이 집단은 그를 인디언 구루로 혹은 완전한 예복을 입은 성인으로 분장시키기를 선택했다(이것은 어떻게 진행할지 미리 계획을 세울 수 없고, 말없이 이루어진다). 왕좌에 앉은 샨카는 더 이상 희생양 역할을 반복적으로 해 왔던 그 사람이 아니었다. 그는 숭배와 존경을 받는 위대한 구루였다. 이것은 그에게 사람들이 그를 보던 시각을 바꾼 강력한 순간이었다. 그는 절을 받고 경배 받는 위대한 사람이 되었다. 그래서 그는 자신을 보는 관점을 바꿀 수 있었다. 자신을 실패자나 실망한 사람으로 미리 묘사하는 사람에게, 이 분장 의례는 정말로 과거를 흘려보낼 수 있고 자기 자신과의 평화를 찾는 하나의 중심축이 되는 순간이 될 수 있다.

변형의 제의: 잃어버린 쌍둥이(형제)에 관한 제의

제의 연극 집단에는 기억에 남는 엄청난 치유를 가져온 의식들이 많이 있다. 그러나 나는 앨시어 헤이턴이 수행했던 제의에 초점을 맞추려 한다. 그녀는 상담사였고, 잃어버린 마음을 찾아다닌 몇 해 후에 자궁 속에서 쌍둥이 형제와 함께 있었던 시간에 대해서 이야기를 나누어야 한다는 결론에 이르게 되었다. 앨시어의 제의는 그녀 자신에게 그리고 잠재적으로는 수많은 다른 사람들에게 중요한 결과에 이른 것이었고, 제의 연극에서 성취할 수 있는 이러한 종류의 치유에 대한 어떤 감각을 제공했다. 이것은 그녀가 쓴 그녀의 이야기이다.

> 이것은 내가 한때 쌍둥이였던 적이 있었다는 인식으로부터 시작되었다. 그것은 나를 언제나 이해할 수 없게 만드는 나의 삶에 관한 아주 다양하고 섬세한 세부 사항들의 이유였다. 그것은 항상 내 마음속에 있었다. 나는 태어나지 않은 아이의 삶과 굉장히 연결되어 있었고, 죽음과 죽어감에 대해서 항상 생각했다. 그리고 다른 사람과 공감하면서 깊이 있게 집중하는 대화를 할 때 한 번도 행복한 적이 없었다. (Hayton 2001, p. 1)

그녀는 대화 치료가 말하기 이전, 태어나기 이전의 그녀의 삶의 영역을 다룰 수 없다는 것을 알았다. 제의 연극 집단에서 그녀는 '작은 존재, 분노하고 그 분노 안에서 매우 강력한 존재를 재경험할 수 있었다'(p. 1). 과정의 중반에, 그리고 충분히 계획한 후에, 그녀는 잃어버린 쌍둥이 형제를 놓아 주기 위한 특별한 제의를 창조했다.

나의 삶에서 그날처럼 그렇게 집중적으로 감정적이면서 카타르시스적인 경험을 해본 적이 없었다. 나는 보통 때와는 달리 내가 계획한 대로 작업할 수 없었다. 그날이 되기 2주 전부터 나는 나 자신을 위해 샀던 매우 좋아하는 터키색 시폰 스카프를 매일 매고 다녔다. 나에게 터키색은 꿈의 색이었다. 나는 또한 넓은 베이지색 인디언 천을 골랐고, 하얀 몇 개의 카드에 '힘,' '꿈,' '창조성'과 같은 단어를 적어 넣었다. 그리고 다른 집단 구성원들의 목에 그것을 달았다.

나는 긴 시간 동안 음악에 관해 생각한 다음, 내가 매우 좋아하는 바흐의 더블 바이올린 콘체르토를 골랐다. 눈가리개를 하고, 마치 여행자처럼 작은 고기 통조림과 몇 개의 성냥을 들었다. 나는 준비가 되어 있었다. 그 제의는, 비록 다른 집단 구성원들이 조금씩 참여할지라도, 아주 개인적인 것이었다. 나는 바닥에다 옷으로 만든 자궁에 눈가리개를 한 채로 그 두 가지 색의 스카프를 매고 맨발로 들어갔다. 면으로 된 베이지색 천 조각은(나의 아들이 내게 준 것이었다) 나를 재현했고, 터키색 천 조각은 나의 쌍둥이 형제를 재현했다. 나는 그것들을 몸에 둘둘 말고 나의 두 가지 본성(여성/남성)을 표현했다. 그것은 언젠가 쌍둥이와 함께 있었던 것과 같은 느낌이 들게 하였다. 집단에 의해 지명된 몇몇 구성원들이 이따금 나를 부드럽게 쓰다듬었다 — 어두운 자궁 속에서, 나는 오직 손길로만 느낄 수 있는 나의 작은 벗과 함께 있었다.

음악이 계속 흐르고, 갑자기, 집단은 타악기들을 이용해 아주 끔찍한 소리들을 만들어 내기 시작했다. 이 재앙은 나의 형제를 데려가 버렸다. 나는 나의 삶에서 내내 출몰해 왔던, 도움 받지 못한다는 느낌에서 탈출하기 위해 손을 뻗었고, 그들 한 명 한 명에게 다가가, 조용하게 만들었다. 침묵 속에서 바이올린 소리만이 흐르고 있었다. 나는 자궁 속에서 나왔고, 눈가리개를 푼 다음에 집단 구성원들에게 나의 떠나간 작은 친구에게 주는 선물을 재현하도록 쪽지를 붙였다. 그것은 썩 잘 되지는 않았다. 나는 이것을 혼자서 해야만 했다.

그러고 나서 음악과 함께, 나는 두 가지 스카프를 들고 춤을 추었다. 음악이 작아지고 완전히 조용해지자, 나는 비관적인 분노와 복수심 그리고 파괴적인 힘을 나타내는 칼리 여신의 분장을 하고 마루에 통조림통을 가지고 나왔다. 나는 종이를 아주 갈기갈기 찢었다. 그러나 모든 부정적인 기질을 받아들이고 용서하면서 그 찢어진 조각들에 입을 맞추었다. 그 종이들을 통조림통에 넣은 다음에 스카프로 덮었다. 나는 그것을 밖으로 가지고 나와 태워 버렸다.

그리고 나는 쓰레기통에 그 재들을 비워 냈다. 그들은 더 이상 내게 어떤 힘도 행사하지 못했다. 나의 개인적 제의가 끝난 후에(자궁에서 살아남은 아이로서 나의 위치를 확인해 주는 획기적인 경험이었다), 나는 우울해졌음을 알았다. 나의 제의는 끝나지 않았다. 할 것이 더 남아 있었다. 나는 건강하지 못한 강박을 긴 시간 동안 드러냈던 나의 연구 논문들의 거대한 모음을 가지고 있었다. 집에 도착해서, 나는 곧장 검은 비닐봉지를 찾아 모든 논문들을 모아 넣고 다른 쓰레기들 속으로 던져 버렸다. 그때서야 나의 제의가 끝났다. 나는 변화될 준비가 되어 있었다.

그 이후로부터 50년이 더 지난 지금까지, 나는 평화를 유지하고 있다.

집단을 마칠 무렵에 제의의 중요한 의미가 떠올랐다. 그녀는 잃어버린 쌍둥이 형제와의 관계를 치유해 냈을 뿐만 아니라 필생의 사업까지 찾아냈다. 그녀는 웹사이트를 개설하고 자궁에서 살아남은 다른 쌍둥이들에게 그들 자신을 치유하기 위한 수단과 정보를 제공하였다. 이것으로 이야기가 끝난 것이 아니다. 나는 앨시어와 8년 전에 만나 그녀의 허락을 구하고 그녀의 이야기를 이 책에 사용하기로 하였다. 그녀는 아래의 후기를 적었다.

> 나의 인생 내내 귀신처럼 출몰했던 '무엇인가'의 희미한 감각의 이미지와 행동을 만나기로 했던 그 놀라웠던 날 이후로, 나는 되돌아가지 않았다. 나는 항상 샘솟는 에너지와 함께 나의 삶에서 완전히 새로운 국면으로 들어갔고, 초점이 맞춰져 갔다.
>
> 2년 동안 치유의 작업을 충분히 한 결과, 행동을 준비할 지점에 이르렀다.
>
> 전혀 기대치 못했던 일들이 일어났다! 2002년에 나는 자궁에서 살아남은 쌍둥이에 관해 글을 쓰기로 결정했다. 그리고 그 이후에 자궁에서 살아남은 쌍둥이에 관한 이야기와 기사들의 모음집을 만들었다. 그리고 작업은 더 구체화되었다. 나의 8년은 자궁에서 살아남은 쌍둥이를 찾아내는 프로젝트로 채워졌다. 2007년 나는 자궁에서 살아남은 쌍둥이를 위한 비영리 조직을 만들었고, 지금은 그들을 위한 세미나와 워크숍을 여러 나라에서 열고 있다.
>
> 제의 연극 집단이 없었다면, 나는 아직도 나의 삶 어디에도 없는 잃어버린 것을 찾고 모으려 하고 있을 것이다. 8년 동안, 나는 전 세계에 걸쳐 자궁에서 살아남은 쌍둥이들을 조사하는 작업을 개척하였고, 온전히 직접적인 창조적 아이디어들로 가득하게 되었다.

앨시어의 조사에 의하면, 과학적으로 쌍둥이로 태어나는 임신은 1%에 불과하지만, 10%의 임신은 쌍둥이로 시작한다. 다시 말하면, 쌍둥이 임신의 9%는 한쪽이 죽고 다른 한쪽만 태어나는 것이다(Hayton 2011). 이것은 수천의, 수만의 쌍둥이였던 존재에게 후유증이 있다는 것이다. 앨시어는 제의 연극 집단과 관계를 맺고 자궁에서 살아남은 쌍둥이들을 치유하기 위한 '선택의 치유'라는 드라마 치료 과정을 만들었다.

앨시어에게 효과가 있었던 치유의 과정은 제의 연극 집단에서는 30분 정도 걸린다. 나는 몇 년 동안 수많은 참여자들에게 셀 수 없이 많은 일들이 일어나는 것을 지켜봐 왔다. 이것은 다른 접근법이 다루기 힘든 이해와 언어 저편에 존재하는 무의식적인 영역에 도달하여 치유하는 제의 연극의 힘이다.

진정한 제의 연극

이 장의 마지막에 이르렀지만, 아직도 많은 것들을 이야기하지 못했다. 제의 연극 집단에서 앨시어의 이야기에 견줄 만한, 굉장히 많이 기억되는 순간과 치유의 사건들이 있지만, 여기에서 모두 다루기는 힘들다.

집단을 시작했을 때, 나는 각 주말의 종결 과정으로서의 제의를 강조하였다. 나는 종결 제의가 **신화-드라마** 과정을 통해 수면으로 올라온 것들을 집중적으로 치유하도록 만들며, 참여자들에게 그들의 선택하는 힘을 경험할 수 있게 하는 기회가 되는 것을 보았다. 나는 어쩌면 치유의 매체로서 제의에만 매료당해 있는지도 모른다.

그러나 시간이 지나면서 변화가 일어나기 시작했다. 참여자는 신화적인 재료와 함께 무의식적인 과정으로 더 깊이 들어가고 부드러운 방식으로, 유기적으로 작업하기 시작했다. 이에 더하여, 신화적인 재료로 작업하면서, 나는 치유의 강조점이 종결 제의로부터 진짜 제의 연극으로 옮겨지는 것을 보았다. 따라서 집단의 마지막에 하는 제의는 금상첨화와 같았다. 확실히 앞서 이야기했던 칼리 여신을 위한 종결 제의에서처럼, 종결 제의에 아무런 구조도 계획도 없었던 때가 있었다. 집단이 말없이 소도구와 재료들을 배치했을 때 — 아레나의 제의가 열렸을 때 — 그들 스스로 분장을 하고, 자연스럽게 즉흥으로 들어가기 시작했다(Mitchell, 14장). 나는 그들이 무의식적인 영역을 연기하고, 서로에게 투사하면서 상처 입히는 것을 당황스럽게 목격했다. 이 과정에는 통제할 수 있는 방법이 없었다. 그러나 그 집단은 그들이 필요로 하고 원하는 것을 정확히 알고 있는 것처럼 보였다. 그들을 향한 나의 두려움은 곧 근거 없는 것이 되었다. 아마도 여기에서는 조셉 캠벨의 다음 말이 제의 연극 과정을 통해 일어나는 것에 대한 설명이 될 것이다.

> 제의는 신화의 상연이다. 그리고 제의에 참여함으로써, 당신은 신화에 참여하는 것이다. 신화로부터 정신의 심층에 자리한 지혜가 투사되고, 제의에 참여함으로써, 신화에 참여함으로써, 당신은 그것으로서 존재한다. 그것은 당신 안에, 무질서한 것들 속에 내재하는 지혜이다. 당신의 의식은 당신 자신의 삶의 지혜가 재-인식되어 존재하는 것이다. (Campbell 2005, Tape 1 side 2)

집단은 제의를 상연하는 중이었다. 그것 역시 신화였고, 내면의 치유 프로그램을 따라가면서 동시에 집단 무의식에 접근하는 것이었다. 그것은 나 혹은 다른 누구보다도 그들이 하기를 원하는 것을 잘 알고 있는 것처럼 보였다. 그들은 정신의 지혜에 접근하면서, 그들 자신과 서로를 치유할 수 있는 자신의 능력에 접촉하고 있었다. 다른 맥락에서 이야기하자면, 위험하게 보이는 것은 집단을 위한 심층적인 치유의 경로가 된다. 내면이 약한 사람에게는 작업이 잘 되지 않겠지만, 자기-인식이 매우 강한 참여자들에게 제의 연극 과정은 가장자리로 갔다가 돌아올 수 있게 해 준다. 그리고 그들에게 그들 자신의 길로 돌아갈 수 있게 하는 수단을 제공한다. 그들은 모험을 더 겪고, 경계에 서서 변화를 더 만들어 내는 과정이 필요하다.

트라우마는 흔히 충격과 심리적 장애로 인해 유발된다. 그리고 나는 그러한 트라우마를 치유하기 위해서는 비슷한 에너지를 불러내는 것이 필요하다는 결론에 이르렀다. 이것은 집단을 통해 앨시어가 자궁 안에서 그녀의 쌍둥이 형제의 죽음을 모방해서 만든 불협화음을 창조했을 때 그녀에게 확실히 일어났다. 나는 다른 집단에서도 이 과정이 전개되는 것을 셀 수 없이 많이 지켜보았다. 그리고 나는 갈수록 집단 치유의 무의식적 과정에 대한 믿음을 더 배우게 되었다.

종결

제의 연극 집단은 참여자가 개인 신화의 풍경 속으로 들어가는 여정의 공간을 제공한다. 어둠 속에서 올라온 그들의 괴물을 몰아내고, 숨겨지고 발견되지 않았던 그들 안에 존재하는 자신의 경이로움을 열어젖힐 열쇠 — 힐먼의 잠재적 '도토리'(1997) — 를 찾아내게 한다.

어떤 제의 연극 집단이 완전히 끝난 지 몇 달 후에 나는 집단 구성원이었던 한 사람을 만났는데, 내가 목격한 장면에 굉장히 놀랐다. 나는 어깨 위에 세상 전체를 짊어진 듯한 트라우마를 지니고 있던 예전의 젊은 여성 대신에, 환한 빛과 에너지를 발산하는 젊은 여성을 본 것이다. 그녀는 얼굴 전체에 밝은 웃음을 띠고 있었다. '당신은 클레어를 보고 있어요. 진흙탕과 수렁을 뒤지던 모든 작업은 의미가 있었어요. 나는 그 주말마다 내 자신을 너무나 힘들게 끌고 갔고, 대부분의 시간 동안 아주 끔찍한 감정들을 느껴야 했지만, 지금 저를 보세요!' 아마도 이것이 조셉 캠벨이 신화와 신화의 길을 따라 걸은 결과로서 저절로 발생한 힘에 대해 이야기했을 때 의미한 것이리라.[5]

참고 문헌

Campbell, J. (1993) *The Hero with a Thousand Faces*. London: Fontana.

Campbell, J. (2005) *The Wisdom of Joseph Campbell, New Dimensions Radio Interview with Michael Toms*, audio book, unabridged edition. London: Hay House.

5. 제의 연극 집단과 워크숍에 대한 더 많은 정보는 www.makingmoves.net에, 앨시어 헤이턴의 작업에 대한 더 많은 정보는 www.wombtwinsurvivors.com에 있다.

Campbell, J. (2007) Mythos: The Shaping of Our Mythic Tradition I, DVD, program 5, 'The Mystical Life,' London and New York: Acorn Media.

Campbell, J. and Moyers, B. (1988) *The Power of Myth*. New York: Doubleday.

Grimm, J.L.C. and Grimm, W.C. (2003) *The Juniper Tree and Other Tales from Grimm*. New York: Farrar Straus Giroux; Revised edition.

Hayton, A. (2001) 'Seeing Double.' In C. Schrader (ed.) *Making Moves Newsletter* 1, I. London: Making Moves.

Hayton, A. (2011) *Womb Twin Survivors*. St Albans: Wren Publications.

Hillman, J. (1997) *The Soul's Code: In Search of Character and Calling*. London and New York: Bantam (a division of Random House).

Jennings, S. (1990) *Dramatherapy with Families, Groups and Individuals*. London: Jessica Kingsley Publishers.

Jennings, S. (1992) 'The Nature and Scope of Drama therapy: Theatre of Healing.' In M. Cox (ed.) *Shakespeare Comes to Broadmoor: The Actors Are Come Hither: The Performance of Tragedy in a Secure Psychiatric Hospital*. London: Jessica Kingsley Publishers.

Pearson, C. (1991) *Awakening the Heroes Within*. San Francisco, CA: Harper.

Rebillot, P. (1993) *The Call to Adventure: Following the Hero's Call*. San Francisco, CA: Harper.

Rebillot, P. (1995) Rituals of Transformation Workshop, Roehampton Institute, Roehampton, Surrey.

Ⅲ. 임상 실제에서의 제의 연극

회복 탄력성의 연극 – 제의와 소외 집단의 애착

우리는 모두 연극적이고 제의적인 존재로 태어났다.

수 제닝스

> 나는 인간 존재에 대해 흥미가 있다. 왜냐하면 그 또는 그녀는 배우이기 때문이다. 이는 태어났을 때부터 시작되며, 우리의 생존에 꼭 필요한 하나의 과정이다.
>
> 제닝스(1988 pp. 49-53; 1995a, p. 12)

연극치료가 굉장히 특별한 이유는 그것이 개념적으로 우리의 사회적 · 문화적 삶의 일부일 뿐만 아니라, 역사적으로 선사시대까지 거슬러 올라가는 연기의 필수적 장르인 제의와 연극이 합쳐진 것이기 때문이다. 그러므로 제의 연극의 연극치료적 접근은 우리의 개인적이고 집단적인 경험 속에서 체화되고 내재된 제의와 연극의 요소를 드러내는 데 적합하다(Jennings 1981).

이 책과 다른 작업에서 보여 준 스티브 미첼의 중요한 공헌(Mitchell 1998)과 사피라 린든이 18장에서 다루고 있는 〈우주적 의례〉를 통해 우리는 [다음의 사실을] 알 수 있다. 제의는 우리의 가장 심오한 경험을 동반하고 담아낸다(Schrader 4장). 그리고 연극은 중요한 삶의 경험을 만들고 형성한다.

나는 유아의 극적 기능이라는 주제에 관해 1980년부터 토론하고 책을 내 왔다. 동료들은 늘 퍼포먼스가 교육 연극의 일부가 될 수 있는지에 대해, 그리고 배우로서 아이들에 관한 생각에 대해 탐험해 왔다. 부모가 돌도 지나지 않은 아기에게 박수를 치도록 하는 유아의 '연기'에 대한 관찰이 있다. 피터 슬레이드(1954)는, 여전히 아이들의 초기 극적 놀이로 알려진, 아이들의 연기에 관한 생각을 그만두어야 한다고 말한다. 리처드 코트니(1981)는 6개월에서 12개월 사이의 유아가 맨 먼저 어머니가 된 것처럼 구는 것이 '근원의 연기'라고 제안하였다. 그러나 유아가 태어나기 전에 자궁에서 엄마와 연결되어 있을 때부터 그리고 그들이 엄마의 표현을 모방하려 노력하는 출생 직후의 몇 시간 동안에 이미 극화가 시작된다는 것이 나에게는 명백했다(Jennings 2010a). 극적 발달은 대부분의 작가들이 제시한 것보다 훨씬 일찍 시작된다.

아이가 우리에게 '연기'를 할 때 우리가 박수치고, 즐거워하고, 계속 더 하라고 하는 것의 의미를 그리고 부모들이 아이들을 다른 사람들에게 보여 주거나 웃게 만드는, 자신도 알지 못하는 사이에 만드는 상황의 의미를 인식한다면, 그것은 두말할 필요도 없는 사실이 된다. 우리는 아이들이 그들의 나이를 넘어서 성인의 오락을 위해 거짓된 기교를 부리고, 때때로 성적인 만족을 주는 것까지 연기하도록 조장한다는 것 또한 알아야 할 필요가 있다.

이 장에서 우리는 유아와 어린이의 극적 발달에 그리고 그들의 회복 탄력성, 신뢰할 수 있는 능력, 공감할 수 있는 능력에 어떻게 영향을 미치는가에 초점을 맞출 것이다. 브루스 윌셔(1982)는 코끼리 남자(p. 9)에 대해 논의할 때, 배우/관객과 같은 퍼포머 사이에서 감정이입에 관한 적절한 주제를 드러냈다. 그러므로 연극치료와 극적 놀이 치료는 생애 초기에 극적인 정체성을 형성하지 못한 사람들에게 가장 적합한 개입이다(Jennings 1993, 1995a, 1995b, 1999, 2005). 이러한 증상은 초기의 병원 상황 또는 트라우마, 방치, 유기, 학대 상황에서 야기될 수 있다. 그럼에도 불구하고 극적 '회복'은 다음의 사례에서 묘사된 바와 같이 잠재적으로 가능하다.

연극치료의 정의와 내용

연극치료는 제의와 스토리텔링의 적용이며, 신체적, 심리적, 감정적, 또는 사회적 병리를 위한 연극 예술이다. 참여자들은 대개 그들이 태어나기도 전에 극적이고 놀이적인 과정에 익숙해진 것처럼, 연극치료와도 그렇게 관계를 맺을 수 있다.

연극치료는 고대 제의와 연극 그리고 스토리텔링에 뿌리를 두고 만들어졌다. 그리고 그것은 마임, 모래 놀이, 조각상, 가면, 상연, 제의, 역할 놀이, 연극 대본과 신화를 포함한다.

연극치료는 우리가 우리의 개인적 이야기와 소통하는 것을 허락한다. 그리고 고대의 이야기는 우리가 자기 자신의 이야기를 이해하는 수단으로서 탐험된다. 연극이 우리 자신의 경험으로부터 '거리두기'라는 사실은 우리가 멈춰 설 수 있고, 새롭게 다시 볼 수 있으며, 궁극적으로 우리 자신과 더욱 가까워진다는 것을 의미한다.

연극치료는 나타내기 어려운 경험을 표현하는 데 도움을 줄 수 있다. 왜냐하면 그것은 언어적인 것과 비언어적인 체계를 포함하고 있기 때문이다. 연극치료는 또한 아이들을 건강하게 성장시키는 데 꼭 필요한 사회적이고 극적인 놀이를 포함한다.

연극치료는 사회극의 한 과정이고, 연극 이론과 발달을 기반으로 하고 있다. 그러나 최근의 신경과학에서의 연구 결과는 정신의 과정이 사실상 '마음의 극적 구조'[1] 안에서 일어나는 극적인 것임을 보여 준다.

---

1. 사람은 누구나 내면의 기술과 내면의 안내자, 내면의 예술가와 내면의 상처를 가지고 있고, 세상에서의 존재 양태는 이들 영역의 상호작용의 결과에 의해 결정된다. 한가운데 있는

연극치료의 기원은 고대 그리스까지 거슬러 올라갈 수 있다. 그 당시에는 연극을 보는 것으로써 사회의 안정과 평온을 유지한다는 믿음이 있었다. 고대의 제의나 움직임을 포함하는 원무, 그리고 무용, 가면, 상연, 그림은 드라마가 토착 의술과 샤머니즘에서 치유 행위의 핵심이라는 사실을 증명한다.

연극치료가 발전하는 데 도움을 주었던 매우 의미 있는 시간은 연극치료협회가 노스웨스트 런던의 프린지 라이브 극장에 있었을 때였다. 최근에 앤 캐터넉, 스티브 미첼 그리고 나는 우리의 생각을 다듬고, 훈련 내용을 발전시키고 새롭게 개발해 내기 위해 끊임없이 작업하였다. 우리는 각자가 논쟁에 공헌할 수 있는 만만치 않은 배경을 가지고 있었다. 앤이 가지고 있는 학대받은 아동들과의 연극과 놀이 양쪽의 경험, 스티브의 초연극에 대한 열정, 그리고 나의 최근의 말레이시아 우림으로의 진출은 도전적인 논쟁거리를 가져다주었다. 앤은 그녀만의 독특한 공동 놀이 연극 구조를 발전시켰다(Cattanach 2008). 스티브는 자기표현 연극과 초연극에 초점을 맞추었다(Mitchell 1992, 1994). 그리고 나는 체현, 투사, 역할이라는 연극치료 발달 모델과 씨름하고 있었고, 다른 한편으로는 심리 치료적인 접근이 아닌 예술 치료적인 접근을 꾀하고 있었다(Jennings 1990, 2009).

나는 나의 동료이자 친구인 그 두 명의 도전과 이 중요한 초기 연극치료의 발전 시기에 그들이 지지해 준 것에 대해 매우 감사하게 생각한다.

들어가며

아마도 이 책에서 가장 논쟁적인 단어는 '연극'이라는 단어일 것이다! 최

신념 체계를 중재자로 삼아 각 영역들이 서로를 자극하고 부양하면서 한 사람의 총체성을 구성한다(『수 제닝스의 연극치료 이야기』, p. 173): 옮긴이.

근의 우리는 놀이, 드라마, 춤, 제의와 같은 활동의 단어와 연관된 까닭에 (Jennings 2004, 2006, 2007), 연극이라는 단어를 통해서 이질적이고, 두렵고, 불안을 불러일으키는 뭔가의 광경을 상상으로 만들어 낼 수 있게 되었다. 우리는 수업 시간에 혼자 일어나 무언가를 읊어야 하거나 또는 모두가 참여하기로 한 학교의 놀이나 숙제를 기억하지 못했을 때와 같은 끔찍한 순간들을 회상할 때 손에 땀이 나거나 심장 박동이 빨라진다.

만약에 우리가 어린 시절에 연극을 본 적이 없다면, 그것은 성인이 된 우리에게도 이해하기 힘든 일일 것이다. 연극은 종종 TV나 영화와 달리 중산층을 위한 것 또는 사치품과 같은 것으로 여겨진다. '사람들은 더 이상 그렇게 말하지 않는다'는 것은 하나의 비판이 되었고, 연출가는 셰익스피어의 언어를 현대적으로 바꾸어 더 이해하기 쉬운 연극으로 만들기 위해 노력한다. 따라서 모든 것은 쉬워진다! 그러나 나는 결투복을 입은 배우나 막에 비친 탱크의 그림자가 사람들이 의미 있는 방식으로 연극에 도달하는 필수 요소라고 생각하지 않는다.

더군다나 만약에 무언가가 너무 쉽거나 명확하면, 우리는 논리에 맞지 않는 것으로 결정해 버린다. 연극은 우리 자신과 우리의 삶 사이에서 일어나는 투쟁에 관한 이야기이다. 연극은 관객에게 깊은 감정을 유발시킨다, 리처드 서던(1962)은 연극을 근본적으로 연기자들이 관객에게 제공하는 최초의 인상이라고 제시하였다. '… 대중 앞에서 공연이 절정으로 불붙듯 치달은 경험이 없다면, 이것 없이는 좋든 나쁘든 연극은 존재하지 않게 된다'(p. 26).

연극은 특정한 시간과 공간에서 '일어난다.' 그리고 그 경험이 치료적인 변화와 어떻게 관련되어 있는지를 다음에서 설명할 것이다.

비록 연극이 그것의 드러냄에 있어 제의적이 될 수 있다 할지라도, 그리고 많은 제의가 매우 연극적으로 보인다고 해도, 우리는 역사적으로 연극과 제의를 구분한다. 경험을 담아내는 제의는 통과의례와 같은 상태에서 변화를 지시하거나 믿음을 상징화하는 구조를 가진 종교적인 표현에서 실제적인 사건이나 제작자의 연기로 양식화될 수 있다. 데이비드 파킨(1992)은 이렇게 말했다. '인간이 자신의 움직임, 변형, 확산 그리고 분할을 집단적으로 공모하는 것은 오직 제의를 통해서만 가능할 것이다'(p. 22).

이제부터 연극과 제의, 그리고 어린이의 극적 발달을 탐험하고, 그것이 제의 연극 접근법을 이해하는 데 어떻게 도움을 줄 수 있는지를 설명할 것이다.

연극

연극은 개인적이면서(여기에서) 사회적인 것(저기에서)이다. 매우 사적인 친밀한 경험인 동시에 공적이고 사회적인 경험이 될 수 있다. 연극은 고대의 이야기를 가지고 있고, 제의에서 자라났다기보다는 제의와 함께 연계되어 오랜 시간 전부터 나타난 것으로 제시되어 왔다. 애덤 블래트너(2007)는 '드라마는 관습적인 연극보다 더 깊고 더 넓은 과정이다'(p. xxiv)라고 했는데, 이는 저명한 사이코드라마 연출가의 주장으로서 영향력이 크기 때문에, 언젠가 꼭 다뤄 볼 만한 주제이다.

예를 들어, 우리는 누구나 꿈을 꾸며, 그 이미지들이 모이면 어떤 유형의 연극이 될 수 있을 것이다. 우리는 이른 아침에 일어나 차를 마시며 그 꿈과 의미를 곰곰이 생각한다. 우리는 아마도 그것들의 파편만 기억할 것이고 조각들을 이해하기 위해 노력할 것이다. 그럼에도 불구하고 다른 사람에게 꿈 이야기를 하거나 꿈 일기를 쓰거나 그림을 그려 보거나 꿈 작업을 하지 않는다면, 그것은 매우 사적인 연극의 파편에 불과하다. 그것은 우리에게 우리가 잠에서 깨어났을 때 일어난 순간의 성찰만을 가져온다. 그러나 한 주가 지나면 우리는 갑자기 '아하!'라고 외치면서 그것이 무엇에 관한 것이었는지를 느끼게 된다. 그리고 몇 년 후(제닝스가 1998년에 묘사한) 그것은 완전히 새로운 의미로 받아들여져 우리의 상황과 우리 자신에 관해 깊은 인상을 가져다주기도 한다. 꿈을 다루는 연극이 저절로 드러나게 놓아둔다면, 우리의 삶에 오랜 영향을 끼치게 할 수 있다. 우리가 꿈에 더 많은 의미를 부여하려고 하면, 오히려 그 경험은 가치가 떨어지고 표면에만 머물 것이다. 나는 만약에 우리가 인생에서 오직 하나의 중요한 꿈만 꾼다면 그게 무엇일지 궁금할 때가 있다!

낮에는 사람들의 무뚝뚝하고 짧은 주장을 담은 기치를 들고 변화를 요구하는 시위를 관찰할 수 있다. 그것은 우리의 삶과 꿈에서 잃어버린 것에 대해서 이야기하는 한 편의 연극적인 역할 놀이이다. 그 시위자들은 얼굴에 가면을 쓰거나 그림을 그리곤 한다. 시위는 어떻게 살아야 할 것인가에 관한 거리 퍼포먼스로서 깨어진 약속과 흩어진 기대 그리고 타락에 관한 규탄이었다. 그것은, 만약 법질서의 수호자들이 손쓸 수 없는 상황이 되거나 '사태가 험악해'져 드라마가 폭력적인 현실로 변할 위험성이 있다고 판단하지 않는 한, 극적 현실의 경계 안에 머무를 것이다. 그리고 평화를 유지해야 한다고 외치는 법질서의 수호자는 폭력적인 반응을 보인다. 법질서의 수호자들이 주장하는 현실과 시위자들이 요구하는 현실의 싸움에서 새로운 연극이 창조된다. 이 만남의 메시지는 그 시위의 결과로 대신하게 된다. 머리는 피로 물들고, 몸은 힘없이 트럭에 실려 끌려간다. 제복의 먼지를 털어내고 차를 마시는 것이다.

아마도 같은 날 저녁에 우리는 극장에 있을 수 있다. 그것이 데릭 월콧의 〈오디세이〉 버전의 무대라고 하자(1993). 월콧은 이 버전에서 호메로스의 장시(長詩)가 가진 본질적인 요소를 취했다. 다시 말해, 오디세우스의 여정 중에 중요한 대목을 골라 이야기의 상징과 심상을 유지한 상태에서 현대의 정치사회적인 해석을 가미한 것이다. 우리는 폭풍, 레이스, 거품의 재현과 같은 이미지가 되풀이되는 것과 장님 내레이터 빌리 블루 그리고 여행에서 반복되는 제의적인 노래에 주의를 기울여야 한다. 우리는 연극에서 그 시위의 정치적인 현실로 이동했는가? 그것은 우리가 일찍이 거리에서 목격한 것과 같은 파장을 가지고 있나?

월콧(1993)은 시위대의 철학자라는 인물을 통해 이렇게 말한다.

> 나는 광장의 수천 명 중의 한 명이다
> 그러나 언제나 뒤돌아보는 것은 너무 멀고 너무 늦다… (2.viii. 47-48)

연극에서 그 철학자라는 인물은 시위 현장에 있었다. 도망치지 않았지만 행동에 참여하지도 않았다. 시위를 반대하지도 지지하지도 않았다. 오늘 아침 시위를 목격한 우리 역시 그와 같은 역할이지 않았나?

우리는 연극에서 빠져 나와 동행하는 누구와도 토론할 수 있고, 또한 자기 전에 차 한 잔을 놓고 그 경험에 대해 깊이 생각해 볼 수 있다. 어떤 이미지는 연극으로부터 와서 우리와 있을 것이고, 우리는 아마도 하나의 인물과 함께 잘 정의될 수 있을 것이다. 그것은 오래 묻혀 있던 기억의 방아쇠를 당겨 지금 우리에게 의미를 줄 것이다.

우리의 인식은 세 가지 연극적인 경험 — 개인적인 꿈, 공적인 시위, 그리고 연극 — 에 의해 움직였다. 이 세 가지는 반영과 탐험을 위해 우리에게 머무르는 다양한 느낌과 함께 감동을 주었다. 이것은 오직 우리가 이미 '극적으로' 태어났기 때문에 가능한 것이다(Jennings 1987, 1990, 1994, 1995b, 1998, 2010a; Jennings and Minde 1993).

제의

우리는 또한 제의적으로 태어났다. 분명히 우리는 태어나기 전에 제의적인 행동을 경험한다. 그것은 태어난 후에도 계속된다. 나는 우리가 첫 번째 원을 자궁의 안전한 물속에서 경험한다고 생각한다(Jennings 2010a). 두 번째 원은 우리가 태어나 엄마에게 안겨 있을 때이다. 세 번째 원은 상징적이다. 엄마와의 최초의 관계에서 우리가 붙잡은 애착의 원이다. 이 세 가지 원은 원형 무대에서 고도로 개인화된 연극처럼 우리의 제의적인 경험을 담아낸다. 극적 상호작용과 유희성을 담아낼 수 있는 명확한 경계가 있다.

어떻게 우리는 실제로 우리가 제의를 통해 만들어 내는 의미를 이해할 수 있을까? 많은 인류학자들이 이것에 관해 이름 붙이기를 시도하였지만(Bell 1997l; de Coppet 1992; Lewis 1980; Tambiah 1985; Turner 1982), 결과는 매우 적다. 리처드 셰크너(2003)는 제의가 놀이, 게임, 스포츠 그리고 연극의 어떤 면들을 가지고 있다고 하면서 다음과 같이 제안했다. '1) 특별한 시간 지정, 2) 주제에 부여된 특별한 목적, 3) 재화를 생산하지 않음, 4) 규칙'(p. 8).

데이비드 파킨은 제의에서 신체와 공간의 관계에 더 주의를 기울였다.

> 신화가 특별한 권위를 부여 받은 말이라 할 때, 제의는 특별한 권위를 부여 받은 신체적 행동이라 할 수 있다. 그러나 그것은 오직 신체적인 움직임 또는 다른 사람의 신체적인 움직임이나 위치를 존중하며 자리 잡는 것을 통해서 이해할 수 있다. 만약에 그러한 움직임이 제의의 주요한 원리라면, 사람들은 중요한 말을 할 때 언어보다는 움직임을 통해야 한다. (1992, p. 11)

제의의 복잡성은 벨에 의해 묘사되었다(1997).

> 제의가 펼쳐지는 장면은 연극 무대의 배경 그림과는 다르다. 제의 행위는 당면한 세계의 뒤엉킨 상호관계를 포함하고, 종종 여러 방식의 의례 행동으로써 묘사된다. 그 정확한 방식과 빈도, 양식적인 특징은 특정한 문화 상황과 아울

러 전통, 형식, 관습에 따라 달라진다. (p. 266)

제의 경험을 위한 필수적인 신체적, 감각적, 리듬적 요소는 개인과 사회 집단 양쪽에서 내재화되고 체화된 것이다. 발달상으로 유아의 첫 번째 제의 행동은 임신 기간에 일어난다. 한 가지 논쟁점이 될 수 있는 것은 많은 성적 행동이 움직임, 소리, 리듬의 반복이라는 측면에서 제의적이라고 이해될 수 있다는 점이다. 엄마는 임신했다는 사실을 알게 되면 태어나지 않은 아이와 관계맺음이 시작된다. 설사 16주경에 시작되는 첫 번째 움직임이 태동과 같은 인식할 만한 반응이 없다고 해도, 대부분의 엄마들은 제의적인 움직임과 소리로 점점 더 많이 반응한다. 거기에는 흔들기, 노래하기, 흥얼거리기, 쓰다듬기가 있다. 제의의 움직임과 소리는 원초적 애착의 기본적인 형식과 특별한 관계의 발전을 가능하게 한다. 24주차에 아기는 엄마의 목소리와 소리를 인식하고 경쾌하게 움직이며, 연속으로 동작을 만들어 낸다(Jennings 2010a; Newham 1999). 그리고 태어났을 때 자기 엄마의 목소리를 인식할 수 있다.

폴 뉴엄(1999)에 따르면,

> 임신 중의 태아는 자궁의 막 속에 매달려 있다. 그것은 따뜻하고 어둡고 젖은 주머니 속에 말려 들어가 있는 것이다. 이러한 물의 세계에서 아기는 삶의 춤을 예행연습 한다. 척추를 확장하고, 사지를 회전시키고, 숨쉬기 운동의 흔적을 남기며, 입을 열었다 닫았다 한다. 하품의 기술을 배우고, 삼키는 법을 알게 된다. 앞으로 태어난 후에 필요하게 될 움직임들을 연습하는 것이다.

많은 엄마들이 자신의 태어나지 않은 아기와 보내는 흔들기와 노래하기 시간을 창조한다. 그리고 그 아기는 엄마의 심장 박동 리듬을 인식한다. 많은 경우에 그들의 심장 박동은 그들의 엄마 것에 적응해 있다. 임신 기간 동안에 엄마는 극적인 관계를 만들어 간다. 그것은 아기가 태어났을 때 극적인 관계로 들어가는 것을 가능하게 한다. 그러므로 앞서 이야기한 세 가지 원(p. 199)은 아기가 태어났을 때 제의적이고 극적인 기반 위에서 묘사된다. 제의를 동반한 애착의 극화는 강력한 애착의 건강한 창조를 확보한다. 애착의 중요성은 아무리 말해도 지나치지 않다(Bowlby 1966).

발달 과정에서의 제의와 연극

나는 초기의 애착이 임신 기간과 태어나서 처음 6달 동안의 신경-극-놀이(NDP)에 기반해 있다고 설명하였다.

그것은 엄마와 아직 태어나지 않은 아기 사이의 그리고 엄마와 태어난 지 6달이 된 아기 사이에서의 감각적이고 율동적인 그리고 극적인 놀이하기이다(Jennings 2010a, b). NDP는 그것의 재현적인 속성에서 제의적이고, 가정(as if) 놀이 안에서 극적이다. 엄마와 아기는 태어나서부터 가정 놀이에 참여한다. 그리고 엄마는 아기가 태어나기 전에 했던 대화와 역할 놀이 속에서 극적 놀이를 연습하고 있었다(Jennings 1998, 2010a). 건강한 애착은 NDP를 통해 형성된다. 그리고 이러한 놀이적인 관계를 경험한 아기들은 무엇보다도 신뢰의 관계를 세울 수 있게 된다(Erikson 1995). 이러한 신뢰 관계로부터 회복 탄력성이 자라날 때, 아이들은 점점 더 자기-신뢰와 변화가 심한 바깥세상을 향한 강건함을 갖게 된다. 아이들이 극적으로 놀이하는 경험을 더 많이 쌓아 가면서, 그들은 다른 사람이나 창조물과 같이 놀이하며 점점 더 공감을 표현할 수 있게 된다. 그것은 다른 사람이 어떻게 느끼는지를 알 수 있게 된다는 것이다.

NDP는 수정된 순간부터 6개월이 될 때까지 아기의 극적 발달을 드러내는 반면에, 발달상의 전형적인 양식인 체현-투사-역할(EPR)은 태어나서부터 7살까지의 극적 발달 과정을 드러낸다.

EPR은 아이의 극적 발달을 드러낸다. 그것은 아이가 상상과 상징의 세계로, 극적 놀이와 드라마의 세계로 들어갈 수 있게 해 주는 기초이다. 엄마와 유아 사이의 초기의 애착은 NDP를 통해 만들어진 역할 바꾸기와 유희성을 통하여 얻은 강력한 극적 요소를 가지고 있다.

NDP와 EPR을 통한 여정은 아이들의 성숙과 자신감을 위해 꼭 필요하다. 다음에 나오는 것들은 이러한 여정의 몇 가지 결과이다.

- 엄마와 아기 사이의 건강한 애착 형성 고무하기
- 자기와 다른 사람들을 향한 신뢰 확립하기
- 정체성과 독립성 기르기
- 극화된 신체 자극하기 — 창조할 수 있는 신체
- 상상력 키우고 발전시키기
- 회복 탄력성의 발달 가능하게 하기
- 일상 현실과 극적 현실 사이의 이동을 허용하는 상상력 기르기
- 공감력을 키우기 위한 기초 세우기
- 사회성을 기르기 위한 제의적인 행동의 경험 제공하기

체현(E), 투사(P), 그리고 역할(R)은 놀이와 함께 하나의 단계에서 다음 단계로 넘어가는 드라마를 통해 제의화된 삶의 변형의 흔적이다.

체현

체현 단계 동안 우리는 아이의 초기 경험이 어떻게 신체화 되며 감각적인 놀이와 신체 움직임을 통해 주요하게 표현되는지를 볼 수 있다. 이러한 신체적인 경험들은 몸속에 사는 몸-자기(body-self)를 발전시키는 데 매우

필수적이다. 혼란스런 애착을 경험한 많은 아이들은 그들 자신의 신체에 사는 것과 공간에서 자신감 있게 움직이는 것에 큰 어려움을 가지고 있다. 우리는 그러한 아이들이 사물을 만지거나 새 옷을 입는 것 또는 먹거나 씻는 것에 겁을 내는 것을 관찰할 수 있다. 그게 아니라면 제대로 신체 움직임을 하는 데 큰 어려움을 가지고 있는 느릿느릿한 아이를 보게 되는데, 그들은 종종 단추를 잘못 채웠거나 먹던 음식을 옷에 흘리곤 한다. 이러한 아이들은 모두 공간을 사용하는 데 있어 어려움을 가지고 있다. 겁 많은 아이들이 공간을 건방지게 뛰어다니는 일은 거의 없다. 그리고 느릿느릿한 아이들은 그들이 필요로 하는 것보다 훨씬 더 많은 공간을 차지한다!

아이의 초기 신체적 경험은 대부분 가까이 있는 다른 몸, 대개는 엄마와 신체적으로 일치하는 놀이에 참여하는 것을 통해서 한다. 아기는 율동적인 흔들기와 노래하기의 제의를 함께 하면서 달래지고 안긴다. 아기가 반응하고 엄마가 다시 반응함으로써 상호관계가 증진된다. 엄마와 아기는 협력자가 된다. 그리고 이미 그 움직임은 어떤 제의/위험 요소의 특성을 가지고 있다(Jennings 1990). 한편으로 제의화된 흔들기 움직임은 신이 나서 아기를 위아래로 튕겼다 다시 안아 주는 것과 같은 더 위험해 보이는 움직임에 비해서는 안심이 된다.

체현 단계 동안에 아이들은 또한 어떤 종류의 질서와 유형을 익히기 위해 마구 어지럽히는 놀이의 경험이 필요하다. 가령 아기가 침을 흘리거나 우유를 먹고 난 뒤 조금 토했다고 하자. 이것은 엄마가 우유를 토해 낸 사실만 문제 삼지 않는다면 걱정거리가 되지 않는다. 이 뒤범벅된 찐득찐득한 것을 걸레로 닦는 동안 엄마와 아기가 서로 웃는다면, 그것은 둘 사이에서 나눌 수 있는 하나의 우스운 행동이 된다.

엄마가 아기를 붙잡고 꼭 껴안는 것과 같은 신체적인 근접성은 아기에게 그들 자신의 신체에 대한 첫 번째 인상을 준다. 아기의 몸은 거의 엄마에 의해 주조된다. (나는 이것이 최근에 유행하는 메모리폼 매트리스와 어떤 관련이 있는지 정말로 궁금하다.) 그러나, 만약에 엄마가 이러한 근접성을 성취할 수 없거나 더러움과 접촉하는 것을 꺼리는 반응을 한다면, 이것은 앞서 말한 아기의 몸-자기의 발달에 영향을 미칠 것이다.

투사

아기가 한 살이 다 되어 가면 투사적인 P단계로의 변화를 만들어 낸다. 그렇기는 하지만 그들은 신체 경험도 함께 가지고 있다. 이 변형의 초기 부분은 여전히 손가락으로 그림 그리기나 모래 놀이나 물놀이를 하는 데서 얻어지는 감각적인 부분을 포함한다. 그럼에도 불구하고 아이들이 전체 신체를 사용하는 것은 줄어들고, 놀이 재료나 매체를 조종하는 기술은 증가한다.

이것 역시 위니캇(1974)이 '중간 대상'을 설명할 때 이야기한 전이의 시기이다. 대개 부드러운 옷이나 껴안고 자는 인형 그리고 담요의 촉감이나 냄새와 같은 것을 말하는 중간 대상은 양쪽 모두에게 중요하며, 감각적인 발달과 연관되어 있다. 그것은 아이에게 말 그대로 붙어 있다. 그것은 보통 아이의 첫 번째 상징이 되며, 부재하는 엄마의 형상을 재현한다. 그 변형적 대상은 제의적이고 창조적이다. 그것은 항상 같은 모습이고, 비록 지저분해지더라도 변화될 수 있으며, 변장을 위한 스카프나 인형을 감싸는 담요처럼 뒤에 숨을 수 있는 가면도 될 수 있다.

P단계에서 아이는 신체를 넘어선 세계, 신체 바깥에 있는 것들에게 반응한다. 아이의 반응은 신체적인 것이다. 예를 들어, 아이들이 손가락으로 그림을 그릴 때 중요한 것은 물감이 신체 경계의 바깥에 있는 물질이라는 것이다. P단계에서 아이는 다른 물질과 관계를 맺을 뿐 아니라 그것들을 특정한 형태로 배열한다. 그림 그리기, 칠하기, 건축물과 모형 만들기 등이 그것이다. 투사적인 단계에서 아이는 그들의 조직하고 편성하는 기술을

발전시킨다. 곧 우리는 인형의 집이나 꼭두각시 인형과 같은 물체들을 통해 이야기를 하는 것이 느는 것을 보게 될 것이다.

아이가 인형을 통해 이야기하거나 역할을 투사하는 것이 줄어드는 전이의 두 번째 단계 다음에는 인물이 만들어지기 시작한다. 두 번째 전이는 막대기나 칼 또는 아이들이 마음껏 다룰 수 있는 특별한 옷 그리고 연기하는 것과 같은 행동 등 다른 종류의 사물에 권위를 부여하는 것으로서 구분이 된다.

역할

때때로 몇 가지 장면에서, 결국 아이는 역할을 온전히 입기 시작하고, 우리는 R단계가 드러나는 것을 관찰할 수 있다. 장면이나 역할에 무엇이 적합한지 — '엄마는 그렇게 안 해' 또는 '괴물은 이렇게 걷는다' — 와 같은 역할 연기뿐 아니라 장면을 연출하는 것까지 발달한다. 그리고 모양을 인식하는 것도 높아진다.

아이가 이야기하기, 분장하기, 움직이기로 놀이와 다양한 인물을 창조하는 것처럼 E, P, R단계를 통합해 낸다. 대개 E, P, R, 이 세 단계는 7살이 되어야 완성된다. 그러나 그것은 거기서 멈추지 않는다. 7세 이후에도 EPR이 반복적으로 되는 것은 아니지만, 십대 초반부터 청소년기까지 극적 발달은 지속된다. 그럼에도 불구하고 그들은 정체성이 발달함에 따라 계속해서 시도하고 검증한다.

마지막으로 우리는 우월성을 가지고 있는 단계에 기초를 두고 어른으로서 선택을 한다. 대개 E나 P나 R 중 하나에 초점을 맞추고 직업이나 취미를 고르게 된다.

우리 자신의 선택에 기초하지 않거나 다른 사람들의 기대나 압력 때문에 우리가 결정을 내린다면 갈등이나 고통이 뒤따를 수밖에 없다.

회복 탄력성의 연극

아이의 극적인 발달이 신경-극-놀이라는 애착의 단계에서 체현-투사-역할이라는 사회적 단계로 이동할 때, 우리는 많은 변화를 관찰할 수 있다. 아이들은 더 자신감이 생기고, 문화적인 제의를 인식하며, 그들의 가족과 사회의 삶의 일부로서 연기한다. 그들은 학교, 결혼식, 이름 짓기 그리고 우리 삶 속에서 중요하게 여겨지는 의례들에 적합한 통과의례에 공헌할 수 있다. 이 모든 단계를 거쳐, 아이들은 공감력과 회복 탄력성을 발달시키게 된다. 그리고 연극은 그 자체로 회복 탄력성의 발달에 중요한 측면이 된다. 신경-극-놀이와 체현-투사-역할 후에 궁극적인 단계는 회복 탄력성의 연극이다. 회복 탄력성의 연극에 능숙한 아이는 극화되거나 그들 자신의 문화와 놀이에 적합한 내용의 역할로 만들어진 제의의 참여자가 될 수 있다.

치유 장면에서의 제의와 연극

많은 사람들, 특히 학대를 받았거나, 정서적 외상을 입었거나, 방치당했거나, 또는 입원한 적이 있었던 사람들은 이러한 극적 발달 단계를 통과하기 어렵다. 그것은 건강한 발달에 꼭 필요한 아이들의 놀이가 성인의 필요에 의해 조종당하는 것과 같은 특정한 손상을 입게 된다. 이것은 우리가 다른 사람들을 믿는 능력에 영향을 끼친다. 또한 그것은 위험을 받아들이는 능력에 영향력을 준다. 우리는 전혀 위험 없이 살 수 없다. 우리의 삶은 고위험에 노출되어 있다. 집단에서 연극치료나 놀이 치료는 집단의 내용 안에서 필수적인 사회적 기술의 발달을 가능하게 한다(Schaefer, Jacobson and Ghahramanlou 2000). 그것은 모든 개인들의 현실을 시험하게 된다.

제의와 NDP와 EPR 연극 모델은 아이의 극적 발달에 부족함이 있을 때 중요한 치료적인 개입이 된다. 개인이나 집단과 작업할 때, 리듬이 있는 감각적인 놀이, 극적인 놀이(NDP), 체현 놀이, 투사 놀이, 역할 놀이(EPR)는 아이의 치료 과정에서 필수적인 주요 지형물이 된다.

또한 연극치료사(그리고 놀이치료사)는 참여자의 연령에 적합한 방식으로 또한 융통성 있게 필요한 재료를 사용할 수 있어야 한다. 나는 늙어 버린 십대와 어린 성인이 비눗방울과 아기 로션을 가지고 재미있게 노는 것을 보는 것만으로도 유쾌했고, 놀라웠다. 다음에 나오는 예는 초기의 학대가 신뢰와 자신감, 회복력과 공감력을 향해 가는 과정에 도움을 주는 제의와 극의 형식으로 어떻게 다시-만들어질 수 있었는지를 보여 줄 것이다. NDP, EPR 그리고 회복 탄력성의 연극을 통한 여정에서 이를 목격할 수 있다.

철로 소년 프로젝트

집단은 거리와 기차역에서 노숙하는 20명의 십대와 젊은 남자들로 구성되었다. 그들은 어릴 때부터 커다란 고아원에서 잔인한 대우를 받았거나, 알코올중독 부모에게 학대를 받았거나, 가정 폭력에 노출되어 있다가 도망쳐 나온 아이들이었다. 그들은 사소한 범죄들을 저지르면서 음식이나 돈을 취하며 살아가고 있었다. 새롭게 살기 프로젝트는 그들이 밥과 깨끗한 옷과 수면이 허용되는 낮 센터에 들어갈 수 있도록 용기를 주었다. 그들은 밤에 거리로 돌아가기 전에 몇 가지 수업을 들었다. 다음 단계는 밤에는 센터에서 자고 낮에는 대개 건설 현장으로 일을 하러 가는 것이었다. 세 번째 단계는 그룹홈에서 생활하는 것이었다.

참여자의 진정한 애착의 욕구를 이해하게 된 것은 놀이치료사와 연극치료사가 되기 위해 훈련하는 스태프와 함께 우리의 프로젝트를 시작한 이후였다. 거리에서 안전함을 느끼며 끊임없이 도움을 거부하는 많은 젊은이들을 대하는 것은 치료사에게 매우 힘든 일이었다. 그러한 정서적 외상 후에 다른 사람에게 의지할 것을 약속하는 것은 그들에게는 커다란 위험이고, 또한 사람을 믿는 능력이 있어야 하는 것이다. 그것을 기관에 붙잡혀 있던 시간들로 여기고 탈출구를 찾고 싶어 하는 것은 놀라운 일이 아니었다. 참여자들은 이미 살아가는 기술을 잘 연마해 오고 있었다.

2008년, 그리고 2009년과 2010년에 지방에서 열린, 참여자가 함께 하는 집중 프로그램 캠프에 대해서 살펴보겠다. 4박 5일로 계획된 캠프는 각 참여자가 5일 내내 성인 파트너(자원봉사자나 연극치료사 과정생)와 함께 하게 된다.[2] 실제로 모두가 자원봉사자 짝을 갖는 것은 아니다. 그러므로 우리는 모든 참여자들의 애착의 욕구를 고려하며 짝을 맺을 수 있도록 항상 정신을 바짝 차리고 있어야 했다. 5명의 집단마다 2명의 자원봉사자를 배치하였다. 하루는 제의적인 형식으로 시작하고 끝났으며, 중간에는 발전적인 구조화 작업을 하였다. 어떤 회기는 때때로 야외에서 물총싸움 같은 것을 했다.

집단은 숨바꼭질 같은 극적인 놀이 후에 손 마사지, 비눗방울 불고 잡기, 다른 사람의 등을 두드리며 리듬 만들기(감각적이고 리듬감 있는 놀이)와 같은 제의적인 행동을 하면서 열렸다. 이러한 NDP의 기본 요소들은 집단에 주요한 신뢰를 만들어 냈다. 그들은 그러한 놀이들을 즐겼으며, 반복해서 하기를 요청하였다.

집단은 EPR의 단계로 이동하였다. 그들은 균형 잡기와 밀고 받아 주기와 같은 신뢰의 움직임 연습을 탐험하였다(E). 그들은 자신의 사진이 밤새

2. 모든 프로그램에서 나는 성인과 아이를 한 쌍으로 만들려고 노력한다. 큰 집단에서는 때때로 두 명의 성인과 함께 삼인조가 된다. 이것은 어린아이나 십대 또는 믿을 만한 성인들이 그들의 짝과 집단의 내용 안에서 함께 투쟁하는 것을 가능하게 한다.

인화되는 동안 매우 집중했고, 사진을 받고 무척 기뻐하였다. 그들은 사진을 액자에 넣고 장식을 만들었다. 이 작업은 시간이 걸렸지만, 우리의 기대를 넘어서곤 했다. 참여자는 마치 자신을 이전에 본 적이 없었다는 듯이, 그들의 사진과 오랜 시간을 씨름하며 보냈다. 그리고 그에 따른 결과로 나온 액자는 굉장한 자신감이 되었다. 그들 대부분이 새롭게 살기 센터에 액자를 걸어 달라고 요청했다.

석고 거즈의 사용[3]은 다양한 층위의 경험을 하게 한다. 그것은 매우 신체적이다. 왜냐하면 그것은 대개 신체의 한 부분을 모형 떠서 만들고, 몸이 지저분하게 되기 때문이다(E). 그러나 그것 역시 바깥에 있다. 그것은 공들여 만들 수 있고 칠할 수 있는 물체이다(P). 이러한 결과로 만들어진 오브제는, 가면이거나 손이거나 간에, 역할로 이끄는 것에 유용한 극화된 것으로 사용될 수 있다.[4] 모두가 석고 거즈를 가지고 손을 만드는 데 시간이 필요하다. 그리고 금방 완성하지 못해서 좌절하기도 한다. 하나 또는 두 개의 손이 부서지면 집단의 다른 사람들이 그 손을 수리하거나 새로 만드는 것을 도와주면서 지지를 해 준다. 그 손들은 밤새 말린 다음 그림 그리기와 꾸미기 후 감각적인 놀이와 극적인 게임에 사용한다. 그 장식은 정교하고, 색칠뿐만 아니라 스팽글, 반짝이, 깃털들을 사용하였기 때문에 모두 다르다. 풀을 입히는 것은 그 손을 힘 있게 만들어 준다. 그리고 몇몇 사람들은 그 만들어진 손을 가지고 인물을 지어내기 시작한다. 그것은 그들이 역할 작업을 할 준비가 되었다는 것이다. 우리는 날마다 다른 이야기로 작업을 한다. 그리고 마지막 두 회기에 우리는 루마니아 설화인 양치기 소년 미하이 이야기를 들려준다. 그 이야기는 그 자체로 결말에 무엇이 일어났

3. 나는 또한 '애착의 가면'을 사용한다. 각 참여자는 두 명의 성인과 함께 작업하며, 얼굴에 부드럽게 바셀린을 바른 뒤 모드록 마스크를 창조하는 것이다. 십대들은 가면을 그들이 원하는 대로 변형시킬 수 있다.

4. 가면은 가벼워야 하며(여러 층이면 안 된다), 눈 부분이 크게 뚫려 있어야 하고 숨 쉴 만한 공간이 충분해야 한다. 시작하는 시점에는 종종 반가면이 사용하기 좋을 수 있다.

는지에 대한 여러 질문들을 남긴다. 거기에는 늑대가 양치기 소년을 잡아 먹지 않았다는 것을 확신하길 원하는 참여자의 불안이 있다. 각 집단은 그들 자신의 결말을 극화한다. 그리고 각각의 결말은 다르다. 미하이는 양가죽 외투를 입은 뒤 늑대를 속이고 탈출하거나 늑대와 친구가 되는 등의 여러 결말이 있다. 가장 감동적인 결말은 미하이가 그의 아버지를 만나 늑대를 잡은 뒤 병원에 가서 그의 절뚝거리는 다리를 고친 것이었다. 이 이야기가 상연된 후에 한 젊은 남자가 북 하나를 잡았다. 우리는 리듬을 만들고 두들기기 시작했다. 그리고 민요를 불렀다. 모두가 그와 함께 노래를 했고, 그는 노래를 부르며 춤추기 시작했다. 집단은 그들 자신의 제의의 종결을 지극히 자발적으로 창조해 냈다. 그들의 NDP와 EPR 초기 작업은 회복의 연극 속에서 매우 자연스럽게 막을 내렸다.

비록 이것이 매우 짧은 기간의 집중적인 프로그램이었음에도 불구하고 몇 가지 흥미로운 관찰 결과를 얻었다.

- 금주해야 한다는 규정에 발버둥을 치긴 했지만, 전체 기간 동안 누구도 도망치지 않고 머물러 있었다.
- 종종 기대한 것보다 시간이 오래 걸렸지만, 집중이 매우 발달했고, 모든 과제가 완성되었다.
- 많은 경계심과 성급한 반응이 줄어들었다.
- 참여자들은 자신들이 성취한 것을 보며 진정한 기쁨을 표현했다.
- 몇몇 사람들이 재료를 가지고 싸울 때 서로 고려하고 배려하는 것이 보였다.
- 스태프들은 장애인 멤버에게 적합한 경계와 고려를 보여 주었다.
- 모두가 각 단계를 통과하며 전이를 만들어 낼 수 있었고, 그들 자신의 문화에서 전해 내려오는 민화를 나누는 마지막 제의 연극을 만들어 냈다.

모든 참여자의 열정은 준비한 사람들을 모두 놀라게 하였다. 그리고 아마도 어떤 변화가 가능할 수 있다는 일종의 낙관주의가 일어난 것 같다. 감각적인 놀이에서 우리는 작은 베이비로션, 핸드크림, 에센스 오일 등이 특정한 흥미를 이끌어 낸다는 것을 알게 되었다. 몇몇 참여자들이 평소에 본드를 흡입하던 모습을 떠올리면서, 우리는 그들이 그 향을 깊이 들이마시는 것을 즐기고 있다는 걸 목격하였다. 아마도 우리에게 가장 감동을 준 것은 집단이 진실하게 연기를 하면서 표출한 자발적인 기쁨일 것이다.

종결 성찰

이 장에서 나는 인류학과 연극에서 함께 이론을 가져오려고 시도했고, 그것을 유아와 어린아이의 발달상의 관점에서 보려고 하였다. 신경-극-놀이와 체현-투사-역할의 구조와 회복의 연극은 인간 성장에서 필수적으로 제의화 되고 극화된 것에 대한 이해를 통해 묘사되었다.

나는 제의 연극이 연극치료에 접근하는 것에 초점을 맞추기보다는, 제의와 연극 양쪽에서 만들어지는 다양한 요소를 그리려고 하였고, 인간 존재가 태어나서부터 양쪽의 요소를 품고 있다는 것을 제시하였다. 우리는 개인적인 발달에서 그들을 경험하였다. 그것은 우리가 독립성과 회복 탄력성을 가지게 되었을 때 우리의 사회적인 발달과 통합되는 것이다. 나는 제의와 연극의 접근법, 회복 탄력성의 연극이, 초기 발달의 획기적인 단계가 방향을 찾지 못했을 때, 치료적인 개입 방법으로서 적합한지 보여 주었다.

인간 진화에 있어 제의와 연극의 중요성은 아무리 강조해도 지나치지 않다. 그러나 우리는 위험에 처해 있으면서도 이를 무시하고 있다. 어린아이와 젊은이들은 현대의 삶에 대응하기에는 터무니없이 낮은 회복 탄력성과 적은 공감력을 가지고 자라난다. 그리고 이에 대한 우리의 걱정은 커지고 있다. 우리는 연극과 제의가 정치적이고 오락적이고 정보를 주는 것과 마찬가지로 치료적일 수 있다는 인식을 높임으로써 용기를 얻을 수 있다. 연극은 화려한 것이고 연극치료는 다른 이름으로 가장한 심리 요법이라는 모든 편견들로부터 그것들을 지켜 낼 필요가 있다.

연극은 치료이다. 제의는 치료이다. 두 개를 합하면 제의 연극이 된다. 우리는 이것에 매우 강력한 힘을 실어 주어야 한다.

> 나는 사물의 질서를 발견했다오
> 그리고 나의 아이들에게 가르쳤다오
> 씨앗들은 저마다 별을 품고
> 아들들은 저마다 아비가 되었다오.
>
> 맥텔(1971)

참고 문헌

Bell, C. (1997) *Ritual: Perspectives and Dimensions*. Oxford: Oxford University Press.

Blatner, A. (2007) 'Introduction.' In A. Blatner (ed.) *Interactive and Improvisational Drama*. Lincoln NE: iUniverse Inc.

Bowlby, J. (1966) *Child Care and the Growth of Love*. Harmondsworth: Penguin.

Cattanach, A. (2008) *Play Therapy with Abused Children*. London: Jessica Kingsley Publishers.

Courtney, R. (1981) 'Drama Assessment.' In G. Schattner and R. Courtney (eds) *Drama in Therapy*. New York: Drama Book Specialists.

De Coppet, D. (1992) (ed.) *Understanding Rituals*. London: Routledge.

Erikson, E. (1995) *Childhood and Society*. London: Vintage.

Jennings, S. (1981) 'Drama Therapy: Origins and Physical Disabilities.' In G. Schattner and R. Courtney (eds) *Drama in Therapy*. New York: Drama Book Specialists.

Jennings, S. (1987) 'Dramatherapy and Groups.' In S. Jennings (ed.) *Dramatherapy Theory and Practice*, Vol. 1. London: Routledge.

Jennings, S. (1988) 'The loneliness of the long distance therapist.' *British Journal of Psychotherapy* 4, 3.

Jennings, S. (1990) *Dramatherapy with Families, Groups and Individuals*. London: Jessica Kingsley Publishers.

Jennings, S. (1993) *Play Therapy with Children: A Practitioner's Guide*. Oxford: Blackwell Science.

Jennings, S. (1994) 'The Theatre of Healing: Metaphor and Metaphysics.' In S. Jennings, S. Mitchell, A. Cattanach, A. Chesner and B. Meldrum (eds) *The Handbook of Dramatherapy*. London: Routledge.

Jennings, S. (1995a) 'Playing for real.' *International Play Journey* 3, 132-141.

Jennings, S. (1995b) *Theatre, Ritual and Transformation: The Senoi Temiars*. London: Routledge.

Jennings, S. (1998) *Introduction to Dramatherapy*. London: Jessica Kingsley Publishers.

Jennings, S. (1999) *Introduction to Developmental Playtherapy*. London: Jessica Kingsley Publishers.

Jennings, S. (2004) *Creative Storytelling with Children at Risk*. Milton Keynes: Speechmark.

Jennings, S. (2005) *Creative Play with Children at Risk*. Milton Keynes: Speechmark.

Jennings, S. (2006) *Creative Storytelling with Adults at Risk*. Milton Keynes: Speechmark.

Jennings, S. (2007) *Creative Play and Drama with Adults at Risk*. Milton Keynes: Speechmark.

Jennings, S. (2009) (ed.) *Dramatherapy and Social Theatre: A Necessary Dialogue*. London: Routledge.

Jennings, S. (2010a) *Empathy and Awareness*. Milton Keynes: Hinton House.

Jennings, S. (2010b) *StoryBuilding: 100+ Ideas for Developing Story and Narrative Skills*. Milton Keynes: Hinton House.

Jennings, S. and Minde, A. (1993) *Art Therapy and Dramatherapy. Masks of the Soul*. London: Jessica Kingsley Publishers.

Lewis, G. (1980) *The Day of Shining Red: An Essay on Understanding Ritual*. Cambridge: Cambridge University Press.

McTell, R. (1971) 'First and Last Man.' From the album *You Well-Meaning Brought Me*

Here. Famous Label.
Mitchell, S. (1992) 'Therapeutic Theatre as a Para-Theatre Model of Dramatherapy.' In S. Jennings (ed.) *Dramatherapy Theory and Practice*, Second Edition. London: Routledge.
Mitchell, S. (1994) 'The Dramatherapy Venture Project.' In S. Jennings, S. Mitchell, A. Cattanach, A. Chesner and B. Meldrum (eds) *The Handbook of Dramatherapy*. London: Routledge.
Mitchell, S. (1998) 'The Theatre of Self-Expression: Seven approaches to an inter-actional ritual theatre form for dramatherapists.' *Journal of the British Association for Dramatherapists* 20, I, 3-11.
Newham, P. (1999) *The Healing Voice*. London: Element.
Parkin, D. (1992) 'Ritual as Spatial Direction and Bodily Direction.' In D. de Coppet (ed.) *Understanding Rituals*. London: Routledge.
Schaefer, C.E., Jacobson, H.E. and Ghahramanlou, M. (2000) 'Play Group Therapy for Social Skills Deficit for Children.' In C.E. Schaefer and H.G. Kadusan (eds) *Short Term Play Therapy for Children*. New York: Guilford Press.
Schechner, R. (2003) *Performance Theory*. London: Routledge.
Slade, P. (1954) *Child Drama*. London: Hodder and Stoughton.
Southern, R. (1962) *The Seven Ages of Theatre*. London: Faber.
Tambiah, S. (1985) *Culture, Thought and Social Action*. Cambridge, MA: Harvard University Press.
Turner, V. (1982) *From Ritual to Theatre: The Human Seriousness of Play*. New York: PAJ Publications.
Walcott, D. (1993) *The Odyssey: A Stage Version*. London: Faber.
Wilshire, B. (1982) *Role Playing and Identity*. Bloomington, IN: Indiana University Press.
Winnicott, D. (1974) *Playing and Reality*. London: Penguin.

12 제의 연극과 실존적 변화

로저 그레인저

작업 1

청년의 이름은 '시몬'이다. 그는 자신이 누구인지 혼란스럽다고 말했다. 말 그대로 '혼란스럽다'는 것이다. 왜냐하면 그는 자신이 누구인지, 즉 시몬이 어떤 사람인지 알지 못하고 있기 때문이었다.

- 나는 의사이다. 실제로 병원의 최고 전문의로서, 꽤 성공하였다. 나는 겨우 서른 살밖에 되지 않았다.
- 나는 여전히 나를 계속 지켜봐야 안심이 되는 아버지의 아들이다.
- 나는 남편이다. 아내와 나는 서로 이끌린다. 그렇다, 나는 로맨틱한 연인이다. 물론이다. 정말로…
- 나는 시인이다(출판을 한 적도 있다).
- 나는 남자 중의 남자다. 나는 럭비 선수이며 맥주를 마신다.
- 나는 작은 아이이다. 결정을 내리기엔 나이가 충분하지 않다.

시몬의 역할은 특정한 일과 관계에 고착되어 있었다. 그것들은 그의 머릿속에서는 꽤 깔끔하게 정리되어 있었다. 그러나 문제는, 그것들이 그가 다른 특정 주제를 어떻게 생각하고 느낄지에 대해 선택하는 것을 방해하는 경향이 있다는 것이다. "역할들이 서로 방해가 돼요"라고 그는 말하였다. "제가 분열증인 건 아닐까요?"

나는 그에게 그런 상태는 정신질환이 아니라고 말해 주었다. 결국 우리는 모두 자기 안에 있는 다른 여러 역할을 수행한다. 나는 가장 중요한 것은 누가 연출가인지 기억하는 방법을 찾는 것이라고 말했다. 이 경우 연출가는 시몬이었다. 시몬은 시나리오를 담당했고, 항상 그렇게 해 왔다. 그러나 이것이 그가 시나리오를 행동으로 확실하게 옮길 수 있음을 의미하지는 않았다.

우리가 해야 할 것은 시몬이 선택하고 표현해 볼 수 있는 시작 의례를 하는 것이었다. 그는 내가 무엇을 시킬지 몰라 긴장한 듯 보였다. "걱정하지 마세요, 재미있을 거예요"라고 나는 말했다. 나는 시몬에게 각각의 역할들을 하나씩 맡아 최선을 다해 살아 보라고 제안했다. 그렇게 하자면 시몬의 도움이 필요했고, 그러다 보면 또 어쩔 수 없이 엉망이 되기도 했다. 그러나 그러한 상황은 그에게 내가 잘못 연기한 역할을 바로잡게 할 기회를 주었다. 그리고 그것은 동시에 시몬 자신의 역할을 바로잡는 것이기도 했다.

즐거워진 분위기 속에서, 나는 시몬과 즉흥 게임을 시작하였다. 내가 처음으로 바보 같은 실수를 저질렀을 때(사실 그것은 내가 의도한 것이었다), 시몬은 나를 바로잡아 주었다. 몇 분 후에 나는 모든 인물들을 마구 뒤섞기 시작하였다. 시몬은 민망한지 웃기 시작했다. "진지해질 시간입니다"라고 나는 말했다.

우리는 방 한가운데 공간을 치우고 큰 원을 만들었다. 나는 시몬에게 우리가 연기했던 인물들로 원을 다 채우라고 하였다. "이제 그 원이 '나'로 가득 찼네요"라고 그가 말했다.

"그러나 당신은 여전히 바깥에 있네요. 자리를 잡으세요." (시몬은 원의 한가운데에 가서 섰다.) "너무 복잡하다고 느껴지나요? 그러면 바깥으로 밀어 내세요!" (시몬은 그의 다른 '시몬들'을 원의 가장자리로 보냈다.)

"이제 그들 각자의 오른손에 실을 쥐어 주세요." (시몬은 나에게서 실을 받아 갔다. 그는 각각의 보이지 않는 페르소나에게 실의 끝을 주었다. 실의 다른 쪽은 자신의 손에 쥐고 있었다.)

"가운데 서세요. 그리고 아주 조심스럽게 시몬들을 안으로 끌어당기세요, 한 번에 하나씩, 그리고 그들을 환영해 주세요." (시몬은 그렇게 하였다.)

"당신은 이제 그들을 기쁘게 받아들일 수 있습니다."

나와 만나는 동안 시몬은 이 의례를 여러 번 반복하면서, 자신의 역할 목록에서 특별한 역할을 잡아내는 기회로 사용하였다. 그리고 이 특별하고 안전한 공간에서 각각의 시몬이 하는 말을 듣고 또 그들에게 하고 싶은 말을 하기도 하였다. 때때로 우리는 한 회기에 하나의 역할로만 작업을 하였다. 한 번은 세 회기를 같은 역할로 작업하기도 하였다(작은 아이 역할이었다). 이 모든 기간 동안 시몬의 의례는 복잡하고 풍성하게 발전했다. 점점 더 초점이 모아지면서, 시몬의 자기-수용의 여정은, 혹은 그에 더하여, 여러 다른 자기들을 수용하고, 거기에 있던 어둡고 혼란스러운 공간들까지 포용하는 여정으로 나아갔다. 그러나 이것들은 단지 리허설일 뿐이라는 것을 우리는 알고 있었다.

마침내 그는 이제 그의 개인적 제의를 자신만의 방식으로 연기할 준비가 되어 있었다. 여러 회기 동안, 우리는 그날에 초점이 될 역할에 맞추어 공간을 준비하였다. 그것들을 공간 안에 배열하면서, 모두가 가운데 공간을 빙 둘러 서 있을 수 있도록 하였다. 우리는 시몬이 고른 음악을 신호에 맞추어 틀어 주었다. 그러나 시몬은 아직 준비가 되어 있지 않았다. 무엇을 입을지에 대해 계속 고민하였다. 우리는 그 다음 주까지 끈기 있게 기다려야 했다.

다음 주가 되었고, 시몬의 의례가 시작되었다. 단순하고, 표현적이며, 집중된 움직임이었다. 물론 주로 청각적이고 시각적이었다. 비록 시몬이 자신의 시를 한 번 낭독하긴 했지만, 대부분의 시간 동안 말없이 음악만 사용하였다.

중요한 것은, 반 정도 지나갔을 때, 나는 그것들이 막다른 골목에 이르렀다고 생각했다. 나는 완전한 정지의 자리를 만들어 내는 제의를 기다리고 있는 나 자신을 발견했다. 여러 시몬들은 조각조각 흩어졌다. 시몬은 원 둘레에 늘어선 다른 시몬들과 함께 가운데 서 있었다. 그는 자신의 손에 얼굴을 파묻고 혼자서 흐느끼는 것처럼 보였다. 그런 다음 아주 오랜 시간이 흐른 것처럼 느껴졌다. 그는 고개를 들었다. 그리고 밧줄을 끌어당기기 시작했다.

모든 것이 끝났을 때 우리는 몇 분 동안 침묵했다. 시몬이 자신이 창조한 제의에 대해서 조용한 만족을 표현했던 그 순간을 지금 기억해 보면, 나는 비옥한 혼돈의 상징을 읽을 수 있다. 그것은 영적인 변형으로 드러난 것이었다.

- "나는 내가 전보다 괜찮게 여겨져요. 내 속에 있는 시몬들 하나하나가."
  (나는 아무 말도 하지 않았다.)
- "각각의 나도 나고, 그 모두가 나예요. 나는 이제 내가 누구인지 알아요."
  (나는 여전히 아무 말도 하지 않았다.)
- "나는 내가 보여요. 당신도 내가 보이나요?"

나는 말했다. "네, 시몬. 나는 당신을 볼 수 있습니다. 나는 이전보다 당신이 더욱 명확하게 보입니다. 이제 나는 모든 당신을 볼 수 있답니다…."

소통과 정신적 질병

일반적으로 자기 자신에게 계속 무언가 말하는 것은 정신 질환의 징후라고 간주된다. 정신병동에서 일하는 동안 나는 조현병으로 진단받은 환자들과 많은 시간을 보냈다. 나는 소통하고자 하는 환자들의 시도를 질병의 징후로 여겨 관련된 전문가들이 이를 묵살하는 것을 많이 보았다. 그들은 환자가 말하는 내용이 아니라, 단순히 말하는 방식에만 주로 관심을 둔다.

이렇게 혼자만의 대화를 소리 내어 말하는 것은 정신 질환을 알아보는 유용한 표지이다. 또한 그것은 듣기에는 어렵지만, 들으려고 노력해 볼 가치는 있다. 혼자만의 대화는 보통 사람들이 살아가는 세계와 의미 있게 연결될 수가 없다(한 명쯤 그런 사람이 가능할 수도 있다).

확실히 이러한 종류의 혼자만의 대화의 세계에 들어가는 것은 어렵다. 그러나 몇몇 정신과 의사들과 예술치료사들이 발견한 것처럼, 그것은 매우 보상적이다. 개인 구성체 심리학은 사람들이 다른 사람들과의 대화를 멈출 때 이런 경향이 생겨나는 것을 지적한다. 다시 말하면, 다른 사람들이 자신이 말하는 것을 의미 있게 들어주지 않았다는 것이다(Bannister 1963, Grainger 1995). 계속적으로 무시당하거나 오해당한 사람들은 거부당하는 느낌을 갖는다. 그들은 다른 사람들이 자신을 인간으로 대우하지 않는다고 느낀다. 그래서 그들은 실제로 듣고 있는 한 사람, 즉 자기 자신과 대화를 하는 것이다. 나는 우리가 그들을 이해하기 매우 어려웠던 이유를 알아냈다. 그것은 그들이 우리에게 말한 것이 아니기 때문이다. 그리고 다른 사람들과 접촉할 때에는 마음속에서 일어나는 혼자만의 대화로 인해 의미를 취하는 능력이 떨어진다. 그러나 물론 그들은 이전에도 그랬고, 지금도 역시 진심으로 접촉하기를 원한다. 그리고 그들은 때론 매우 힘들게 그들이 의미하는 것을 말로 표현하고자 시도한다.

확실히 그렇다. 그러나 그것이 어쨌든 직접 대화를 하는 요령을 잃어버린, 가까운 사람과의 접촉이 없는 사람들에게는 쉽지 않은 일이다. 경험상 나는 누군가가 당신에게 무언가를 전하려고 애쓸 때, 당신이 알아차리기만을 바라면서 이해를 구할 때, 그가 정말로 의미하는 것, 그가 이야기하고자 하는 바가 결국 무시되어 버리는 일이 얼마나 쉽게 일어나는지를 안다.

작업 2

'토니'는 몇 년간 병원에 입원해 있었다(내가 사제로 일하고 있던 병원이다). 그와 나는 그의 병실에서뿐만 아니라 병원의 정원에서도 자주 흥미로운 대화를 나누었다. 나는 항상 그와의 대화를 즐겼고, 우리의 대화는 충분히 살아 있는 것이었다. 그러나 나는 그가 말하고자 하는 것의 의미를 알아챈 적은 한 번도 없었다. 토니는 그러한 대화 방식을 절대 버리지 않았다. 나는 나의 당혹스러움을 내보였는지는 알 수 없었지만, 그의 눈을 들여다보면서 그가 다른 사람과 이야기하는 것을 기뻐하고 있다는 것은 알 수 있었다. 그에 더하여, 그는 내가 말하고자 하는 것이 무엇인지 대부분 알아듣는 것처럼 보였다.

내가 생생하게 기억하는 사건이 있다. 우리가 가장 지적으로 밀접하게 접촉했던 순간이었다. 토니는 거대한 담론에 참여하고 있었고, 나는 그가 말하고자 하는 것이 무엇인지 알아들으려고 노력했다. 부분적으로는 말이 되었지만, 그것들이 어떻게 맞물리는지 이해할 수가 없었다. 그는 병실의 모양과 날씨에 관한 이야기를 하고 있었다. 무엇에 관해 이야기하든지 단순히 지나가는 것들에 대한 언급들뿐이었다. 어쨌든 그에게는 그것들이 연결된 것이었다. 확실히 내가 말할 차례가 되었을 때, 나는 병원의 사제로서 확실하게 알 수 있었던 세부적인 것을 하나 붙잡았다. "오, 당신이 말하는 것은 교회에 있는 무릎방석이군요"라고 내가 말했다. 토니는 나를 똑바로 쳐다보았다. 나는 그를 보았고, 그는 나를 보았다. "네, 그거 맞아요." 그가 말했다. 나는 절대로 그 인식의 순간을 잊지 못한다. 나는 대화 중반에 이를 때까지 절대 이해할 수 없었던 아주 긴 이야기를 들었고 보상받았다. 우리는 서로를 이해했다. 기쁨은 우리 두 사람의 것이었다.

이 과정을 우리는 다음과 같이 가끔씩 반복하였다. 나는 토니가 내가 이해할 수 없는 것에 관해 이야기하는 것을 앉아서 듣는다. 내가 다 알아듣지 못한다 해도 그에게 그것은 더 이상 걱정거리가 아니다. 왜냐하면 그는 익숙하기 때문이다. 중요한 것은 그가 나를 이해시키기 위해 노력하기 시작했다는 것이다. 그리고 나는 그에게 내가 할 수 있는 모든 주의를 기울였다. 이것이 첫 번째 단계이다. 두 번째 단계에서 나는 질문을 하기 시작한다(질문을 한 뒤, 나는 그가 답하기를 가만히 기다린다). 이제 우리는 서로 이해하기 위해 거칠게 분투한 조각들을 마구 움직여 본다. 결국 나는 토니가 실제로 말한 것의 의미를 알아맞힌다. 이런 시간들이 있었기에 우리는 각자의 길을 가기 전에 서로 축하할 수 있었다. 우리는 모두 기뻐하고 놀라워했다.

이 의식을 치르는 데는 최소한 30분이 걸린다. 병원의 스태프는 왜 내가 말도 안 되는 이야기를 하는 환자와 항상 시간을 보내고 있는지 궁금해 했다(그들이 한 말이다). 나는 이유를 알고 있었다. 그리고 토니도 알고 있었다. 이 제의를 통해 우리가 분리된 상태를 넘어선 기쁨을 누릴 수 있었기 때문이다. 나는 우리의 제의에 어떤 측정할 수 있는 효과가 있었다고는 말할 수 없다. 그러나 우리는 모두 그것으로 인해 생기를 되찾았고 용기를 얻었다.

연극치료에서의 제의와 변화

연극치료에서 제의의 활용은 인간의 변화를 가능케 함에 있어 제의가 수행하는 본질적 역할을 드러낸다(Grainger 1995). 이는 연구할 가치가 있는 주제이다. 우리가 인간 존재로서 행하는 모든 것 속에서, 변화 — 진정한 변화 — 는 우리를 계속적으로 위축시킨다. 동시에 우리의 자아의 감각은 우리의 세계에 대한 계획과 긴밀하게 서로 연결되어 있다. 어떤 심리학자들은 이 두 가지를 동일한 것으로 간주한다. 우리는 예측할 수 있는 만큼만 지속할 수 있다. 그렇지 않다면 길을 잃게 된다. 더 정확하게는, 예측하지 못하기 때문에 불안해질 수밖에 없다. 조지 켈리(1991)는 우리가 맞닥뜨리는 모든 우발적인 상황을 이해하기 위해서 삶에 관한 모든 정보를 어떻게 조합하는지를 설명한다. 변화는 개인 구성체에 일종의 긴장을 부여하고, 우리는 새로운 상황에 그것을 적응시켜야만 한다. 개인 구성체는 우리 자신과 세계에 대한 경험에 근본적이기 때문에, 우리도 역시 변화해야 한다고 느낄 수밖에 없다.

실존적으로 말해서, 그러면 변화란 위태로운 가능성이 될 수 있다. 우리는 대상/세계를 파악할 수도, 그렇다고 거기서 벗어날 수도 없다고 느낀다. 또한 규정할 수도 없는 대상/세계의 본성은 우리의 생각이 발전되는 것에 따라 바뀐다.

우리는 세계를 파악하는 능력이 바닥난 상황에서 우리 자신을 찾게 된다. 그때 우리는 '바닥에 쓰러질 것 같은' 위험 속에서 '지탱할 수 있는 두 다리가 없는' 우리 자신을 보게 된다. 이 두 표현은 내가 최근에 만난 사람들이 사용한 것이다. 그들에게는 익숙한 말이었다. 여기서, 신체적인 분열과 심리적인 붕괴가 시사하는 것은 특히 중요해 보인다.

제의는 이렇게 직접적으로 호소하는 생각과 느낌을 담아냄으로써 거기에 개인적이며 공통적인 의미를 부여하고자 한다. 이것은 제의가 언제나 통전성(wholeness)을 회복시키는 데 영향을 준다는 이야기가 아니다. 전체 삶의 패턴을 망가트리는, 심리적 외상에 준하는 충격적인 변화는 심리적인 상처를 남기며, 이를 치료하는 데는 몇 년이 걸릴 수도 있다. 제의는 감정적이고 인지적인 진실한 의미의 경험이고, 결과적으로 미래의 희망을 위한 것이다. 이는 우리가 살아가는 현실이라는 공적인 세계에서 일어나는 실제 사건이다. 제의 속에서 세계는 수용되고, 파괴되며, 다시 만들어져 그 새로운 삶을 시작한다.

사회적, 종교적 또는 치료적인 거의 모든 형태의 공동 제의는 반 헤네프(1960)가 창안한 모델을 따른다. 이는 현재로부터 거리를 두거나 분리하는 **전-경계상**(*pre-liminal*)의 단계, 지금까지 진행되어 온 것과 앞으로 일어나는 것 사이에 놓여 있는 중간 **경계상**(central *liminal*)의 단계('limen'은 라틴어로 문지방을 뜻한다), 그리고 앞선 것과 효과적으로 분리되어 진정으로 새롭게 되는 **후-경계상**(*post-liminal*)의 단계, 이렇게 세 가지 단계를 거치는 것이다. 이러한 제의의 메시지는 진정한 변화가 여기도 저기도 아닌, 이해될 수도 살 수도 없는 어둠과 혼돈의 상태, 곧 결정적인 중간 단계의 구분에 의존함을 말해 준다.

제의의 중심에 있는 어둠은 한낱 관념에 불과한 것이 아니다. 그것은 모든 것을 품어 그로부터 모든 것이 다가오는 밤과 같은 아주 중요한 상징이다. 그러나 실제 시공간에서 제의 참여자들은 창조적이며 파괴적인 긴장에 지배당한다. 그것은 그들이 과거와 미래가 겨루는 힘에 의해 잡아 찢기는 것과 같다. 제의의 중심적인 관계는 이전과 이후 사이에 존재하는 것이다. 제의의 중심에는 '지나온 것도 도래한 것도 아닌' 고통과 혼돈이 있다. 그것은 역설적인 경계상의 존재 상태이며, 거기에는 우리가 드라마와 연극에서 볼 수 있는 분리가 결합된다. 연극에서 관계를 강조하기 위해 사용하는 배우와 관객의 물리적인 분리가 제의에서는 행동 내에서의 연대기적인 틈이 된다. 그 미적인 거리에서 행동은 연속적으로 합하고, 나누고, 나눔으로써 다시 합한다.

제의에서 움직임은 개인이나 집단의 삶의 두 단계 사이에서 일어난다. 그것은 변화의 심연을 가로질러 두 단계를 이어 주기에 충분히 강렬한 극적 관계를 구현한다. 공동체와 개인의 삶들에서 중요한 변화를 포함하는 어떤 제의 또는 통과의례의 중심에 서 있는 사람들은, 공간, 시간, 사회적 지위, 존재 방식 사이에서 미적 거리를 유지한다. 배우와 관객들은 무대와 객석의 거리로 표현되는 두 현실 간의 분리를 넘어서 변화의 바다를 떠다닌다. 제의의 여행자는 공통된 시간의 틈과 관련된다. 두 가지 경우에서, 경험은 무시간적이고 무공간적인 것이다. 제의 변형은 동시에 일어나기보다는 연속적으로 발생한다. 제의와 연극 모두 미지의 것으로의 도약과 감정적인 위험을 내포한다.

공유는 언제나 위험하다. 제의와 연극의 사회적인 현실은 그 위험성을 덜기 위한 것이다. 우리는 접촉에 대응한 방어기제에서 비롯되는 상상적인 자유를 독려함으로써 이를 가능케 한다. 통과의례의 첫 번째 부분인 전-경계상-단계는 단순한 사회적 소속과 집단의 목표를 공표하는 것이다. 그러기 위해서는 다음이 무엇보다 먼저 확고해져야 한다. 낡은 결속은 회복되어야 하고, 새로운 것은 창조되어야 한다. 이 모든 것에서, 공유된 경험은 공동의 정체성을 창조한다. 가급적 명확한 요점을 말하자면, 제의는 처음, 중간, 끝을 배열하는 그 자체로 종종 제의가 된다. 참여자들 사이의 안전감과 연대감은 그들이 개인으로서 자신의 취약함을 의식하는 시작 단계에서 생겨난다.

제의의 경계적 측면, 극적 경험의 중심, '그리고 시몬의 원의 중심'에서, 이 사회적인 동일시의 과정은 더욱더 강렬해진다. 그러한 상태에서는 동료 의식만이 안전감을 줄 수 있는 유일한 원천이다. 이 해체된 세계에서 우리의 관계를 조직하는 사회적 법칙은 더 이상 힘을 발휘하지 못하며, 우리를 뒤흔드는 혼돈에 맞서 서로 힘을 합하도록 이끈다. 빅터 터너(1974)는 아프리카의 입문의식에서 입문자를 지배하는 '코무니타스'[1]에서 이를 생생하게 묘사했다.

제의의 경계적 측면에서는 모든 사회적 유대가 깨지고 기존의 관계들이 의미를 잃는다. 우리가 무엇을 가정했든, 경계상의 제의는 그것들을 근거 없고 상관없는 것으로 만든다. 우리는 원시림의 탐험가와 같다. 우리는 모두 전문가라는 자신감을 가지고 출발하지만, 첫날 밤에 늪은 우리의 짐을 모두 삼켜 버리고 만다. 얼마 지나지 않아 우리는 늪이 우리까지도 삼켜 버리기를 바란다. 숲을 통과하는 길은 점점 더 좁아지고 갈라지기 시작한다. 문화에 따라 붕괴와 버려짐의 이미지 — 숲, 늪, 터널, 동굴, 묘지, 가위, 용광로, 턱, 송곳니, 불구, 절단 — 는 다르다 해도 무기력의 경험은 같다.

---

1. communitas: 라틴어로 공동체라는 뜻, 터너는 집단에서 경계적(境界的) 상황을 체험한 자들이 공유하는 친밀한 일체감을 가리켜 이 단어를 사용함: 옮긴이.

이 경험은 어떤 말로도 표현할 수 없다. 이것은 진정한 영적 버려짐이다. 이 떨쳐낼 수 없는 부정의 상태는 제의화 되지 않은 존재로서 인간이 겪는 그 어떤 것과도 비교할 수 없다. 제의는 그것의 불법적인 방식에서 벗어난다. 거기에 질서를 세울 수 있는 방법은 없다. 그것은 이해할 수도 없다. 그것은 의미의 차원 밖에 있는 것이기 때문이다. 거기서 벗어날 수도 없다. 모든 길은 혼돈과 혼란으로 더 깊이 이끌 뿐이다. 삼켜지거나 익사하든, 새까맣게 타버리거나 뼈가 다 발려지든 간에, 오직 그냥 놓아두는 것만이 생존의 기회를 잡을 수 있게 한다. 그런데 어떻게 그것을 확신할 수 있었는가?

사실상, 제의는 분리의 관점에서의 관계를 강조한다. 제의가 일상 현실의 세계에 개입하여 인간 경험에 예술적 형식을 부여할수록, 일상의 삶에서 우리는 더 많은 의미를 찾을 수 있다. 제의는 세계를 더 생생하게 만들고, 의미 있게 만든다. 생생함과 중요성은 제의의 예술적 형식에서 비롯된다. 역설적이게도, 일상에서 추출된 새로운 창조물로서의 예술 형식은 다시 그것이 비롯된 일상에 영향을 준다. 상징은 전진과 후진을 반복한다. 그것의 회고적인 의미는 그것의 미래의 목적을 조망한다. 무엇인가를 겪고 있는 것의 느낌과 기억하는 것의 느낌 사이에는 결정적인 차이가 있다. 우리는 아마도 우리가 올라갔던 실제 산과 우리가 빠져죽을 뻔했던 진짜 강을 기억할 것이다. 만일에 우리의 여행이 근원적인 기억을 자극하는 이야기와 전설을 통해 신화적인 수준에서 일어난다면, 그것은 다른 사람들과 그리고 신과 우리가 맺는 관계에 대해 근본적인 진실을 드러낼 것이다. 그것은 분별과 기술, 인내와 자기-신뢰 이상의 것을 우리에게 깨닫게 해 줄 것이다. 사실상, 우리는 연극치료사에게 친숙한 영혼 혹은 존재의 변화를 겪게 된다.

이것은 그러한 질적인 차이를 설명할 수 있는 유일한 방법이다. 제의가 만들어 낸 상징들은 다른 상징들을 통해서만 경험될 수 있다. 우리가 그것들을 표현하는 방식은 우리 각자의 방식으로 나타난다. 이는 오랫동안 우리의 생각과 느낌에 영감을 줄 것이다. 제의의 상징들은 우리를 하나의 경험의 세계에서 다른 곳으로 도약하게 한다. 물론, 그 영향을 측정할 방법은 없다. 다만, 비교의 기준 자체가 변화된다. 과거는 기억되며, 현재는 살아진다. 우리가 이전보다 더 높은 차원에서 살고 있음을 분석하기는 어렵지만, 아마도 우리는 더 나은 혹은 나빠진 — 분명하게 달라진 — 존재를 의식한다.

이 경험의 영역에서, 비교는 오해를 낳을 수 있다. 우리가 다루는 변화는 사물이 아니라 사람에 관한 것이다. 구체적으로 말해서, 살아 있음을 얼마만큼 생생하게 지각하는가. 우리는 비교에 익숙하지 않다. 흔히, 우리는 잘못된 방식으로 비교하곤 한다. 즉, 이것은 어느 정도이고 저것은 얼마만큼이라는 식으로 인간의 경험을 마치 물건인 것처럼 비교한다. 그렇게 하는 한, 우리는 개인적인 경험의 변화를 평가할 수 있는 수단을 결코 얻지 못할 것이다. 우리가 진정으로 알기 원하는 것은 연극치료에서 사용하는 제의가 실제적으로 효과가 있는가 하는 것이다. 우리가 우리 자신과 다른 사람들과 맺는 관계를 견고하게 만들었는가? 만약에 그렇다면 우리는 그것을 어떻게 증명할 수 있는가? 우리의 느낌으로? 그렇다면 그것은 어떤 느낌인가? 그것을 무엇과 비교할 수 있는가?

'도덕에 대한 탐구'라는 부제가 붙은 로버트 퍼시그의 소설 『라일라』(1991)[2]에서, 라일라는 대상에 대한 이해를 향상시켜 줄 수 있는 '질적인 것의 형이상학'을 묘사하고 있다. 그것은 다른 사람을 '객관화된 주체'가 아닌 사람으로서 보게 한다는 점에서 우리에게 중요하다. 과학자에게 영적인 자각은 주체/대상의 대립의 관점에서 조망되어야 하는 것이다. 왜냐하면 그것만이 사물의 고유한 정체성을 확보할 수 있는 유일한 방법이기

2. 차가운 지성 사회에서 새로운 시각의 도덕성으로 맞서는 히피족들의 사유 체계를 그린 뉴에이지 장편소설: 옮긴이.

때문이다. 대상을 철저하게 연구하면서 그 경험에 대상의 타자성을 오염시켜 그 일부를 자기의 것으로 만드는 것이다. 주체가 '안다'고 할 때, 어떻게 아는지에 대해서는 아직 질문하지 않았다. 대상을 분리된 혹은 분리될 수 있는 것으로 정의할 수 있다면, 우리가 그에 다가가고 물러날 때 무엇을 하고 있는지를 반드시 알아야 한다.

그 상황에 의미를 부여하는 요인은 무엇인가? 이러한 이정표와 실존적인 표식들은 우리에게 있어 우리가 우리 자신이 아닌 대상과 맺는 개인적인 관계에 속한다. 그리고 그것은 의도성을 의미한다. 그 이정표와 표식들은 객관성을 파괴하지 않는다. 왜냐하면 그것들은 오직 우리가 정말로 알고 있는 유일한 현실에만 참여하기 때문이다. 그들은 실제로 그 현실을 담아낸다. 그러나 그것은 자신만의 언어로 이를 행한다.

퍼시그의 책에서, 파에두로스는 이렇게 말했다. '질적인 것의 형이상학으로 보면, 실증적인 경험은 "대상"의 경험이 아니다. 그것은 무기물의 패턴이 아닌, 여러 원천에 의해 생성된 가치 패턴의 경험이다.' 그는 정신 질환에 대한 언급에서 그의 개념을 이렇게 설명한다.

> 정신이 이상한 사람 — 또는 최면에 걸린 상태의 사람이거나 원시 문화에서 온 사람 — 이 우주를 설명할 때, 그것은 현재의 과학적 세계에서는 완전히 이상한 것이다. 우리는 그가 실증적인 세계에 무모하게 덤비고 있다고 믿을 필요가 없다. 그는 단지 지적인 패턴을 가치 평가하는 한 사람일 뿐이다. 그런데 그가 우리의 문화권 밖에 있다는 이유로 우리는 그것을 매우 낮은 수준이라고 생각한다. 어떤 생물학적인 또는 사회적인 역동의 힘은 그의 질적인 판단을 변화시킨다. 우리가 그의 문화를 가차 없이 폄하하듯이, 그 역시 우리가 정상적이고 문화적이고 지적인 패턴이라고 부르는 것을 폄하한다. (Pirsig 1991, p. 382)

틀림없이, 당신이 통과의례 — 또는 드라마의 경험 — 에 의해 변화되었다고 주장하는 것은 '실증적인 세계에 무모하게 덤비고 있다'는 비난을 초래할 것이다. 그러나 지배적인 과학적 견해에도 불구하고 지속되는 문화적 관행이 있듯이, 그러한 비난은 크게 염두에 두지 않아도 된다. 삶은, 인간의 삶은 멸균된 객관적 현실의 몰가치한 삶이 아니라, 삶 그 자체와 비교되어야 한다. 사실상, 연극치료 그 자체와 같은 제의의 경험 — 살아 있는 이해의 경험, 원형적인 인간 완성의 유용한 예, 우리가 우리 자신과 다른 누군가와 만남에서 발견한 진정한 변화의 경험 — 은 완결되도록 고안되어 있다. 제의의 극적인 기원을 고려해 보면, 플라톤보다 아리스토텔레스의 철학적인 천재성에 놀랄 필요까지는 없다. 제의의 실재는 지금 여기에서 일어나는 것에 깃들인다. 참여는 목적을 내포한다. 그래서 우리를 변화시키는 것은 행동과 만남의 경험에 깃들어 있다.

실제적으로 말하면, 제의로서 드라마의 정체성은 그 어느 것보다 중요한 것이다. 시, 제의, 드라마는 코울리지가 '불신의 자발적 중지'라고 칭한 극적 구조를 통해 표현된 모든 마음의 상태이다(Coleridge 1816, 쪽수 미상). 즉, 타자성에 몰입함으로써 순화되기 위해 들어간 경험의 세계; 적어도 지금 여기의 강박으로부터, 어떤 것이든 당면한 문제에 관한 무서운 집착으로부터 일시적으로라도 놓여나기 위해 들어간 경험의 세계; 천진한 자기 표현에 몰입함으로써 잠시나마 자기 자신을 다른 방식으로 존재할 수 있도록 하기 위해 들어간 경험의 세계. 사실상 우리가 나 자신이면서 또 다른 자기가 될 수 있는 힘을 재발견하는 것은 드라마에서 만나는 대안적 자기이다.

만약에 이것이 우리를 충분히 움직인다면, 그리고 우리가 그것의 실존적인 무게와 중요성을 기꺼이 받아들인다면, 우리의 삶은 그러한 경험에 의해 의식적으로 변할 것이다. 그에 따라 제의 드라마는 고유한 전환점 혹은 우리의 여정에서 주목할 장면 중의 하나로서 삶의 결정적인 사건으로 자리매김하게 될 것이다. 어떠한 경우에도, 그것은 의식적으로 인식하거나 무의식적으로 기록되거나 또는 한 번에 양쪽 다 일어나는 지울 수 없는 특징을 계속 갖게 될 것이다.

물론, 나는 이것이 일어나는 것을 증명할 수 없다. 사실상 증명을 위한 어떤 시도도 자신 있게 피력하기는 어렵다. 불신의 자발적 중지가 결여된 제의에 변형이란 있을 수 없다. 그럼에도 불구하고, 시몬의 이야기가 보여주듯이, 증거는 모든 곳에 있다.

참고 문헌

Bannister, D. (1963) 'The genesis of schizophrenic thought disorder: A serial invalidation hypothesis.' *British Journal of Psychology* 109, 680-688.

Coleridge, S.T. (1816) *Biographia Litteraria*. London: privately printed.

Grainger, R. (1995) *The Glass of Heaven*. London: Jessica Kingsley Publishers.

Kelly, G.A. (1991) *The Psychology of Personal Constructs*. London: Routledge.

Pirsig, R. (1991) *Lila: An Enquiry into Morals*. London: Bantam.

Turner, Y. (1974) *The Ritual Process*. Harmondsworth: Penguin.

Van Gennep, A. (1960) *The Rites of Passage*. London: Routledge and Kegan Paul.

13

사이코드라마와 제의 연극

실비아 이스라엘, 엘리자베스 플러머

심리학은 학문으로 출발하는 시점에서 의학의 한 분야로 인정받기 위해 서구적이고 의학적인 치유 모델을 채택했다. 그러나 내과의이자 정신과 의사이면서 사이코드라마를 만든 제이콥 모레노(Jacob Moreno)는 이러한 입지를 강경하게 거부했다. 대신 그는 예식, 이야기, 경험의 공유를 통해 참여자들이 자신의 가장 심원한 부분과 다른 사람들과 신성함에 접촉하도록 돕는 치료적 연극 모델을 창조하여 환자가 신비와 다시금 연결되도록 하는 것을 추구했다.

이 책의 1장에서 클레어 슈레더는 제의와 상연을 통해 신성함과 연결되기를 갈망한 고대인에 대해 말한다. 그녀는 제의 연극의 시작점으로 디오니소스 제의를 인용하며, 관객뿐 아니라 극의 중요한 인물을 변형하고 회복시키는 제의 연극의 위력을 논한다. 그리고 다양한 제의 연극 형식의 핵심을 이루는 영적 함의에 대해 쓴다.

다른 제의 연극 형식과 마찬가지로, 사이코드라마는 제의와 상연을 통합한다. 그것은 통전성에 이르는 길로서 혼돈스럽고 비합리적이며 본능적인 것을 취하고, 그런 의미에서 디오니소스적인 작업이다. 사이코드라마는 영성과 열정을 다루며, 배우와 관객 모두가 변형과 치유와 성장을 경험케

하는 것을 목표로 한다.

사이코드라마(psychodrama)는 그리스어에서 유래한 말로 행동(dromos)하는 영혼(psyche)을 뜻한다. 사이코드라마는 연극이라는 허구로 인간 존재의 본질에 대한 심도 있는 진실을 드러내지 않으나, 주인공의 개인적인 주제를 탐험함으로써 동일한 국면에 접근한다는 점에서 독특하다. 사이코드라마는 개인과 부부와 가족 작업에 활용되어 온 집단 심리 치료의 한 형식이다.

사이코드라마의 또 다른 창시자인 제르카 모레노(Zerka Moreno 2000)는 사이코드라마가 배우 자신의 심리 내적이고 대인 관계적인 주제에 초점을 맞춘다고 말한다. 배우들은 그렇게 "대본을 함께 제거함으로써 치유의 연극을" 창조한다(Moreno, Blomkvist and Rutzel 2000, p. 51). 사이코드라마는 상징과 은유와 개인의 이야기를 무대에 구체화하며, 참여자들은 그 안에서 이야기와 상징을 깊은 정서적 차원에서 경험함으로써 억압된 무의식을 만난다. 오래 전에 잊힌 기억이 떠오르고 근원적인 연관을 자각할 수 있게 되는 것이다.

연극이 제의에서 시작되었듯, 사이코드라마 역시 제의화 된 웜업으로 시작하여 고도로 제의화 된 방식으로 마무리된다. 이렇듯 제의화 된 구조와 형식은 사이코드라마가 참여자의 심리 내적인 세계에 안전하게 침투하는 것을 가능케 한다. 그래서 이스라엘에서부터 방글라데시까지 어느 곳에서든 사이코드라마는 웜업 단계에서 행동화 단계를 거쳐 나눔, 통합, 재통합의 제의 단계로 이어지는 예측 가능한 구조를 따른다.

웜업 단계는 참여자들이 자신의 주제와 서로에게 연결되도록 함으로써 상호작용을 증진한다. 그리고 집단이 탐험할 주제를 선택하고 그것을 연기할 사람을 정한다. 배우들이 맡은 역할에 대한 준비를 마치면 비로소 행동화 단계가 시작된다.

행동화 단계에서 주인공은 자신의 삶과 감정과 관계를 개방한다. 주인공의 주제를 살피는 데는 대개 하나 이상의 장면 작업이 필요하다. 과거에서 주제의 근원을 찾고, 그것의 현재 모습을 보고, 원하는 미래를 그리면서 다양한 시간의 전환을 갖는다.

행동화 단계가 끝나면, 배우와 관객은 드라마를 하면서 표면에 올라온 개인적 주제와 감정을 나눈다. 이때 집단의 에너지와 관심의 초점이 되었던 주인공은, 다른 사람들이 자신의 작업을 지켜보면서 얻은 통찰과 선물을 나누는 것을 가만히 귀 기울여 듣는다. 이 공유 과정은 주인공이 다시 관객과 통합되도록 돕고, 집단이 새로운 주인공을 세울 수 있게 해 준다.

사이코드라마는 **무대**, **연출자**, **주인공**, **보조 자아**, **관객**의 다섯 가지 기본 요소로 구성된다. 무대에서는 주인공의 실제 관계와 경험과 생각과 감정과 꿈이 펼쳐지고, 관객이 그것을 지켜본다. 집단원은 관객이기도 하고 주인공의 드라마에서 역할을 맡아 보조 자아로 참여할 수도 있다.

보조 자아는 사람, 사물, 동물, 추상적인 것을 연기할 수 있다. 슬픔, 사랑, 고통처럼 주인공의 마음속 깊은 감정이나 자유, 절망, 죽음을 나타내기도 하며, 영웅, 환상 속의 인물, 신적 존재로 변형되기도 한다. 때로는 그리스 연극의 코러스처럼 하나가 되어 행동에 맞추어 찬트를 하거나 노래를 부르거나 웃거나 슬피 울기도 한다. 사이코드라마에서 배우와 관객은 연출자의 안내에 따라 주인공의 마음의 문지방을 건너 그의 주관적이고 상호주관적인 현실로 들어간다.

무대

테메노스(*temenos*)는 그리스어로, 현대사회가 영적, 정서적, 심리적 변형이라 부르는 목적을 위해 드라마가 펼쳐졌던 신성한 공간을 의미한다. 카를 융(Carl Jung)은 같은 말로 우리 내면의 깊은 곳에 있는 공간, 영혼이 발생하는 곳을 가리켰다. 사이코드라마에서 무대는 말 그대로 영혼이 생성되고 변형이 일어나는 곳이다. 사이코드라마를 위한 안전하고 신성한 공간의 모델로서, 모레노는 뉴욕 비콘 센터에 삼 층으로 된 무대를 만들었다.

드라마가 웜업에서 행동화로 접근함에 따라, 모레노와 주인공은 거기서 한 층 높은 무대로 올라가 장면을 펼쳤다. 모레노는 또한 신적 존재가 무대를 내려다볼 수 있는 발코니를 두어 주인공이 신의 역할을 경험할 수 있게 했다.

사이코드라마 트레이너인 에드 슈레이버(Ed Schreiber)는 높이에 변화를 준 무대는 본래 불탑을 모방한 "물리적 구조로서 부처의 깨달음을 반영하는 제의 도구"라고 설명했다(개인적 교신, 2010년 9월 12일). 곧 사이코드라마의 무대는 주인공과 집단이 깨달음 혹은 모든 차원에서 보다 깊은 앎을 얻을 수 있는 장소라고 할 수 있다.

연출자

연출자의 역할은 복합적이고 다면적이다. 연출자는 촉진자, 제작자, 치료사, 디오니소스 세계의 안내자로 기능한다. 연출자는 집단과 함께 신뢰감과 안전감과 소속감을 구축하는 것으로 작업을 시작한다. 일련의 웜엄을 사용하여, 집단 성원의 공통된 경험과 그 연관성이 드러나도록 돕는다. 참여자들은 집단 안에서 신뢰감을 느낄 때에만 사이코드라마의 깊은 현실로 안전하게 들어올 수 있다. 일단 주인공이 선택되면, 그의 주제를 극화한다. 연출자의 역할은 주인공의 욕구를 충족시키고, 집단의 관심과 에너지를 충분히 집중시킬 수 있는 주제로 드라마를 만드는 것이다. 이를 위해 연출자는 아무런 편견 없이, 열정적이고 유연하고 겸손한 자세로 주인공을 수용하고 지지함으로써 그의 세계를 따라야 한다.

연출자는 주인공이 장면을 통해 그 행동과 상호작용의 무의식적 패턴을 명료화할 수 있도록 돕는다. 보조 자아를 독려하여 장면에서 연기할 역할을 준비시킨 다음 드라마를 엮어 가는 것이다.

일반 공연의 연출자와 마찬가지로, 사이코드라마 연출자는 관객이 행동을 잘 보고 들을 수 있도록 조명을 조절하고 소도구로 극적 경험을 고조시킴으로써 드라마의 미학에 집중한다. 동시에 연출자는 집단 전체의 역동과 에너지에 파장을 맞추어야 한다.

주인공

집단의 모체에서 분리된 주인공은 자기 자신과 다른 참여자 모두와 관련된 주제를 가지고 작업한다. 사이코드라마에서 주인공은 "배우가 아닌 자기로서 자신의 사적인 세계를 표현한다. 왜냐하면 배우는 극작가가 부여한 역할을 위해 자기를 희생해야 하기 때문이다"(Moreno 1934/1993, p. 54). 주인공의 주관적 현실은 사이코드라마의 유일한 현실이며, 주인공은 자신의 과거와 현재와 미래를 모두 극화할 수 있다. 거기서는 모든 시제가 뒤얽히고 교차한다.

사이코드라마를 하는 사람들은 만남이 변화의 도구라고 믿는다. 사이코드라마에서 주인공은 자신의 문제나 관계를 놓고 말을 하는 대신 지금 여기에서 그것/그들과 상호작용한다. 주인공의 신념과 감정과 중요한 사람을 비롯해 그 삶을 빚어 온 것들을 직접 만나는 것이다. 사이코드라마의 초시간적인 차원에는 돌아가신 할머니, 태어나지 않은 아기, 실패, 성공, 소망, 꿈이 살고 있어 주인공에게 반응하고 상호작용할 수 있는 대상을 제공한다.

보조 자아

탐험할 주제가 정해지면, 주인공은 집단원 중에서 자신의 내적 현실을 구현해 줄 보조 자아를 선택한다. 주인공은 보조 자아를 위해 그가 맡은 역할의 모델을 보여 줄 수 있다. 보조 자아는 주인공의 요구에 충실하게 연기하면서 그의 생각에 근접할 필요가 있다. 연출자와 보조 자아는 드라마에서 다뤄지지 않은 것을 이해하고, 그에 따라 조율되어야 한다. 보조 자아는 일반적으로 자신의 역할로부터 드라마에 대한 통찰을 얻으며, 그 인물의 관점에 입각하여 무대에서 벌어지는 사건을 해석하게 된다.

관객

관객은 무대를 향해 혹은 무대를 둘러싸고 앉는다. 관객은 저마다의 삶의 경험과 내면의 인물을 거느리고 있으며, 그래서 연출자와 주인공이 언제든지 꺼내 쓸 수 있는 에너지와 자원의 저장고가 된다. 사이코드라마는 주인공을 중심으로 하지만, 그 드라마는 집단 전체와 관련된 주제를 반영한다. 그러므로 관객의 역동은 드라마의 내용과 특질에 영향을 미친다. 사이코드라마는 주인공의 개인 무의식과 관객의 집단 혹은 공동 무의식(co-unconscious) 사이의 풍부한 상호작용을 포괄한다. 모레노는 공동 무의식이 어떤 집단에서건 상호적으로 생산되고 경험된다고 믿었다. 그는 그것이 "둘 이상의 개인의 무의식적 상태가 맞물린 보다 심층의 현실…"을 상당 부분 반영한다고 주장했다(Moreno, 1977, p. vii).

잘 정돈된 구조와 다섯 가지 기본 요소가 모레노의 제의 연극 방법론의 기초를 형성하지만, 작업을 촉진하는 기법들 또한 빼놓을 수 없다. 그중에 가장 중요한 것은 아마도 역할 바꾸기일 것이다. 역할 바꾸기에서 주인공과 보조 자아는 서로 자리를 바꾼다. 주인공이 보조 자아가 하던 역할을 맡아 주인공의 역할을 하는 보조 자아를 상대로 연기하는 것이다. 그로써 주인공은 자신의 삶을 다른 사람 — 연인, 선생님 등 — 의 눈을 통해 볼 수 있는 기회를 얻는다. 그 경험은 대인 관계와 심리 내적 갈등에 대한 주인공의 지각적 현실을 확장한다.

사이코드라마 트레이너 에드 슈레이버는 역할 바꾸기가 본질적으로 하나의 제의라고 말한다. "역할 바꾸기는 제의다… 자기 정체성을 벗고 다른 사람의 정체성을 입음으로써 자기를 넘어선 확장 속에서 스스로를 경험하는 신성한 통과의례이다. 이 '나-당신' 제의는 물론 사이코드라마의 핵심을 이룬다. 그것은 어떤 의미에서 사이코드라마 자체라 할 수 있다"(개인적 통신, 2010년 9월 12일).

사이코드라마는 변하지 않는 고정된 조각상이 아니라 움직임과 변형의 연극이다. "디오니소스의 특징은 움직임이다. 그는 어떤 상황에 매달리거나 붙박여 머무르지 않는다. 모레노는 정체(停滯)로부터 멀어지는 것, 움직여 나아가는 것을 매우 강조한다"(Moreno et al. 2000, p. 86).

다른 제의 연극과 마찬가지로 사이코드라마는 진정으로 디오니소스적이다. 그것은 개인적 진실에 주력하기보다 개인적 변형을 추구한다. 그리고 변형은 주인공, 배우, 관객, 연출자의 창조적 힘에 깃든 상상력을 일깨움으로써 성취된다.

더 큰 제의 안의 제의들

사이코드라마 과정은 일종의 제의, 주인공을 위한 상징적 의미를 가진 치유 의례라 할 수 있다. 그러나 의례는 또한 사이코드라마에서 보조 기법이나 마무리 장면으로 사용되기도 한다. 크거나 작은 맥락 모두에서, 제의는 신비한

치료적 효과를 발휘한다. (Kellermann 1992, p. 135)

앞서 살핀 바와 같이, 사이코드라마의 개념과 구조는 제의 연극의 범주 안에 위치한다. 또한 연출자는 집단 구성원과 함께 끊임없이 작업을 통합할 수 있는 새로운 제의를 만들어 낸다. 치유 의례나 제의는 연출자나 집단이 자발적으로 창조하는 것이 보통이지만, 특정한 주제를 다루기 위해 작업 전에 계획되기도 한다. 그렇게 만들어진 제의 중 일부는 전 세계로 퍼져 나가 대다수 연출자가 사용하는 일종의 관행이 되기도 했다. 세계적으로 사이코드라마 집단은 그 창조성을 나눔에 있어 매우 관대하다. 지금부터는 우리가 만들거나 다른 사람들의 작업에서 응용한 몇 가지 제의를 살펴볼 것이다. 독자들도 이 내용을 읽고 작업에 활용할 뿐 아니라 다른 사람들에게 영감을 줄 수 있기를 바란다.

수치심 변형하기

우리는 함께 참석한 워크숍(Cook and Baumgartner 2006)에서 영감을 받아, 캘리포니아에서 자격증을 취득한 연극치료사를 대상으로 '치료에서의 법과 윤리'라는 6시간의 재교육 과정을 만들었다. 변호사는 소송과 함정을 피하는 합법적인 방법을 주로 하라고 했지만, 우리는 연극치료사들이 일상적으로 맞닥뜨리는 법적/윤리적 주제를 심층적으로 탐험하는 데 초점을 맞추었다. 법적/윤리적 지침을 배경막으로, 사이코드라마의 행동 기법을 활용하여 집단이 본래 갖고 있는 지혜를 이끌어 냈다. 이 기법을 활용하면서, 우리는 윤리적/법적 결정들과 직면하는 치료사의 감정과 생각과 행동을 드러내고 탐험했다. 첫 번째 워크숍을 진행하면서 우리는 참여자들이 과거의 법적/윤리적 결정과 관련하여 수치심과 후회를 느끼고 있음을 알게 되었고, 그것을 다룰 수 있는 제의가 필요하다고 느꼈다. 그 제의는 '치료에서의 법과 윤리' 워크숍의 일부가 되었으며, 아래에서 그 일련의 과정을 기술할 것이다.

웜업 단계에서 참여자들은 법적/윤리적 의사 결정을 도울 수 있는 힘의 사물을 골랐다. 사물을 선택한 치료사는 자신보다 위대한 무언가와 연결됨으로써 신성한 제의 연극의 공간에 들어왔고, 힘의 사물이 되어 그것으로서 말했다.

가령 어떤 참여자는 슈퍼바이저를 나타내는 사물을 고를 수 있다. 그런 경우, 그는 슈퍼바이저가 되어 "치료사로서 당신의 기량이 놀라울 따름입니다. 질문이 있다면 무엇이든 하세요"라고 말할 수 있다. 또 불교의 자비의 여신인 관음을 택한 사람이 있다면, 그는 "당신의 가슴은 열려 있어요. 참여자는 당신이 나눠 주는 사랑을 통해 크나큰 치유를 경험합니다"라고 말할 것이다. 또 어떤 사람은 사랑이 넘치는 할머니가 되어 "하던 대로 하렴. 정말 대단하구나! 좋은 사람들이 올 거란다"라고 말할지도 모른다.

역할 바꾸기를 한 다음에는 모래를 가득 채운 나무 상자에 힘의 사물을 배치한다. 사이코드라마에 모래 상자를 도입한 것은 융 학파의 프란체스카 토스카니(Francesca Toscani)였다. 그녀는 모래 드라마(sandrama)로 두 개의 다른 세계를 합성하여 정서적 외상 생존자를 대상으로 한 치료적 나선형 모델(Therapeutic Spiral Model, TSM)[1]에 적용하였다(Toscani 1998). 우

1. 치료적 나선형 모델은 케이트 허긴스(Kate Hudgins)가 성적 학대나 가정폭력과 관련된 PTSD를 다루기 위한 방법론으로 개발한 것으로, 1992년 이후 다양한 심리 이론과 사이코드라마 및 예술 치료와 접목하여 활용되고 있다. 이 작업은 정서적 외상의 생존자들이 외상적 사건을 충분히 탐험하고 이해하여 떠나보낼 수 있기 위해서는, 먼저 적절한 자원을 공급하여 자기를 알아차리고 스스로 힘을 부여할 수 있는 역할들을 내면화해야 한다는 것이다. TSM의 전형적인 회기는 소도구, 예술, 경험적인 방법을 사용하여 참여자가 안전과 담아 주기를 강조하는 임상 환경 내에서 외상 체험을 탐험하게 한다. 액션 트라우마 팀의 안내에 따라, 참여자는 자신의 개인적, 관계적, 영적 역량을 인식하고, 담아 주는 자기(Containing Double), 방어 관리자(Manager of Defenses), 지켜보는 자아(Observing Ego), 몸의 자기(Body Double)와 같은 역할을 활성화한다(www.atu.org.za/therapeuticmodel.

리는 모래 드라마에서 힌트를 얻어 그 작업의 요소를 담아 주기를 위한 또 다른 방법으로 사용한다. 모래 상자에 참여자들의 힘을 모으는 제의는 상징적인 그릇을 창조하여 좀 더 심층적인 작업으로 옮겨 갈 수 있게 해 준다.

웜업 단계에서는 또 원형의 소시오메트리를 사용하여 집단이 공통점을 찾을 수 있도록 했다. 둥그렇게 둘러서서 몇 가지 질문을 한다. 초콜릿을 좋아하는 사람? 개인 작업을 하는 사람? 왼손잡이인 사람? 그에 해당하는 사람들은 원 안으로 한 걸음 들어온다.

참여자들이 안전감과 신뢰감을 형성함에 따라 질문의 수위를 점차 높여 간다. 한 가지 예를 들면 이렇다. 법적/윤리적 결정 때문에 힘들었거나 후회한 적이 있는 사람? 첫 번째 워크숍에서 그 질문에 두 사람이 원 안으로 들어왔고, 이후 작업을 통해 그것이 평균치임을 알게 되었다. 하지만 일단 두 사람이 공유하면, 다른 사람들도 금세 기억을 떠올리곤 했다. 그렇게 차츰 모두가 마음이 불편했던 선택에 관한 이야기를 하나씩 내놓았다. 그것은 어설프거나 갑작스런 작업의 종결부터 치료 관계에 영향을 준 작업 비용 문제, 아동 보호를 위한 작업 기록 등에 관한 것이었다. 대부분 10년에서 20년 전의 일임에도 불구하고, 치료사들은 자신이 행한 윤리적/법적 선택의 무게를 고스란히 느끼고 있었다.

그렇게 그 자리에 있는 모든 사람이 자신이 지고 있는 책임의 분량과 작업의 복합성 그리고 치료사로서 매 순간 쉽지 않은 윤리적/법적 선택에 직면하고 있음을 뚜렷이 자각하였다. 그리고 그러한 앎이 알아차림의 그림자에서 빛으로 옮겨감에 따라 무게를 실감하면서 동시에 그 무게가 덜어짐을 느낄 수 있었다. 리더로서 우리는 그 부담감을 구체화하고, 집단이 그것을 과거의 경험으로 떠나보낼 수 있도록 제의로 도울 필요가 있음을

html.에서 발췌하여 옮김): 옮긴이.

실감했다.

참여자들은 다시 한 번 사물을 고르는데, 이번에는 각자가 느끼는 불편함이나 후회 또는 짐을 찾았다. 두 번째 사물은 앞서 선택한 힘의 형상 옆에 두었다. 그리고 그 옆에 초를 밝혀 지금껏 알아차리지 못했던 그림자에 빛을 비추는 것을 나타냈다. 그 다음에는 행동화 단계로 넘어가 집단이 창조한 가상의 장면과 참여자의 실제 경험을 극화하였다.

집단이 종결에 접근함에 따라, 우리는 참여자들이 오랫동안 짊어져 온 짐을 벗어 낼 필요가 있다는 데 의견을 함께 했다. 그래서 사이코드라마와 제의의 변형적 본질을 믿기 때문에, 과거를 통해 배운 것을 성찰하고 그 새로운 배움을 나타낼 수 있는 세 번째 사물을 선택하도록 했다.

모래 상자를 무대 가운데 놓고 그 옆에 커다란 바구니를 가져다 두었다. 그리고 악기를 나누어 주고 이렇게 안내했다. 한 명씩 나와서 모래 상자에 있는 짐의 사물을 꺼내 바구니에 넣어 주세요. 그리고 그렇게 하면서 무엇을 버리는지 말해 주세요(고통, 두려움, 의심, 후회, 자기혐오, 좌절 등). 그 다음에는 새로 배운 것을 나타내는 사물을 모래상자에 놓고, 역시 그것이 무엇인지를 이야기해 주세요. 그렇게 한 명씩 나눔을 마치면, 나머지 참여자들이 움직임, 춤, 음악, 노래를 사용하여 그 여정을 축복해 주었다.

이 과정에서 우리는 참여자들이 자기혐오를 내려놓고 자신을 용서하는 것을 목격하였다. 어떤 이는 두려움을 벗고 치료 작업 고유의 모호함에 관한 인식이나 해당 시점에서 가능한 최선의 결정을 했다는 확신을 가져갔다. 또 고통을 버리고 비슷한 상황을 다시 만날 경우에 그것을 다룰 수 있는 새로운 정보를 선택하는 사람도 있다.

음악과 웃음과 춤은 즐겁고 흥겹다. 참여자들은 자신의 내적 진실, 용서와 수용에 대한 진정한 앎과 접촉한다.

제의의 최종 단계인 마무리는 시작한 곳으로 돌아가 원을 완결하는 것이다. 다시 한 번 참여자에게 제의 연극의 신성한 공간으로 들어오도록 초대한다. 아침에 선택한 힘의 사물과 역할을 바꾸어, 그 힘으로써 전체 워크숍을 통합하도록 한다. 슈퍼바이저는 "난 당신이 이 의례에 참여하여 힘을 빼고 작업을 즐길 수 있어 기쁩니다"라고 할 수 있을 것이다. 관음보살은 "마음의 짐을 덜어내고 타고난 보살핌의 힘이 흐를 수 있는 공간을 만들었군요"라고 할지도 모른다. 그리고 할머니는 "네가 한결 빛나는구나. 우리 손자와 그 아름다움을 축하한다"라고 하실 수도 있다. 그리고 집단은 음악과 움직임과 춤으로 그날의 마지막 의례를 창조한다. 그 총체적인 경험은 우리의 본질과 집단에 다시금 연결되는 것이다. 분리는 없다. 우리는 삶의 경험으로 하나가 되며, 그것은 우리 자신보다 크다.

안전의 원

사이코드라마 트레이너 케이트 허긴스(Kate Hudgins 2002)가 개발한 이후로 많은 사람들이 20년 넘게 지속해 온 치료적 나선형 모델(TSM)은 정서적 외상 생존자를 대상으로 고전적인 사이코드라마에 대한 임상적 변형을 시도한다. 치료적 나선형 모델은 정서적 외상으로부터 회복하고자 하는 주인공과 집단 모두를 위한 안전과 담아 주기에 방점을 둔다. 치료적 나선형 모델의 행동화 구조 중 하나가 '안전의 원'인데, 그 제의는 사이코드라마 분야에서 심층 작업을 위한 "테메노스"를 창조할 목적으로 광범하게 사용되고 있다.

여러 가지 색깔의 긴 천을 무대 가운데 놓아 둔다. 참여자들은 자신이 집단에 내놓을 힘을 나타내는 천을 하나씩 고른다. 그것은 용기나 결단력과 같은 내적 특성 또는 엘리노어 루스벨트(Eleanor Roosevelt), 마틴 루터 킹(Martin Luther King) 등의 힘(권력)의 인물 혹은 신, 부처, 삼나무처럼 초월적인 힘이나 자기 자신보다 큰 무엇도 될 수 있다. 천을 고르고 나서는 한 사람씩 자신의 힘이 무엇인지 말하고 바닥에 내려놓는데, 나중에는 색색의 천이 겹쳐지고 이어지면서 하나의 원이 될 것이다.

이를 변형할 수도 있다. 자신이 아니라 다른 참여자의 힘을 찾아 천으로 나타내는 것이다. 천을 고른 사람은 그 힘을 가진 사람에게 천을 전하고, 그것이 어떤 힘인지 말해 준다. 천을 받은 사람은 앞서와 같이 바닥에 둥그렇게 내려놓는다.

우리는 트라우마 생존자를 대상으로 하지 않는 작업에서도 안전의 원을 자주 사용한다. 이 제의는 여러 가지 기능을 한다. 천은 우선 물리적인 경계를 만들어 무대를 지정한다. 갖가지 색깔의 아름다운 경계가 집단에 의해 자발적으로 형성되면서 무대가 안전한 제의 공간으로 화하는 것이다. 천이 상징하는 힘은 또한 작업을 진행할 수 있는 기술과 열정을 끌어내며, 우리가 압도되거나 주저할 때 의지할 수 있는 대상이 되어 준다.

힘의 원은 제의가 일어날 공간을 함께 구별 짓도록 함으로써 참여자 전체를 포괄한다. 집단이 배우이자 무대 디자이너가 되는 것이다. 그리고 제의 연극의 행동화 단계로 접어들면서 천은 의상, 강, 혹은 벽뿐 아니라 장면에 필요한 어떤 것으로도 바뀔 수 있다. 천이 다양한 방식으로 활용되어도 집단은 그 빈자리를 채움으로써 안전의 원을 온전하게 유지한다. 온기를 위해 불씨를 지키듯, 무대라는 그릇의 안전함을 확보하기 위해 원을 지키는 것이다. 말을 전혀 하지 않아도 이 제의는 참여자들에게 매우 강렬하게 작용한다.

비밀의 우물

훈련, 치료, 슈퍼비전, 개인적 성장 등 어떤 목적을 위한 작업이든, 우리는 회기의 처음과 끝을 비밀 지키기의 중요성을 상기하는 것으로 열고 닫는다.

사이코드라마는 배우 자신의 심리 내적이고 대인 관계적인 주제를 다루기 때문에, 회기 안에서 다룬 이야기를 집단 밖으로 가지고 나가지 않는 것이 매우 중요하다. 집단의 신뢰는 그 안에서 나눈 이야기가 밖에서 거론되지 않을 것임을 아는 데서 시작되며, 신뢰는 변형적 집단 경험의 본질적인 요건이다.

촉망받는 사이코드라마 트레이너인 도로시 새튼(Dorothy Satten)은 어린 시절에 배운 걸스카우트 제의에 착안하여 비밀 지키기를 약속하는 간단한 제의를 만들었다. 도로시는 그것을 '비밀의 우물'이라 부른다. 그녀는 미국, 유럽, 극동 지역에서 다수의 사이코드라마 연출자(물론 그중에는 작가도 있다)를 양성해 왔고, 그에 따라 비밀의 우물은 자연스럽게 전 세계로 퍼져 나갔다.

그 과정은 이렇다. 둥글게 모여 서서 한 명씩 오른팔을 원 안으로 뻗는다. 네 손가락으로 느슨하게 주먹을 쥐고 엄지가 왼쪽을 향하게 한다. (참여자가 손이나 손가락이 없거나 팔을 뻗을 수 없는 경우에는 변형이 필요할 것이다.) 그리고 엄지를 왼쪽에 서 있는 사람의 주먹에 끼워 넣는다. 손의 높이와 크기가 다를 수 있지만, 원을 충분히 작게 만들면 주먹으로 연결된 또 하나의 원이 생긴다. 원이 완성되면 집단원이 함께 만든 것의 아름다움을 즐길 수 있도록 잠시 사이를 두어 깊은 우물인 듯 손의 원 안을 들여다본다(Carter 2004).

그리고 한 명씩 비밀을 지키겠다는 서원으로 자신의 이름을 말한다. 집단은 그것을 통해 깊은 일치됨, 여럿으로 이루어진 하나의 느낌을 갖게 된다. 이 제의는 각 참여자의 개별성만큼 전체가 중요함을 뜻한다. 그리고 성심으로 수행할 때, 이 단순한 행위는 제의 연극이 된다. 그것이 가진 힘이 공명하여 치유가 일어나는 것이다.

비밀의 우물은 상상하는 바에 따라 다양하게 변형 가능하다. 때로는 우물에 대고 이름을 말할 수 있다. 마치 우물 자체, 물과 지구가 그 이름과 약속을 안전하고 신성하게 지켜 줄 것처럼 말이다. 어린 시절에 불렸던 이름을 말할 수도 있다. 그렇게 하면 참여자들은 가족 모임을 앞둔 아이처럼 수줍어하며 어린 시절로 거슬러 올라간다. 또 이름을 자랑스럽게, 큰 소리로 또는 속삭이며 말할 수도 있다. 각각의 지시는 그에 따른 독특한 분위기를 이끌어 내어 집단의 발달에 서로 다른 방향으로 기여할 수 있다. 그러나 어떤 방식을 따르든 제의의 힘은 그 개별성과 연결됨을 확증함으로써 집단을 하나로 묶어 낸다.

우리의 작업에서는 비밀의 우물이 집단의 시작과 끝을 가름한다. 그것은 참여자들이 자신의 이야기를 나누기 전에 안전감을 창출하고 집단을 마칠 때 다시금 안전감을 다짐으로써 지지받는 느낌을 가지고 떠날 수 있게 해 준다. 이 활동 역시 다른 제의와 마찬가지로 반복적으로 사용하지만, 매번 새롭다.

결론[2]

사이코드라마에서 제의의 역할을 논한 글은 상당히 많으며(Blatner 2000, 2007; Kellermann 1992; Kellermann and Hudgins 2000), 우리는 그 작업에 일조하게 된 것을 영광으로 생각한다. 질서와 구조의 아폴론적 세계로부터 혼돈과 창조성의 디오니소스적 세계로 옮겨 가는 과정은 반드시 존중과 배려로써 수행되어야 한다. 제의와 의례는 그 옮겨감에 필요한 담아 주기와 안전함을 구축한다. 사이코드라마는 매우 강렬하기 때문에, 그 세계로의 안내는 잘 조율되고 정중할 필요가 있다. 다시 말해, 사이코드라마 연

2. 제의와 모래 상자 작업에 대해 조언과 수정을 아끼지 않은 데 대해 프란체스카 토스카니 TEP(수련감독전문가)에게 특히 감사를 전한다. 실비아 이스라엘의 작업에 관한 정보를 알고 싶다면 www.imaginecenter.net를 참고할 수 있다.

출자는 다른 사람과 함께 떠나기 전에 자기 자신의 여정 속에서 테메노스를 통과한 경험이 있어야 한다. 사이코드라마는 강력한 방법론이며, 연출자 혹은 안내자가 되는 데는 많은 시간과 강도 높은 훈련이 요구된다.

지구촌 곳곳에서 — 오늘날에는 특히 — 깊은 정서적 차원의 치유에 대한 요구가 일고 있다. 모레노는 어떤 치료적 방법론의 목표도 세상을 바꾸는 것이 될 수밖에 없다고 믿었다. 사이코드라마와 제의 연극의 다양한 형식은 그에 기여할 수 있는 엄청난 잠재력을 갖고 있다. 우리가 그 사역의 일부를 감당할 수 있기를 소망한다.

참고 문헌

Blatner, A. (2000) "A new role for psychodramatists: Master of ceremonies." *International Journal of Action Methods* 53, 2, 86-93.

Blatner, A. (2007) "Designing and Conducting Rituals, Ceremonies, and Celebrations." In A. Blatner (ed.) *Interactive and Improvisational Drama: Varieties of Applied Theatre and Performance*. Lincoln, NE: iUniverse.

Carter, C. (2004) *The Seven Intrinsic Rights of Individuality. Reclaiming Your Developmental Birthrights*. Santa Barbara, CA: The Alternative.

Cook, K. and Baumgartner, D. (2006) "When in Doubt: A Cross-Cultural Exploration of Ethics in Psychodrama." Presentation at the Conference of the American Society of Group Psychotherapy and Psychodrama Conference, San Francisco, CA.

Hudgins, K. (2002) *Experiential Treatment for PTSD: The Therapeutic Spiral Model*. New York: Springer Publishing Company.

Kellermann, P. (1992) *Focus on Psychodrama: The Therapeutic Aspects of Psychodrama*. London: Jessica Kingsley Publishers.

Kellermann, P. and Hudgins, M. (2000) *Psychodrama with Trauma Survivors: Acting Out Your Pain*. London: Jessica Kingsley Publishers.

Moreno, J.L. (1934/1993) *Who Shall Survive?* (Student Edition). Ambler, VA: American

Society of Group Psychotherapy and Psychodrama.

Moreno, J.L. (1977) *The Essential Moreno: Writings on Psychodrama, Group Method, and Spontaniety*. New York: Springer Publishing.

Moreno, Z., Blomkvist, L. and Rutzel, T. (2000) *Psychodrama, Surplus Reality and the Art of Healing*. London: Routledge.

Toscani, F. (1998) "Sandrama: Psychodramatic sandtray with a trauma survivor." *Arts in Psychotherapy* 25, 21-29.

자기표현의 연극

임상 환경에서 제의 연극의 이론과 실제에 대한 개괄

스티브 미첼

개관

자기표현의 연극(Theater of Self-Expression)은 내가 24년 넘게 영국 국립병원 정신과에서 전일제 연극치료사로 성인 환자와 만나면서 개발한 제의 연극 형태의 연극치료다.

그것은 피터 브룩의 연극(Brook 1968, 1993; Roose-Evans 1989), 조너선 폭스(Jonathan Fox)의 '재생 연극'(Fox 1994; Salas 1993), 예지 그로토프스키와 특히 초(超)연극 시기의 폴란드 실험 극단 단원들(Kumiega 1987; Mitchell 1992, 1994, 1999; Schechner and Wolford 1996; Slowiak and Cuesta 2007), 애너 핼프린(Anna Halprin)의 '삶/예술' 프로세스(Roose-Evans 1989, Halprin and Kaplan 1995; Worth and Poynor 2004), 게이브리얼 로스의 '신성한 5 리듬'(Roth 1989, 1999), 그리고 폴 르빌롯의 치유 연극 워크숍과 1989년부터 2003년 사이의 훈련(Rebillot 1993; 또한 7장 참조)을 포함한 다양한 접촉에 영향 받았다.

또 중요한 영향을 미친 것은 성폭력 피해자의 경험을 다룬 트레이시 핸슨(Tracy Hansen 1991)의 작업을 들 수 있다. 그녀는 제의를 구상하고 상연한 과정 그리고 자신의 작업을 선입견이나 일체의 해석 없이 수용한 가톨릭 사제의 도움에 대해 명료하게 설명한다. 모두 아는 바와 같이 힘든 감정을 느끼고 표현할 때는 그것을 담아 주는 것이 가장 중요한데, 그는 핸슨의 통과의례에 참여하면서 그 공간을 제공해 주었다. 그 책에서 특히 마음에 드는 것은 눈에 보이는 치료사가 없다는 점이다! 핸슨은 가톨릭교도이자 아일랜드 사람으로서 교회로 들어가 가진 자원을 총동원하여 자신만의 제의를 구상하고 실행하였다.

나 역시 기존의 이론과 다른 대상에게 효력을 발휘했던 선례를 따르기보다, 함께 작업하는 참여자들의 힘을 잘 알아서 각자에게 맞는 제의를 창조할 수 있도록 안전한 공간과 자원을 제공하는 것이 나의 역할임을 배운다. 적지 않은 사람들이 심리적 역동을 심리 치료의 기준으로 이해하는 학문과 그 전통에 속함으로써 연극 · 심리치료사가 되고 싶어 하지만, 나는 연극치료사로서 참여자를 창조의 중심에 두고 연극 예술을 사용하여 그에게 필요한 제의가 어떤 것인지를 이해하도록 촉진하고자 한다. 엘리아데는 또 다른 맥락에서 그것을 '성스러움의 기술자(technician of the sacred)'라 일컬었다. 전문가는 내가 아니라 참여자이며, 연극치료사로서 나의 역할은 능숙한 촉진자가 되는 것이다. 그것이 뜻하는 바에 대해서는 이 장의 뒷부분에서 살펴볼 것이다.

하지만 임상 환경에서 상처에 취약한 통원 환자와 작업할 때는 어떻게 제의의 가능성을 안전하게 끌어올 수 있을까? 나는 이 질문을 여러 해 동안 붙들고 있었다. 그리고 그 결과 임상 환경에서 제의를 유용하게 쓰려면, 순서대로 진행할 필요가 있는 일련의 단계와 각 단계마다 충족되어야 하는 몇 가지 과제가 있는데, 그것을 무시할 경우에는 작업의 진행이 어려워질 수 있음을 차츰 알게 되었다.

뚜렷이 구분되는 그 일곱 단계를 나는 셰크너를 따라 '접근법(approaches)'(1977)이라 부른다. 그것은 확정된 규준이라기보다 통원 환자를 대상으로 특정 회기를 계획할 때 고려해야 할 구체적인 활동 혹은 심리적 고려 사항을 지칭한다. 그것은 매 단계의 유기성을 고취함과 동시에 자기표현의 연극이라는 전반적 유형의 본질을 형성한다(Jennings 1992; Mitchell 1988, 1994, 1998, 1999, 2003, 근간; 또한 Cattanach 1999). 런던 로햄튼 스쿨(나중에 로햄튼 대학이 된)의 연극치료 과정 감독으로 재직할 당시(1993~2002), 훈련의 비전이 되었던 것이 바로 제닝스의 광범한 연극 모델과 대조되는 이 제의 연극 형식이었다.

치유의 모델

제의는 어떻게 변화를 가능케 하는가? 씨앗에 관한 아래 이야기는 제의 연극을 통한 치유의 방향을 집약하고 있다.

> 씨앗은 땅에 뿌려지고 자라서 다양한 열매를 맺는다. 어떤 씨앗은 지대한 관심 속에 따뜻한 돌봄을 받는가 하면, 어떤 씨앗은 무관심하게 혹은 폭력적으로 버려지듯 뿌려지기도 한다. 씨앗은 저마다의 강함과 생존을 위한 특질을 갖고 있다. 그렇지만 초기에 충분한 관심과 기대가 주어지면 씨앗의 힘이 훨씬 커진다. 씨앗이 막 움트기 시작할 때는 습기와 비와 햇빛과 바람과 흙 속의 화학 성분이 균형을 이루어야 한다. 전력을 다해 땅을 뚫고 나오는 씨앗의 첫 번째 여정은 불확실한 것투성이다. 다른 뿌리와 돌과 유리 조각이 길을 막아서는 바람에 비틀리거나 연약한 상태로 자랄 수도 있다. 혹은 창의성을 한껏 발휘하여 짧은 경로로 장애물을 우회한 다음 곧장 땅 위로 솟구칠 수도 있다. 싹이 트기를 기다린 정원사는 씨앗의 보이지 않는 분투를 섬세하게 느낄 수 있을 것이다. 그리하여 물을 주고 보살피는 정원사의 손길을 통해 씨앗은 앞선 여정에서의 상처를 극복할 수 있을지도 모른다. 반면에 정원사가 무심

하거나, 다른 것을 돌보느라 바쁘거나, 어린 싹의 약함과 흉터를 부끄럽게 여기거나, 새싹을 잘 돌보지 못했다는 자책에 빠져 허우적거릴 수도 있다. 아마도 그렇게 무시당하거나 힘들었던 어린 시절의 기억은 성장을 저해해 여러 가지 문제를 유발할 것이다. 여기서 중요한 질문은 창조적인 혹은 자상한 정원사가 과연 씨앗을 구하여 그 잠재력을 발현하도록 도울 수 있는가 하는 것이다. 씨앗의 존재는 그 초기 경험에 의해 부분적으로 결정되는 듯 보인다. 그러나 그럼에도 불구하고 그 식물의 관습적인 방식이 아니라 삶과 성장을 향한 열정을 따른다면 발전은 가능하다. 결함을 수용하고 즐기면서 배려와 부드러움과 용기와 도전을 익힌다면, 씨앗은 생명의 시작에서 그러했듯이 강렬한 자극으로써 장애물을 극복한 경험을 토대로 그만의 독특한 꽃을 피울 것이다.

나는 이 이야기를 랭카스터의 유명한 정신과 의사인 에일린 힐리(Eileen Healey) 박사에게서 들었다. 그녀는 내게 페트루스카 클락슨(Petruska Clarkson)(1993)의 '성장원(physis)'이라는 개념을 알려 주었다. 그것은 여러 철학자들이 정의한 바, 성장하여 보다 '완전해'지고자 하는 생래적인 소망이라 할 수 있다. 이와 함께 융 학파인 제임스 힐먼(James Hillman)의 도토리 이론[1](1997)과 '심리의 시적 기반' 개념(1975, p. xvii) 역시 맥락을 같이 한다. 그렇다면 연극치료사는 어떻게 참여자를 '도토리'에서 제의 연극을 하는 강한 떡갈나무로 키워 낼 수 있을까?

그를 위해서 연극치료사는 **포이에시스**(*poiesis*)가 일어날 수 있는 조건을 창조해야 한다. 콕스와 틸가드는 포이에시스를 '전에 없던 것을 존재하도록 부르는 무엇'이라고 정의한다. 그리고 '임상 경험은 환자의 내면세계의 깊은 정서적 경험이 **포이에시스**의 적절한 사용에 의해 담겨지고 변화되고

1. 제임스 힐먼은 작은 도토리가 그 안에 큰 숲을 이루는 떡갈나무를 품고 있듯이, 우리 안에는 하나의 규정된 이미지와 예정된 모델이 있으며, '운명의 부름'을 믿고 꾸준히 나아갈 때 그 예정된 미래와 만날 수 있다고 말한다. 그의 도토리 이론은 '나의 목적은 나 이전에 존재했다. 나는 그것을 이루기 위해 세상에 태어났다'를 모토로 한다: 옮긴이.

혹은 견고해질 수 있다는 결론에 이르게 해 준다'고 덧붙인다(1987, pp. 17, 18).

제의 연극으로써 포이에시스를 길러내기 위해서는 위니콧의 '잠재적 공간(potential space)'(1980, p. 118) 그리고 로저스(1988, p. 15)와 얄롬(1980, p. 401, 1985, p. 112)이 긍정적인 참여자/치료사 관계로 정의한 것이 필요하다. 그것이 기초다. 그것이 충족된 후에야 연극치료사는 에무나가 말한 자기 현시를 독려할 수 있다(1994). 자기 현시는 훈습되어야 할 다양한 원형을 다룸으로써 일어난다. 참여자가 복잡 미묘한 내면세계를 탐험하고 표현하는 데 필요한 조건을 형성한다는 점에서 콕스의 '시간, 깊이, 상호성'(1998, p. 148)을 꼭 기억하자.

원형

나는 거기서 카를 융의 '원형'으로 나아갔다. 융은 이렇게 말한다.

> 의식은 철저하게 개인적인 본질을 갖고 있으며, 우리는 그것이 오직 경험적인 정신이라고 믿는다. 즉각적인 의식에 더하여… 집단적이고, 보편적이며, 모든 개인에게 동일한 비개인적인 본질을 가진 두 번째 정신 체계가 존재한다. 이 집단 무의식은 개별적으로 발달하지 않으며, 유전된다. 그것은 전(前)존재적 형식인 원형으로 구성된다. 원형은 특정한 심리적 내용에 명확한 형식을 부여하며 종속적으로만 의식하게 될 수 있다. (Campbell 1971, p. 60)

원형의 중요한 특징 하나는 '종속적으로 의식하게 된다'는 것이다(Campbell 1971, p. 60). 바꿔 말해 원형은 활성화되기 위해 외부의 자극을 필요로 하는 부동의 잠재성이다. 원형의 활성화는 흔히 성숙 과정에서 일어난다.

때로 이 핵심 동기는 빛으로 환하게 드러나지 않지만 제의 연극 안에서 그에 집중함으로써 심리 구조의 새로운 배열을 가능케 한다.

캐럴 피어슨(Carol Pearson 1991)이 제시한 변형 과정에서 나타나는 다양한 원형 개념은 매우 유용하다. 폴 르빌롯(1993)과 조셉 캠벨(1988)이 지적한 것과 더불어, 모두가 제의 연극에서 나타나는 변화 기제를 설명해 준다. 더 자세한 내용은 이 책들을 보면 알 수 있을 것이다. 표 14.1은 이 제의 연극에 나타난 주요 원형을 정리해 보여 준다.

연극치료사가 '치료(therapy)'라는 단어의 기원 — 도움을 주는 것을 뜻하는 — 을 만날 수 있는 가장 빠른 방법은, 통원 환자가 자신의 욕구에 적합한 수준과 깊이로 고유한 제의를 창조할 수 있도록 돕는 것이다. 이 제의 연극의 주된 영감의 원천 중 한 가지는 그로토프스키의 초연극이다. 그는 그 즉흥적 형식을 행함에 있어 자발적인 제의 창조에 응집된 구조를 제공하는 감독이 필요하다고 말했다. 그로토프스키의 대표 배우인 리샤르트 치에슬라크(Ryszard Cieslak) 역시 조직화된 경로가 있어야 함을 강조했다. 그것은 창조적 행위를 위한 도약대로서, 그것이 없다면 혼돈과 무위가 자리를 대신할 것이다. 제의 연극의 7단계 접근법은 연극치료사와 참여자에게 일종의 본보기로 제시된다.

처음에는 많은 치료사들이 고아 원형을 간과하는 실수를 한다. 참여자는 고아 원형을 통해 절망을 표현한다. 그것은 흔히 접근법 2~4가 진행되는 동안 이야기의 선택과 극화에 영향을 미친다. 삶의 경험을 재구성하기 이전에 고통의 주제를 충분히 탐험하는 것은 매우 중요하다. 연극치료사와 집단에 의해 나타나는 보살피는 사람 원형(Pearson 1991)을 통해 그 고통이 담아지지 않을 경우, 참여자는 상처에 머물기를 고집하면서 '저항'할 것이다.

일단 접근법 5를 지나면, 또 다른 의미 있는 원형들이 제의 공간으로 들어온다. 그것은 주된 페르소나를 품고 있는 인물을 사용하여 다룰 필요가

원형	심리적 특징
고아 (Orphan)	거부당함, 혼자임, 번민, 배신당함, 절망, 무력한 상태 — 다른 사람이 구해 주고 변화시켜 주기를 바람
추구자 (Seeker)	변화하고자 함, 좀 더 나은 존재와 변형을 갈망함, 그러나 개인적인 맹점을 극복해야 함, 멘토를 찾음.
방해자 (Saboteur)	의도적으로 변화를 막음! 현재 상태를 바꾸는 것을 반대하고 저지함.
보살피는 사람 (Caregiver)	조건 없는 수용으로써 사랑하는 것. 부성적이고 모성적인 사랑. 공감하고 고무시킴.
현자 (Wise person)	지혜의 인물, 심층의 비밀스런 장소에 거하거나 외부의 인물로 투사되기도 함
전사 (Warrior)	적절한 힘을 자신 있게 주장하는 첫 발걸음을 떼는 것. 목표를 추구하도록 함, 행동을 위한 첫 시작 — 용기를 내는 것.
문지기 괴물 (Threshold guardian)	이 신화적 괴물은 다른 구역으로 통하는 입구를 지킴. 의식의 방해자와 유사하지만 무의식의 해로운 내사물로부터 권위를 부여받음
통합된 영웅적 자기 (Integrated Heroic Self)	이는 의식과 무의식, 상호 모순적인 심리 요인을 직면하고 조정한 결과로 나타남. 그 과정에서 의식의 다른 차원에서 기다리고 있는 시험과 직면할 수 있는 힘, 용기, 연민, 자기 결정력이 생김
주요 장애물의 괴물 (Monster of primal obstacles)	궁극의 시련인 이 괴물은 상처의 근원에 자리함. 그것은 오랜 뿌리를 갖고 있고 어린 자기와 연관된 정서 콤플렉스의 강도로 경험됨
마법사 (Magician)	유연함, 자신감, 의지와 통제력, 겸손을 겸비한 형태 — 변형자. 마법사는 책임감과 변형적 특질을 수용함.
되찾은 순수함 (Innocence regained)	순수함에서 경험으로, 성숙한 유희성으로, 의존에서 독립으로, 상상적 무능력에서 책임적인 창조성으로.

표 14.1 제의 연극의 주요 원형

접근법		원형	과제
접근법 1	치료적 연극 (therapeutic theatre)	추구자 보살피는 사람	집단적 창조를 통해 하나됨
접근법 2	비전 (vision)	추구자 고아 현자	개인의 이야기를 선택함
접근법 3	제의 이미지 (ritual image)	추구자 고아 방해자	그 이야기의 한 순간을 조각상으로 만듦
접근법 4	제의 수행 (ritual enactment)	추구자 고아 방해자	참여자들의 이야기를 극화하고 거기서 제의 연극을 창조함
접근법 5	인물의 변형 (transformation in character) 1: 연극적 탐험	추구자 방해자 현자	해당 장면에 나오는 인물을 신화적으로, 연극적으로 탐험함
	인물의 변형 2: 심리 내적 연극	특정한 원형이 아닌 개인 무의식의 인물들	자아의 특질을 개별적인 인물 페르소나를 통해 제의적으로 활성화함
	인물의 변형 3: 내면화된 가족의 표현	전사 현자 주요 인물들	과거에 내사된 인물들의 긍정적인 특성과 유해한 '상상의 인물들'을 탐험함
	인물의 변형 4: 원형적 불협화음의 표현	전사 현자 문지기 괴물 통합된 영웅적 자기	통합을 목표로, 갈등하는 페르소나를 연극적이고 제의적으로 점검함
접근법 6	변형의 제의 (ritual of transformation)	다양한 주요 장애물의 괴물 통합된 영웅적 자기	집단이 공유하는 주제를 탐험하면서 집단적인 초연극적 경험을 창조함. 참여자들은 저마다의 개인 제의를 만듦
접근법 7	통과의례 (rites of passasge)	마법사 통합된 영웅적 자기	입문의식, 마무리, 실제적인 전이

표 14.2 7단계 접근법

있다. 접근법 4와 5와 6은 이들 원형을 제의적으로 극화한다. 콕스와 틸가드(1987)가 변환의 은유라 한 것은, 힐먼이 인물로 원형을 의인화한다고 말한 그 과정을 통해 무의식적으로 발생하며, 거기서 **포이에시스**가 창출된다.

그러므로 제의 연극의 치유 과정은 크게 두 방향으로 작동한다. 첫째, 실제 삶의 경험과 허구(강력한 원형적 힘을 행사할)를 나란히 놓는다. 둘째, 각 참여자가 접근법 5와 6에서 제의 연극을 구성하고 상연함으로써 그 두 힘을 화해시킨다. 허구를 취하거나 삶의 경험에서 내면화된 '이미지적 허구'(Hillman 1975)를 취함으로써, 참여자는 **포이에시스**를 촉매할 수 있다. 주인공과 나머지 참여자 모두 집단에서 경험한 것을 소화시키는 일은 중요하다. 그러므로 매 회기는 전체 집단이 제의의 충격을 공유하고 담아내는 절차로 마무리한다.

한편, 이 관점은 개인 구성체 이론(1955)에서 모두가 본질적으로 다름을 주장한 조지 켈리(George Kelly)나 '모든 치료는 독창적일 필요가 있다'(2001, p. 33)고 말한 얄롬과 합치되며, 그로토프스키의 초연극의 핵심과도 맞닿아 있다. 그로토프스키는 절대적인 것은 없으며, 오직 '방법론을 찾기 위한 방법론'만이 존재한다고 주장했다(그로토프스키와의 대담-1981, 카디프).

제의는 본질상 입문자를 과정에 참여시키는 정교한 여정이다. 터너(1982, p. 24)는 그 여정을 분리와 전이와 재통합의 세 국면으로 분류한다. 고대 제의의 목적은 먼저 상징적인 죽음을 통해 변화된 의식을 발생시킬 수 있는 전이를 구획하려는 것이다. 두 번째 단계인 전이는 입문자를 새로운 상태에 입문시키는 데 집중하는 의례와 관련된다.

르빌롯(1993)과 루스-에반스(1994)는 현대적 제의의 구성을 세 단계로 보았다. 첫 단계에서 입문자는 더 이상 기능하지 않는 심리적 현상에 동일시한다. 두 번째 단계에서는 그 상상의 세계에서 유해한 힘을 행하는 특정한 감정, 태도 혹은 과거의 관계를 완결하는 데 필요한 모든 것을 슬퍼하고 표현한다. 세 번째 단계에서는 문지방을 넘어 새로운 의식 상태로 진입하여 변화된 심리적 지위를 가지고 일상으로 돌아간다.

이 제의 연극에서 나는 치료사이자 촉진자이며, 참여자는 주인공(animateur)이라 부른다. 아래에서는 각 접근을 개략적으로 소개하면서 매 단계마다 연극치료사가 집중해야 할 과제를 명시한다. 이는 그 밖의 다른 촉진 기술이 필요치 않다는 것이 아니라, 각 접근마다 촉진자로서 연극치료사에게 기대되는 특정한 역할이 있다는 뜻이다.

나는 자기표현의 연극에서 일곱 개의 중요한 과제를 밝히는 동시에 그로토프스키의 초연극 작업에서 또 다른 개념을 가져왔다. 그것은 매 회기를 유기적인 즉흥으로 반응하는 것이다. 이는 연극치료사가 개별 과정과 집단 과정 모두에 개입해야 함을 뜻한다. 연극치료사는 작업 과정을 관찰할 뿐 아니라 그에 따라 회기의 다양한 과제를 구조화하고 촉진해야 한다. 그것은, 가령 접근법 1에서 4의 초기 집단 형성이 완료된 다음에는, 회기를 시작하면서 '위급한 지점'에 이른 참여자에게 시간을 주어 힘든 감정을 다룰 수 있는 적절한 제의를 자발적으로 창조하도록 안내하는 것일 수 있다. 참여자가 당면한 힘든 문제를 담아내도록 돕는 것은 진행 중인 주제 작업에 우선한다.

7단계 접근법

통원 환자를 대상으로 장기 작업을 할 때(심리 치료에서 탐험적이라 부르는 것과 비슷한 수준에서) 이 접근법을 활용한다면, 그 전반적인 기조가 심층심리학의 변화 단계를 반영하듯이, 순서에 따라 실행하는 것이 이상적일 것이다. 그러나 현대사회에서는 단기 작업이 훨씬 지배적이다. 따라서 7단계 접근법을 활용함에 있어, 각 접근법이 해당 집단의 단일 과제가 될 수도 있다. 하지만 다른 치료에서와 마찬가지로, 장기 작업을 이해하고 훈련하는 데서 얻을 수 있는 통찰은 단기 작업을 효율적으로 이끌어 가는 데 큰 도움이 된다. 나아가 7단계 접근법은 집단이나 개인의 특성에 따라 특정한 시기에 적절한 제의 과정을 선택해야 하는 경우에 일종의 일람표로 활용될 수 있다.

접근법 1: 치료적 연극

이것은 참여자들에게 회기의 구조를 소개한다. 여는 의례, 몸과 소리의 제의, 제의 연극 구조, 역할 벗기와 마무리 의식. 표현 방식은 움직임, 목소리, 인물 작업, 즉흥극을 주로 사용하며, 주요 과제는 참여자들이 모두 아는 가상의 이야기를 선택하여 즉흥으로 극화하는 것이다.

연극치료사의 촉진 과제는 집단 과정과 개인을 관찰하고 적절한 집단의 문화를 구축하는 활동으로써 그에 반응하는 것이다.

접근법 2: 비전

집단이 형성되면, 개인적 주제가 나타나기 시작한다. 각 참여자의 고유한 목표는 무엇인가? 그들은 내면의 자원을 어떻게 끌어내는가? '내면의 샤먼'(Feinstein and Krippner 1988)이라는 변형된 유도된-환상은 참여자 내면의 현자를 조명한다. 그리고 어떤 이야기가 참여자 각자의 목표를 담을 수 있는 안전한 극적 장치를 제공할 것인지를 결정한다. 이야기는 동화, 신화, 전설, 라디오나 텔레비전 드라마, 희곡, 발레, 오페라를 비롯해 참여자들의 치료적 목표를 이루는 데 필요한 안전한 극적 은유를 제공하는 것이라면 어떤 서사적 허구이건 상관이 없다. 유도된-환상에 친숙해지도록, 현자(사람, 동물, 그 밖의 것)와 그가 사는 곳을 그리기도 한다.

연극치료사의 촉진 과제는 은유를 빌려 안전한 거리에서 문제를 탐험하도록 안내하는 것이다. 또한 내면의 샤먼 활동을 통해 치료사나 외부의 중요한 인물에게 의존하지 않고 자신의 치유 과정을 안내할 정체를 찾을 수 있도록 돕는다.

접근법 3: 제의 이미지

이 단계에서는 똑같이 중요한 두 가지 차원이 있다. 먼저, 전체 집단이 지켜보는 가운데 스포트라이트를 받도록 하는 것. 둘째, 개인적 이야기를 선택한 다음에 거기서 특정한 순간을 삼차원의 조각상으로 만들어 제의적으로 나타내는 것이다.

이는 주인공(나는 집단 앞에서 자신의 작품을 선보이는 참여자를 이렇게 부른다)이 이야기에서 어떤 '순간'을 선택하고 다른 참여자들을 이용해 조각상으로 만드는 작업과 관련된다. 이때 주인공은 조각상의 재료들(인물을 산다기보다 재현하는 다른 참여자들)에게 해당 장면의 인물이 갖는 몸의 자세와 심리적 제스처를 부여한다는 점에서 연출자와 비슷하다. 조각상이 주인공의 뜻대로 완성되면 이미지를 사진으로 찍는다. 그리고 다른 참여자들은 조각상/인물에서 빠져 나와 피드백을 한다.

연극치료사의 촉진 과제는 조각상에 정서가 잘 표현되도록 주인공을 지지하고, 집단 작업과 개인 작업의 균형을 도모하는 것이다.

접근법 4: 제의 수행

이 접근법에는 두 단계가 있다.

1. **극화:** 주인공이 연출자가 되어 조각상을 신체적 행동이 있는 짧은 장면으로 만든다. 주인공은 또 극작가로서 각 인물에게 필요한 대사를 부여한다. 장면이 원하는 대로 완성되면, 주인공은 인물 중 한 사람이 되어 장면으로 들어가 그의 관점에서 행동을 경험한다.

2. **제의 수행:** 극화에서 제의로 진행하기 위해서는 일련의 과정이 필요하다. (1) 장면은 이제 집단에게 보여 주는 공연이 아니라 주인공의 내적 경험 — 인물의 입장에서 — 을 강화하기 위한 것이므로 충만한 에너지를 가지고 연기되어야 한다. (2) 주인공이 외적 표현보다 내적 경험을 고양시킬 수 있도록 눈가리개를 써서 집중을 도울 수도 있다. (3) 행동에 제의 연극의 적절한 관습을 입힌다. 시간이 허락한다면 주인공이 또 다른 인물로 장면을 다시 연기할 수 있다.

연극치료사의 촉진 과제는 이미지가 강렬한 감정을 내포할 때 주인공의 타당함을 인정하는 것 그리고 집단과 개인 작업 사이에 균형을 유지하는 것이다.

접근법 5: 인물의 변형의 제의

접근법 5는 전통적으로 연극치료의 훈습 단계와 연관되며, 경우에 따라 네 개의 별개 과제를 가질 수 있다.

1. **연극적 탐험:** 이제 신화를 가지고 작업한다. 주인공은 반대 인물과 상호작용하고, 연극치료사의 도움을 받아 연출자처럼 하나의 제의 연극(가면과 의상을 사용하여) 작품을 만든다(여기서 브룩의 리허설 테크닉은 주인공이 개인적 장애를 극복하고 각 인물의 영혼과 의도를 충분히 표현할

수 있도록 돕는 데 탁월한 힘을 발휘할 수 있다). 이것은 접근법 4에서 일어나지 않을 수도 있다. 그러나 여기서는 제의의 수행이 아니라 '훈습(working through)'이 초점이 된다.

연극치료사의 촉진 과제는 인물의 도전을 주인공에게 반영해 주는 것, 그리고 연극적 자원을 끌어내 표현상의 어려움을 극복할 수 있도록 돕는 것이다.

2. **심리 내적 연극**: 주인공은 로스가 '자아 인물(ego characters)'(Roth 1989)이라 명명한 것을 적극적으로 탐험한다. 마음속에 사는 다양한 인물을 특정한 역할로 연기하면서 서로 대화하게 하는 것이다. 나는 수 미첼(Sue Mitchell)의 '퍼스너그램(personagram)'(Mitchell 1997)을 활용하여 주인공이 내면의 의식적 영역에서 일어나는 역동을 재구조화하게 한다.

연극치료사의 촉진 과제는 주인공이 자신의 의식 세계에 영향을 미치는 인물의 특질을 명료화하고 그것을 책임질 수 있도록 하는 것이다.

3. **내면화된 가족을 연기하기**: 주인공의 내면에 사는 인물은 의식적으로든 무의식적으로든 일차 양육자의 페르소나와 겹칠 수 있다. 그런 경우에 부정적인 힘과의 탈동일시를 촉진하기 위해 제의적 장면을 수행한다. 그것은 힐먼이 '이미지 인물(imaginal figures)'이라 부른 것을 동물 그림자 인형극으로 치환하여, 강력한 원형적 '전사'가 된 주인공이 그 에너지를 말이 아닌 소리로 표현하면서 자기 내면에 적대적인 인물로 표상된 부정적인 영향력을 무찌른다.

연극치료사의 촉진 과제는 주인공이 무의식의 힘에 직면하여 그것을 인식하고 말이 아닌 소리로 그 파괴적 힘을 제압하도록 돕는다.

4. **원형적 불협화음을 연기하기**: 의식의 인물 밑에는 강력한 무의식의 영향력 혹은 원형적 에너지가 있다. 구조적인 인물 변화를 위해서는 그 저변의 영향력에 접근할 필요가 있다. 나는 르빌롯의 영웅의 여정(Hero's Journey)이라는 통과의례(Rebillot 1993)를 활용한다. 주인공은 영웅적 자기(두려움을 느끼지만 어찌 되었든 그것을 하기로 선택하는), 정반대의 방해자(끊임없이 '아니오'라고 말하는 반대인물), 안내자(중재자이면서 예언가 역할을 할 수 있는)를 연기한다. 각 인물이 자신의 관점을 표현하고 새로운 배치를 놓고 다툴 때, 그리고 서로 대립하기보다 미래의 통합적 행동을 위해 힘을 모을 때, 혹은 지금은 그 배치를 깔끔하게 정리할 수 없지만 좀 더 의식적인 명료함을 위해 결의할 때, 제의 연극의 드라마가 창조된다.

연극치료사의 촉진 과제는 참여자들이 치료적 여정의 다음 단계를 결정하기에 앞서 자기 내면에서 변화에 저항하는 부분을 찾아 그 방어적 목소리를 듣고 그에 **도전하도록** 돕는 것이다. 참여자들이 모두 이 단계를 거칠 필요는 없으며, 개별 과정에 따르면 된다.

접근법 6: 변형의 제의

이 접근법은 제의 연극의 핵심을 이루며 두 단계로 구성된다.

1. **집단 제의**: 집단 전체가 실내나 실외에서 유기적 즉흥이나 여타 초연극적 활동을 통해 특정한 주제를 탐험하는 자발적 제의에 참여한다.

연극치료사의 촉진 과제는 새로운 가능성을 끌어내고 그 발달을 촉진하는 것이다. 그것은 산파의 역할과 유사하다.

2. 개인 제의: 각 참여자가 고대의 것을 변형하거나 원하는 것을 새롭게 선택하여 자기만의 제의를 만든다. 치료의 절정에 해당하는 이 작업은 은유로써 거리를 유지하기보다 참여자의 삶과 좀 더 직접적인 연관을 가질 수 있다. 새로운 영역으로 가는 문지방을 넘기에 앞서 주인공과 연극치료사가 힘을 합하여 일련의 지침에 따라 개인적 상징 이면의 강렬한 감정을 표현할 수 있는 전이적 사건을 창조한다.

연극치료사의 촉진 과제는 주인공의 과정에 조응하고 적절한 개입을 통해 제의의 목표를 명시함과 동시에 개인 제의가 진행되는 동안 그것이 전체 참여자에게 미치는 영향을 의식하도록 하는 것이다.

모두가 반드시 개인 제의를 해야 하는 것은 아니다. 어떤 참여자에게는 집단 제의에 참여하는 것만으로 충분하거나 개인 제의를 하지 않는 편이 더 도움이 될 수도 있다. 뿐만 아니라 참여자에 따라서는 다른 사람들의 작업을 지켜본 후에 또 다른 미완의 과제를 다루거나 좀 더 깊은 차원에서 작업 과정을 반복하고 싶어 할 수도 있다.

접근법 7: 통과의례

이 접근법은 장기 작업의 마무리에 해당하며, 구조적 심리 변화와 관련해서는 네 단계로 나뉜다. 첫째, 원형적 수준의 입문의식. 둘째, 세속적 수준의 입문의식. 셋째, 집단의 안전함으로부터 집단 밖으로의 이행을 준비하기. 넷째, 연극치료사를 비롯해 다른 참여자들과 인사를 나누고 헤어지기.

1. 원형적 수준의 입문의식: 이제 막 싹튼 자기 개념과 잠재력을 확증하기 위해 주인공은 입문의식을 고안한다. 새로운 특징을 체현하는 신화적 인물을 연기함으로써 원형적 차원(마법사)에서 그 특성이 발휘되도록 한다.

2. 세속적 수준의 입문의식: 주인공이 지금 여기에 집단과 함께 있는 상황에서 이벤트를 창조하고 현실적으로 실험함으로써 새로운 특성을 검증하는 것이 중요하다.

3. 집단 밖으로의 이행을 준비하기: 구체적인 변화를 계획하고, 집단과 그것을 실천에 옮길 것을 약속하며, 집단 밖에서의 실험에 대해 피드백을 주고받는 실질적인 준비 단계다.

4. 종결: 집단 구성원과 연극치료사에 대한 분노와 감사 등 여하한 감정을 씻어내고, 종결의 주제와 직면한다.

연극치료사의 촉진 과제는 치료적 목표를 비롯해 집단 구성원 및 연극치료사와의 관계를 완결할 수 있게 하는 것이다. 거기에는 종결의 주제와 직면하도록 돕는 것이 포함된다.

결론

입원 환자나 장애가 있는 참여자와 작업할 때는 이 과제를 신중하게 적용할 필요가 있다. 이에 대한 더 자세한 정보는 「자기표현의 연극: 연극치료의 '치료적 공연' 모델」(Mitchell 1994)을 참고할 수 있다. 그리고 통원 환자를 대상으로 한 작업의 좀 더 정확한 세부 사항은 「제의 연극을 통한 입문 의식으로서 연극치료에 대한 성찰」(Cattnach 1999)을 보면 된다.

7단계 접근법은 내가 연극치료사로서 인본주의적 맥락에서 제의로 작업할 때 심리적 변화의 다양한 단계에 대한 지도를 제공하며, 더 중요하게는 그에 반응하는 방식을 알려 준다. 그것은 '왜'에 대한 설명을 제공하는 인성 이론이 아니라, 표출과 수용의 가능성이 전제될 때, 개인이 특정한 시점에서 안전한 수위까지 자신에게 필요한 것을 행할 수 있게 하는 일종의 행동적 형식이다. 거기서 연극치료사는 분석가나 해석자가 아니라 낯선 심리적 여정의 안내자로서 주인공이나 집단 곁에서 나란히 걸어가는 촉진자라 할 수 있다.

임상 환경의 이 제의 연극 형식은 브룩(1968, p. 42)이 '보이지 않는 것을 보이게 만든다'고 한 것을 가능케 하고, 이 장에 소개한 것을 포함한 다양한 과정을 망라할 수 있게 해 준다. 그러나 랭카스터 심리치료센터의 이전 수장인 나의 절친한 동료 마리아 코넬(Maria Cornell)은 삼투의 중요성을 말한다. 이는 시간을 두고(심리적 변화를 견뎌내기 위해서는 시간을 갖는 것이 매우 중요하다) '난폭한 운명의 투석기와 화살'(Shakespeare 1983, 3.1.58)에 맞서 참여자들이 서서히 자신을 강화함을 뜻한다. 이는 또한 '치료사를 자주 당황케 하는 것(그리고 연구자를 미치게 하는 것)은 치료사나 환자의 시야에서 멀리 떨어진 숨어 있는 차원에서 일어나는 변화다'(1980, p. 298)라고 한 얄롬의 주장을 확증한다.

나는 캐럴린 갈런드(Caroline Garland)를 인용하면서 이 글을 맺을까 한다. 그녀는 정원 가꾸기의 비유를 들어 집단의 치유 요인을 설명함으로써, 연극치료가 임상 현장에서 상담 치료와 어떻게 다르게 작동하는지를 집약한다.

어지러이 버려진 화단을 마주했을 때, 정원사는 시간을 들여 기생하는 잡초의

> 뿌리 체계를 알아내거나, 기르고 싶은 식물들 사이에 지피식물을 심은 다음 그것들이 잡초가 차지한 영역을 뒤덮을 만큼 건강히 자라게 하는 대안적 전략을 쓸 수도 있다. 두 방법 모두 잡초를 원치 않는다는 점에서 동일하다. 그러나 문제를 해결하는 방식은 근본적으로 다르다. 하나는 직접적으로 공격함으로써, 다른 하나는 대안적 요소의 건강한 성장을 촉진함으로써 적의 영토를 잠식한다. (Garland 1982, p. 8)

연극치료는 나에게 이 대안적인 방식을 제공한다. 제의 연극은 너무도 중요한 지피식물을 길러내는 것을 목표로 한다. 그 저변에 깔린 것은 창조성의 재생이다. 그 잠재력을 발견함으로써 씨앗 본연의 가능성에 다시금 불을 붙이는 것이 바로 창조성이라고 나는 믿고 있다.[2]

참고 문헌

Brook, P. (1968) *The Empty Space*. London: Penguin.

Brook, P. (1993) *There Are No Secrets*. London: Methuen.

Campbell, J. (1971) *Portable Jung*. New York. Viking Press.

Campbell, J. (1988) *The Hero with a Thousand Faces*. London: Paladin(originally published 1949 Bollingen Foundation Inc.).

Cattanach, A. (ed.) (1999) *Process in the Arts Therapies*. London: Jessica Kingsley Publishers.

Clarkson, P. (1993) *On Psychotherapy*. London: Whurr Publications.

2. 이 장은 이전에 쓴 두 편의 글을 편집한 것이다. 하나는 2004년 어빙 알롬이 기조 발제를 했던 영국연극치료협회 회의에서 발표한 것이고, 다른 논문은 계간 연극치료 학회지인 『프롬프트』에 실린 것이다. 그 글의 제목은 '연극치료사로서 임상 작업을 할 때 "영감"을 "각색"해야 할 필요성 혹은 폴 르빌롯의 작업이 연극치료의 제의 연극 형식인 자기표현의 연극을 발생시킨 과정'이었다(겨울 2003/4).

Cox, M. (1998) *Structuring the Therapeutic Process: Compromise with Chaos*. London: Jessica Kingsley Publishers.

Cox, M. and Theilgaard, A. (1987) *Mutative Metaphors in Psychotherapy*. London and New York: Tavistock Publications.

Emunah, R. (1994) *Acting For Real: Drama Therapy, Process, Technique and Performance*. New York: Brunner/Mazel, Inc.

Feinstein, D. and Krippner, S. (1988) *Personal Mythology*. London: Manadala Urwin Paperbacks.

Fox, J. (1994) *Acts of Service: Spontaneity, Commitment, Tradition in the Nonscripted Theatre*. New York: Tusitala Publishing.

Garland, C. (1982) 'Group analysis: Taking the non-problem seriously.' *Journal of Group Analysis* XV/1, April, 4-14.

Halprin, A. and Kaplan, R. (eds) (1995) *Moving Toward Life: Five Decades of Transformational Dance*. Hanover and London: Wesleyan University Press.

Hansen, T. (1991) *Seven for a Secret: Healing the Wounds of Sexual Abuse in Childhood*. London: Triangle.

Hillman, J. (1975) *Re-Visioning Psychology*. New York: Harper Perennial.

Hillman, J. (1997) *The Soul's Code: In Search of Character and Calling*. London and New York: Bantam.

Jennings, S. (ed.) (1992) *Dramatherapy Theory and Practice 2*. London and New York: Tavistock/Routledge.

Kelly, G. (1955) *The Psychology of Personal Constructs*. Vol. 1 and 2. New York: Norton.

Kumiega, J. (1987) *The Theatre of Grotowski*. Methuen: London and New York.

Mitchell, P.S. (1997) 'Personagrarns.' In S. Jennings (ed.) *Dramatherapy Theory and Practice 3*. London: Routledge.

Mitchell, S. (1992) 'Therapeutic Theatre: A Para-Theatrical Model of Dramatherapy.' In S. Jennings (ed.) *Dramatherapy Theory and Practice 2*. London: Routledge.

Mitchell, S. (1994) 'The Theatre of Self-expression: A "Therapeutic Theatre" Model of Dramatherapy.' In S. Jennings, A. Cattanach, S. Mitchell, A. Chesner and B. Meldrum (eds) *The Handbook of Dramatherapy*. London: Routledge.

Mitchell, S. (1998) 'The Theatre of Self-Expression: Seven approaches to an interactional ritual theatre form for dramatherapists.' *Journal of the British Association for Dramatherapists*, 20 1, 3-11.

Mitchell, S. (1999) 'Reflections on Dramatherapy as Initiation through Ritual Theatre.' In A. Cattanach (ed.) *Process in the Arts Therapies*. London: Jessica Kingsley Publishers.

Mitchell, S. (2003) 'The need to make adaptations to inspirations when working clinically as a dramatherapist or how Paul Rebillot's work gave rise to The Theatre of Self Expression a ritual theatre form of dramatherapy.' *The Prompt, the Magazine of the British Association of Dramatherapists*, Winter, 5-7.

Mitchell, S. (forthcoming) Dramatherapy as a Ritual Theatre of Self-Expression: A Practitioner's Textbook.

Pearson, C. (1991) *Awakening the Heroes Within*. San Francisco, CA: Harper.

Rebillot, P. (1993) *The Call to Adventure: Following the Hero's Call*. San Francisco, CA: Harper.

Rogers, C. (1988) *On Becoming a Person*. London: Constable.

Roose-Evans, J. (1989) *Experimental Theatre: From Stanislavsky to Peter Brook*. London: Routledge.

Roose-Evans, J. (1994) *Passages of the Soul*. Shaftesbury, Dorset: Element.

Roth, G. (1989) *Maps to Ecstasy*. San Rafael, CA: New World Library.

Roth, G. (1999) *Sweat Your Prayers*. Newleaf: Dublin.

Salas, J. (1993) *Improvising Real Life: Personal Story in Playback Theatre*. Dubuque: Kendall/Hunt Publishing Company.

Shakespeare, W (1983) *Hamlet*. Harmondsworth: Penguin Books.

Schechncr, R. (1977) *Performance Theory*. New York and London: Routledge.

Schechner, R. and Wolford, L. (1996) *The Grotowski Sourcebook*. London: Routledge.

Slowiak, J. and Cuesta, J. (2007) *Jerzy Grotowski*. London: Routledge.

Turner, V. (1982) *From Ritual to Theatre: The Human Seriousness of Play*. New York: PAJ Publications (Division of the Performing Arts Journal).

Yalom, I.D. (1980) *Existential Psychotherapy*. New York: Basic Books.

Yalom, I.D. (1985) *Theory and Practice of Group Psychotherapy*. New York: Basic Books.

Yalom, I.D. (2001) *The Gift of Therapy: Reflections on Being a Therapist*. London: Piatkus.

Worth, L. and Poyner, H. (2004) *Anna Halprin*. London: Routledge.

Winnicott, D.W (1980) *Playing and Reality*. Harmondsworth: Penguin Books.

15 여신과 연결하기

치료감호 환경에서의 제의 연극

데브러 콜케트

저항

셸리는 말없이 듣고만 있었다. 나는 그녀에게 여기서 무엇을 보고 싶고 또 하고 싶은지 물었다. 그녀는 불안한 표정으로 주변을 둘러보았다.

'난 음식이 좋아요. 하지만 옷은 잘 못 입어요.'

나는 참여자들에게 이 공간에서는 누구도 원치 않는 것을 해서는 안 된다는 약속을 일깨워 주었다.

셸리는 납득이 되지 않는 듯 보였다. 그녀에게는 집단이 도전적일 수 있다고 느꼈다. 셸리는 소년처럼 보이려 했고, 그것은 자신의 여성성을 부인하려는 노력으로 여겨졌다. 생후 3개월 이후로 성적, 정서적, 신체적 학대를 당해 온 그녀의 병명은 병원 스태프도 읽기 어려울 만큼 충격적이었다.

셸리는 연극치료를 한 방에 우습게 만들었다. '우리는 전부 바보 같아지겠지.'

기억할 것: 가장 저항적인 참여자가 최선을 다하는 참여자일 경우가 많다.

치료감호 환경에 제의 연극을 도입하기

이 장은 치료감호소 중간 보안 구역에 수감된 경계선 성격장애 환자를 대상으로 하여 연극치료에 제의 연극을 도입한 효과에 대해 기술한다.

여섯 명의 참여자는 모두 여성이었고, 경계선 성격장애(BPD) 진단을 받았으며, 대부분 한 번 이상 투옥된 경험이 있었다. 여기서는 그들 중 세 명의 사례에 초점을 맞춘다.

돌리는 20대 후반의 백인으로 조울증과 반사회 성향이 있었다. 그녀는 빠르고 강하게 변하는 기분 탓에 인기가 없고 사람들에게 피해를 당하곤 했다.

레아는 20대 초반의 인도 출신으로, 강한 성격이지만 분노와 슬픔에 자주 압도되었다. 반사회 성향이 있어 다른 사람들을 폭력적이고 공격적으로 대하곤 했다.

십대 백인인 셸리 역시 경계선 성격장애였고, 피해망상과 편집증이 있었다. 그녀는 소심하고 남자아이처럼 보였으며, 옆에서 채근을 해야만 입을 열곤 했다. 촉각이 특히 예민했고, 치료사와 지나치게 친밀해서 그 뒤에 숨는 버릇이 있었다.

참여자들은 모두 폭력과 방화를 비롯한 극단적인 반사회적 범죄를 저질러 수감되었다.

정신병원에서 연극치료의 두 얼굴

정신병원에서 연극치료는 그 가치를 인정받는 한편, 오해를 사기도 한다. 연극치료 작업일지는 그 명료함과 환자들에게 미친 영향에 대한 심층적인 설명으로 환영받는다. 또한 진단명과 일련의 증상 이면에 숨겨진 환자의 상처받은 인성에 주목하기 때문에, 관습적인 방식으로는 드러나지 않는 관점을 제공한다.

그러나 연극치료는 이해받기 위해 타협하거나 희석되는 경우도 많다. 아마도 그것은 깎인 값으로나마 다른 치료와 공존하기 위한 어쩔 수 없는 선택일 것이다. 연극치료의 핵심이라 할 수 있는 영적, 제의적, 정서적 요소는 정신병원에서는 살아남기가 쉽지 않으며, 그 결과 역시 간과되거나 축소될 수 있다. 하지만 앞으로는 미묘하고 수량화하기 어려우며 상상에 기댄 접근 역시 관련 기관에서 좀 더 바람직한 것으로 받아들일 필요가 있다.

나는 정작 퇴장당해야 하는 것은 연극치료가 아니라 정서와 인간의 약함에 관한 인식이라고 말하고 싶다. 정신 건강 전문가들 역시 그들이 돌보는 환자 공동체의 일부임을 잊곤 한다. 신체적 증상과 돌봄의 의무에 지나치게 몰두하는 것은, 환자를 자신의 질병을 다룰 수 없는 사람으로 치부함으로써, 외상을 극복할 수 있는 내적 자원에 대한 방기로 이어질 수 있다.

개별 진단: 셸리

앞서 말했듯이, 연극치료는 환자들이 변화를 위해 자신의 자원을 끌어내 쓸 수 있게 해 준다. 나는 경계선 환자들이 최악의 외상 경험에도 살아남아 '여기에' 있음을 축하한다. 그리고 작업은 외상에 연결된 강렬한 감정을 통합하여 함께 살 만한 것으로 만드는 데서 시작한다. 치료를 위한 시도는 일체 없다. 치유의 계기는 과정에 들어와 탐험하고자 하는 참여자의 자발성에서 비롯된다.

개별 진단 회기다. 방에 우리 둘이 있다. 나는 몇 가지 질문으로 셸리가 자기 자신과 정신 질환에 대해 알고 있는 바를 확인한다.

셸리가 대답하면 나는 그 내용을 받아 적는다. 셸리는 '방금 왔어요'라고 말한다.

나는 기록을 그만두고 그녀를 쳐다보지만 다른 반응을 하지는 않는다. 그녀의 말을 제대로 들었는지 모르겠다. 셸리는 표정 없는 얼굴로 나를 바라본다. 나는 다시 시선을 거두어 종이에 뭔가를 적는다.

셸리는 또렷하게 '오르가슴을 느꼈어요'라고 말한다.

쳐다보지 않고, 그 말을 받아 적는다. 그리고 병이 그녀에게 무엇을 의미하는지에 관한 또 다른 질문으로 진단을 지속한다.

셸리가 묻는다. '뭘 써요?'

편집증과 신뢰라는 주제가 나타난다. 그래서 나는 솔직한 반응으로 그녀를 편안하게 해 주기로 한다. '당신이 말한 것을 전부 적고 있어요. 아주 중요한 일이죠. 당신의 중요한 부분을 이해할 수 있게 해 주니까요.'

'오, 내가 봐도 돼요?'

나는 대화를 기록한 것을 건네준다. 그녀는 그것을 잠시 읽더니 질문을 한다. '내가 정말로 그렇게 말했어요? 방금 왔다고?'

'네.'

'바보가 따로 없네. 당신은 나를 어떻게 생각해요?'

'솔직하게요?'

'네.'

'당신은 호감형인 것 같아요'라고 말한다. '그리고 또래보다 나이든 사람처럼 말해요. 아마 할머니의 영향이지 않을까 싶어요.'

셸리는 미소를 짓는다.

나는 계속한다, '그리고 남자아이 같아 보여요.'

'내가요?' 셸리가 묻는다.

'네, 짧은 머리. 트레이닝 바지에 후드티. 꽤 보이시하죠.' 그리고 '날 어떻게 생각해요?'라고 묻는다.

셸리는 한참 나를 바라본다. '괜찮은 것 같아요. 난 당신이 좋아요 — 진실을 말하니까요.'

'그럼 앞으로도 서로에게 솔직하도록 해요.'

셸리는 웃음을 짓더니 '그렇게 되나요?'라고 묻는다. 그녀는 진단 시간이 끝나간다고 한다.

'네, 고맙습니다.'

그녀는 '고마워요, 친구'라며 내 등을 한 번 토닥이고 방을 나간다.

나는 셸리가 이 시간을 함께 끝내는 데 힘을 보탰다고 적는다. 그녀는 치료사와 접촉하기를 좋아하고 과도한 성적 경향과 문란한 애착의 징후를 보여준다.

셸리는 내가 자신의 내면세계를 흘깃 볼 수 있게 해 주었다. 그녀는 자기 이미지가 불명확하고 젊은 여성으로서의 정체성에 혼란이 있다. 어릴 때부터 가족의 남자들에게 반복적으로 성폭행을 당하면서 접촉, 친밀함, 가족됨, 사랑받고 인정받고자 하는 욕망에 혼란이 생겼다.

집단의 힘

배우는 인물과 이야기를 동일시함으로써 카타르시스를 경험할 수 있지만, 공연을 위해서는 관객이 절대적으로 필요하다. 배우는 감정이입을 통해 관객을 카타르시스로 이끌며, 따라서 공감적인 관객이 이상적이다. 『빈 공간(*The Empty Space*)』(1968, p. 133)에서 피터 브룩은 '이 강제적 필요를 작가와 배우들이 공유하는 것만으로는 충분하지 않다. 관객이 반드시 그것을 공유해야 한다'고 말한다.

제의 연극과 유사하게, 연극치료에는 집단이나 개인의 의도와 초점을 통해 창조된 마법이 존재한다. 참여자는 배우와 관객의 역할을 모두 경험한다. 카타르시스는 공연을 통해서도 그리고 관극을 통해서도 발생할 수 있다. 참여자의 개인적 경험을 드라마를 통해 목격하는 것은 중요하다. 보여지고 인식될 때 주인공의 존재는 확증되고 타당성을 얻을 수 있다. 연민과 감정이입과 지지는 개인이 당면한 곤경을 넘어 정서적 장벽을 무너뜨림으로써 전에는 풀 수 없다고 느꼈던 것에 대해 새로운 아이디어를 내는 공간을 창조할 수 있게 해 준다.

집단 역동이 매우 중요하며, 그래서 첫 회기는 집단의 초점을 찾는 것으로 시작한다.

1회기

치료실은 조용하다. 시설에서 흔히 쓰는 창백한 푸른색이 칠해진 후미진 방이어서 실제 기온도 낮고 느낌도 춥다. 창밖으로는 황무지와 담장이 보인다.

다시 방으로 주의를 돌리자 불안과 기대가 느껴진다. 돌리가 흥분하여 신경질적으로 수다를 떤다.

그녀는 묻는다, '데브러, 우리 뭐 할 거예요?'

'뭘 하고 싶어요?' 내가 답한다.

나는 집단에게 도움 치료사인 제이슨을 소개한다. 제이슨은 병동에서 여성들과 친하게 지내는 활동 보조다. 그의 역할은 공감적으로 함께 작업하는 것, 연극치료의 담아 주기를 돕는 것, 그리고 집단과 개인 과정을 반영하는 것이다. 우리는 함께 경계를 정해 집단을 안전하고 신중하게 연극치료적으로 유지하는 데 동의한다. 나는 집단이 집단 자체를 위한 것임을 강조한다.

'경계 안에서 작업하기만 하면, 이 공간은 우리가 원하는 그 어떤 것도 될 수 있습니다. 이 공간을 어떻게 쓰고 싶으세요?'

젊은 여성 참여자들은 예민한 표정으로 말없이 앉아 있다. 나는 한 사람 한 사람에게 여기서 무엇을 하고 싶은지 묻는다.

'제이슨과 제가 어떻게 도울 수 있을까요?'

경계선 성격장애 환자와 만날 때는 의견을 물어 스스로 결정하게 함으로써 자신의 힘을 느끼고 신뢰를 형성하며 일어나는 것들에 대해 통제력을 가질 수 있게 하는 것이 현명하다. 그것은 개인적인 책임감을 독려하고 경계를 명확히 할 수 있는 기회가 된다. 경계선 성격장애 환자들은 대체로 과거에 성적, 정서적, 신체적으로 와해된 경험을 갖고 있으며, 그래서 나는 그들이 자신의 힘을 느낄 수 있도록 '아니오'라고 말할 수 있는 기회를 주는 것이 중요하다고 생각한다.

레아는 가장 말수가 많은 참여자다. '벽에 밝은 색의 알록달록한 그림이 걸려 있으면 좋겠어요.' (레아는 내가 처음 방에 들어왔을 때 느낀 차갑고 냉정한 기분을 읽은 듯이 말했다.)

돌리가 동의하면서 덧붙인다. '예쁘고 푹신한 쿠션 그리고 지금 나오는 것 같은 근사한 음악. 먹을 건 어때요? 초콜릿, 과자, 케이크 같은 거.'

나는 웃는다. 병원의 섭식 정책이 금지하는 품목이기 때문이다. 그래서 '아마도 약간의 이국적인 과일'이라고 고쳐 말한다.

'와아!' 돌리가 반색하며 '터키의 기쁨'[1]이라고 말한다.

레아는 인도 과일이 먹고 싶다고 한다.

제이슨은 매주 다양하고 화려한 음식을 준비해 보겠노라고 약속한다. 나는 회기가 끝나면 음식을 먹으며 이야기를 하자고 덧붙인다.

참여자들은 치료실을 따뜻하고 이국적인 음악과 멋진 소품이 있는 방으로 꾸미며, 춤도 추고 먹고 함께 즐길 수 있는 공간으로 만들고 싶어 한다. 부드럽고 감각적이며 여성적인 장소.

1. 전분과 설탕으로 만든 젤리 형태의 터키 전통 과자다. 장미수, 유향수액, 레몬, 오렌지로 향을 내고 먹기 좋은 크기로 잘라 설탕, 코코넛 가루, 타르타르 크림 등을 입혀 낸다: 옮긴이.

'춤추고 싶어요.' 돌리가 말한다.

나는 거기서 일종의 자궁처럼 아름답고 아늑한 공간에 대한 집단의 욕망을 본다. 그런 공간에서 참여자들은 여성성을 축하하고 여성됨의 아름다움과 힘을 느낄 수 있을 것이다.

레아는 자신이 인도 출신임을 말한다. 그리고 힌두교의 여러 신과 여신들에 대한 이야기를 들려준다. 나는 얼마 전에 락쉬미와 풍요 의식에 대한 클레어 슈레더의 수업을 들은 덕분에 힌두 여신 락쉬미를 기억한다.

첫 번째 회기를 돌아보면서 나는 치료실에 대한 첫 인상과 락쉬미 워크숍에서 경험한 풍요로움을 다른 사람들이 어떻게 알아차렸는지 궁금했다. 아마도 둥글게 앉아 집단에 주의를 집중함으로써 서로의 욕구에 민감해진 덕분에 조응할 수 있었을 것이다.

제이슨은 최근의 내 경험을 반영하는 집단의 아이디어를 '우연하고 이상한 것'으로 여겼다. 하지만 회기가 끝난 뒤 느낌을 나눌 때는 우리 모두가 서로에게 조율되었고, 강렬하고 흥미로운 여정이 펼쳐질 것이라는 데 의견을 같이 했다.

보건 예산을 필요로 하는 곳은 차고 넘치며, 그래서 과연 성스러운 공간을 창조하는 데 필요한 돈을 지원받을 수 있을지 확신하기가 어려웠다. 일단 관리자에게 집단의 소망을 간략하게 전했고, 그는 별 느낌 없이 이야기를 들었다.

'참여자들이 일종의 자궁을 만들고 싶어 한답니다.'

그는 상기된 얼굴로 내 말을 막았다. '그래서 얼마가 필요하세요?'

성스러운 공간 창조하기

연극치료는 어디서나 할 수 있지만 구별된 공간이 필요하다. 그것은 건물 내부일 수도 있고 자연에 노출된 장소일 수도 있다. 치유와 수양을 위한 장소로 구별하는 행위는 공간을 변형한다.

제의 연극에도 유사한 과정이 있다. 공간은 참여자를 도울 수 있는 상징과 신과 원형의 특징을 환기하도록 세심하게 선택된 제의적 사물에 의해 구별된다. 그럼으로써 고착된 인지 신념 체계와 과거의 불쾌한 경험을 넘어설 수 있는 기회를 부여한다.

2회기

지난 회기에 말한 물건을 가져왔지만, 참여자들은 막상 그것들이 망가지거나 (좋은 것은) 없어져 버릴 것 같은 두려움에 주저하며 만지지 못한다. 지켜지지 않은 과거의 약속들로 인한 불신이 가로막고 있다.

한참을 설득한 뒤에야 감탄하며 물건을 살피기 시작한다.

돌리의 눈에 눈물이 맺힌다. '이게 정말 전부 우리를 위한 거예요?'

나는 고개를 끄덕인다. 돌리는 물건에서 한 번도 제대로 주목받거나 중요하게 여겨지지 않았던 자신을 발견하고, 그 결핍감과 무가치함의 깊은 감정에 접촉한다. 나는 그녀에게 그렇게 사랑받지 못하고 쓸모없다고 느꼈기 때문에 환상 속에서 성공한 사람들에게 집착한 것인지 부드럽게 묻는다. 이 질문은 그녀에게 매우 고통스럽다. 감정이 올라온 그녀는 내 옆에 앉아 울음을 터뜨린다. 돌리는 풍족함의 경험이 한 번도 채워진 적 없는 자신의 욕구와 그 상실감에 접촉하게 했음을 알아차린다. 집단의 지지에 힘입어 돌리는 다시 열의를 가지고 활동에 집중한다. '우리가 말한 걸 전부 가져왔어! 믿어지지가 않아!'

레아는 천을 사리처럼 몸에 두르더니 흐느끼기 시작한다.

'이걸 보니까 엄마 생각이 나요.' 그녀는 말한다. 레아는 가족, 대체로 엄마에게서 느낀 거부와 유기에 대한 슬픔과 분노를 보여 주었다. 이 공간의 무언가가 그런 식의 연결을 촉진했다.

셸리는 제이슨의 도움을 받아 밝은 색의 천과 쿠션을 가지고 참여자들이 모두

들어갈 만한 크기의 베두윈 텐트를 치고 있다. 나는 셸리가 어떻게 남자에 동일시하는지를 관찰했다. 그리고 '소년의' 작업을 돕도록 권했다. 셸리는 자기가 숨을 수 있는 물리적 공간을 만들었다.

신들의 역할

이 과정에 도움이 된다면 어떤 신을 불러내도 좋다. 다시 말해, 쓸모가 있다면 어떤 인종, 종교, 신앙 체계도 제의 연극 공간의 유익을 위해 활용할 수 있다. 하지만 조직화된 종교 행위와 달리 제의 연극의 참여자들은 특정한 경전에 근거한 공식적인 신앙 체계를 따르거나 보다 큰 영향력에 복종함으로써 책임감을 포기하지 않아도 된다(라우처의 3장 참고). 제의 연극은 다만 참여자의 내면세계를 해방하기 위해 신에게서 인물과 아이디어를 빌려 올 뿐이다. 어떤 참여자도 제외되지 않으며, 모두가 배우고 창조하고 치유할 수 있도록 안배된다.

신은 인간적 약점을 벗어난 이상화된 특질의 집약체로서, 개인은 '자연이나 초자연적 힘과 동일시하면서 틀리기 쉬운 인간의 제한된 상태를 변형한다' (Landy 1993, p. 17).

3회기

치료감호소 중간 보안 구역에서 여신 락쉬미는 자연의 왕좌인 연꽃 위에 눈부신 자태로 앉아 있다. 젊은 여자 환자들이 말없이 그 그림을 바라본다. 그들은 평생은 아니라도 생애의 대부분을 보호시설, 위탁 가정, 병원과 교도소에서 살아왔다.

아름다움과 사랑과 자비의 전형인 락쉬미는 자신을 강력한 풍요의 상징으로 받아들여 자비를 구하는 사람들에게 풍성함과 부유함을 약속한다.

참여자들은 여신 락쉬미와 근본적인 한 가지를 공유한다. 그들은 모두 여성됨의 본질과 독특하고도 신성한 여성성을 표현하고자 한다.

나는 참여자들에게 락쉬미의 이야기를 들려준다. 인도인들은 락쉬미가 바다에서 태어나 온갖 풍성하고 맛난 것들을 지상에 퍼뜨린다고 믿는다. 락쉬미는 그 매력과 섹슈얼리티와 여성성으로 귀하고 천한 많은 존재들에게 사랑을 받았는데, 그중에서 보존하는 자인 비슈누가 그녀의 사랑과 영혼을 얻었다.

여신 락쉬미는 연꽃 위에 앉아 말한다.

'나는 풍부함, 무궁함, 절대 마르지 않는 것의 영원한 유출이다. 내 존재의 충만함으로부터 나는 부유하고 풍족하게, 넉넉하고 관대하게, 호사스럽고 후하게 준다. 나는 담겨질 수 없고 한계가 없다. 나는 모든 곳에 있으며 존재하기를 멈추지 않는다.'

그녀가 앉아 있는 연꽃은 재생과 윤회의 상징이다. 아름다운 그 꽃은 어둠에, 깊고 더러운 진흙에 뿌리를 내리고 있다. 진흙탕에서 가장 아름다운 꽃을 피워 내는 연꽃은 희망을 상징한다.

셸리는 이에 대해 이렇게 말한다. '연꽃이 우리랑 닮았네요, 똥 속에 있어.'

레아는 연꽃이 진흙에서 꽃을 활짝 피울 수 있다면 우리(집단)도 그럴 수 있다고 느낀다. 많은 남자들에게 사랑을 불러일으키는 락쉬미의 능력이 레아의 마음을 움직인다. 돌리는 생각에 잠긴 듯 말이 없다.

나는 집단에게 락쉬미의 삶에 대해 생각한 다음 그녀가 되어 풍부함의 감정을 살아보게 한다. 그녀가 되어 그 걸음걸이를 상상하고, 풍요의 여신을 경험하는 것이다. 둘씩 짝을 지어, 원하는 모든 것을 갖고 있고 사람들에게 주고도 전혀 모자람이 없는 락쉬미의 풍성한 삶을 마음껏 누려 본다.

셸리는 집단에서 빠져 나와 '난 보기만 할 거예요'라고 한다.

레아는 색색의 천을 두르고 궁전 주변을 유혹하듯 걸으면서 우리에게 장난을 치고 환한 미소로 자신의 행운을 기뻐한다. 레아의 락쉬미는 감각적이고 성적이었다. 그녀는 세상에서 가장 아름다운 여인이라는 아이디어를 가지고 논다. 집단은 키득거린다.

셸리는 반짝이는 스카프를 머리에 두른다. 사람들이 그녀를 주목한다. 기분이 어떠냐고 묻는다. 그녀는 시선을 즐기지 않고 잠시 가만히 있다. 분위기가 가벼운 웃음에서 조심스러운 예민함으로 바뀐다.

'소녀 같아요, 생전 처음으로 소녀 같은 기분이 들어요'라고 셸리가 대답한다.

나는 그 기분이 괜찮은지 묻는다.

'네,' 그녀는 깊이 생각에 잠겨 말한다. '좋아한다고 생각하지 않았어요.'

소녀 같은 느낌이 괜찮은지 재차 확인한다.

'네… 여기서는 그래요.'

우리는 운동복에 운동화를 신고 반짝이는 스카프를 두른 채 혼자 서 있는 그녀를 본다. 아주 어릴 적부터 '여자'라는 당연한 권리를 폭력적으로 빼앗겼던 셸리는 갑자기 자신이 여자임을 깨닫는다.

'그래도 드레스는 안 입을 거예요!' 셸리는 내가 더 밀어붙일 수 있다고 느꼈는지 저항을 했다.

돌리는 자꾸만 내 옆에 앉으려 한다. 나는 그것이 엄마에 대한 지나친 의존과 정체성 결핍을 나타내는 것이라고 말해 준다. 돌리는 그것을 이해하면서도 더 깊이 활동에 참여하지는 않는다.

회기는 과일과 과자를 먹으면서 마무리한다. 나는 참여자들에게 오늘 경험한 것 중 중요한 것을 이야기해 보자고 했다.

레아는 여신이 된 것이 즐거웠고, 덕분에 자신의 관능을 자유롭게 해방시킬 수 있어서 좋았다고 말한다. 그녀는 병원의 훈육 팀에게 지나치게 성적이라는 지적을 자주 받았다. 짧은 치마와 목선이 깊이 파인 웃옷을 즐겨 입고 남자 환자들을 희롱했기 때문이다.

그런데 이 공간에서는 여자다움을 폭발적으로 드러내며 마음껏 탐험하는 영광을 누렸다. 제의 연극의 공간에서 수치심이나 판단이나 학대에 대한 두려움 없이 자신의 성적 자질을 안전하게 분출시킨 것이다.

레아는 외로움과 절망을 호소하면서 남자 친구가 너무나 간절하다고 말한다. 우리는 그녀가 엄마에 대한 감정과 어떻게 다시 연결되었는지를 이야기한다. 레아는 엄마에게 연락해서 서먹한 관계를 회복하는 것을 생각해 보았고, 여자다움의 의미를 경험하면서 자신이 엄마를 많이 닮았다는 것을 알게 되었다고 한다.

셸리는 조심스럽고 말이 없다. 콕 집어 묻지 않으면 말을 하지 않는다. 그런 그녀가 '괜찮았어요, 레아를 보면서 나도 그렇게 해보고 싶었어요'라고 말한다.

나는 오늘 셸리가 자기다움을 향해 큰 걸음을 내딛었다고 생각한다. 그녀는 과거의 경험으로 인해 자기 자신을 알 기회가 없었다. 학대에서 살아남기 위해, 나쁜 일이 일어날지도 모른다는 두려움 때문에, 눈에 띄지 않게 숨기에 급급했던 것이다.

돌리는 집단과 거기서 경험한 풍부함에 열광하고 황홀해한다. 돌리는 우리가 가져온 음식을 많이 먹는다. 과자와 초콜릿과 과일을 양 손 가득 집는다.

'연극치료가 좋아요,' 그녀가 고백한다.

나는 그녀가 회기 마지막에 나오는 음식을 간절히 원했음을 알고 있다. 그녀는 음식으로 빈 공간을 채운다. 공허한 마음을 감출 수 있는 포만감을 욕망하는 것이다.

돌리는 쿠션 하나와 스카프를 가져도 괜찮은지 묻는다. 내가 다음 회기 때까지 안전하게 보관했다가 다시 가져오겠다고 말하자, 분노가 폭발하여 눈물을 흘리며 말한다. '연극치료도 싫고, 당신들도 다 꼴 보기 싫어!'

나는 그녀에게서 좋은 감정과 대상에 연결되는 것이 고통스러우며, 그것을 내려놓는 것도 그 과정의 일부임을 본다. 나는 다음 주에 모든 것과 다시 연결될 수 있을 거라고 말한다.

그러나 돌리는 쿠션을 꼭 쥔 채 계속해서 화를 낸다. '난 이 집단이 끔찍해. 당신들 전부.'

다른 참여자들이 불안해해서 나는 공간에서 역할을 벗겨 내고, 돌리가 소리치며 욕설을 퍼붓는 동안 물건들을 한쪽으로 치우게 한다.

돌리가 진정된 후, 나는 때때로 사랑을 경험하는 것이 고통스러움을 설명한다. 수용과 기쁨을 내려놓는 것은 힘겹다. 좋은 감정이 강렬해지면, 우리는 그것이 다시 돌아오지 않을까 봐 두려워하게 된다.

돌리의 강렬한 애착 감정은 내려놓을 수 없을 만큼 압도적이다. 돌리는 정체성에 문제가 있다. 그녀는 유명한 사람들에게 들러붙어 멋대로 우상화하고는 자신에게 애정을 돌려주지 않으면 앙심을 품고 파괴하려 들었다. 사랑의 감정이 상처를 주었고, 그래서 거부당했을 때 격노했다. 이 위험한 행동 패턴이 연극치료 집단과 음식과 쿠션에 대해 나타난 것이다.

나는 다음 회기에 모든 것을 다시 가져올 것이라고 설득한다. 돌리는 뚱한 표정으로 쿠션을 상자에 집어 던진다. '다시는 안 와, 빌어먹을.'

'잘 했어요,' 나는 돌리가 쿠션을 돌려주는 것을 보고 조용히 말한다. 그것으로써 내가 그녀의 분노에 망가지지 않았음을, 그리고 음식을 먹는 것이건 물건을 갖는 것이건 혹은 치료사를 가까이 두는 것이건, 집단 경험의 중요한 뭔가를 소유하고 싶은 욕구를 내려놓는 것이 힘들고 고통스럽다는 것을 이해한다고 전한다.

제의 치유

연극치료는 샤머니즘과 연극이라는 오래된 두 전통에 근거한다(Jennings 1993). 샤먼이 특정한 주제를 치유하기 위해 특정한 제의를 통해 개인에게 접근한다면, 연극은 공동체적 맥락에서 치유가 일어나는 계기가 된다.

샤먼은 공식적인 훈련이나 교육을 받지 않으며, 특정한 종교를 배경으로 하는 경우도 많지 않다. 그보다는 사람들을 특정한 경험으로 이끄는 기술에 기대어 샤먼의 자격을 얻는다. 그의 치유 능력은 개인이나 공동체에 대해 수행한 제의의 효과로써 측정되며, 그 명성은 그의 능력에 대한 공동체의 자부심에 따라 상승하거나 추락한다. 무속적 제의는 지금도 세계 여러 곳에서 지속되고 있다.

하지만 문명화된 세계에서는 심리나 정서의 장애를 치유할 목적으로 샤먼을 찾는 경우가 매우 드물다. 특정 기독교 공동체와 영적 치유자를 제외하면, 샤먼은 약물이나 대화 치료를 제공하는 심리치료사, 의사, 심리학자, 상담가에 의해 대체되어 왔다.

여신 락쉬미의 주제와 특성과 아이디어를 적용함으로써 돌리와 레아와 셸리는 정서의 보편적 언어를 통해 깊숙한 내면의 세계로 여성의 여정을 떠날 수 있었다. 집단의 상상력이 불러낸 이 제의 공간은 독특한 여성적 특질에 대한 표현 욕구를 충족시켰다. 거기 있는 탐험 도구와 재료는 각 참여자에게 열리고, 다시금 연결되고, 혹은 변형될 필요가 있는 것들에 대한 고유한 경험을 제공하는 데 쓰였다.

지금 여기를 넘어 가닿기

제의는 치유가 일어나는 극적 현실에 머무는 동안 우리가 의지할 수 있는 구조를 제공하는가? 또 탐험이 끝난 다음에는 일상 현실로 돌아오는 데 어떻게 기여하는가?

심해 잠수부는 미지의 세계로의 아름답고도 무서운 탐험의 여정을 위해 안전한 배를 떠나 깊은 곳으로 몸을 던진다. 그리고 잠수가 끝나면 해수면 아래서 잠시 머물면서 몸과 폐가 지상에 다시 적응할 수 있도록 시간을 번다. 잠수를 마친 뒤의 행동이 생존에 결정적인 영향을 미치는 것이다.

이처럼 연극치료 회기의 말미에 제의는 정서적으로나 심리적으로 참여자들의 부하를 풀어 준다. 그것은 참여자뿐 아니라 극적 활동에 사용한 물건과 공간의 역할 벗기를 통해 일어나며, 참여자가 일상 현실로 안전하게 복귀할 수 있도록 돕기 위함이다. 앞서 작업 기록에서 보았듯이, 돌리가 물건을 내려놓기 힘들어했던 것이 바로 이 과정이 얼마나 중요한지를 말해 준다.

이것은 매우 예민한 작업이며, 내게는 마치 심장 수술처럼 느껴진다. 치료사는 참여자의 정서적 장애뿐 아니라 과거의 영향력, 의식적이고 무의식적인 신념과 그 영혼의 여정까지 치유될 수 있도록 매 순간 어떻게 개입할 것인지를 선택한다.

4회기

돌리가 참석했다. 이번 시간에는 락쉬미가 이성을 유혹하는 데 초점을 맞춘다. 이는 너무나 외로워서 관계를 갈망하는 레아의 주제와 공명한다. 섹슈얼리티가 폭발한 그녀는 병동에서 그것을 마구 드러낸 바람에 혼성 집단의 남자 환자들로부터 지대한 관심을 얻었다.

기관에서는 피상적이나마 그녀에게 한 남자 환자와 만나 보라고 권했는데, 그는 레아를 숭배하는 듯하더니 얼마 안 가 폭언을 퍼부었다. 레아는 거기서 큰 상처를 입었다.

나는 그녀에게 락쉬미에게 도움을 구해 보라고 권한다. '이 순간 당신을 인도하도록, 락쉬미에게 무엇을 구하겠어요?'

그녀는 '내가 준비되었을 때 괜찮은 사람에게 구애할 수 있는 지혜요'라고 답한다.

전혀 기대치 않은 반응이다. '남자 친구'에게 치욕을 당한 뒤, 레아는 방을 때려 부숴 엉망으로 만들고 다른 환자들과 스태프를 위협했지만, 지금은 자신의 훨씬 깊은 곳에서 나오는 지혜에 귀를 기울일 수 있을 만큼 평정을 되찾았다.

셸리는 자비를 구했고, 돌리는 희망을 원했다.

이들은 사는 동안 내내 절망감, 무력감, 정체성 혼란, 섹슈얼리티의 부인과 씨름해 왔다. 여신 락쉬미의 여성적 우아함이, 연꽃이 더러운 물에 뿌리를 내리듯, 각자가 품은 존재의 어둠으로 들어갈 수 있도록 허락함으로써, 참여자들은 태양 아래서 몸을 녹일 수 있는 기회를 얻고 있다.

보이지 않는 것을 보이게 하기

제의 공간의 무엇이 보이지 않는 것을 보이게 하는가? 치료사가 참여자의 세계 속으로 들어가 생각과 느낌을 뚜렷이 드러낼 수 있게 하는 데는 어떤 힘이 작용하는가?

제의 연극은 집단과 개인과 촉진자가 선택한 상징과 오브제와 이야기를 절충적으로 배열한다. '이 합의는 심리 치료적 노력의 기본을 이룬다. 그리고 그것은 자기됨의 대안적 방식에 대한 탐험에 의존한다'(Grainger 1995, p. 56). 그것은 곧 일어날 일의 의도에 의해 신성한 공간으로 간주된다. 창조적 사건과 관련된 의미로 가득했던 그 공간에 상징과 투사물을 가져다 놓는다. 가장 중요한 것은 그렇게 함으로써 우리 자신의 어두운 측면에 대한 이해와 통합을 거들거나 우리가 꿈과 소망과 욕망을 취하도록 도울 수 있는, 보이지 않으나 깨어 있는 존재나 정보가 불러내진다고 믿는 것이다.

이것은 우리가 삶의 어려움을 이해할 수 있도록 인간적 투쟁을 재연하는 형식을 취하기도 한다. '제의와 연극치료는 고통스러운 경험을 다루기 위해 극화를 사용한다는 점에서 연결된다는 주장이 있다'(Jones 2007, p. 273). 그것은 또한 소망하는 것을 상상으로 불러내는 것일 수도 있다. 그것은 보다 나은 미래를 위한 희망을 세우고 성찰하기 위해 창조된, 일상의 삶으로부터 분리된 공간이다. 거기서 일어나는 즉흥적인 행위는 더 이상 유용하지 않은 정서적 기억을 불러내고 풀어내며 변형한다.

치료사로서 우리는 흔히 환자의 문제에 대한 답이 그 자리에서 나타나기를 기대한다. 그러나 작업은 오히려 또 다른 질문을 만나게 한다. 환자의 주제가 치료사와 함께 한 시간과 공간을 넘어선 경험에서 연유하고 그에 영향을 받는다면 어떻게 할 것인가? 주제는 이생에 영향을 미칠 뿐 아니라 전생에서 전해졌을 수도 있으며, 만일 여기서 변형되지 않는다면 가능한 미래의 선택에도 영향을 미칠 것이다.

만일 개인이 변화한다면, 그것은 연못 한가운데 던져진 돌의 파문이 연못 둘레로 퍼져 나가듯 그가 속한 공동체나 사회의 변화로 이어질 것이다.

집중과 초점과 신념과 믿음과 신뢰로써 제의적으로 구별한 공간은 또 다른 차원으로 통하는 문인가? 일상의 삶을 초월하여 보이지 않는 힘에 영향 받는 제의 공간은 의식적이고 논리적인 사고가 수용할 수 없는 경험을 통합하는 데 필요한 정보를 제공하는가? 제의 연극은 미지의 세계로 떠나 그 여정에서 새로운 배움을 가능케 하는 도구인가? 우리는 제의 공간 속에서 우리가 이미 겪어 알고 있는 것을 상기하는 대신, 우리가 알 수 있었던 것, 우리의 경험이 될 수 있었던 것으로 빠져 들어간다…' (Duggan and Grainger 1997, p. 29).

5회기

5회기에는 유도된 시각화를 통해 여신 락쉬미의 궁전을 여행한 경험을 글로 적거나 그림으로 그린다. 그리고 풍요의 궁전을 거닐었을 때의 느낌을 묻는다.

셸리는 뭔가를 쓰거나 그릴 때마다 다른 사람들이 보지 못하게 가만히 종이를 접어 감춘다. 그런 다음 예민한 눈길로 다른 사람들의 것을 흘깃 살피고는 종이를 다시 펴보곤 한다. 그렇게 종이를 접었다 펴기를 마치 제의처럼 정확하고도 신중하게 수행한다.

참여자들은 여신 락쉬미가 각자에게 어떤 지혜의 말과 선물을 줄지 상상한 뒤에 그것을 글로 적는다.

활동을 마친 후에 나는 종이에 쓴 것을 나누고 싶은 사람이 있는지 묻는다. 싫다고 말하는 셸리가 힘들어 보인다.

그녀에게 집중하자 두려움과 긴장이 전해진다. 그래서 나는 직감에 따라 그녀의 마음을 읽는다.

'추워, 여긴 너무 추워.'

셸리는 고개를 끄덕인다.

'밖은 춥고 아주 고요해. 하지만 내 안에선 너무나 많은 일이 일어나고 있어.' 나는 심장과 명치를 가리킨다. '난 그걸 소리 내어 말할 수가 없어.'

셸리가 울기 시작한다. 나는 그녀 옆에 앉아 한 손을 어깨에 얹고 다른 한 손은 손등에 포갠다.

'당신은 이제 혼자가 아니에요.' 내가 말한다. 억눌린 감정과 싸우고 있는 그녀가 느껴진다. '아빠가 그랬어요.' 내가 말한다.

셸리는 눈물을 흘리면서 고개를 끄덕이며 '네'라고 말한다.

나는 부드럽게 말한다. '하지만 이제는 안전해요. 우리 모두가 당신을 지지하고 있어요.' 나는 전체로서의 집단을 일깨운다. '당신은 혼자가 아니에요.'

셸리는 천천히 손을 빼서 내 손을 악수하듯 마주 잡는다. 계속해서 운다.

내 목소리는 거의 속삭이는 듯하고, 상호작용은 매우 섬세하다. '당신은 우리와 함께 있고 안전해요. 참 먼 길을 왔지요. 극한의 고통에도 살아남았어요.'

다른 참여자들이 셸리의 어깨에 손을 얹고 휴지를 건네주었다. 셸리는 그것을 받아 눈물을 닦는다. 나는 집단이 피드백을 하는 내내 셸리의 손을 놓지 않는다. 셸리는 소리 없이 운다.

한참 후에 셸리가 내 손을 놓고 나서야 집단 전체로 초점을 확장한다. '말하고 싶은 거 없어요?' 그녀가 전보다 집단과 함께 있음을 느끼며 묻는다.

'네,' 그녀는 가만히 말한다. 그녀는 다른 참여자들을 바라보더니 나에게 시선을 돌려 '고맙습니다'라고 한다.

회기가 끝난 뒤, 제이슨과 나는 쓰기 재료를 정리한다. 셸리가 종이를 놓고 갔다. 접힌 종이를 펼쳐 본다.

그녀는 눈 덮인 산을 그리고 '추운'이라고 썼다. 락쉬미가 그녀의 손을 잡아 주었다. 여신은 그녀에게 이제 안전하다는 메시지를 주었다. 그녀는 먼 길을 왔고, 지지를 받았으며, 더 이상 혼자가 아니었다.

셸리는 자신을 천사 같은 모습으로 그렸다.

제이슨과 나는 한참을 소리 없이 셸리의 그림과 글에 집중한다.

성찰

여신 락쉬미는 안전하고 든든하고 편안하고 재미있고 유익한 자궁 같은 환경을 가능케 했다. 부드러움과 강력함을 모두 허용함으로써 여성적 자기를 과장하고 표출하고 재생할 수 있게 해 주었다. 참여자들은 자신의 욕구를 잘 알지 못했지만 상상과 제의 공간에서 정면으로 만날 수 있었고, 자궁과 유사한 환경에서 그것을 실현하였다. 락쉬미는 치료사이자 인자한 어머니로서 풍요함과 무조건적인 사랑을 주었다. 갈망하지만 한 번도 얻지 못한 아름다움과 사랑에 대한 욕구를 채워 주었고, 내면의 고통과 아픔을 덜어 주었다.

참여자들은 여신 락쉬미의 아름다움과 생명력을 모방하고 반영하며 차용하였다. 그리고 극화를 통해 자신의 여성성을 인정하고 그것을 통제하는 데 도전하였으며, 각자의 방식으로 관능을 경험했다. 좋은 엄마와 따뜻한 돌봄을 경험하지 못한 사람들이 어떻게 그것을 알 수 있었을까? 생각보다 많은 것을 알고 있었던 것일까? 여신 락쉬미, 곧 소명에 대한 응답을 인격화한 존재가 줄 수 있는 무한한 기쁨에 다가갔기 때문일까? 영혼의 속삭임인 꿈을 구현하려는 직관적 욕구를 따랐던 것일까?

연극치료가 어떤 변화를 가져왔나?

참여자들은 눈에 띄게 달라졌다. 정신병원에서 살아남기 위해 채택했던 피상적인 방어기제 중 일부가 없어졌다.

돌리는 더 많은 것을 내려놓을 수 있게 되었다. 연극치료 집단에서는 여전히 스카프나 쿠션을 가져가도 되는지 묻지만, 미술 집단에서는 그 같은 행동을 더 이상 보이지 않았다.

레아는 남자 친구에 대한 갈망을 접고 대학의 공개강좌를 듣기 시작했다. 분노에 압도당하지 않고, 자기 욕구를 충족시키기 위해 좀 더 긍정적인 대인 관계 기술을 사용하였다.

셸리는 편집증상이 줄어들었고, 불안이 감소하면서 따로 채근하지 않아도 말을 꺼냈으며, 다른 사람에 대한 신뢰를 보이기 시작했다.

우리는 참여자들이 강력하고 직관적이고 정서적인 존재이며, 우리의 관능과 아름다움을 부인하는 것은 본성을 거스르는 범죄임을 확인했다. 여신에게 생기를 부여받은 참여자들은 자신을 신성한 여성으로 드러낼 수 있었고, 자기 속에서 신성한 여성성이 독특하게 발현되는 것을 느꼈다.

참여자뿐 아니라

제이슨 역시 자신의 여성적 측면과 연결되었고, 그럼으로써 자유로움과 섹슈얼리티를 수용하게 되었다고 말했다.

제이슨은 우스꽝스럽게 웃더니 '그걸 병동에서 솔직하게 표현합시다! 그러면 사람들이 어떻게 반응할까요?'라고 했다.

나는 스스로 물었다. '연극치료가 이런 변화에 영향을 미쳤다는 것을 어떻게 알 수 있는가? 연극치료의 효율성을 어떻게 증명할 수 있을까?' 그것은 녹록치 않은 작업일 것이다.

연극치료: 예후

한 가지 질문이 남았다. 정신병원에서 연극치료는 어떤 미래를 갖고 있는가? 연극치료사와 여타 창조적 예술가들은 현재의 시장 영역에서 어떤 방식으로 의미 있는 발전을 기하고 있는가? 정신병원 환경에서 제의 연극의 효율성을 어떻게 계량할 수 있을까? 정신 건강 관계자와 기관들은 다양한 치료적 개입을 위한 자금 지출을 정당화할 수 있도록 그 결과를 양적으로 제시하기를 점점 더 요구한다.

그러나 연극치료의 성과를 평가하는 것은 간단하지가 않다. 연극치료는 샤머니즘의 영적 본질에 뿌리를 두고 있고 그 작업 역시 신성한 공간을 창조하는 제의로 조직된다는 점에서, 평가는 거의 불가능한 과제라고 하지 않을 수 없다.

창조성과 영적 경험 그리고 감각적으로 확인되지 않는 치유의 과정을 어떻게 평가할 것인가? 경험은 확실히 주관적이므로, 제의 연극 과정과 그에 따른 카타르시스를 체험한 사람들에게 묻는 것이 가장 정확한 답을 줄 것이다.

하지만 우리에게 요구되는 것은 작업에 기반한 증거가 아니라 증거에 기반한 작업이다. 이 주제는 『연극치료와 파괴성: 증거 기반의 창조, 타나

토스 가지고 놀기(*Dramatherapy and Destructiveness: Creating the Evidence Base, Playng with Thanatos*)』(Dokter, Holloway and Seebahm 2011)에서 광범하게 논의된다.

우리는 과연 살아남기 위해 눈에 보이는 숫자와 도표에 근거하여 기대치를 결정하는 기관의 평가 척도에 순응해야 하는가? 만일 그렇다면 생존의 대가로 연극치료는 그 고유함을 상실하게 될 것이다.

후기

돌리는 계속해서 치료를 받고 있다. 그녀는 전보다 자신의 정체성을 명확하게 느끼고 자신을 효과적으로 표현하고 있다.

레아는 더 침착하고 조심스러워졌다. 그녀는 가족에 대한 잘못된 생각과 태도를 바로잡았고, 고향에서 가까운 대학에 들어가 종교를 공부했다. 그녀는 현재 지역사회에서 마련해 준 아파트에서 살고 있다.

셸리는 많이 개방적으로 되고 다른 사람을 믿게 되었으며, 지역사회 복귀를 준비하고 있다. 하지만 여전히 드레스는 입지 않는다.

참고 문헌

Brook, P. (1968) *The Empty Space*. Harmondsworth: Penguin.

Dokter, D., Holloway, P. and Seebohm, H. (2011) *Dramatherapy and Destructiveness: Creating the Evidence Base, Playing with Thanatos*. Philadelphia: Taylor and Francis.

Duggan, M. and Grainger, R. (1997) *Imagination, Identification and Catharsis*. London:

Jessica Kingsley Publishers.
Grainger, R. (1995) *The Glass of Heaven*. London: Jessica Kingsley Publishers.
Jennings, S. (1993) 'The Theatre of Healing.' In S. Jennings, A. Cattanach, S. Mitchell, B. Meldrum and A. Chesner (eds) *The Handbook of Dramatherapy*. London: Jessica Kingsley Publishers.
Jones, P. (2007) *Drama as Therapy: Theory, Practice and Research*. Vol 11. London: Routledge.
Landy, R.J. (1993) *Persona and Performance*. London: Jessica Kingsley Publishers.

16

‘메타신화’©와 연극치료

간질 환자를 위한 혁신적 접근법

세일리어 발레타

들어가며

이 장에서는 메타신화[1]와 함께 내가 그것을 새롭게 발견하는 과정에서 얻은 경험과 지식, 비전 그리고 특별한 적용을 소개할 것이다. ‘메타신화’는 치료와 예술로서 연극치료의 실행과 생각에 공헌한 시(詩)적 기반을 가지고 있다. 그리스어에서 온 ‘poetic(시적인)’은 생성을 나타내는 접미사 *poiesis*에서 시작되었고, 그것은 또한 ‘poetry(시)’를 의미하게 되었다. 그리고 그것은 나에게 ‘메타신화’를 발전시킬 수 있는 영감을 불러일으켰다.

고대 그리스 연극과 신화의 전통에 푹 빠져 있던, 마치 그리스 여인과도 같았던 나는 내가 가지고 있던 문화의 유산에 의해 영감이 불러일으켜지는 것이 놀랄 만한 일이 아니었다는 것을 알게 되었다. 배우와 연극치료사로서, 나는 이 고대의 지식이 현대의 치유와 예술에 매우 중요하다는 것을 깨달았다. 나의 생각들은 다른 문화에서 살아가는 것과, 치료적이고 예술적인 형식을 번갈아 가며 경험하는 것을 통해 더 발전되어 갔다. 나는 놀

1. ‘메타신화’ 용어는 저작권법에 의해 보호된다. 이 책 안에서는 저작권에 관한 표시를 하지 않았다.

라움을 금치 못했고, 내가 느낀 이 과정의 여러 차원들을 환영했다. 이러한 발견은 내가 품고 있었던 '메타신화'가 밖으로 드러나도록 도와주었다.

'메타신화'는 연극치료와 신화의 독특한 통합이다. 그것은 사이코드라마, 몸-마음 접근법, 심리학과 치료에 대한 신경생물학적 접근을 두루 아우르는 예술 기반의 행동적 치료이다. 융의 인본주의적인 관점과 실존주의 심리치료사들로부터 영향을 받았다.

나는 간질 환자들에 대한 작업과 연계된 '메타신화' 접근법의 특별한 적용과 그것이 어떻게 이 상황에 대한 깊은 이해를 도울 수 있는지를 논의할 것이다. 간질에 대한 실질적인 발견은 고대 그리스의 히포크라테스에 의해 이루어졌다(BC 460-370년). 그의 유명한 논문인 「신성한 질병에 관한 연구」에서, 그는 간질에 대해 단순히 자연적인 뇌의 질병이고 신성한 무엇이 아니라고 하였다. '이것은 성스러운 질병으로 간주되어 왔으나, 나에게는 다른 질병들보다 조금도 성스럽지도 않고 종교적이지도 않다' (Hippocrates 1981).

히포크라테스에 의해 꽤 오래 전부터 간질은 성스러운 또는 마법이나 악마의 행위와 결부된 무엇이 아니고 의학적인 질병이라고 인식되었음에도 불구하고, 그것의 자연적인 본성에 대한 이해는 아직도 시간을 필요로 한다. 나는 어떻게 '메타신화' 접근법이 이 과정을 돕는지 보여 주려 한다.

'메타신화'란 무엇인가?

'메타신화'(Valeta 2000)는 그리스어로부터 영감을 얻은 단어이다. 어원에 따르면, 접두사로서 메타는 고대 그리스어에서는 '함께'를, 현대 그리스어에서는 '~후에'를 의미한다. '신화'라는 단어에 두 의미를 같이 더하면, 그것은 '신화와 함께' 그리고 '신화 이후에'를 의미하게 된다. 나는 '메타신화'라는 단어를 만들었다. 왜냐하면 나는 참여자와 치료사가 함께 하면서 그들만의 신화를 만들어 내는 것을 보았기 때문이다. **'메타신화'**는 참여자와 치료사의 여정이 그 자체로 하나의 이야기, 신화가 되기를 제시한다. 그들은 그들의 관계로부터, 과거의 경험과 이미지로부터, 그들의 내면의 작업과 현재의 느낌을 나누면서 신화를 창조해 낸다. 그리고 그들은 그들의 관계가 발전되면서 여정의 매 단계가 창조되어 왔다는 것에 대해서 언급한다. 그러므로 신화는 참여자와 치료사가 극적으로 활성화시키고 새로운 가능성과 변화의 발견을 가능하게 하는 상징을 창조한다. 그 관계는 참여자가 어떤 단계에서 그 존재를 드러내면 치료사가 담아 주게 되는 **텔로스**(그리스어로 목표, 목적, 끝), 즉 신화의 궁극적인 결말로 끝이 난다.

'메타신화'의 의미는 치료사와 참여자를 또 다른 길로 인도할 신뢰와 열림의 관계를 창조한다. 또한 치료사와 참여자의 함께함을 통해 동료애를 표현한다. 그러므로 **'메타신화'**는 시간과 함께해야 한다. 그것이 어떻게 이전과 이후 동안에 존재해 왔는지의 의미와 함께한다. 그리고 참여자는 치료받기 위해 그녀 혹은 그의 머리에 있는 질문(또는 많은 질문들)과 긴장(아마도 의식하지 못할)에 관한 이야기를 가져온다. 치료사는 관계 속에서 똑같이 참여자의 이야기를 맞이하고, 새로운 이야기가 그 만남 속에서 탄생한다.

힐먼(2004)은 이야기의 줄거리가 참여자와 치료사의 의지보다 더 영향력이 있다고 말했다. 이 힘은 신화의 힘이다. 의지의 시적 기반을 제시하는 것이다. 우리의 삶의 플롯에서 작동하는 선택된 논리는 신화 체계의 신화적 논리이다(Hillman 2004, p. 12).

와츠(1994)는 신화가 어떻게 '허구'의 의미와 멀어졌는지, 인류의 영원한 진실을 전형적으로 보여 주게 되었는지를 묘사한다. 이러한 이야기의 힘은 우리 내면과 영원한 실재라는 양쪽의 사실 위에 놓여 있다. 나는 매일의 삶으로 구성되는 개인적인 세부 사항과 내러티브가 신화가 된다고 믿는다. 그리고 그것의 신화적인 가치, 의미 그리고 목적이 실제 세계의 깊이와 풍부함과 함께 연합됨으로써 관계 맺어지고 위치할 수 있다.

그러므로 본질적으로 '메타신화'는 우리의 정체성과 전 생애에 걸친 전기로 정의된 신화이기에 우리 일상에서 드러나는 신화의 평범함을 소중히 여긴다. 애너 핼프린(1994)은 '예술은 우리 삶에서 직접적으로 자란다. 각자는 그녀 혹은 그 자신의 예술이다…'라고 말했다. '메타신화'는 열정과 헌신으로 예술을 행하는 예술가라고 느끼는 목격자 혹은 안내자의 관점에서 행해지는 그 자체를 예술로 여긴다. 이것은 지식 체계와 기술을 통해서, 그러나 단순하게 사람들이 '삶과 예술'의 이해로 파고들게 한다(Roose-Evans 1994, p. 35).

'메타신화'에서 제의

'메타신화'를 적용하는 한 가지 방법은 제의 연극을 통하는 것이다. 인류학자 클로드 레비스트로스(1963)는 신화와 제의 중에 무엇이 먼저인지를 간주하는 데 있어서, 신기하게도, 그것들은 서로를 복제하고 있다고 말한다. '신화는 관념적인 수준에서, 제의는 행동의 수준에서 존재한다. 이 두 가지 경우를 통해 두 가지 사이에서 일치 관계, 즉 질서가 있는 유사함을 발견한다'(Strauss 1963, p. 206).

치료 작업에서 제의 연극은 창조성처럼 반복성을 두드러지게 한다. 예를 들어 고대 연극에서 코러스의 찬트 반복은 무엇이 등장할 것인지 알리거나 관객에게 아직 상연되지 않았지만 잠재적으로 더 충격적인 주제들을 준비시킨다.

'메타신화'에서 치료의 구조는 특정한 방식을 따른다. '시작, 중간, 끝'이 그것이다. 각 회기에 같은 구조를 지원한다. '메타신화' 회기에서는 같은 구조를 반복하면서, 작업의 내용과 더불어 참여자에게 개인화된 제의를 창조한다. **'메타신화'**에서 제의는 각 회기마다 예상치 못한 순간에 시작될 수 있다. **'메타신화'** 회기 동안에 치료사는 항상 분위기와 순간과 몸짓들과 말과 어려움, 그리고 참여자가 반복적으로 하는 행동을 골라내야 한다. 이것은 아마도 상상으로부터 혹은 참여자가 반복하는 연상, 일종의 움직임, 영감, 회기 동안에 표현된 느낌으로부터 올 것이다. 그들이 반복하는 것은 상징이자 표식이 되며, 치료사와 참여자를 위한 선물이 된다. 가슴의 여행에서, 참여자와 치료사는 그들의 관계로 신화를 창조한다. 신화를 창조하면서, 고양된 의미의 경험을 나누고, 아마도 지정된 방식으로 수행할 것이다. 제의는 개인들에게 문제에 대한 혹은 그것을 풀 수 있는 성찰을 줄 수 있다. 제의가 이해되고 느껴질 때, 그것은 사람들의 머리와 가슴에 자리하고 종종 반복될 수도 있다.

제의는 반복될 것이다. 왜냐하면 사람들은 그것을 반복하려는 욕구와 필요성을 가지고 있기 때문이다. 그들은 아마도 제의를 유발한 불꽃을 평가하거나 재평가하는 것을 필요로 할 것이다. 혹은 경계선의 공간을 창조하여 교차 지역에 살고 싶어 한다. 왜냐하면 이것은 개인적으로 그들을 위해 만들어진 통과의례가 필요하기 때문이다. 제의는 그렇게 함으로써 그들의 성장에서 변화를 강조하거나 실현하고, 장애물을 극복하고, 경계를 넘어서 하나의 공간에서 다른 공간으로의 이행의 흔적을 남길 수 있다. 제의는 명확성을 가져오고, 감정을 느껴 흐르게 하는 것을 가능하게 하는 데 매우 좋은 방법이다. 제의는 노래, 춤, 선택된 이야기, 행동과 같은 어떤 예술 양식으로도 표현이 가능하다. 그것은 둘 혹은 더 많은 사람들을 포함하고 고요함과 힘 그리고 자신감을 가져올 수 있다.

'메타신화'는 내면세계를 향한 집중 그리고 내면의 진실을 상징적으로 표현하는 것을 포함한다. 이것은 개인에게 의미 있는 제의로 발전시킬 수 있고, 이때 수행되는 제의는 감정의 정화를 가져온다. 노래와 제의에 관해 쓴 마리우스 보우라 경은 '모든 진실한 예술은 살아갈 힘과 욕구를 높인다'는 것을 관찰하였다(Bowra 1962, p. 34).

때때로 간질 환자의 내면세계에 도달하는 것은 어려울 수 있다. 어떤 사람들은 그들의 주변 환경을 비밀로 유지함으로써, 그것을 결국 사회적인 결점으로 만들고 내밀하게 지켜내고자 하는 경향이 있다. '메타신화'는 공유를 가능하게 하는 매체로서 모든 예술을 사용하고, 참여자의 내면세계를 가늠하는 능력을 제공한다. 또한 작업의 친밀함을 발전시키는 방식으로 제의를 사용한다.

'메타신화'는 문화적인 맥락만 고려하는 것이 아니라 참여자의 몸, 마음, 느낌 그리고 직관의 차원에 모두 닿는 전체론적 접근법이다. '메타신화'는 다른 심리치료사들이 마법처럼 사용할 수 있고, 혹은 그것의 구조 속으로 참여자들의 양상을 합체할 수 있다. 이 장에서 나는 특별히 간질 환자들과 함께 작업했을 때 이러한 생각들의 관련성을 탐험할 것이다.

'메타신화'를 이해하기 위한 배경

이 짧은 장에서 미래의 발표물에서 정성들여 만들어 낼 '메타신화'에 영감을 준 것들을 모두 다룰 수는 없다. 연극은 몸, 목소리, 상상 그리고 역할연기를 이용한 창조, 상호작용, 투사 그리고 이 작업의 중심인 스토리텔링을 확대하는 기술에 기초를 두고 있다. 고대 그리스 연극에서 온 (코러스와 가면의 사용과 같은) 제의와 연극 관습, 이에 더해 그로토프스키(1967), 아르토(1995), 브룩(1993) 그리고 르콕(2000)과 같은 연극 전문가의 작업은 그들이 연극과 그것의 실행에 관한 기존의 관습적인 생각들에 도전했기 때문에 영향력을 미쳐 왔다. '메타신화'는 여성으로서, 배우로서, 무용가로서, 연극치료사로서 그리고 삶의 활동적인 참여자와 관찰자로서의 나의 개인적인 경험에 기반하고 있다.

거기에는 문학, 철학, 예술, 영화, 삶 그 자체, 꿈과 참여자로부터 배운 것과 같은 다른 것들로부터의 영향도 있다. 원래 나는 '메타신화'를 배우에게 그들의 연기를 연마하는 기술로서 사용했었다. 그것은 배우가 맡은 역할을 연기하는 데 필요한 성격의 양상들을 탐험하도록 만든다.

'메타신화'와 간질

나는 간질 환자들을 위한 병원에서 일할 때 간질이라는 주제를 탐험하면서 영감을 얻었다. 참여자와 치료사의 관계와 상상에 초점을 맞춘, 정서적으로 문맹이 아닌(자기감정을 알아차릴 수 있는) 접근의 치료, 행동의 필요성은 나에게 명백했다. '메타신화'는 간질 환자에게 적당한 심리적 '개입'이었다. 왜냐하면 그것은 정체성을 탐험할 기회와 감정적인 경험 그리고 해방의 가능성을 제공하기 때문이었다. 그것은 갑작스런 발작에 대한 대응기제를 발달시키도록 돕고, 발작에 부여된 개인적이고 사회적인 낙인을 다루기 때문에 환자들에게 힘을 실어 주는 접근법이 된다.

간질과 의학적인 시각

신체적이고 심리적인 양쪽의 징후가 나타난다는 점에서, 간질은 다른 어떤 질병보다 심리적인 과정과 영적인 영향력의 결과 모두가 원인이 된다는 해석에 열려 있다(Temkin 1994).

1930년부터 간질의 심리학적인 양상은 그것의 신체적인 측면보다 중요하게 여겨졌다. 1928년에 프로이트는 도스토예프스키의 간질에 관해 이렇게 말했다.

> 그러므로 '기질적'인 간질과 '감정적'인 간질에 차이를 두는 것은 꽤 옳다. 이것의 실제적인 의의는 이러하다. 즉, 첫 번째 종류로부터 고통 받는 사람은 뇌의 질병을 가지고 있는 것이고, 두 번째 종류로부터 고통 받는 사람은 신경증 환자라는 것이다. 첫 번째 경우, 그의 정신적인 삶은 외부에서 오는 이질적인 방해에 지배받는다. 두 번째 경우에서 방해는 그의 정신적인 삶 자체의 표현이다. (Freud 2001, p. 181)

비록 지금은 심리 치료적인 개입 역시 간질의 치료법으로 중요하게 간주되지만, 간질은 대개 신경외과에서 조제하는 항간질제로 치료한다. 국립임상평가연구소에 따르면(NICE 2004), 심리 치료적인 개입은 보조적인 치료로 사용되고 있다. 그들은 발작의 횟수에 영향을 미치는 것에 대해서는 증명해 본 적이 없다. 그리고 약리적인 치료법의 대안이 되지 못했다.

내가 제안하는 새로운 접근법, '메타신화'는 간질 환자들이 자신의 욕구와 만나는 것을 특별하게 도와줄 수 있다. 나는 '메타신화'가 간질 발작과 전환 장애, 우울증, 불안 장애, 신체화 장애, 공황 장애 그리고 정신병적 장애들과 같은 다양한 심인성 장애 모두에 적절하다고 여긴다. 심인성 발작은 간질 발작과 구별하기 힘들다. 그 차이는 치료사가 참여자와 그들의 가족들과 관계를 맺고 세워 가기 위해 인식해야 하므로 중요한 것이다.

발작은 뇌에서 자극과 억제의 정상적인 균형이 분열되기 때문에 일어나고, 그때 발작이 시작되거나 생성된다. GTCS(전신성 강직-간대성 발작)는 환자 자신과 가족에게 미치는 그 극적인 특성과 영향 때문에 환자를 개인적으로 걱정하게 하고, 의료적인 관심을 끈다. 이것이 사람들이 일반적으로 간질로 알고 있는 유형이다.

치료사가 회기 중에 발작이 일어날 수도 있는 상황에 대한 그림을 명확하게 그리고 있는 것이 중요하다. 환자는 갑자기 의식을 잃고 바닥으로 떨어진다. 그리고 이삼 분 동안 경련을 일으킨다. 회복은 대개 느리고, 환자는 혼란스러워하고 피곤해하며 졸려 한다. 10분에서 30분 혹은 더 긴 시간 후에 GTCS는 끝난다. 많은 환자들이 GTCS 동안 부상을 입는다(Epilepsy Action 2009).

간질 환자들과 함께한 나의 작업에서 나는 이러한 의료적인 환경과 그것의 많은 징후들에 대해 나 자신이 지식을 습득해야 한다는 것과 발작을 촉진하는 요소를 미리 알고 있어야 한다는 것, 그리고 응급처치 방법을 숙지해야 하며, 무엇보다 회기 중에 발작이 일어날 수 있다는 것을 인식하는 것, 그리고 환자의 병력에 대해 아는 것이 필요하다는 것을 깨달았다. 참여자들이 필요로 하는 것을 알게 되면, 그들의 신체적이고 심리적인 잠재성과 한계를 고려하면서 개인적으로 맞춘 프로그램을 제공하는 데 도움을 줄 수 있다.

간질과 '메타신화'의 심리 사회적인 영향

간질이 모든 연령대에서 건강, 생활 방식, 관계들, 교육, 직업 그리고 취미 생활의 여러 측면에 끼친 영향의 심리적이고 사회적인 결과에 대한 분명한 기록이 있다(Trimple 2008). 우울증, 자살 그리고 사망 위험성(Hitiris et al. 2007)은 일반적인 인구보다 적어도 간질 입원 환자가 2-3배 높다. 아이들의 삶에서 간질을 가지고 있는 것이 미치는 영향력은 성인과는 매우 다르다. 간질을 가지고 자라나는 것은 인격의 성장에 영향을 끼치며, 직업을 선택하고 학교를 가는 것과 같은 일상적인 삶의 여러 측면에 지장을 준다(Valeta 2010d). 부모에게 아이의 간질이 미치는 영향은 신체적인 안전에 관한 실질적인 문제 이외에도 아이의 성장에 끼치는 영향과 가족과 사회에서 그것의 기능까지 확장된다. 간질을 가진 아이의 부모의 태도와 반응에 대해 계속 연구하면서, 나는 간질을 가진 아이들의 부모가 불안, 두려움, 공포 그리고 과도한 보호와 부모-아이의 분리와 독립을 방해하는 결과를 초래하는 양육 스트레스에 시달리고 있다는 것을 알게 되었다(Valeta 2005).

간질을 가진 사람들을 위한 '메타신화'에서, 나의 목표는 문제의 심리적인 면과 발작의 빈도를 잠재적으로 줄이기 위한 방식 그리고 삶의 질을 더 향상시키기 위해 사회적으로 예상되는 결과를 다루는 것이다(Valeta 2009, 2010a, 2010b).

간질은 언제나 사회적인 낙인과 중요하게 연결되어 왔다. 사람이 바닥으로 쓰러지고, 급격히 움직이거나 의식을 잃는 발작 상황과 함께 오는 극적인 증상들 때문이었다. 간질 환자와 그들의 가족은 대개 수치심과 두려움에 휩싸여 있을 것으로 여겨졌다. 이것은 간질 환자와 가족들에게는 다른 사람들이 보이는 부정적인 반응에 대한 불안과 고립으로 이어졌다. 환자는 두려움과 수치, 차별 혹은 그러한 두려움과 수치의 결과 그 자체로부터 비롯된 고립에 대한 그들의 느낌을 고용주와 친구 혹은 배우자에게 감추었다(Valeta 2009).

고프먼은 '원하지 않은 차이'로 결점을 정의했다. 사람들은 그들 자신이 원하지 않은 자질을 가졌기 때문에, 결국 자기 자신을 '깊은 불명예자'로 낙인을 찍는다(Goffman 1963, p. 13). 간질의 사회적 구조는 그러므로 개인의 정체성의 성장에서 의미 있는 역할과 삶의 기쁨을 줄어들게 만드는 스트레스(자기-가치, 자기-존중감 그리고 신체 징후학에서 자기-이미지를 포함한)를 받는 그들의 관계를 포함시킨다(Arnston et al. 1986; Valeta and de Boer 2010; Valeta 2010c).

간질 환자는 항간질제를 먹거나 또는 다른 치료 요법의 도움을 받아 발작으로부터 자유로울 수 있다. 그로 인해 그들은 향유하는 삶을 받아들일 수 있으며, 사회에 의미 있는 공헌자가 될 수 있다. **'메타신화'**는 간질 환자가 결점을 극복하고 그들의 삶에 적응하는 것을 계속할 수 있도록 도울 것이다. 이제 약물은 간질 환자와 그들의 가족들을 지지하기 위해, 심리 치료나 상담과 함께 하는 전체론적 의학 치료의 접근법으로부터 이익을 얻을 수 있다(Valeta, Sogawa and Moshe 2003; Valeta 2010d).

조사하는 동안, 나는 간질 환자들을 대상으로 하는 연극치료에 관한 드문 참고 문헌을 찾아냈다. 그리고 나는 이 연구 분야에서 개척자가 되었다.

'메타신화'에 관한 몇 가지 임상적 적용

발작이라는 단어는 한 사람이 무엇인가에 대해, 왜 그런지 모르겠지만, 사로잡히는 것을 의미한다. 간질 환자들은 두 개의 정체성을 가지고 살아가는 것처럼 보인다. 하나는 그들이 다른 사람들에게 발작을 보여 주었을 때 드러난다. 두 번째 정체성은 간질 발작이 없을 때의 그들 자신이다. 첫 번째 정체성은 대개 발작이 일어나지 않으면 보이지 않는다. 그래서 그들은 당연하게도 이 정체성을 무시하거나 억압하기를 원한다(Valeta 2009, p. 53). 이것은 사회적으로 수용되지 않는 자아의 측면은 위협적으로 경험되고, 억압되며, 부인되고, 때때로 투사된다는 융의 그림자 이론과도 일치한다(Jung 1954, p. 470).

발작을 할 때와 발작이 일어나지 않을 때의 각각의 존재는 연합될 수 없다. 그래서 발작하는 자아의 정체성은 부인되거나 간질 환자의 그림자로 형성될 수 있을 정도로 해리되어 있다. 이러한 노력은 불안, 우울, 정신병 그리고 ADHD를 발생시킬 수 있다. 이러한 질병을 발전시킬 수 있는 간질 환자를 가진 가족 구성원들에게도 같은 결과가 적용된다. 왜냐하면 그들은 이런 환경의 불안을 함께 나누고 있고, 가족 구성원으로서 영향을 주었다는 책임감을 느끼고 있기 때문이다. 전체론적인 의학 접근법에서는 가족을 지지함으로써 개인도 지지할 수 있다. '메타신화'는 숨겨진 면을 인식하는 것과 함께 성격에서 무시당한 측면 또는 무의식적인 것과 의식적인 것을 연결시켜 개발하는 과정을 지지할 수 있다.

치료사와의 관계 — 이것이 '메타신화'의 중심이다 — 는 참여자가 자신의 진정한 정체성을 받아들이고 강인한 온전함의 감각을 훨씬 더 느낄 수 있도록 할 수 있다. 전이, 투사, 그리고 투사적 동일시는 참여자의 존재가 더 의식적으로 드러나는 것을 도와줄 수 있다. 반영하는 매체로서 드라마는 그림자가 의식으로 드러나는 기회를 제공한다. '메타신화'는 삶의 환경이나 자기 통제에 의존하는 그림자의 소재가 드러나는 것을 가능하게 한다.

발작하는 동안 몸은 통제와 인식 바깥에 있다. 다른 사람들은 종종 발작이 일어나는 것을 보게 된다. 완전히 경련성의 간질을 가진 사람들의 신체적인 표현 때문에 언제나(그리고 잠재적으로) 그들의 몸은 그들 상태의 기표가 된다. '메타신화'는 신체 중심적인 접근법을 제공함으로써, 잠재적으로 잠시 의식을 잃었거나 또는 의식의 부재 상태(발작이 일어나는 동안 어떤 일이 벌어졌는지 알지 못하는)를 이해하기 쉽게 해 줄 수 있다. 이것은 알지 못하는 두려움과 수치의 장소로부터 자아로 돌아가는 인식과 몸의 현존을 가져오는 것을 도울 것이다. 이것은 또한 발작과 연관된 몸의 기능을 제어하게 함으로써 의식적인 몸의 현존을 가능하게 한다.

이 모든 것들은 잠재적으로 간질 환자의 심리적 장애를 치료하는 것을 도울 수 있다. 이것은 그들 자신을 표현하는 데 어려움을 겪는 개인들의 생각과 느낌의 표현을 가능하게 할 수 있다. 어떤 참여자들은 이러한 모든 단계들을 따르길 원하지 않고 역할 연기를 하는 데 어려움을 갖고 있다. 이러한 경우에 치료사는 그들의 소망과 한계를 존중하고, 그들이 원하는 작업에 용기를 불어넣어 주어야 한다. 특히 간질 환자의 경우에는, 치료사가 질병의 의학적인 측면에 친숙한 것이 중요하다. 그리고 만약에 작업이 이루어지는 동안에 발작이 일어날 경우에 무엇을 해야 할지에 대한 추가적인 훈련이 필요할 것이다.

결론

간질의 일반적인 치료 방법에서, 환자에게는 대개 스트레스와 연관된 여러 질병에 효과적이라고 여겨지는 약물만 관습적으로 처방되었다. 그러나 많은 의사들이 신체적인 약이 이 질병의 심리적인 면을 전혀 치료해 주지 못한다는 것을 알게 되었다. 정신적인 치료를 위해서, 융이 제안한 자율 시스템과 같은, 기존과는 다른 접근법을 필요로 했다. 나는 이에 더하여 간질의 의학적인 치료는 환자의 감정적인 측면을 다루기 위해 심리적인 치료를 더하여 보완해야 한다는 것을 제안한다.

연극치료에서 신화의 사용은 신과 여타의 극적 인물들의 이미지를 가져온다. 그들의 집단 역동과 인물은 자기-성찰과 질문 그리고 이러한 내러티브의 극적인 상연을 통해 심리적인 재균형을 이룰 수 있는 기회를 제공하는 중재인으로서의 연기를 보여 줄 수 있다. 따라서 이야기 그 자체는 무의식적인 과정을 담아내고 표현 · 전달하는 수단으로서 기능한다.

'메타신화'는 신화가 우리의 정체성과 전 생애에 걸친 전기를 정의해 내는 것과 같이, 우리 일상에서 만들어지는 신화의 평범성을 소중하게 여긴다. 이로써 신화가 현대사회와 포스트모던 세계에 제공하는 내용이 재평가되고 재발견되기를 바란다.

나는 이 참여자 집단의 심리적인 필요성을 연구하는 것을 통해 간질 환자들의 치료 요법으로서 '메타신화'를 발전시켰다. 신화에 연극치료 과정을 접목시켜 간질 환자들의 정신의 원형적인 차원을 탐험함으로써, '메타신화'는 대뇌와 생리학적인 것을 통합한 자아의 비합리적인 측면과 본능에 따르는 것을 허용한다. 그것은 간질 환자와 그들의 가족들에게 널리 퍼져 있는 편견들을 분석하고 해체하며, 몸과 마음의 소통을 축하하며, 전체로서 인격을 강화할 수 있다.

나의 참여자는 내가 최근에 의학적 치료 요법의 보완물로서 제공한 이 모델의 발달에서 나의 영감이 되어 주었다. 비록 이 장에서 나는 '메타신화'가 간질 환자들에게 어떻게 심리 치료적인 요법이 되는지를 보여 주었지만, '메타신화'가 어떤 참여자에게나, 어떤 연령대 또는 성장의 단계에서도 심리적인 치료 요법으로서 제공될 수 있다고 제안한다.

참고 문헌

Arnston, P., Droge, D., Norton, R. and Murray, E. (1986) 'The Perceived Psychological Consequences of Having Epilepsy.' In S. Whitman and B. Herman (eds) *Psychopathology in Epilepsy: Social Dimensions*. Oxford: Oxford University Press.

Artaud, A. (1995) *The Theatre and Its Double*. London: John Carder Publishers Ltd.

Bowra, C.M. (1962) *Primitive Song*. New York: Weindenfeld and Nicholson.

Brook, P. (1993) *There Are No Secrets*. London: Methuen Drama.

Epilepsy Action (2009) Available at www.epilepsy.org.uk/info/firstaid.html, accessed on 10 April 2009.

Freud, S. (2001) *The Future of an Illusion: Civilization and Its Discontents and other Works*, volume xxi. London: Vintage.

Goffman, E. (1963) *Stigma: Notes on the Management of Spoiled Identity*. Engle-wood Cliffs, NJ: Prentice Hall.

Grotowski, J. (1967) *Towards a Poor Theatre*. Holstenbro, Denmark: Odin Theatrets Forlag.

Halprin, A. (1994) In Roose-Evans, J. *Passages of the Soul*. Rockport, MA: Element.

Hillman, J. (2004) *Archetypal Psychology*. Putnam: Spring Publications.
Hippocrates (1981) *Hippocrates II* (Trans. W.H.S. Jones) London: Harvard University Press.
Hitiris, N., Mohanraj, R., Norrie, J. and Brodie, M.J. (2007) 'Mortality in epilepsy.' *Epilepsy and Behaviour* 10, 363-376.
Jung, C. (1954) *The Collected Works* Volume 13. London: Routledge and Kegan Paul.
Lecqoc, J. (2000) *The Moving Body*. First published as *Le Corps Poetic*. London: Methuen.
Levi-Strauss, C. (1963) *Structural Anthropology*. London: Penguin Books.
National Institute of Clinical Excellence (2004) *Clinical Guideline's Evidence Review for the Epilepsies: The Diagnosis and Management of the Epilepsies in Adults and Children in Primary and Secondary Care*. London: National Institute of Clinical Excellence. Available at www.nice.org.uk/ nicemedia/ live/10954/29533.pdf, accessed on 10 July 2011.
Roose-Evans, J. (1994) *Passages of the Soul*. Rockport, MA: Element.
Temkin, O. (1994) *The Falling Sickness*. Baltimore, MD: The Johns Hopkins University Press.
Trimple, M.R. (2008) 'Overview: Psychiatric Disturbances.' In J. Engel Jr. and T.A. Pendley (eds) *Epilepsy: A Comprehensive Textbook*, Second Edition. Philadelphia, PA: Wolters Kluwer.
Valeta, T. (2000) '"Metamyth" and its application in everyday life.' Lecture Neuro-linguistic Programming course, Regents College London.
Valeta, T. (2005) 'Parental Attitude, Reaction and Education in Benign Childhood Focal Seizures.' In C.P. Panayiotopoulos (ed.) *The Epilepsies: Seizures, Syndromes and Management*. Oxford: Blaton Medical Publishing.
Valeta, T. (2009) *The Potential of Dramatherapy in the Treatment of Epilepsy*. University of Derby, MA Thesis.
Valeta,T. (2010a) 'Psychosocial Impact of Epilepsy in Children and Family.' In C.P. Panayiotopoulos (ed.) *Atlas of Epilepsies*. London: Springer.
Valeta,T. (2010b) 'The psychological and social aspect of epilepsies.' *Synapsis, Journal of Psychiatry*, Neurosciences and Humanities, Spring issue.
Valeta,T. (2010c) 'Historical Aspects of Epilepsy: Overview' In C.P. Panayiotopoulos (ed.) *Atlas of Epilepsies*. London: Springer.
Valeta,T. (2010d) 'Impact of Epilepsies: Overview.' In C.P. Panayiotopoulos (ed.) *Atlas*

of Epilepsies, London: Springer.

Valeta, T., Sogawa, Y. and Moshe, S.L. (2003) 'Impact of Focal Seizures on Patients and Family.' In C.P. Panayiotopoulos (ed.) *Educational Kit Vol. 1: A Practical Guide to Childhood Epilepsies*. Oxford: Medicinae.

Valeta, T and de Boer, H.M. (2010) 'Stigma and Discrimination in Epilepsy.' In C.P. Panayiotopoulos (ed.) *Atlas of Epilepsies*. London: Springer.

Watts, P. (1994) 'Therapy in Drama.' In S. Jennings (ed.) *Dramatherapy. Theory and Practice 2*. London: Routledge.

Ⅳ. 공연으로서의 제의 연극

〈땅의 가슴〉과 〈엄마의 피〉

평화운동에서의 변형적 연극 실험

사피라 바버러 린든, 수전 니센바움 베커

〈땅의 가슴〉(Linden and Nisenbaum Becker 1995a, b)과 〈엄마의 피〉(Linden and Nisenbaum Becker 2006a, b)는 여성으로서의 의미 있는 개인적 경험과 중동에서의 갈등에 대한 관심에서 나온 변형적 연극이다. 이 장에서 우리는 이 두 공연의 착상과 개발과 발전을 비롯해, 그것이 연기자와 관객에게 근원적이고 의미 있는 방식으로 영향을 미친 과정을 살피고자 한다.

오메가 극단의 기원

현재 오메가 극단(Omega Theater)으로 알려진 ㈜ 연극 워크숍 보스턴은 1967년 실험 극단으로 설립되었다. 극단의 목표는 시의성 있는 사회-정치적 주제를 다루고 환경 연극의 장르 안에서 새로운 관객-배우 관계를 창출하는 것이었다. 당시 뉴욕의 리빙 시어터와 오픈 시어터가 그랬듯, 우리는 무대에 선 배우와 관객 경험의 전통적 거리를 파괴하는 데 집중했다.

처음에는 교회 지하실에서 연기자들이 관객을 둘러싸고 그들 사이로 지나다닐 수 있도록 무대와 객석의 높이가 같은 공간을 만드는 것으로 이를 수행했다.

우리의 첫 작품 〈폭동(*Riot*)〉은 불협화음과 스트로보와 공간을 가로지르는 몸을 통해 실제로 하나의 폭동을 창조했다. 그리고 그 실험을 한 발 더 밀고 나가 어린 관객을 위한 첫 번째 작품으로 만들었다. 8~12세를 대상으로 한 〈부족(*Tribe*)〉에서 관객은 의자에 앉는 대신 입문의식을 통해 미국의 세 원주민 부족 중 하나의 일원이 되었다. 부족장 역할을 하는 배우들의 안내에 따라, 단순히 구경하는 대신 부족민의 생활 방식과 제의의 아름다움과 경이로움 그리고 부당하게 땅을 빼앗겼을 때 어떤 기분이었을지 경험했다. 그리고 '눈물의 길(trail of tears)'이라 불리는 강제 이주 명령에 따라 보호구역을 상징하는 회색 플랫폼에 내렸다. 거기에서 여러 부족들 사이에 다툼이 있었지만, 마지막에는 서로가 공유하는 고난을 깨달으면서 공통의 목표를 위해 힘을 합했다.

초기의 제의 연극 경험이 오메가 극단의 혁신적인 방향성을 잡는 데 기초가 되었다. 연습 과정에서 우리만의 제의를 만들면서, 우리는 연극과 움직임 즉흥, 소리, 요가 호흡을 통해 서로에게 조율되었고, 석사 과정에서 연극에 관해 배운 것을 뛰어넘을 수 있었다. 연극은 연극치료에 도구를 제공해 주었다.

오메가 극단은 삶의 다양한 경험과 그 의미와 변형 가능성을 탐험하도록 자극하는 새로운 작품을 창조하고자 했다. 그래서 연극인들에게 즉흥적이고 연극치료적인 도구를 사용하여 단독 공연과 앙상블 공연을 만들 수 있는 무대를 제공해 주었다. 그 작품들은 수백 명의 다양한 국적의 연기자와 수천 명의 관객이 참여하여 모든 종교와 인류의 하나됨을 기념한 거대한 야외극 행렬인 〈우주적 의례〉로부터 작은 거리에서 상연된 친밀한 단독 공연에 이르기까지 매우 다양하다(18장 참고).

〈담배 종이(*The Cigarette Papers*)〉는 니코틴 중독에서 벗어나려는 한 남자의 분투를 기록한 작품이고, 한 흑인 미국 여성의 노화와 중년의 경험을 다룬 〈내 길 찾기: 중년의 이야기와 노래(*Finding My Way: Stories and Songs from Mid-life*)〉는 자아 초월적 연극치료의 원리를 적용한 작품이다. 공연을 하면서 사람들은 친분이 있는 극작가, 배우, 안무가, 음악가, 시각 예술가, 의상, 무대, 조명 디자이너에게 도움을 청하여 창조 작업을 함께 했다. 우리의 작품 〈땅의 가슴〉과 〈엄마의 피〉는 이런 비옥한 예술적 토양에서 태어났다.

지난 44년 동안 오메가 극단은 새로운 연극 제의, 형식, 희곡, 과정을 개발하면서 심리적이고 영적인 훈육과 실천이 관객과 예술가의 창조적 잠재력을 일깨우는 방식을 탐험해 왔다. 그리고 동일한 질문을 대중적 환경에서도 실험하였다. 학업을 포기한 많은 특수 아동과 청소년을 위해 학습 내용을 체득할 수 있도록 반복 가능한 연극 놀이와 제의를 개발하여, 공부를 경쟁적이지 않고 재미있게 만들었다. 또한 교사 보수 교육 과정에 연극을 새로 포함시킴으로써 교사들을 좀 더 창의적이고 열성적으로 자극할 수 있었다(411-2쪽에 있는 연구 안내를 보시오).

한편, 오메가 극장은 좌뇌와 우뇌의 통합적 사용을 촉진하는 연극/제의 과정을 개발하여 기업 경영진이 음악, 시각화, 그림, 조각상 작업을 통해 전략적 기획의 첫 단계로서 비전을 찾을 수 있도록 도왔다. 이 통합적인 창조적 예술 접근법은 기업 리더십 훈련, 집단 응집, 소통 기술, 다양성 훈련에도 활용되었다.

극단은 다양한 배경의 예술가들을 한데 모으기 위해 보스턴을 중심으로 여러 예술 축제를 기획했다. 그들 중 다수는 지역사회에서 갈등과 폭력을 겪으면서도 예술적 공연 제의에 참여함으로써 사람들이 갈등에서 협동으로의 전환을 경험할 수 있을 것이라는 희망을 품고 있었다.

우리는 창조적 작업 속에서 서로를 지지하고 협력하고자 하는 예술가들을 규합하여 치유와 변형을 위한 도구로서 오메가 예술 네트워크를 조직하였다. 시인, 극작가, 작가, 배우, 무용수, 음악가를 비롯해 다양한 시각 예술가들이 참여했으며, 그중 상당수가 다양한 참여자들에게 치유와 변형의 연극 활동/제의를 제공하기 위해 연극치료사가 되었다.

오메가의 자아 초월적 연극치료는 이 같은 흐름에서 자라 나왔다. 거기서 만들어진 제의 연극 형식, 변형적 연극은 지금도 다양한 예술가, 학생, 참여자가 자신의 삶의 경험/이야기를 사용하여 그 변형적 여정에 바탕을 둔 공연을 창조하도록 초대하고 있다. 그리고 학생들이 이 원칙을 각자의 임상적이고 교육적인 작업에 통합할 수 있도록 돕는 교육과정을 운영하고 있다.

〈땅의 가슴〉

오메가 극단 최초의 변형적 공연인 〈땅의 가슴〉은 어마어마하게 적극적인 연극 에너지에 힘입어 두 갈래로 전개되었다. 첫 번째 영감은 변형적 연극을 훈련하던 중에 학생들이 안녕함과 온전함을 향한 개인적 여정에 관한 공연을 만들자고 한 데서 비롯되었다. 우리는 다른 사람의 작업을 촉진하기 위해서는 치료사가 자신의 개인적이고 탐험적이며 창조적인 과정을 먼저 경험해야만 참여자의 심정을 잘 이해할 수 있을 것이라 생각했다.

두 번째 자극은 책을 쓰거나 또 다른 방식으로 여성적 영성에 천착해 온 여성들에게서 왔다. 다양한 종교적, 인종적 배경과 관점을 가진 여성들이 매해 동지마다 지구에 대하여 함께 명상을 하고 거기서 나온 생각과 느낌을 나누면서, 그것을 어떻게 당대와 어울리는 예술적 표현으로 바꿔 낼 것인지를 함께 논의하였다. 동지 회합이라 불리는 이 모임은 21년째 지속되고 있으며, 여기서 나온 이미지와 아이디어가 〈땅의 가슴〉으로 이어졌다.

즉흥극과 연극치료 활동과 변형적 연극 제의를 활용하여 만들어진 〈땅의 가슴〉은 두 여자가 유대 여성으로 성장하는 데 초점을 맞춘 1시간 15

분 길이의 작품이다. 기립 박수를 이끌어 낸 매사추세츠 주 야니스 케이프코드 유대교 회당에서의 첫 번째 공연은 교회, 유대교 회당, 다문화협의회가 공동으로 지원하였다. 그 밖에 노스캐롤라이나 주 더럼의 듀크 대학 여성학부, 일리노이 주 엘긴의 엘긴 커뮤니티 칼리지 시각·공연예술센터 내 블리자드 극장, 뉴멕시코 주 앨버커키에서 열린 전미연극치료협회 연례회의, 뉴햄프셔 주 내슈아의 베스 에이브러햄 사원, 매사추세츠 주 케임브리지의 클럽 파심의 리처드 케임브리지 시인 극장에서 공연하였다.

〈땅의 가슴〉은 천지창조에 관한 시로 시작된다. 배우들이 북/심장박동과 공명하는 "아" 소리를 배경으로, 다음의 시를 읊조리며 관객 사이로 돌아다닌다.

> 태초에
> 어둠 가운데 심장이 있었다
> 심장 소리를 밝히는 고요함
> 심장은 사랑을 내쉬었고
> 생명을 내쉬었고
> 그 숨이 별, 행성, 지구, 구름, 비, 온갖 식물과 동물
> 그리고 인간의 형상이 되었다
> 어디서 왔는지 알기에
> 모두가 하나로 어우러지는 춤
> 그리고 깊고 깊은 잠이 세상을 덮었다
> 인간은 자기가 누구인지를 잊었다 (반복)
> 인간은 자기가 누구인지를 잊었다

그리고 배우들은 다양한 인물을 입고 벗으며 개인적·정치적 갈등, 억압, 권력의 남용과 자연과 서로 소외된 인간에 관한 일련의 짧은 삽화를 연

기한다(Lerner 2006). 그런 다음 어린 시절에 자연과 영성과 맺은 관계, 아이와 어른을 위한 입문의식의 중요성, 여성주의와 직업적 소명, 하나됨(unification)과 여럿됨(pluralism)의 근원적인 감각을 끌어내는 깊은 변형의 영적 체험을 다루는 장면이 이어진다. 장면의 제목은 다음과 같다.

- 서곡
- **작은 빛들**: 어린 시절 영적 경험의 경이로움
- **죽느냐 사느냐… 독창자**: 종교에서 성 역할 제한에 맞서기
- **진정한 성년 축하**: 어머니와 아들을 위한 입문의식
- **예루살렘으로의 순례**: 젊은 여인의 깨어남
- 피날레

공연은 관객과 함께 추는 춤으로 끝난다. "영혼의 집으로 돌아가네"라는 가사가 반복되는 노래를 부르며 나선으로 회전하면서 춤을 추는 것이다. 그런 다음 공연 자체와 사람들이 거기에 참여한 방식을 놓고 열린 토론을 한다.

〈땅의 가슴〉을 제작하면서, 우리는 작업을 생산적으로 가져가기 위해 친밀한 사람들 사이에서 일어나는 여러 가지 일을 처리해야 했다. 그 과정에서 개인/연극인으로서 맞닥뜨린 도전을 어떻게 헤쳐 나가야 하는지 그리고 차이를 수용하는 법뿐 아니라 우리의 독특하고도 집단적인 재능을 어떻게 활용할 것인지를 배웠다. 창조적이고 훌륭한 집단의 일원으로서, 조화롭고 예술적이며 의미 있는 작품을 제작하는 데서 만나는 어려움을 헤쳐 나갈 목적으로 개발한 제의가, 이 지구촌의 서로 다른 인종과 문화가 평화와 균형에 도달하는 데 있어 무엇이 필요한지를 여실히 보여 주었다. 깊이 귀 기울여 듣는 것, 솔직하고 열정적인 나눔, 유연성, 인내심, 양보가 그 핵심에 있다.

이스라엘 여인과 팔레스타인 여인이 자살 폭탄 테러에 관해 간단한 대화를 나누는 장면이 있다.

이스라엘 여인: 당신 딸의 자살 폭탄 때문에 우리 아들이 죽었어요. 버스에서요.

팔레스타인 여인: 우리 집은 당신 남편이 불도저로 밀었고요.

이것은 〈땅의 가슴〉의 핵심이 시작되는 대목이다. 우리는 고심 끝에 이 장면을 단막극으로 독립시키기로 결정했다. 유대인이자 인본주의자로서 우리는 정치적이고 종교적인 갈등에 관심을 가질 수밖에 없었고, 여성이자 어머니로서 인물에 공감을 느꼈다. 그리고 남자든 여자든 평화 협상 테이블에 여성적 감수성 — 열린 태도로 귀 기울여 듣는 능력 — 을 가진 사람이 앉는다면, 뭔가 다른 결과가 나올지도 모른다고 생각했다.

그렇게 중동 갈등의 정치적 주제와 두 여인의 다양한 감정을 다룬 진정성 있는 10분짜리 공연을 정교하게 만드는 데 2년이 걸렸다. 처음에는 두 인물을 번갈아 가며 연기했지만, 나중에는 역할을 고정시켰다. 수전이 팔레스타인 여인을 했고, 사피라가 이스라엘 여인을 맡아 갈등의 역사와 함께 양측 입장에서 현재에 관한 생각을 짚어 주었다. 장면은 현실을 고려하여 두 인물이 예루살렘에 있는 병원 대기실에서 만나는 데서 시작된다. 대기실이 만원이라서 두 사람은 어쩔 수 없이 나란히 앉게 된다. 둘은 서로 외면하려 애쓰지만 어쩌다 말문을 트게 되고, 종국에는 두 사람 모두 폭력 사태로 어린 자식을 잃었으며, 팔레스타인 여인의 딸이 자살 폭탄 테러를 벌여 자신은 물론 이스라엘 여인의 아들까지 목숨을 잃게 했을지도 모른다는 사실을 알게 된다. 그 뒤에는 격분에 찬 신랄한 말싸움이 벌어진다. 두 사람은 상대에 대한 개인적이고 정치적인 감정, 분노와 절망을 주먹다짐을 불사할 기세로 퍼붓다가 나중에는 지쳐 슬픔에 젖어든다. 강렬한 표

사진 17. 1 _ 이스라엘 여인을 연기하는 사피라, 팔레스타인 여인을 연기하는 수전

출에 이어 깊은 슬픔을 공유한 그 순간에 연민이 스며 나온다. 그리고 그렇게 상대의 이야기에 귀를 기울이기 시작하면서 접촉의 순간이 만들어진다.

대본을 구성하면서 우리는 그 내용을 학계와 종교계 지도자를 비롯해 유대인, 무슬림, 이스라엘 사람, 팔레스타인 사람 들에게 보내 반응을 수집했다. 그중에는 『이스라엘/팔레스타인의 치유: 평화와 화해를 위한 길(*Healing Israel/Palestine: A Path to Peace and Reconciliation*)』(Lerner 2003)에서 철저한 연구와 균형 잡힌 시각을 보여 준 랍비 마이클 러너도 있었다. 〈엄마의 피〉에 대하여 중립적인 반응은 거의 없었고, 존경에서 혐오감에 이르는 각양각색의 강렬한 감정을 불러일으켰다. 그 조사에 근거하여 우리는 대본을 다듬고 인물로서 좀 더 섬세한 것을 서로 맞추었다. 그리고 이 두 인물이 연결될 수 있는 진정한 방식을 모색하였다. 우리는 두 사람이 여자로서, 엄마로서, 전쟁과 이별에 신물이 난 인간으로서 관계 맺을 수 있을 때, 비로소 변화가 나타남을 발견했다. 점진적인 자발성 그리고 서로의 경험을 공감하며 깊이 들을 수 있는 능력을 통해 작지만 의미 있는 연결이 시작될 수 있었다. 연극은 수피 시인인 잘랄루딘 루미(Jelaluddin Rumi)의 "잘잘못에 대한 생각을/넘어선 저 멀리에/들판이 있다/나, 그대를 그곳에서 만나리"(Barks 1995)라는 말과 함께 이 두 여인이 다시 만날 것인가에 대한 질문을 던지면서 끝난다.

〈엄마의 피〉의 첫 번째 공연과 함께 무대 독회의 기회가 왔다. 매사추세츠 주 미들보로에서 열린 허링 런 단막극 축제와 플로리다 주 보카 레이튼의 보카 레이튼 극장조합의 초청을 받았다. 배우와 극작가로서 경력이 오래된 우리는, 무대에서 벌어지는 것을 지켜보기만 한 관객에게까지 영향을 미치는, 연극이라는 제의의 힘을 정확하게 알고 있었다. 또한 배우로서 인물로 들어가는, 자기 자신에서 다른 존재의 영역으로 넘어가는, 제의가 가진 변형적인 힘을 잘 알고 있었다. 하지만 처음 〈엄마의 피〉를 무대에서 읽는 데 동의했을 때, 우리는 제의로서의 연극과 우리의 예술적 성장이 가진 변형적 힘을 맞을 준비가 채 되지 않은 상태였다.

레슬리 대학이 '상상: 이스라엘 텔아비브의 인간애 프로젝트와 예술'이라는 회의를 주최하면서 우리를 초청했다. 그 회의는 국제집단심리치료협회와 공조하여, 예술이 이스라엘과 하마스를 지도자로 선택한 팔레스타인의 평화 구축을 도울 수 있는 방법을 찾고자 했다. 레슬리 대학은 가자와 웨스트뱅크의 보건 의료 전문가들이 합법적으로 안전하게 참석하여 대화를 나눌 수 있도록 1년여에 걸쳐 준비를 했다. 팔레스타인과 이스라엘 측 인사를 포함한 다양한 국적의 참석자가 대략 50명에 달했고, 우리는 그들에게 〈엄마의 피〉를 읽어 준 다음, 토론을 통해 두 여인이 어떤 장면을 펼쳐 갈지 상상하도록 했다.

독회 후에 진행된 토론은 다층적이었다. 이스라엘과 팔레스타인 사람들에게서 가장 즉각적인 감정적 반응이 일어났고, 그것은 보다 큰 정치적,

사회적, 종교적 갈등과 맥락을 같이 했다. 이스라엘은 이스라엘대로, 팔레스타인은 팔레스타인대로 분노와 절망에 휩싸여 작품의 편향성을 비판하고 서로를 비난했다. 하지만 이는 오히려 희곡이 꽤 균형 잡혀 있음을 말해 주었다. 그리고 극중 인물에 대한 다양한 평이 나왔다. 이스라엘 여인은 수용적인 태도를 내려놓고 더 화를 냄으로써 상황의 위험성을 더 보여줄 필요가 있다. 팔레스타인 여인은 사과를 그렇게 단정치 못하게 먹어선 안 된다. 꾀죄죄하고 더러워 보임. 정치적 태도에서는 더 강경하게 보일 필요가 있음. 토론은 또한 갈등, 상실의 고통, 지긋지긋한 전쟁, 아이들의 정서적 외상, 수치심과 죄책감, 깊은 고통, 평화에 대한 갈망 속에서 사람들이 어떻게 살아가고 있는지에 대한 것으로 깊어졌다. 〈엄마의 피〉는 토론을 통해 사람들이 중동 문제를 다양한 방식으로 바라볼 수 있게 하는 촉매로 작용했다. 끝으로 관객이 스스로 만든 장면을 보여 주었을 때, 접촉을 위한 가능성이라는 작품의 메시지가 잘 드러났다. 몇 가지 보기를 들면 이렇다. 이스라엘 여인이 팔레스타인 여인의 집을 방문한다. 팔레스타인 여인이 이스라엘 여인의 집에 음식을 가져다준다. 두 사람은 서로의 집이 아닌 다른 곳에서 비밀리에 만나 대화를 나눈다. 그렇게 다른 문화와 만남이 시작된다.

현실에서 〈엄마의 피〉

공연이 끝난 뒤에도 우리는 회의가 진행되는 동안 이스라엘과 팔레스타인 양측과 접촉을 유지했다. 팔레스타인 사람들과는 여러 번 식사를 함께 했고, 주최 측이 마련한 필하모닉 콘서트에 참여하기 위해 텔아비브에서 예루살렘까지 버스를 타고 왕복하는 동안 팔레스타인 여성들과 대화를 나누었다. 그리고 평화를 구하는 어머니(이스라엘과 팔레스타인 어머니)와 평화를 위한 아브라함 회의를 포함한, 미디어에 노출되지 않은 지하 여성 평화 집단의 이스라엘 인사들과 유대교, 무슬림, 기독교의 성직자와 평신도들을 만났다.

그 과정에서 우리는 미국에서 태어나 이스라엘에 정착한 한 기혼 여성을 알게 되었다. 그녀의 사연은 후에 〈엄마의 피〉의 중요한 스토리라인으로 반영되었다. 그녀에게는 대학생 아들이 있는데, 그는 예루살렘에서 폭탄 공격을 받아 심한 부상을 입었고, 그녀는 그 일을 계기로 평화운동에 뛰어들어 많은 종교 다원적인 평화 집단을 조직하는 데 앞장섰다.

한편, 우리는 매일 웨스트뱅크 검문소를 방문하는 이스라엘 여성들을 만나 함께 차를 타고 예루살렘으로 갔다. 우리는 먼저 동행해도 괜찮겠는지 허락을 구했다. 그것은 우리 두 사람 모두에게 그리고 최상의 연극 제의라는 결과물을 놓고 볼 때도 매우 변형적인 경험이었다. 그들은 애초에 검문소를 방문하여 양측에서 일어나는 인권 침해를 보도할 목적이었다. 그래서 처음에는 이스라엘 병사들에게도 또 이스라엘로 건너오거나 자국에 머물러 있는 팔레스타인 사람들에게도 환영받지 못했지만, 점차 친숙해지면서 양측의 신뢰를 얻어 학대적이고 위험한 일촉즉발의 상황을 중재하기도 했다. 우리는 이 평화 집단에 속하는 특권을 부여받았다. 아마도 정치적 대화에 참여하도록 초대한 중재적인 작품 덕분에 그런 기회가 주어졌을 것이다. 우리는 이 일련의 과정에서 인물의 개인적, 종교적, 정치적 투쟁에 관계하되, 거리를 두고 안전하게 참여하는 것이 아니라 그 투쟁의 한복판에 서는 역할 입기의 제의를 통해 변형되었다.

이 여성들과 함께 하면서, 우리는 몇 가지 역설을 목격할 수 있었다. 웨스트뱅크를 가로지르는 벽은 자살 폭파범의 유입을 막음으로써 이스라엘의 폭발 사고를 크게 감소시켰다. 이스라엘은 자국민을 위해 보다 안전한 환경을 구축하는 데 성공한 것이다. 그러나 고립된 장소에 거주하는 팔레스타인 가족은 그 벽 때문에 차단되는 경우가 많았고, 그래서 바로 길 건

사진 17. 2 _ 한 할머니가 웨스트뱅크에서 벽을 넘어가는 데 도움을 받고 있다

너나 옆집에 살던 이웃을 만날 때도 검문소 한두 개를 거치거나 먼 길을 돌아가야 했다. 통행로의 변경은 팔레스타인 사람들의 일뿐 아니라 경조사에도 영향을 미쳤고, 출근을 하거나 등교를 할 때에도 정규 검문소와 임시 검문소를 통과해야 하는 복잡한 상황이 벌어지곤 했다. 더구나 그 같은 일은 아무 예고 없이 일어났다. 여행자에게 그것은 단지 시간이 지체되는 문제일 뿐이지만, 팔레스타인 사람들은 아예 통행을 거부당하기도 했고, 그로 인해 양측의 감정이 격앙되기 일쑤였다. 그래서 이 여성들이 그곳을 규칙적으로 방문하여 사태가 극단으로 치닫지 않도록 도왔다. 덕분에 우리는 배우이자 연극치료사로서 그 소중한 평화의 움직임을 지켜볼 수 있었다.

우리는 그 회의에서 또 20대 후반의 팔레스타인 여성을 만났다. 결혼을 앞둔 그녀는 예루살렘의 아랍인 구역에서 가족과 함께 살고 있었다. 그녀는 공연을 보고 나서 우리와 접촉한 여성들 중 한 명이었다. 텔아비브에서 회의가 끝나고 예루살렘에 머무는 동안 그녀를 보기로 했다. 그녀는 우리를 그녀의 집으로 초대해 저녁을 대접했다. 한 번도 유대인을 집에 들인 적 없었던 그녀의 가족에게 그것은 일대 사건이었고, 우리 역시 팔레스타인 사람의 집을 방문하는 것이 처음이었다. 그녀는 어린 조카들과 함께 구시가의 다윗 왕의 문으로 마중을 나와 주었고, 고대의 미로를 지나 집으로 안내했다. 우리는 그들의 환대에 놀라지 않을 수 없었다. 자매, 오빠, 형부, 크고 작은 아이들, 부모님에 마을 사람들까지 가족 전체가 우리를 맞아 주었다. 여자들은 한결같이 머리에 두른 천을 벗고 아주 편안한 모습이었다.

우리는 거실에 있는 커다란 식탁에 둘러앉아 먹고 마시며 웃고 떠들었다. 영어를 하는 사람이 있어 통역을 해 주기도 했고, 몸짓으로 대화를 나누기도 했다. 말을 넘어선 언어였지만 서로를 이해하는 데는 부족함이 없었다. 음악도 한몫했다. 우리는 함께 춤을 추었다. 그리고 잘 이해하지는 못했지만 일종의 가족 제의처럼 의상을 갖춰 입은 짧은 연극도 보고, 나중에는 어르신들과 함께 말린 과일을 먹으며 물담배도 피웠다. 모두가 하나의 끈으로 연결됨을 느낄 수 있었던 그날 오후는 그야말로 놀랍고 기쁘고 해방적인 시간이었다. 〈엄마의 피〉가 없었다면 가능하지 않았을 그 경험은 다시 우리 공연과 연극이 지닌 제의의 힘을 확장하였다.

이스라엘을 떠나기 직전에 그 팔레스타인 여인과 차를 마셨다. 우리는 서로에게 깊은 감사의 마음을 전했고 계속 접촉할 수 있기를 바랐다. 그녀는 약혼자와 다가오는 결혼에 대해 이야기해 주었고, 평화를 향한 희망을 나누었다. 미국으로 돌아온 뒤에도 그녀와 가자 출신의 또 다른 팔레스타인 사람과 지속적으로 연락을 주고받았다. 그러나 이스라엘이 가자에 대한 공격을 개시했을 때, 그 참상을 찍은 사진과 함께 도움을 청하는 글을 보낸 것을 마지막으로 더 이상의 소식을 들을 수 없었다.

이스라엘 방문 이후 우리 두 사람의 관심은 중동 상황에 집중되었고, 그래서 그 주제를 다룬 〈엄마의 피〉를 통해 관객의 관심을 끌어내는 데 힘을 기울였다. 다양한 회의에서 공연을 하고, 여러 현장에서 많은 연기자들과 합동 공연을 하면서 광범위한 관객층을 만났다. 한 번은 레슬리 대학과 하버드 대학이 리더십 훈련을 받는 젊은 무슬림 여성을 위해 주최한 평화 회의에 기조 발표자로 초대를 받았다. 우리는 〈엄마의 피〉를 상연하고 관객과 함께 평화를 위하여 다음에 어떤 장면이 가능할지를 놓고 대화를 했다. 일부 관객은 짧은 장면을 즉흥적으로 연기하기도 했다. 어떤 관객은 우리가 민족적이고 문화적인 갈등에 관한 또 다른 작품을 만들면 좋겠다는 뜻을 표했다. 그래서 우리는 기다리지 말고 직접 대본을 쓰고 공연하라고 격려했다.

또 다른 현장에서 우리는 관객이 공연을 보고 난 뒤에 경험할 수 있는 제의를 꾸준히 개발했다. 전체 관객과 토론을 하기도 했고, 작은 집단으로 나누어 화해를 위한 다음 단계를 장면으로 구체화하기도 했다. 뉴욕에서는 유대주의 개혁동맹에서 공연을 하고 나서 그곳 스태프와 함께 토론을 진행하기도 했다.

유명한 매사추세츠 주 케임브리지 공연 현장에서 아랍과 이스라엘의 음악가들이 각자의 민속 음악을 연주하고, 한 시인이 양국 현대 시인들의 작품과 갈등에 관한 자신의 시를 낭송하기도 했다. 또 다른 현장에서는 보스턴에 근거를 둔 재생 연극 집단인 트루 스토리 시어터(True Story Theater)와 합동 공연을 했다. 그 극단은 〈엄마의 피〉를 본 관객 중에서 자신의 이야기를 할 사람을 끌어냈다. 관객들은 가족 관계부터 종교적 감정에 관한 내적 갈등을 담은 다양한 이야기를 들려주었다.

워싱턴에서는 영적 진보자 네트워크의 마지막 순서로 공연을 해서 기립박수를 받았다. 미국과 전 세계의 평화와 협동을 위한 새로운 비전과 그를 위한 실용적 정책을 구상하는 그 회의에는 많은 성직자들이 참여했다. 회의의 의장인 랍비 마이클 러너(*Tikkun*의 편집자이자 『이스라엘/팔레스타인의 치유』(2003)의 저자)는 이렇게 말했다. "이 놀랍도록 극적인 공연은 이스라엘/팔레스타인 갈등의 모든 수사학을 뚫고 대부분의 사람들이 갖고 있는 인간애와 근본적인 관대함으로 우리를 안내합니다. 그것은 정의와 안전을 기치로 양측 모두를 위한 지속적인 평화를 구축하기 위해 우리가 무엇을 할 수 있는지에 관한 진지한 대화를 이끌어 내는 완벽한 오프닝입니다." 제의를 만들고 공연하면서 개인적이고 예술적인 만남을 가질 수 있었던 것은 모두 〈엄마의 피〉 덕분이다. 우리는 한낱 10분 남짓한 작품이 세상에 작은 변화를 만들어 낼 수 있었다는 데 감사했다. 하즈랏 이나얏 칸(Hazrat Inayat Khan 1978, p. 246)은 수피교의 가르침에 입각하여, 세계 평화를 위해서는 자기 자신 속에서 평화를 창조해야 한다고 말한다.

연극인으로서 우리는 개인적으로나 집단적으로 내적 동기와 지혜와의 연결을 유지하는 것 그리고 매 공연의 파장이 작품을 다음 단계로 이끌어 가도록 흐름을 따르는 것이 중요함을 깨달았다. 우리는 앞으로도 연극의 신비에 참여하기를, 보편적이고 개인적이며 사회정치적인 주제를 조명하는 공연과 제의를 창조하고, 그것이 관객의 마음을 움직여 그들의 삶 속에서 의미 있는 행동을 이끌어 내기를 소망한다.

여전히 많은 장애물이 산적해 있지만, 우리는 이스라엘과 팔레스타인 여성이 주도하는 풀뿌리 평화운동 세력이 성장함에 따라 이스라엘/팔레스타인에서 평화가 가능하리라는 희망의 확신을 놓지 않는다. 그리고 〈땅의 가슴〉과 〈엄마의 피〉의 공연으로 그것을 지지하고자 한다.

〈땅의 가슴〉과 〈엄마의 피〉의 영향

〈땅의 가슴〉과 〈엄마의 피〉의 공연은 관객에게 깊은 충격을 안겼다. 다음은 이 제의 연극이 공동체에 전달한 가치를 알아차린 영적 지도자들이 보내 준 메시지다.

〈땅의 가슴〉:

"〈땅의 가슴〉의 공연은 고무적이고 우아하며 감동적이었습니다. 그리고 다양한 공동체들이 연대감을 가질 수 있도록 도와주었습니다." 자린 카라니 아라오즈(Zareen Karani Araoz) 박사, "문화를 가로질러 경영하기" 협회장, 전 레슬리 대학 문화상호주의 석사 과정의 창설자/감독.

"여러분은 몸과 영혼에 대한 경의를 가지고 움직였습니다. 그리고 진화하는 세계에서 생명의 본질을 반영해 보여 주었습니다." 버드 솔레(Bud Soule), 미들보로 유니테리언 보편주의자 교회 이사회.

"유대인과 기독교 신앙 모두에 유용한 놀라운 가족 연극. 많은 사람들에게 결핍된 영적 성장의 과업을 떠맡은 이런 놀라운 능력의 연기자들을 만나기란 유례없는 일입니다. 이 공연은 일상생활에서 흔히 간과되는 주제를 숙고할 수 있는 진정한 발판이 되어 주었습니다." 캔터 브루스 말린(Cantor Bruce Maline), 케이프 코드 유대인회, 종교교육 감독.

〈엄마의 피〉:

"이 놀랍도록 극적인 공연은 이스라엘/팔레스타인 갈등의 모든 수사학을 뚫고 대부분의 사람들이 갖고 있는 인간애와 근본적인 관대함으로 우리를 안내합니다. 그것은 정의와 안전을 기치로 양측 모두를 위한 지속적인 평화를 구축하기 위해 우리가 무엇을 할 수 있는지에 관한 진지한 대화를 이끌어 내는 완벽한 오프닝입니다." 랍비 마이클 러너, *Tikkun*의 편집자이자 『이스라엘/팔레스타인의 치유』(2003)의 저자.

교육적 도구로서의 〈땅의 가슴〉과 〈엄마의 피〉

수년 동안 우리는 〈땅의 가슴〉과 〈엄마의 피〉를 학교(중학교, 고등학교, 대학), 예배당, 양로원, 다문화 예술센터, 축제 등 여러 환경에서 공연해 왔다.

우리는 공연이 사회-정치적 주제에 관한 의식을 함양하면서 동시에 개인의 성장과 변형을 위한 도구로 쓰이는 것이 중요함을 느꼈다. 관객은 〈땅의 가슴〉이나 〈엄마의 피〉 혹은 두 작품 모두를 보고 나서 토론을 하고 극에서 얻은 영감을 바탕으로 이어지는 장면을 만들거나 또 다른 예술적 표현을 하였다.

다음은 오메가 극단이 〈엄마의 피〉를 공연하거나 그 실황을 녹화한 DVD를 보여 주고 관객이 그것을 확장할 수 있도록 제공한 지침이다. 이를 통해 관객은 "평화를 위한 다음 장면"을 고안하여 발표할 것이다. 관객은 평화에 관한 비전을 숙고하고 그것을 예술적으로 표현함으로써 〈엄마의 피〉를 더욱 풍부하게 경험할 수 있다.

〈엄마의 피〉의 공연에 따르는 학습 안내(중학생부터 성인까지)

1. 연극은 무엇에 대한 이야기인가? 연극을 보고 무슨 생각을 하고 어떤 느낌이 들었나?

2. 과정 계획하기:
   a. 여러 개의 작은 집단으로 나눈다. 그리고 다음 장면에서 어떤 일이 일어날지 그것을 중심으로 몇 가지 가능성을 토론한다.
   b. 그중 하나를 "다음 장면"으로 선택한 다음 함께 만들어 전체 집

단에게 보여 준다.

c. 장면에 대해 토론한다.

3. 평화를 창조하는 데 도움이 되는 행동에는 어떤 것이 있을까?

- 중동에 있는 펜팔에게 정기적으로 편지를 쓴다.
- 팔레스타인과 이스라엘 방문을 후원한다.
- 평화운동 단체를 위한 모임을 만들어 기금을 조성한다.
- 내가 속한 예배당과 학교에 중동 문제와 평화운동을 소개한다.
- 내가 속한 모임의 회원들에게 편지를 쓴다.
- 영적 진보자 네트워크 혹은 지역적으로나 국제적으로 평화를 추구하는 그 밖의 종교 다원적 단체에 가입한다.
- 중동의 과거와 현재의 사회정치적 상황에 관한 정보를 취한다(추천 도서: 『이스라엘/팔레스타인의 치유』, 랍비 마이클 러너(2003)).
- 미술, 음악, 시, 춤, 영화/비디오, 연극을 통해 평화를 위한 비전을 나만의 방식으로 표현한다(2006년 린든과 니센바움 베커가 각본을 쓴 〈엄마의 피〉가 그 예다).

참고 문헌

Barks, C. (1995) *Essential Rumi*. San Francisco, CA: Harper.

Khan, H.I. (1978) *The Complete Sayings of Hazrat Inayat Khan*. New Lebanon, NY: Sufi Order Publications.

Lerner, M. (2003) *Healing Israel/Palestine: A Path to Peace and Reconciliation*. Berkeley, CA: Tikkun Books and North Atlantic Books.

Lerner, M. (2006) *The Left Hand of God: Taking Back Our Country from the Religious Right*. New York: HarperCollins Publishers.

Linden, S. and Nisenbaum Becker, S. (1995a) '*Eartheart*.' Unpublished manuscript.
Linden, S. and Nisenbaum Becker, S. (1995b) '*Eartheart*: an original theater piece.' Neshama 7, 8.
Linden, S. and Nisenbaum Becker, S. (2006a) '*Motherblood*' Unpublished manuscript.
Linden, S. and Nisenbaum Becker, S. (2006b) '*Motherblood*' DVD. Omega Theater: Sandra Powers production.
Linden, S. (2009) 'Omega Transpersonal Drama Therapy.' In D. Read Johnson and R. Emunah (eds) *Current Approaches in Drama Therapy*. Springfield, IL: Charles C. Thomas.
Theatre Workshop Boston, Inc./Omega Theater, early history to the present (1967-present): www.omegatheater.org

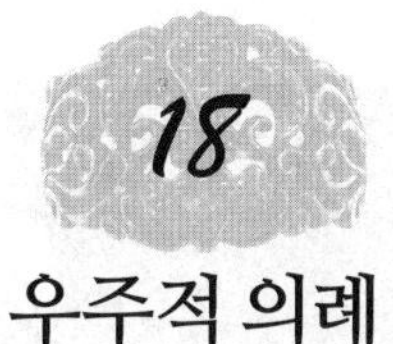

우주적 의례

영적 각성으로서의 제의 연극[1]

사피라 바버러 린든

예술은 신의 영광을 기리는 감정에서 비롯된다. 창조성을 촉발시키는 것은 바로 찬미이다.

피르 빌라얏(출간되지 않은 가르침, 수피 명상 캠프)

〈우주적 의례〉(Pir Vilayat Inayat Khan 1973-1983)는 모든 종교와 인류의 하나됨을 기리는 대규모의 신화적 행렬이다. 애초에 이 연극적인 행렬은 수피 명상을 배우는 사람들을 위한 제의화 된 고대의 영적 가르침이자 일종의 명상으로 기획되었다. 그것을 구상한 사람은 국제 수피 수도회의 수장인 피르 빌라얏 이나얏 칸이다.

그는 이렇게 말한다.

우주적 의례는 시간이 시작된 후로 사람들을 영적인 삶으로 이끌어 온 모든 종교적 제의의 목표를 구현하는 광대한 행렬이다. 그것은 사람들이 지상의

1. 패전트리에 관한 연구에 도움을 준 후산 수흐라와르디 게벨(Hussan Suhrawardi Gebel)에게 감사의 마음을 전한다.

사진 18.1 _ 두 개의 사진: 연출자인 사피라 린든과 작곡자인 알루딘 매튜, 뉴욕 세인트 존 디바인 성당에서 1975년에 찍다.

모든 사건들 배후에 있는 우주적 드라마를 돌아볼 수 있는 심리적 환경을 창조한다. (우주적 의례 연극 프로그램 1977)

극작가이자 연출가로서, 피르 빌라얏의 통합적 서사를 실험 연극과 제의 연극을 활용한 연극적 행렬로 옮기는 역할을 제안 받은 것은 영광이 아닐 수 없었다. 〈우주적 의례〉는 1974년과 1977년 보스턴에서(각각 다른 거리에서), 1983년 매사추세츠 주 케임브리지에서, 1975년 뉴욕, 1974년 샌프란시스코, 1975년 로스앤젤레스, 1982년 런던, 1975년 프랑스 샤모니에서 공연되었다. 음악, 춤, 드라마를 통해 인간애로 하나됨을 기리는 그것은 다채롭고 기쁨에 넘치는 행렬로서 세계의 영적 가르침 역시 근본적으로 일체임을 확증해 주었다.

재능 있는 음악가이자 음악 교사이면서 수피 합창단의 지휘자인 알루딘 매튜(Alludin Mathieu)가 음악을 연출하고 편곡했으며, 일부는 작곡하기도 했다. 배우들을 통해 의미가 작동하도록 대본을 다듬고 연습하는 과정은 무려 11년에 걸쳐 전개되었다.

시작

1970년대 초반이었다. 하지만 분위기는 여전히 1960년대 같았다. 약물, 연좌 농성, 명상을 통해 새로운 차원으로 도약하기. 가능하지 않은 것이 없다. 낡은 체계는 더 이상 작동하지 않는다. 우리는 마음을 자유케 해야 한다. 체제의 지배력으로부터 벗어나야 한다. 체제는 정부이고, 교육이며, 금지이자, 규칙이고, 도그마다. 새로운 방식으로 새로운 세계를 건설해야 할 때인 것이다.

사람들은 약물 경험을 통해 형이상학적 현실을 발견하기도 했다. 그것을 계기로 그 세계를 탐험하기 시작했고, 그것은 다시 또 다른 영적 경로에 대한 추구로 이어졌다. 명상은 외부 물질에 의존하지 않고도 의식의 다른 상태를 경험할 수 있는 통로가 되었다.

이런 환경에서 피르 빌라얏 이나얏 칸이 이 나라에 와서 명상을 가르치고 영적 행로를 안내하기 시작했다. 그 과정에 들어간 지 얼마 지나지 않아, 나는 피르 빌라얏과 소위 "다르샨(darshan)"이라 불리는 것을 가졌다. 다르샨은 "일별," 곧 스승이 제자의 영혼을 들여다보고 그 본 바를 일러주는 것을 뜻한다. 피르 빌라얏은 나의 연극 경력을 언급하며 내가 자신을 돕기 위해 왔고, 내가 곧 천사의 단계에 들게 될 것이라고 했다. 그는 모든 신화적 전통에 반영된 높은 차원의 의식, 특히 유대교 신비주의의 권화인 카발라에 묘사된 빛의 더 높은 국면을 이야기했다. 그리고 사피라라는 새 이름을 주었다. 그것은 카발라에 나오는 천사의 이름(세피라)에서 따온 것으로, 히브리와 아라비아와 그리스의 뿌리를 갖고 있다. 자신의 동역자가 될 것이라는 피르 빌라얏의 말이 수피 명상 훈련을 하게 된 계기이자, 후에 〈우주적 의례〉로 불리는 **우주적 미사**를 제작하고 연출하는 역할을 완수할 수 있기까지 가장 큰 힘이 되어 주었다. 연습 과정의 바탕이 된 일련의 복합적인 영적 관습은 미국과 유럽에서 수천 명의 사람들이 공연에 참여하면서 점차 완성되었다.

입문 이후 두 번의 여름이 지나고, 피르 빌라얏은 캘리포니아 여름 명상 캠프에서 성배 전설에 바탕을 둔 야외극 행렬의 제작을 도와 달라고 나를 초대했다. 그것은 캠프에 참여한 사람들 모두를 위한 영적 실천으로 기획되었다. 관객은 없고 모두가 참여자였다. 파르지팔과 성배를 찾는 그의 여정을 토대로, 피르 빌라얏은 참여자 모두에게 그 영혼에 걸맞은 역할을 부여했다. 그리고 그 역할은 신화 속 인물로 신체화된 내적 집중, 더 높은 의식 차원 혹은 빛의 국면들 중 하나인 천사의 상태, 특정한 에너지의 장, 천구의 음악적 표현으로서 일종의 영적 실천이 되었다. 내가 할 일은 사람들이 그 내적 상태를 외적 표현으로 옮길 수 있도록 돕는 것이었다.

나는 앞서 말한 음악가 알루딘 매튜와 첫 번째 캠프를 함께 했고, 그 뒤로도 여러 차례 행렬 속에서 공동 작업을 했다. 전문가로서 화려한 이력을 가진 우리는 교만한 마음에 캠프의 야외극 프로젝트가 애써 봐야 고등학교 축제 수준일 것이라 지레 짐작을 했고, 그래서 도움을 받기 위해 극단 동료들을 데려왔다. 스스로 최선을 다해 스승과 그 영적 작업을 돕는 도구라 믿으면서도 전문가로서의 기준은 내려놓은 것이다. 그러나 예상과 전혀 다른 상황이 벌어지면서 우리는 크나큰 배움을 얻게 되었다. 모두가 내면 작업에 깊이 집중하는 분위기에서 뭔가가 일어났다. 참여자들은 음악을 연주하고 인물을 연기하면서도 내적 집중을 전혀 흩트리지 않았다. 그것은 마법처럼 감동적이었고, 그 자체의 생명력을 갖고 있는 듯했다. 우리는 참여자들이 진정으로 변형적인 경험을 통과하는 믿기 힘든 광경을 눈앞에서 보았다. 연극인으로나 관객으로서 한 번도 경험한 적 없는 가장 강렬한 공연을 목격한 것이다.

마음 밑바닥까지 움직였던 그 경험 덕분에 나는 연극 작업의 방향을 바꾸게 되었다. 영적인 목적을 가진 공연을 만들어 가는 일군의 예술가들 사이의 조화를 알고, 이해하고, 나아가 변형하고 싶었다. 나는 이 과정이 내게 가장 위대한 훈련이었음을 깨달았다. 그것은 전혀 상상하지 못했던 방식으로 나의 일과 삶에 의미 있는 영향을 주었다.

다양한 종교와 인종의 사람들이 참여했고, 그 집단적 재능으로 수천 명에 달하는 관객에게 제의 연극을 제공했다. 매 공연마다 350명의 참여자가 영혼의 특정한 측면을 나타내고 또 그것을 이끌어 내도록 돕는 역할을 맡아 연기했다. 본원적인 자기의 일부를 나타내는 인물을 연기함으로써, 제한된 자기감에서 벗어나 보다 본질적인 자기로 변형되도록 하기 위함이었다. 연습 과정은 참여자들이 내적 집중의 의식(意識)으로부터 인물을 체현하고 노래하고 춤추며 극화하는 것을 돕도록 고안되었다. 덕분에 모두가 영혼의 내적 집중과 힘의 근원(명상 훈련을 통한)을 경험했고, 그에 힘입어 관객에게 선보일 예언자나 천사 등의 원형적 인물을 잘 표현할 수 있었다. 보다 높은 차원의 의식은 세계 주요 종교의 제의와 유사한 사건을 병렬적으로 극화하면서 다섯 예언자의 변형 과정을 드라마로 만들어 냈다.

이 과정은 후에 오메가 [극단의] 자아 초월적 연극치료의 기본 원리 — 참여자가 희생자의 제한적인 정체성에서 벗어나 더 깊은 곳에 있는 본질적 자기로 전환되도록 돕는 것 — 를 세우는 데 영향을 미쳤다. 참여자뿐 아니라 예비 연극치료사들과의 작업 경험은 개인, 집단, 가족, 변형적 연극의 관객까지 우리가 만나는 대상을 건강하고 균형 잡힌 자기 속에서 볼 수 있는 힘을 주었다. 우리는 고양된 의식 상태를 유지함으로써 늘 명료하고 균형 잡힌 본질적 지혜의 자기와 진실하게 연결되도록 돕는 방법을 배웠다.

이 연극적인 도전을 제안 받고서, 나는 제이콥 모레노와 제르카 모레노의 사이코드라마를 공부했다. 또한 배우와 관객이 공유하는 공간 전체를 다양한 방식으로 사용함으로써 무대와 객석의 장벽을 없애는 환경 연극(environmental theater)이라는 새로운 연극에 참여하여 실험을 감행했다. 그리고 어린 관객이 객석에 가만히 앉아 있지 않고 역할을 맡아 공연의 일부가 되게 하는 참여적 형태의 연극을 만들기도 했다. 당시 우리는 어린이를 위한 성공적인 참여 연극 두 편을 제작했고, 그 교육적이고 치료적인 효과가 지속되는 것을 쉽게 확인할 수 있었다. 우리는 그런 연극을 뭔가를 바꾸는 것이 아니라 우리가 진정으로 누구인지를 찾아 드러낸다는 뜻에서 변형적 연극이라 불렀다. 우리가 만든 참여 연극은 체현된 상상의 경험이 지니는 변형의 위력을 생생하게 보여 주었다. 그런 맥락에서 체현된 영적 실천으로서 야외극 행렬의 발전은 자연스러웠다. 대규모의 야외극 행렬은 이를 강화했고, 이 연극적 제의 경험을 통해 우리 자신과 공동체를 변형하고자 하는 영적 실천으로서의 의도를 더했다.

〈우주적 의례〉에 속한 존재의 여러 차원을 아우르기 위해, 패전트(pageant)라는 고대의 연극 형식을 선택하였다. 패전트는 서사뿐 아니라 음악, 춤, 드라마를 포괄하는 광범위한 연극 형식이며, 대규모의 패전트는 공연이 공동체를 위한 치유이자 교육적인 의례로 기능했던 고대 그리스 연극을 반영한다. 최초의 패전트는 영적이고 입사적인 목적으로 사용되었다.

또 중세 시대에는 여러 공간을 옮겨 다니며 드라마를 극화하는 데 필요한 이동 무대를 가리키기도 했다. 당시에는 그런 방식으로 사람들에게 메시지를 전했던 것이다. 그 뒤에 패전트는 초기의 신비극과 여러 문화권의 입문의식을 지칭하는 말로 쓰였다(Pageantry 1974).

- 고대 이집트에서 멤피스의 성스러운 연극은 자연을 무대로 했다. 별들의 움직임은 그 생생한 상징이었고, 창조의 드라마가 그 내용이었다.
- 티베트에서는 자기희생의 시험을 통해 보살이 부처가 되는 것에 관한 신비극을 몇 주에 걸쳐 공연하였다.
- 그리스에서는 엘레우시스 신비극이 디오니소스와 데메테르의 드라마를 통해 신의 고통을 재현하였다.

패전트의 초기 형식은 종국에는 변형을 이끌어 낼 파괴와 경외스러운 영광의 경험을 위해 참여자들의 내적 의미와 신념에 의존하는 순수함을 견지했다. 그러다가 궁정의 행사에 사용되어 스펙터클과 물리적인 화려함에 기대면서 자연스럽게 그 영적 가치는 하락하였다.

피르 빌라얏에 따르면, 패전트는 오직 다음과 같은 경우에만 성공할 수 있다.

> 연극이 스펙터클이기를 멈추고 하나의 집단적 경험이 될 때. 참여한 사람들 모두가 서로에게서 자신을 발견한다. 그것은 각자가 유한한 자아가 아닌 원형적 자기를 동일시하기 때문이다. 우주적 의례에서 연극은 참여자의 변형을 촉진하고, 그들이 보다 나은 세계를 향하여 좀 더 효율적으로 작동할 수 있게 하는 촉매가 된다. (1977)

피르 빌라얏은 체현된 명상의 형식으로 연극을 선택하였다. 그로써 참여자와 대규모 관객이 그 전개 속에서 살고 싶은 세상을 만들 수 있는 힘을 부여한다는 목표에 접근할 수 있었다. 그것은 우리가 자신의 삶을 넘어서 이 시대에 지구가 무엇을 겪고 있는지 알아차리게 하고, 인류가 다음 단계로 나아가는 데 의식적으로 참여하도록 준비시켰다. 피르 빌라얏은 이어서 말한다.

> 우리는 새로운 세상을 만들어야 한다. 그러나 창조성이 일어나지 않는다면, 그것은 가능하지 않을 것이다. 그에 특히 적합한 것은 드라마를 포함한 다양한 예술 형식이다. 우리는 예술 속에서 우리 자신을 대상으로 작업하면서 동시에 위대한 우주적 드라마에서 우리가 맡은 역할을 찾을 수 있다. 그것은 우리들 대다수가 일상에서 연기하는, 지독하게 부적절한 역할과는 판이하다. 그것은 우리가 찾아야 할 역할, 다른 말로 해서 그것이 결국 우리 안에 있음을 깨닫기까지, 우리가 무엇이어야 한다면 그것이 무엇일지를 보는 것이다. 연극은 바로 그 자기 발견의 과정이다. (1977)

피르 빌라얏 이나얏 칸은 여러 회의에 참석하고 명상 세미나를 열고 수피 캠프를 안내하면서 전 세계를 여행하였다. 그는 2004년에 죽음을 맞기까지 70대의 노령에도 불구하고 그 많은 일을 감당했다. 그에게 사나흘마다 장소를 옮기는 것은 예삿일이었다. 1973년 봄, 그는 뉴욕에 있었다. 거기서 그를 개인적으로 만나고 싶은 마음이 거세게 올라왔지만, 그것은 쉬운 일이 아니었다. 그는 강의와 입문의식을 주도했고, 하루 종일 대규모 집단을 만났다. 누군가 그를 사적으로 독점한다면, 그것은 많은 사람들이 그를 만나지 못함을 뜻한다. 그럼에도 그를 만나고 싶은 내 욕구는 점점 더 강렬해졌다.

뉴욕에 갔을 때, 나는 공항으로 가는 차 안에서 그를 볼 수 있다고 전해 들었다. 나는 기꺼이 그 면담을 받아들였다. 우리는 차 안에서 그 전해 여름 명상 캠프에서 함께 했던 파르지팔 야외극, 〈성배(*The Holy Grail*)〉에 대해 이야기했다. 그 경험은 참여자들에게 각자의 영혼의 본질을 반영한 역할을 부여하는 것이 가진 힘을 알게 해 주었으며, 내 존재의 핵심과 목적에 공명하였다. 수피즘에서 스승은 특별한 명상 연습을 통해, 마치 정원사처럼, 제자들이 그 영혼의 신성한 성질을 꽃피우도록 돌본다. 캠프에서 나는 참여자들이 부여받은 역할에 내적으로 집중하는 것을 보고 큰 감동을 받았다.

역할을 통해 표현되는 진정한 존재의 위력을 목도한 그 경험은, 우리가 보스턴에서 시도한 전혀 새로운 연극에 영감을 주었다. 바로 거기에 내가 찾던 도구가 있었다. 그것은 우리가 경험한 내적 상태를 연극 형식으로 옮기는 것으로, 그를 통해 한 해 전 명상 캠프에서 경험한 연극에 대한 비전을 실현시킬 수 있었다.

공항을 향해 가는 동안, 나는 내가 일시적인 기분으로 그를 찾는 게 아님을 알게 되었다. 피르 빌라얏을 만나야겠다는 마음은 첫 번째 야외극 행렬인 〈성배〉 이후로 차곡차곡 쌓여 왔다. 예루살렘의 통곡의 벽이 그 시작이었다. 나는 지구상의 그 어느 곳보다 종교의 이름으로 학살이 자행되고 있는 예루살렘에서, 평화롭게 공존하는 세 가지 유일신 종교에 대한 강력한 환상의 음성을 들었다. 나는 그 메시지를 피르 빌라얏과 나누었다. 그는 그것으로 새로운 연극을 만들자고 했다. 그리고 다음 해 우드스톡 명상 캠프에서 예루살렘에 관한 야외극 행렬을 할 때, 천사의 구역에 관한 내용을 포함시켜야 한다고 덧붙였다. 그는 참여자와 관객이 잃어버린 천상의 기억에 대해 깊은 노스탤지어를 경험하고, 서로 다른 종교의 예언자들이 주는 계시 속에서 근원과 연결되기를 원했다. 연극은 모든 종교와 인류의 기저에 깔린 본질적 일체성을 기념하는 예식이 되어야 했다.

피르 빌라얏은 예루살렘이 지구의 심장 차크라이며, 예루살렘에 평화가 올 때 비로소 그 진동이 나머지 세계로 파문을 일으키며 퍼져 나갈 것이라고 길게 말했다. 당시 중동에서 진행된 위기 상황(지금까지 지속되는)에 비추어, 새로운 절박함을 감지하였다. 나는 인류에게 가능한 것을 시각적으로 일깨워 줄, 아름답고 구체적인 연극을 창조하도록 돕는 소명을 받았다. 그것은 또 다른 연극 형식으로도 실현되고 있다(〈땅의 가슴〉과 〈엄마의 피〉:

평화운동에서의 변형적 연극 실험에 관한 17장 참조).

공항으로 가는 차 안의 분위기는 〈할렐루야, 세 개의 반지(*Hallelujah, The Three Rings*)〉를 거론하면서 더욱 맹렬해졌다. 그것은 내가 처음 참여한 수피 캠프에서 세계 평화의 수피 댄스 창립자인 샘 루이스(Sam Lewis)가 소개해 준 것으로, 중동의 평화에 집중하였다. 피르 빌라얏은 다시 한 번 빛의 천사 구역이라 부른 보다 높은 의식의 일곱 단계에 관해 말했다. 나는 나중에 그가 케임브리지 대학에서 천사론, 곧 내면의 빛에 관한 다양한 신비주의적 전통의 우주론을 연구하여 박사 학위를 받았음을 알게 되었다. '천국에서 천사의 광휘를 극화하는 공연을 제작하는 것은 얼마나 영광스러운가!' 라고 우리는 생각했다. 나는 천상의 구역, 의식의 더 높은 차원에 대한 이야기를 들으면서 그의 의식의 무언가를 일별했음을 느꼈다.

함께 이 비전을 좇는 중에 차가 공항에 다다랐다. "당신도 함께 비행기에 타야 할 것 같은데요"라며 운전사가 농담을 건넸다. 나도 그 농담에 맞장구를 쳤다. "물론이죠!" 그리고 몇 분 뒤에 나는 정말로 비행기 표를 사려고 부도가 날지도 모르는 수표를 쓰고 있었다. 당시 짐은 전부 뉴욕에 있었고 남자 친구가 보스턴에서 기다리고 있었지만, 그 순간에는 내 스케줄과 그 밖의 약속이 전혀 의미가 없었다. 천국으로 날아오를 기회가 얼마나 자주 있겠는가? 피르 빌라얏의 여정은 시카고 다음에 어디로 이어졌을까?

이후 한 시간(아니면 두 시간이었을까?) 동안, 놀라운 일이 일어났다. 나는 신성한 뜻, 세상에 특정 비전을 전하고자 했던 각 시대의 예언자나 성인의 의지에 조율해 가는 존재를 눈앞에서 목도하면서 충격에 휩싸였다. 그가 말하는 것에 대한 지식이 거의 없었기 때문에, 나는 그 비전을 연극으로 번역하는 데 필요한 세속적인 질문을 하는 것이 나의 역할이라고 느꼈다. 그래서 이렇게 물었다. "당신은 의식의 세 번째 차원에 있습니다. 그에 대해 얘기해 주시겠어요? 어떤 색이죠? 소리는요? 어떤 느낌인가요?" 그는 그 의식으로 들어가 어리석기 짝이 없는 단순무식한 질문에 친절하게 답해 주었다.

그 과정에서 〈우주적 미사(*The Cosmic Mass*)〉 그리고 나중에 〈우주적 의례〉라 불린 연극의 1차 대본이 나왔다. 처음에는 유일신 종교인 유대교, 기독교, 이슬람교를 다루었는데, 나중에 불교와 힌두교를 추가했다. 우주적 의례는 모든 종교의 기저에 깔린 본질적 일체성을 기리고자 했다.

어느새 우리는 시카고 공항에 도착해 있었다. 피르 빌라얏은 일을 진척시키기 위해 또 다른 만남을 가졌고, 나는 일어난 일에 경탄하면서 '어리둥절하고 거룩해진 채' 혼자 남겨졌다.

〈우주적 의례〉는 매 공연을 치르면서 골격을 갖추어 갔다. 공연에는 역사상의 예언자들, 천상의 천사들, 그리고 오늘날의 세계를 사는 한 쌍의 연인까지 세 개의 이야기가 있다. 마지막 버전에서는 여성 합창단이 직관적이고 영원한 여성적 정신을 기렸다.

〈우주적 의례〉는 세계 주요 종교의 유사물로서 예증된, 가톨릭 미사의 보편적 절차에 기반을 둔다. 의례의 첫 번째 차원은 세계 5대 종교의 예언자들이 각자의 삶 속에서 미사의 과정을 겪는 모습을 그린다. 예를 들어 〈의례〉의 첫 번째 단계는 기도를 위한 준비이자 정화인 키리에다. 정화와 준비를 위한 제의는 어느 종교에나 보편적이다. 몸의 정화를 통해 마음의 정화를 상징함으로써 영적 성숙의 다음 단계를 위해 양심을 깨끗이 한다.

두 번째 차원은 내적 세계를 보여 준다. 그것은 유대교 카발라에 나온, 그러나 모든 종교의 신비주의 전통이 유사하게 말하는, 보다 높은 의식(意識)의 일곱 단계를 묘사한다. 음악과 색깔과 춤으로 내면의 빛의 경험을 재창조함으로써 깊은 노스탤지어를 자극한다.

〈의례〉의 세 번째 차원은 오늘날 세상의 도전을 다루는 남녀의 이야기로, 대본을 만드는 과정에서 개발되었다. 우리도 과거의 예언자들처럼 삶 속에서 성장하고 의미와 목적을 발견한다는 것을 보여 준다. 이 장면은 변

사진 18.2 _ 우주적 미사와 의례 피날레, 산타모니카 시민센터, 캘리포니아 1975

형이 가능함을 자신의 삶으로 보인 위대한 사람들의 여정에 동일시하도록 도와준다.

〈우주적 의례〉는 다음과 같은 단계로 구성된다.

1. **프롤로그**(*Prologue*)
   - 의례를 기대하기
   - 미국 원주민의 기원
   - 여성 합창단의 행진
   - 마임: 우주적 드라마로의 초대
   - 인간 영혼의 탄생
   - 천사의 유산과 연결하기

2. 키리에(*Kyrie*)

다음과 같은 형식으로 몸과 마음의 정화를 상징함

- 유대교의 미크바 의례
- 이슬람교의 목욕재계
- 기독교의 세례
- 불교의 신성한 단지의 물로 씻기
- 힌두교의 갠지스 강에서의 목욕 제의

3. 글로리아(*Gloria*)

- 천상의 구역이 열리는 에스겔의 환상: 아스트랄, 긴, 갈가님, 세라핌/치품천사, 셰루빔, 대천사, 네 명의 하요스
- 수태고지: 계시의 순간들 — 대천사와 천사들이 아브라함, 마리아, 모하메드, 시바, 붓다를 방문함.

4. 크레도(*Credo*)

온전한 신앙의 표현: "나는 믿는다."

- 유대교: "셰마 이스라엘, 아도나이 엘로헤누, 아도나이 에초드"
- 불교: "옴 마니 반메 훔"
- 이슬람교: "아사두 라 일라하 일라 일라 후"
- 힌두교: "탓 트왐 아시"
- 기독교: "크레도 인 우눔 데움."

5. 상투스(*Sanctus*)

보다 높은 시험과 예언자들의 입문의식

- 딸을 살해한 자를 용서하는 모하메드
- 사막에서 유혹당하는 예수

- 마라의 딸들이 붓다를 유혹함
- 뱀독에 맞선 시바의 자기면역
- 치품천사의 불타는 돌에 맞아 그을린 이사야의 입술

6. **호산나**(*Hosanna*)

- 왕의 대관식을 축하함
- 라마와 시타의 춤
- 깨달음을 얻은 자로서 붓다의 재인식
- 멜기세덱에 의한 아브라함의 입문의식
- 나귀를 타고 예루살렘으로 입성할 때 호산나를 외치며 예수를 반김
- 모하메드를 예언자로 받아들임

7. **오퍼토리**(*Offertory*)

궁극적 희생

- 가족과 왕자로서의 삶을 포기한 붓다
- 지속적으로 죽음을 유혹하는 모하메드
- 시바에서 샤크티 에너지의 성장
- 이삭을 제물로 바치는 아브라함
- 십자가에 매달린 예수

8. **리서렉시트**(*Resurrexit*)

그리고 천사가 말했다, "더 이상 시간이 없을 것이다."

- 예언자들, 위대한 메신저들이 따르는 자들을 천사의 단계로 이끈다. 할렐루야!
- 일곱 단계를 지나 신의 비전에 이름.

9. 새로운 시대에 대한 비전(*Vision of the New Age*)
- 종교 지도자들/평화를 위한 기도
- 예언자들의 변형
- 관객과의 친교

그리고 "메신저들"이 의식의 높은 단계로 올라감에 따라, 피르 빌라얏이 이렇게 말하면서 공연이 끝난다. "신의 보살핌 속에서 전 인류가 한 가족임을 밝히는 신의 메시지가 널리 널리 퍼져 가기를 기원합니다"(1977).

다시 말해, 각 예언자들이 계시를 위한 준비로 어떻게 정화되었는지를 보여 주었다. 그리고 각자가 겪은 강력한 계시의 경험으로부터 신앙을 고백함으로써 새로운 수준의 신앙을 표현했다. 신앙을 고백하자마자, 그들은(혹은 지금 우리는) 시험에 들며, 상투스는 각 경전에 기록된 시험을 보여 주었다. 그들/우리가 시험을 통과하면, 하늘에서 호산나로 표현되는 열렬한 환영이 일어난다. 오퍼토리에서 또 한 번의 시험과 도전을 거치고 나서는 부활과 리서렉시트의 재탄생으로 끝이 난다. 마지막 버전에서는 오늘을 사는 남녀가 그들만의 변형 과정을 겪는 것을 고스란히 보여 주었다.

처음 명상 캠프 공연을 마치고, 피르 빌라얏에게 그것을 좀 더 대중적인 공연으로 만들면 어떨지 묻자, 그는 흔쾌히 동의했다. 우리 극단은 그해에 이미 매사추세츠 주 예술 · 인문 위원회로부터 지원금을 받은 상태였고, 한 예술 단체가 두 개의 지원금을 동시에 받을 수 없다는 사실을 알면서도 두 번째 지원금을 신청했다. 그해에 신청해 두면 나중에라도 지원을 받을 수 있을 것이라 생각했기 때문이다. 그런데 너무나 놀랍게도 우리는 유례없이 두 개의 지원금을 받게 되었다. 두 번째 지원금은 천 달러의 작은 액수였지만, 그것은 〈우주적 의례〉의 전 세계 공연을 암시하는 강력한 징후로 보였다. 실제로 그것은 우리가 만난 첫 번째 징후였다. 그 뒤로 10년 넘게 〈우주적 의례〉가 이어지는 과정에서, 나는 매 공연을 둘러싼 신성한 신비를 경외감 속에 지켜보았다. 공연을 할 때마다 어김없이 도전과 장애물이 나타났지만, 우리는 그것을 '가장(假裝)된 은혜'라 불렀다. 나는 수만 명의 관객에게 이 아름다운 영적 과정과 예술적 보석을 줄 수 있고, 그 속에서 수천 명이 함께 움직일 수 있음에 특히 감사했다.

뉴욕 공연 직후에 AP통신과 가진 인터뷰에서 나는 이렇게 말했다.

> 우리는 역사상의 모든 종교의 아름다움, 타당성과 근본적 일체성 그리고 선을 행할 수 있는 가능성을 상연하고자 합니다. 세계는 오랜 싸움 끝에 마비와 결핍으로 충만한 시대를 맞았지만, 분명히 양심의 각성, 곧 삶을 새로운 방식으로 바꿔 낼 수 있는 가능성이 있습니다. 이제 새로운 진동을 건설해야 할 때입니다. (Cornell 1975)

나는 피르 빌라얏의 비전이 실현될 것이며, 그것을 실행하는 데 필요한 재정적 도움과 그 밖의 실질적 도움이 주어질 것임을 한 번도 의심한 적이 없다. 그리고 실제로 그렇게 되었다.

각 도시에서 오디션을 치를 때마다 다양한 배경을 가진 큰 규모의 영적 공동체의 성원들이 모여들었고, 그중 일부는 극에, 또 어떤 이들은 영적 제의에, 또 나머지는 해프닝에 참여해 주었다. 피르 빌라얏은 〈우주적 의례〉에 관한 이야기를 전했고, 그 이야기를 들은 사람들은 하나같이 프로젝트와 일상 현실 너머에 있는, 개인이 아닌 더 큰 무언가를 느꼈다. 그런 다음 사람들에게 다섯 명의 예언자와 그 추종자, 더 높은 의식(意識)의 다양한 차원에서 온 천사의 역할을 주었다. 그리고 공연에서는 오늘날의 현실을 사는 사람들을 포함시켜 동시대의 삶 속에서 미사의 각 단계를 극화하도록 했다. 참여자들은 각자의 역할에 집중함과 동시에 살아 있는 신전이 되는 또 하나의 임무를 맡았다. "이것은 내 몸이 아니다, 이것은 신이 거하는 신전이다"라고 찬트를 하면서, 몸으로 다양한 신앙을 나타내는 신전을 만들었다. 소도구는 쓰지 않았고, 다만 천사를 연기하는 사람들을 도와줄 수 있도록 중앙에 무대 구조만 있었다. 대신 연기자의 몸이 무드라를 통한 상징이 되거나 신전의 일부를 만들거나 장면의 행동이 진행되는 동안 배경막이 되기도 했다.

참여자 대다수는 훈련된 배우가 아니었으며, 연습 과정 자체가 우리를 통해 나타날 더 큰 목적에 헌신하는, 전체를 위한 영적 훈련이었다. 홍보 작업을 비롯해 무대와 의상 디자인, 기술적 도움, 기금 조성, 공연의 여타 측면과 관련한 참여자들도 모두 작업을 하는 동안 유지해야 할 내적 집중이나 성스러운 문구를 부여받았다. 내적 집중이란, 극적인 음악과 시각적 이미지를 직조하여 신성한 분위기를 창조하는 외부의 드라마에 상응하도록, 내적 상태의 진동을 관객에게 전달하는 것을 말한다. 만일 우주적 의례를 상업적으로 제작했다면, 매 공연마다 20만 달러를 들여야 했을 것이다. 그런데 참여자들이 인류는 하나라는 마음으로 봉사해 주었고, 모두 변형의 과정 자체에 몰입하였다.

각 도시에서의 공연은 그때마다의 독특한 향취와 비범함을 지녔다. 주요 공연의 하이라이트를 소개하면 다음과 같다.

1. 1973년 뉴욕 우드스톡에서는 여름 수피 캠프 참석자가 모두 참여했다. 관객은 없었다. 공연 도중, 키리에 단계에서 예언자들이 목욕 제의를 행할 때, 갑자기 폭풍우와 우박이 몰아치기 시작했다. 어떻게 여름에 그런 일이 있을 수 있는지 모두 놀라움을 금치 못했다. 마이크를 꺼야 했고, 그래서 누구의 목소리도 들리지 않았다. 그러나 참여자 전원이 또 다른 차원에 의지했고, 행렬은 비와 우박을 뚫고 지속되었다. 모두들 자기 자신과 이 과정을 위한 진정한 목욕재계 의식을 경험한 것이다.

사진 18.3 _ 1974년 샌프란시스코 공연, 앞쪽 왼쪽과 오른쪽, 안무가 줄레이카, 연출가 사피라

2. 1974년 샌프란시스코에서는 800명이 오디션에 참여했고, 버클리에서 세 차례 공연을 했다. 마지막은 자정에 치러진 우주적 미사였다. 당시 캘리포니아 주지사였던 제리 브라운(Jerry Brown)이 자정 공연에 참석하여 자리를 빛내 주었고, 그레이트풀 데드(The Grateful Dead)가 수피 합창단과 함께 공연을 하여 기금을 모으는 데 힘을 보탰다.

3. 1975년 로스앤젤레스에서는 아카데미 시상식이 열리는 산타모니카 시민센터에서 공연을 했다. 그때는 할리우드 의상 숍에서 의상을 제작해 주었고, 천사의 단계에서는 수많은 여배우들이 이름 없는 역할로 기꺼이 출연하였다.

4. 1974년 보스턴에서는 보스턴 예술센터가 새로 개장한 "사이클로라마(Cyclorama)"에서 공연했다. 그 극장은 거대한 높은 돔을 중심으로

사진 18.4 _ 1977년 보스턴 공연에서 현재를 사는 사람들

한 공간이었고, 그래서 360도의 원형 극장에서 350명이 다면적인 경험을 창조했다. 그곳은 본래 남북전쟁에 관한 거대한 그림을 소장할 목적으로 지어졌고, 최근에는 보스턴 화훼 시장의 본부로 개축되었다. 몇 년 뒤인 1977년에는 보스턴 병기고에서 수천 명의 관객을 두고 공연을 했다.

5. 1982년에는 런던 피카딜리에 있는 세인트 제임스 교회에서 BBC 합창단과 함께 하는 영광을 누렸다. 매우 고전적인 이 교회 공연에는 노인 관객이 대부분이었다. 하지만 그들은 청년이나 뉴에이지 관객처럼 즐겁게 서서 보다가 마지막에는 예의 그 교회의 긴 의자에서 춤을 추었다.

6. 1975년 프랑스 샤모니에서, 우리는 산 아래 산장 마을에서 온 관객을 위해 높은 산 속에서 공연을 했다. 예언자들은 계곡에서 목욕재계 의

사진 18.5 _ 1977년 매사추세츠 주 보스턴 병기창에서 행해진 공연 마지막 부분에 의식(意識)의 다양한 상 태를 나타내는 빛의 천사들이 각자의 천상의 단계로 올라간다.

식을 했고, 천사들은 산비탈에서 춤추었다.

7. 1975년 세계에서 두 번째로 큰 뉴욕 세인트 존 성당에서 치러진 공연은 수천 명을 대상으로 한 것이었으며, 유엔의 중요한 행사인 아트위크의 절정에 해당하는 프로그램이었다. 이해의 사원(The Temple of Understanding)이 후원을 해 주었고, 진정한 영적 스승들이 처음으로 유엔 대표로서 공식적인 연설을 했다. 세계 영적 지도자 회의 V: "인간 영혼은 하나다"라는 제목의 그 행사는 유엔 30주년 기념일에 맞추어 치러졌다. 그때 그 유명한 마더 테레사가 미국을 처음 방문했고, 미국 원주민 노인들이 처음으로 유엔 대표들에게 연설을 하였다.

8. 세인트 존 성당의 수석 사제인 제임스 P. 모턴(James P. Morton) 신부

는 이렇게 말했다. "사랑하는 형제자매여, 우리는 이미 하나입니다. 그러나 우리는 그렇지 않다고 상상하지요. 우리가 회복해야 하는 것이 바로 이 본래의 일체성입니다. 되어야 하는 것이 이미 그러한 것인 셈이지요." 피르 빌라얏은 또 이렇게 말했다. "유엔은 문제 해결을 위해 종교적으로 함께 하는 것의 중요성을 이제 보기 시작했습니다. 현대인은 하나로서의 인류에 대한 본래의 영감을 잃어버렸습니다. 하지만 이제는 우리에게 영적인 척추가 필요함을 새롭게 의식하는 것을 보게 됩니다. 정치 지도자들이 일종의 파탄과 절망을 느끼면서 영적 일체성의 필요를 자각해 가고 있습니다."

9. 1979년과 1982년 사이에는 매사추세츠와 캘리포니아에서 작은 규모의 공연들이 있었다.

10. 1983년에는 보스턴으로 돌아가 하버드 대학의 샌더스 극장에서 마지막으로 중요한 공연을 하였다. 상대적으로 규모가 작은 이 공연에서는 녹음한 음악을 사용했고, 새로운 장면을 추가했다. 현대의 남녀 한 쌍이 미사의 각 단계를 재현하는 하루를 보여 주었다. 관객에게 우리가 바로 옛 예언자들에게 영감을 받은 현대의 예언자임을 효과적으로 전달하고자 했다.

〈우주적 의례〉가 발전해 감에 따라, 자연스럽게 여성적 의식을 도입하게 되었다. 첫 번째 공연에서, 신은 높이 솟은 의자에 베일을 쓰고 앉아 남성들을 거느린 모습으로 표현되었다. 우리는 위대한 영혼을 어떤 방식으로든 물리적으로 표현할 수 없음을 느꼈다. 신의 여성적 얼굴을 그렇게 묘사해서는 안 되는 것이었다. 그리고 초기 공연에서는 예언자가 모두 남성이었다. 그러다가 마지막 공연에 즈음해서는, 남성 예언자와 그 여성 파트너를 동등하게 표현했다. 아브라함과 사라, 시바와 사크티, 붓다와 아소다라, 알리(모하메드는 표현이 불가능했다)와 카디야, 예수와 마리아. 마지막 공연에서는 젊은 신혼부부가 등장하여 삶의 깊이 있는 주제를 탐험하였고, 여성 합창단이 모성적인 소리와 움직임으로써 극을 풍부하게 해 주었다. 1983년의 공연 이후로 사진작가 보드한 흐리뉴이치(Bodhan Hrynewych)의 슬라이드를 조합하여 슬라이드 쇼를 제작했고, 그것이 나중에 다시 DVD로 나왔다(Linden, Ardalan and Terk 1983).

〈우주적 미사〉/〈우주적 의례〉에 대하여 각지 언론이 많은 기사를 썼다. 가장 초기의 두 사례를 보면 다음과 같다.

1974년 최초의 대중 공연을 마친 후, 『이스트 웨스트 저널(*The East West Journal*)』은 이렇게 보도했다.

> 3월 23일 보스턴에 더 할 수 없는 사랑과 에너지를 가진 살아 있는 연극이 왔다. 〈우주적 미사〉는 전통적 무대 개념을 초월하여, 예의상 공감하는 지적인 관객을 상승하는 에너지의 나선으로 휩쓸어 넣었다. 〈우주적 미사〉는 신화, 곧 우리 모두가 공유하고 느끼지만 감히 표현하지 않는 사랑의 원형적 확장에 대한 살아 있는 연극이었다. 그것은 인간 진화의 역사를 50분이라는 무한한 시간에 아름답게 응축시킨 보기 드문 작품이다. (Tuthill 1974, p. 38)

브루클린 하이츠 프레스(Brookyn Heights Press):

> 여기에 광대한 스케일의 영적 사랑에 관한 연극이 있다… 우주적 미사는 연극(그리고 사회)에서 급진적인 새로운 성찬식을 향한 방식을 제시한다… 그 연극은 모종의 깊은 시작을 향해, 깊은 재생과 재정의를 향해 나아가는 길을 모색하는 것처럼 느껴진다. (Fuchs 1975)

마지막으로 『아니마(*Anima*)』에 실린 플로렌스 포크(Florence Falk)의 기사를 소개한다. 「우주적 미사: 영적 스승에 대한 성찰」에서 그녀는 우리에게 이런 도전을 제시한다.

> 영적 스승은 이제 막 태어나기 시작한다. 살기 위해 새로운 신화를 지어내야 하듯이, 우리는 그것을 표현할 수 있는 새로운 연극 형식을 만들어야 한다. 우주적 미사의 창조자들이 배우-신자의 작은 공동체를 결성하여 배우와 관객이 함께 참여하는 공연을 만든다고 상상해 보라. 그렇게 작은 "마법의 원들" 속에서 작업하면서 신자들은 점점 더 커다란 원들을 창조하고, 그리하여 메시지 — 그리고 드라마 — 가 더 많은 에너지의 원에 의해 진정으로 공유될 것이다. (1976, pp. 40-52)

여기서 언급한 모두와 유럽에서 〈우주적 의례〉를 생생하게 만들 수 있도록 도와주었던 모든 이들에게 감사를 전한다.

참고 문헌

Cornell (1977) 'World Religious Leaders Seek "Spiritual Unity" at UN Talks.' October 18, Royal Oak, Michigan Tribute.

Falk, EA. (1976) "The Cosmic Mass: Reflections on a spiritual theater." *Anima: An Experimental Journal*, 2, 40-52. Chambersburg, PA: Conococheague Associate, Inc.

Fuchs (1975) 'New vistas in theatre art.' Brooklyn Heights Press.

Linden, S., Ardalan, N. and Terk N.H. (producers) (1983) *Cosmic Celebration*. Video tape/DVD production. Boston, MA: Omega Theater.

Pageantry (1974) *Encyclopedia Britannica*, Volume 13, 15th edition.

Pir Vilayat lnayat Khan (1973-1983). *Cosmic Celebration*. (production) Originally *The Cosmic Mass*, S. Linden, director; A. Mathieu, musical director, Omega Theater, Boston.

Tuthill, P. (1974) 'Comic Mass', March 28, *East West Journal*, p. 38.

옮긴이의 글

제의 연극이 궁금해서 책 한 권을 옮기고 나서도 누군가 그래서 제의 연극이 뭐냐고 묻는다면 어떻게 답해야 좋을지가 쉽게 잡히지 않습니다. 그런데 제의 연극을 생각하면 제 마음에 한사코 "믿음은 바라는 것의 실상이요 보이지 않는 것들의 증거니(Now faith is the substance of things hoped for, the evidence of things not seen)"라는 성서의 한 구절이 떠오릅니다.

제의와 연극 그리고 연극치료는 믿음이라는 열쇠말로 서로 이어져 있습니다. 제의가 공동체가 필요로 하는 것 ― 풍요건, 성인으로의 성장이건 ― 을 얻기 위해 바라는 것을 특정한 상징과 행위로 재현함으로써 그것이 이미 이루어졌음을 믿는 것이라면, 연극에서 배우는 무대에 있는 동안 자신이 인물임을 믿고 또 관객은 불신을 멈추어 무대에서 펼쳐지는 일들이 진실한 하나의 현실임을 믿기로 선택합니다. 연극치료는 참여자가 창조하는 극적 현실이 그의 삶을 고스란히 담아내고 극적 현실을 구축하는 상징과 은유를 읽고 그 이미지를 조작함으로써 치료적 변형을 이끌어 낼 수 있다는 믿음에 근거합니다.

이를 좀 더 자세히 들여다보면 제의와 연극과 연극치료는 눈앞에 현실로 존재하지 않는 것, 보이지 않고 손에 잡히지 않는 것, 잘 알지 못하는 것을 상징과 은유로 재현하고 그것을 통해 없던 것이 눈앞의 현실이 되고, 보이지 않던 것이 형태를 입고 나타나며, 미지의 것이 스스로 말하게 합니다. 짧게 말해 상징과 은유로써 현실에 영향을 주는 행위이자 이미지의 힘을 믿는 일이지요. 곧 이미지를 바라는 것의 실상으로, 보이지 않는 것의 증거로 삼는 믿음의 행위들인 것입니다.

실증의 과학이 지배하는 이 시대에 믿음을 말하는 것은 미친 짓인지도 모릅니다. 하지만 어쩌면 그래서 더욱 지금 여기에 믿음이 절실할 수 있겠지요. 우리는 잊어서는 안 될 죽음을 기억하게 하는 노란 리본과 바람에 흩어지지 않은 촛불에서 그 믿음의 힘을 경험합니다.

쉽지 않은 여정을 함께 해 준 동료들에게 감사를 전하며, 이 책이 상징과 변화와 믿음에 관심 있는 분들에게 작은 도움이 될 수 있기를 바랍니다.
(이효원)

***

고3때 영어 선생님께서 칠판에 써 주신 짧은 문구가 아직도 기억난다. 그것은 "All translators are betrayers."란 글이었다. 아무리 영어 문장의 해석을 잘해 보았자, 원문의 온전한 번역은 불가능하다며 그만큼 외국어의 이해란 것은 요원한 것이라고 강조하셨던 그 장면이 아직도 생생하다. 그래, 남의 나라 말을 그대로 번역한다는 것은 불가능한 미션이지… 그러다 일부나마 번역을 했다는 이유로 갑자기 글을 몇 자 쓰려고 보니 다시 그 생각이 나면서 한없이 부끄러운 마음이 든다.

그럼에도 불구하고 정작 내가 이 번역에 이렇게 참여하게 된 것은, '제의'란 말의 울림 때문이었다. 오래 전 우연한 기회에 영국의 전설적인 록그룹 '퀸(Queen)'의 라이브 실황을 서울의 어느 극장에서 영화처럼 상영한다는 정보를 전해 듣고 극장을 찾았을 때 보았던 공연장 관객들의 무아지경이 신선한 충격이었던 나에게는, 현대인에게도 디오니소스적 의미의 제의가 가능하다는 생각이 남아 있었다. 그때, 우리들이 행복을 되찾기 위해 회복해야 하는 것이 바로 제의가 아닐까 하는 생각을 꽤 깊이 한 적이 있었다. 그리고 그 후로 긴 시간 동안 나는 그 충격을 잊지 않겠다는 다짐조차 잊은 채 바쁜 일상에 묻혀 지냈다. 그러다 이 책을 만났다. 제목에서 나를 매혹했던 단어는 역시 'ritual'이었다. 예전에 잠시 몹시 설레었던 그 단어.

연극치료를 시작하게 된 동기의 하나가 바로 제의 연극이었는데, 이제야 이 책을 통해 제법 깊이 있게 만날 수 있는 장이 생겼다는 점에서 반갑고 고맙다. 그 점에서 이 책을 함께 권해 주신 이효원 교수님께 진심으로 감사드리고 싶다. 끝까지 험한 여정을 나누어 걸어 준 이가원 선생님께도 감사를 전한다.

그 무엇으로 불러도 상관없다. 이벤트이든, 기념일이든, 예식이든, 그 무엇이든 지금까지 살았던 삶의 의미 부여를 더해 주거나 새롭게 해 주는 무언가를 한다면 아무리 사소한 것이라도 제의라 부르고 싶다. 그것은 행여 내 감정을 들킬까 전전긍긍하며 살아내야 하는 우리들에게 더 이상 사치나 치기나 감상이 아니라, 행복을 위한 권리이자 의무라고 말하고 싶다.

엄청난 물질적 풍요 속에서 더 빈곤해지는 감정으로 불행한 우리는 사실 정말 행복해지고 싶다. 그런 점에서 일상적 존재의 평범함이 마구 닥쳐오는 삶의 가혹한 모든 것들에 대해 어떻게 받아들이고 다룰 수 있는지 이야기해 주는 제의 연극으로의 여행은 치유와 성장에 안내자 혹은 동반자가 될 것이라 믿는다. (엄수진)

***

저에게는 언제나 불안하면서도 희망찬 도전이었던 연극치료와의 만남이 어느새 10년이 되었습니다. 사소한 잘못을 회피하지 않고 직면하는 것만이 자기 발견의 긴 여정을 끌어갈 수 있는 동력이라는 것을 이 책을 번역하면서 배우게 되었네요. 『제의 연극』에서는 특정한 형식을 통해 심리적인 성장과 예술적인 탁월성을 함께 추구하는 예술 치료 기법들을 소개합니다. 이 책을 번역한 후 제가 고민한 것은 과연 『제의 연극』을 기법이라고 부를 수 있는 것인지에 대한 것이었습니다. 바꿔 말하면 '제의가 과연 우리 삶에 정말로 필요한 것인가?' 라는 질문이었지요. 지난 역사에서 제의는 중요한 부분을 차지해 왔습니다. 그것은 '인간의 뜻대로 할 수 없는 일'에 인간의 뜻을 더해 보는 유일한 수단이었지요. 이제는 과학이 대부분 그 영역을 차지합니다. 저는 엄정한 과학의 세계를 '믿습니다.' 그리고 제가 세상을 '이해' 하게 도와줘서 더욱 그것을 선망합니다. 그럼에도 불구하고 여전히 인간에게 죽음의 영역은 미지의 세계로 남아 있습니다. 언젠가는 정복할 수도 있겠지요. 연극치료란(예술 치료란) 무엇일까요. 나 자신도 거스르게 되고야마는 나의 어떠한 부분을 고쳐 나가는, 바꿔 나가는 혹은 그럴 필요가 없음을 깨닫게 되는, '문제가 아닌 경험으로서' 삶을 인식하게 하는 하나의 도구가 아닐까요. '죽어 있는 어떤 부분을 살리는 것.' 그렇다면 『제의 연극』에서 소개하는 것과 같은 기법은 더욱더 연구가 필요한 부분이라는 생각이 듭니다.

그럼에도 불구하고 장님 코끼리 만지기 식의 예술 치료 기법이 되지 않기 위해서는 더 많은 사례들이 발표되어야 하겠지요. 예술치료사들은 여기 소개된 사례들을 참고하되, 각자의 치료 작업에서는 내담자의 개별성을 철저히 고려해야 한다고 생각합니다. 좋은 동료들과 일할 수 있어서 감사했습니다. 이 책을 읽는 분들이 추구하는 길에 작은 등불이 될 수 있기를 바랍니다. (이가원)

필자 소개

데브러 콜케트는 영국 국민보건서비스(NHS)와 개인 의료 기관에서 일했다. 그녀는 10년 동안 노인 정신 질환, 치매, 성인 정신 질환, 치료감호 환경, 정서와 행동 문제가 있는 청소년과 아동, 스리랑카의 쓰나미로 인한 외상 아동을 비롯해 다양한 장애와 연령대를 대상으로 작업해 왔다. 현재는 경계선 성격장애 환자, 성인 정신 질환자와 작업하고 있다. 그녀는 영국, 미국, 스리랑카에서 개인 작업과 세미나와 워크숍을 진행하고 있다. 리치먼드 대학에서 심리학 학부생을 위한 초빙 강사로 일하고 있다. 저작에는 필 존스가 편집한 『연극으로서의 드라마: 삶으로서의 연극 II』(2007)에 수록된 7장(「놀이와 놀기」)과 8장(「역할」)이 있다.

로저 그레인저는 연극치료사이자 심리학자다. 그의 뿌리는 전문 연극에 있지만, 그의 작업은 심리 치료, 연극치료, 신학, 사회학에 대한 깊은 관심을 반영한다. 그의 최근작은 『불신의 자발적 중지』(2009), 『혼돈의 사용』(2010)이다. 그는 통과의례에 대한 연구로 1989년에 런던대학에서 신학박사 학위를 받았다. 현재는 남아프리카의 노스-웨스트 대학에서 집단 경험을 연구하고 있다.

실비아 이스라엘은 사이코드라마 트레이너, 교육자, 연출자(TEP), 연극치료사, 연극치료 교사다. 그녀는 창조성과 치유를 위한 센터 **이매진!**의 창립자/감독이고 '베이 에어리어 플레이백 극단'의 창립자/전-연출자이다. 그리고 캘리포니아 통합학문대학원(CIIS)의 객원 교수이다. 실비아의 열정은 액션 메소드와 영적 주제를 결합하는 것에 있다. 그녀는 『용서로 가는 단계』, 『삶, 죽음의 여로』, 『행동에서 사랑-배려』를 포함한 다양한 주제에 관한 워크숍을 이끌었다. 실비아는 전미연극치료협회(NADT) 북캘리포니아 지부의 전지부장이며, 미국 집단심리치료 · 사이코드라마 협회(ASGPP)의 특별회원이다. 그녀는 북캘리포니아에서 개인, 부부, 가족을 대상으로 개인 작업을 하고 있다.

수 제닝스는 연극, 놀이와 연극치료, 사회인류학 분야에서 50년 넘는 경력을 갖고 있다. 그녀는 현재 로햄튼 대학의 명예 평의원, 루마니아 놀이치료 · 연극치료 협회 의장, 영국연극치료협회와 체코연극치료협회의 창립 멤버이다. 그녀는 WCCL(인도)과 아일랜드놀이치료협회의 명예 고문이기도 하다. 2002년, 그녀는 '연극치료 분야의 작업과 교육에서의 공헌'을 인정받아 거트루드 셰트너 상을 수상했다. 그녀는 제시카 킹슬리 출판사에서 나온 『발달적 놀이치료 개론: 놀이와 건강』, 『수 제닝스의 연극치료 이야기』를 비롯해 30권 이상의 책을 출간했다.

사피라 바버러 린든은 고(故) 페니 루이스와 함께 보스턴에서 오메가 초개인 연극치료 자격 과정을 세우고 감독을 역임했다. 그녀는 예술, 정신 건강, 교육, 통합 경영 등에서 수백 명의 전문가를 양성했다. 그리고 변형적 연극과 연극치료 영역의 손꼽히는 개척자다. 오메가 극단/보스턴 연극 워크숍(1967년 이후)의 예술감독으로서, 그녀는 수많은 공연과 예술 이벤트를 기획하고 제작했다. 참여적 연극을 만드는 그녀의 예술 작업은 공영 PBS 방송에서 〈미국의 예술가들〉이라는 30분짜리 영화로 제작된 바 있다. 그녀는 전 세계의 변형적 예술가-치유자를 위한 오메가 예술 네트워크를 조직했고, 초개인적 심리치료사로서 개인 작업을 하면서 국제 수피 수도회를 위한 영적 안내자/명상 교사로 일해 왔다. 그녀는 『현대 연극치료 접근법』에 수록된 「오메가 초개인 연극치료」를 비롯해 자신의 작업에 관한 다수의 논문과 글을 쓴 바 있다.

스티브 미첼은 패스파인더 스튜디오의 파트타임 감독이다. 10년 동안 그는 런던과 에든버러 프린지(첫 번째 프린지가 열린 것은 1974년이었다)에서 무대 기술을 연구하는 연극 연출가이면서 동시에 NHS에서 일하는 전업 연극치료사이기도 했다. 24년 동안 그는 로햄튼 대학의 연극치료 학과에서 일했고, 9년 동안 학과장을 역임했다. 그는 유럽, 미국, 영국에서 다양한 이벤트와 워크숍을 진행하면서 그와 관련한 광범한 저작을 남겼다. 현재는 현장에서 일하는 연극치료사를 위한 『자기표현의 제의 연극으로서 연극치료』를 집필 중에 있다. 그는 〈오스카 와일드의 살로메〉(2005), 〈스트린드베리의 미스 줄리〉(2006), 〈주네의 하녀들〉(2007), 〈입센의 인형의 집〉(2008), 밀러의 〈시련〉(2010) 등 패스파인더 연극 프로젝트의 제작을 책임져 왔다.

수전 니센바움 베커는 배우, 극작가, 시인이다. 오메가 극단/보스턴 연극 워크숍의 오랜 협력자로서 그녀는 그곳에서 사람들을 가르치고 국제적으로 공연을 해왔다. 가장 최근의 〈땅의 가슴〉과 〈엄마의 피〉(사피라 린든과 함께 쓴)를 포함하여 많은 연극 작품의 제작에 함께 참여하였다. 수전은 캐나다의 예술을 위한 밴프 센터, 야도와 맥도웰 집단의 특별 회원이다. 지난 8년 동안 그녀는 허링 런 예술 축제(미들보로, 매사추세츠)를 공동 연출해 왔다. 등단한 시인으로 2012년에는 푸시카트 상의 최종 후보자이기도 했다. 그녀의 작품은 샐러맨더, 포이트리 이스트와 루미나를 포함한 여러 작품집에 실려 있다. 그녀는 폐쇄 집단 작업을 진행하고 있으며, 경영과 조직에 대한 컨설팅을 겸하고 있다.

엘리자베스 플러머는 임상심리학자로 산타바바라에서 일하고 있다. 그녀는 창조성과 치유를 위한 산타바바라 센터의 창립자이자 감독이며, 안티오크 대학 산타바바라 캠퍼스의 객원 교수로 박사 과정의 학생들을 가르치고 있다. 엘리자베스는 캘리포니아 주 전체에서 시행되는 중독 치료 프로그램 네트워크를 운영하는 이지스 의료 시스템의 지역 임상감독으로 일하고 있다. 그녀는 사이코드라마 연출자로서 전미아들러치료협회, 전미연극치료협회뿐 아니라 캘리포니아 주변의 많은 대학과 기관에서 사이코드라마를 시범 보여 왔다.

게리 라우처는 샌프란시스코에서 활동하는 연극치료사다. 그는 캘리포니아 통합학문대학원(CIIS) 연극치료 석사 과정의 핵심 교수이며, 서부-발달변형 학교의 창립 멤버이자 교사로 있다. 게리는 전미연극치료협회(NADT)의 전 부의장이자 이사이기도 하다. 그는 공인된 연극치료사 트레이너이며, 연극, 치유, 영성이 교차하는 영역에 관심을 갖고 있다. 그는 연극치료의 초개인적 활용과 명상과 액션 기법의 통합에 관하여 국제적인 워크숍을 진행한 바 있다.

제임스 루스-에반스는 영국의 가장 경험 많고 혁신적인 연극연출가 중 한 사람이다. 그는 런던에서 햄스테드 극단을 세웠고, 웨일스에서는 창조적 영혼을 위한 블레드파 센터를 세웠다. 그는 여러 차례 개정되면서 여전히 중요한 교과서로 널리 쓰이고 있는 『실험 연극』을 비롯해 17권에 달하는 책의 저자이기도 하다. 그의 최근작으로는 4개 장으로 이뤄진 『문과 창문을 열다』, 마크 툴리가 서문을 쓴 『침묵을 발견하기: 매일의 삶을 위한 52개의 명상』이 있다. 그의 책 『영혼의 통과의례: 오늘날의 제의』에서 마이크 레이는 '제임스 루스-에반스보다 이런 것들에 더 깊은 통찰을 갖고 있는 이는 없다'고 썼다. 그는 헐린 한프의 『채링 크로스 로드 84번지』를 브로드웨이와 웨스트엔드에서 올려 대서양의 양쪽에서 상을 받았다. 그는 웨스트엔드에서 존 길구드 경의 마지막 출연작인 휴 화이트모어의 〈친구들의 최선〉을 연출했고, 파리에서도 그와 똑같이 전설적인 작품인 〈에드위지 풀레〉를 연출하였다. 그는 현재도 연출과 교육을 병행하면서 제의 워크숍을 진행하고 있다. 2009년 9월에는 런던의 스피치 · 드라마 중앙학교에서 열린 예술치료사를 위한 국제 에카르테 컨퍼런스에서 「사이 공간」이라는 중요한 논문을 발표한 바 있다.

셰일라 루빈은 일생을 다루는 스토리텔러다. 그녀는 참여자들이 자신의 삶의 이야기를 즉흥 연기함으로써 보다 깊은 의미를 찾아내도록 안내하는 '체현된 삶의 이야기 워크숍'을 만들었다. 그녀는 25편의 자기 현시적인 공연을 연출하였는데, 그중 5편은 자신의 이야기를 다루었고, 나머지 공연을 통해 2,800개가 넘는 이야기를 극화하였다. 그녀는 1993년 이후로 병원에서 연극치료사로 일해 왔고, 2000년부터는 개인 작업을 병행하고 있다. 그녀는 캘리포니아 주의 샌프란시스코와 버클리에서 개인, 가족, 아동, 집단을 대상으로 개인 작업을 하고 있으며, 캘리포니아 통합학문대학원에서 연극치료를 가르치고 있다. 전미연극치료협회의 북캘리포니아 지부의 지부장을 역임한 바 있으며, 공인 연극치료사 트레이너이다. 그녀는 자기 현시적 공연과 섭식 장애에 관한 글을 썼다. 그리고 체현된 삶의 이야기, 자기 현시적 공연, 초개인적 연극치료와 수치심의 치유에 관하여 국제적인 워크숍을 이끌었다.

클레어 슈레더는 1997년부터 제의 연극 워크숍과 프로그램을 제공하고 있는 개인 성장 극단인 **메이킹 무브즈**의 연출자이다. 그녀는 카타르시스와 변형적 치료로서의 연극치료인 **신화-드라마**를 개발했고, 현재는 영국, 북캘리포니아, 네덜란드, 포르투갈, 그리스 등지에서 자신의 작업을 진행하고 있다. 연극치료사 자격증을 취득하기 전인 1995

년, 그녀는 영국 드라마 학교에서 배우, 극작가, 연출자로 일했다. 그녀의 첫 번째 희곡 〈코리브레칸〉(1990년 런던 올드 레드 라이언 극장에서 공연된)은 1991년 셰링턴 프린지 연극상에서 최고 희곡 부문 최종 후보에 올랐다. 6년 동안 그녀는 스튜디오 업스테어즈에서 공연 프로그램 코디네이터로 있으면서 수많은 치료적 공연 프로젝트를 개발하고 연출하였다. 그녀는 리젠트 칼리지 심리치료대학원에서 가르쳤고, 프레디 스트래서의 『감정들: 실존적 심리치료와 삶의 경험들』에 기고한 바 있다.

캐리 토드는 수년간 기숙 치료 시설에서 일했다. 처음에는 급성으로 발병한 성인, 청소년, 아동을 위한 정신병원에서 일했고, 그 다음에는 법원 명령을 받은 청소년을 위한 약물과 알코올 중독 치료 시설에서 일했다. 현재는 스트레스가 심한 어머니들을 대상으로, 연극치료, 사이코드라마, 가면 작업과 콜라주의 요소를 혼합하여 어머니들이 자신의 삶에서 균형을 찾고 보다 자신감 있는 모습을 회복하도록 돕고 있다. 그녀는 결혼과 가족 치료사이면서 연극치료사이며, 공인받은 치료감호 상담사이기도 하다. 그녀는 캘리포니아 통합학문대학원에서 연극치료에 관한 연구로 임상심리학 석사학위를 받았다.

세일리어 발레타는 배우, 작가, 연극치료사다. 그녀는 예술을 통한 **'메타신화'** 치료의 창립자/연출자다. 그녀는 연극치료와 신화에 기반을 둔 예술을 통해 치료에 접근하는 혁신적 치료 접근법인 **'메타신화'**를 개발했다. 세일리어는 영국과 그리스의 학교와 신경정신과 병동 등지에서 아동과 가족, 노인을 대상으로 작업해 왔다. 그녀는 세인트토머스 런던 병원의 연구자이며, 고대 그리스 · 로마 드라마의 공연 아카이브와 그리스 문화부와 관련을 맺고 있다. 그녀는 자신의 연구를 바탕으로 간질에 대비한 글로벌 캠페인을 위해 강의한다. 그녀는 국제적으로 **'메타신화'** 워크숍을 진행하고 있다.

찾아보기

용어

5단계 통합 모델 74, 94
7단계 접근법 336, 338, 340-7

가면 240-1
가정(as if) 놀이 283
간질 383-90
강박 신경증 77
고아 202, 203, 255, 256, 336, 337
개인 무의식 87, 163, 318
개인적 성장 18, 125-49, 151, 158, 176, 200, 202, 210, 249, 325
개인적 자아 87
게슈탈트 수련 183, 186, 194, 200, 201
게슈탈트 실험 196
게슈탈트 이론 143, 179, 201
게슈탈트 작업 179, 198, 212, 228
게이브리얼 로스의 리듬 댄스 46, 134
경계상의 공간 128, 237, 247
경계선 성격장애 19, 38, 354, 359
경계성 183, 235
경계성의 상태 144
골디락스 효과 83
공동체 의식 114
공연의 사원 192, 194
괴물과의 만남 252, 257
근원의 연기 274
깊은 무의식 86, 88-9, 92, 96, 234
내면의 양육하는 부모 80, 96
놀이 공간 74, 82

다가라 장례 제의 107
단일신화 141, 180, 184, 203
달걀 도해 86, 91
담아 주기 17, 18, 237, 238, 321, 322, 324, 327
도토리 이론 104, 334
동반자 114, 115
대화 치료 49, 263, 367
디오니소스 제의 34, 35, 77, 313

락쉬미 360, 362-3, 367, 368-9, 370-2

마법사 261, 337, 347
마음의 극적 구조 275
명확하게 하기 187, 188
몸 감각 명상 212

몸-자기(body-self) 284, 286
무대 315-6
무의식적 자아 143
문지기 괴물 337, 338
미토스 140
메타신화 377-90

바라기(invocation) 80, 94
바바 야가 44, 159
바보의 춤 193, 195
발달 변형 모델 74
발달 변형 집단 82
방해자 337, 345
보살피는 사람 202, 336, 337
보조 자아 315, 317, 318, 319
복귀 184, 185
분리 45, 58, 183, 184, 185, 305, 307, 339
분석심리학 140
불러내기(evocation) 80, 94
불신의 자발적 중지 310, 311
불행의 여신 155, 156
비밀의 우물 20, 325-7
빈 의자 189

사이코드라마 20, 22, 313-28, 378, 420
삼각 모델 183
삶/예술 과정 208, 221, 223, 225
상응의 법칙 90
상징론 143
샤머니즘 37, 50, 67, 208, 277, 366, 374
성장원 209, 210, 334
성지 109-10, 112-14, 116, 117
소시오드라마 75
슬픔의 제의 101, 109-18, 119
시간의 경계 170, 171
신경-극-놀이 16, 19, 57, 63, 66, 283, 288, 293
신지학 86
신체화 136, 284, 384
신화 157-9, 233-5, 237,
신화-드라마 16, 18, 44, 74, 119, 125-49, 151-73, 250, 267
심리 내적 연극 338, 344

안내자 80, 120, 135, 180, 218, 328, 345
안전의 원 324-5
알아차림의 연속체 186, 187
역할 287
역할 바꾸기 97, 196, 284, 318-9, 321
연출자 40, 315, 316-7, 318, 320, 326, 328
영웅 141, 163, 185, 315
영웅의 여정 141, 180, 189, 201, 252, 261, 345
영웅적 자아 202, 203
영혼 되찾기 136-40
오르페우스의 원형 81
오메가 극단 21, 395-8, 411
욕동 88, 212
우주적 의례 21, 37, 55, 273, 396, 415-37
움직임 238-40
움직임 명상 215
원형 47, 74, 80, 89, 137, 139, 143, 144, 148, 184, 185, 186, 189, 196, 233-4, 235, 236-8, 240, 243, 244, 246, 247, 249, 252, 253,

335-40
원형적 근원 77
원형적 여정 254
원형적 인물 160, 202, 419
원형적 패턴 141
유도된 환상 192, 215, 341, 342
유연한 경계 169-72
육체의 사원 192, 193
육화 184
응답자 84-85, 87, 89, 92, 96
응용 드라마 225, 226
의식-위험 61
의식적 알아차림 86, 88
의식적 자기 86, 87-8, 97
의식적 자아 92, 143
이카로스 168, 169
인간 잠재력 운동 126, 203
인간 잠재력 훈련 132
인증의 제의 200
입문 184, 185, 418
입문의 사원 192, 194-8
입문의식 30, 45, 183, 184, 194, 224, 338, 346-7, 396, 400, 420, 427, 428

자기 통합 81
자기표현의 연극 20, 60, 202, 331-51
자기 현시 181, 215, 335
자아 초월적 연극치료 397, 398, 419
작업에 기반한 증거 374
작은 장면 작업 194, 196, 197
잠재적인 도토리 257
재결합 183
재생 연극 46, 331
전경 186
전사 202, 203, 258, 337, 344
전의식 86, 89
정신 역동적 모델 130
정신분석적 사고 84, 203
정신의 자아 초월적 모델 97
정신 통합 이론 16, 85
제의 공간 109, 111, 128, 185, 325, 336, 367, 370
제의 연극의 정의 43-5
제의 연극의 재등장 45-6
제의 연극과 상징적 행위 41-3
조상신 109, 110, 116-117
주인공 158, 159, 194, 195, 197, 314-5, 317, 319, 340, 342, 343, 344, 345, 346, 347
중간 대상 286
즉흥 56, 62, 145-8, 154, 195, 224, 238, 267, 396
즉흥극 21, 74, 82, 140, 146, 211, 341, 398
증거에 기반한 작업 19, 374
지모신 158
집단 무의식 44, 86, 87, 89-90, 141, 144, 148, 163, 268, 335

차크라 이론 94
찬트 63, 109, 111, 113, 114, 315, 380
창조성 11, 19, 30, 64, 76, 134, 175, 181, 214, 225, 264, 320, 327, 349, 374, 380, 415
체현 284-6
초심리학 16, 73-99

초연극 208, 219, 221, 224, 225, 276, 336, 339, 340
초연극적 감각 작업 212
초월적 자기 80, 86, 87, 88, 89, 90, 91, 92, 96
초의식 86, 89, 92, 96
추구자 253, 257, 261, 337, 338
춤 예배 134
치료적 나선형 모델 321, 324
치유의 부족적 뿌리 135
치유의 제의적 공연 183

카타르시스 17, 35, 36, 42, 81, 108, 201, 202, 357, 374

탄원자 84-85, 88, 94
태극권 193, 211, 212, 218
통과의례 9, 50, 58, 175-206, 208, 277, 305, 306, 319, 332, 338, 345, 346-7, 381
통과의례 훈련 180
테메노스 315, 324, 328
투사 286-7
트라우마 131, 136, 138, 141, 144, 160, 165

파괴의 신 칼리 158, 254, 258, 265, 267
포이에시스 334-5, 339
페르소나 85, 181, 202, 214, 216, 299, 336, 338, 344

합리화 94
환경 연극 395, 420
회복 탄력성 19, 67, 273-96
현자 254, 337, 338, 341, 342
해리 94
행위화 65

인명

갈런드(Garland, C.) 348-9
고프먼(Goffman, E.) 386
그레인저(Grainger, R.) 20, 36, 38, 77, 128, 297, 301, 303, 369, 370
그로토프스키(Grotowski, J.) 36, 37, 208, 213, 218, 224, 331, 336, 339-40, 382

네이선(Nathan, J.) 56
뉴(New, R.S.) 51, 54
뉴엄(Newham, P.) 282
니센바움 베커(Nisenbaum Becker, S.) 21, 395, 412

랜디(Landy, R.) 80, 362
랭(Laing, R.D.) 52, 129
러너(Lerner, M.) 400, 402, 408, 410, 412
러바인(LeVine, R.A.) 51, 54
레비스트로스(Levi-Strauss, C.) 380
로스(Roth, G.) 46, 134, 208, 218, 331, 344
로저스(Rogers, C.) 132, 219, 335
롤프(Rolfe, B.) 240
루스-에반스(Roose-Evans, J.) 9, 15, 213, 331, 339, 380
루이스(Lewis, G.M.) 51, 59, 281
르빌롯(Rebillot, P.) 17, 73, 132, 143, 175-205, 207, 208, 218, 219, 260, 261, 331, 336, 339, 345, 349
르윈(Lewin, E.) 51, 53, 54
르콕(Leqoc, J.) 382
린든(Linden, S.) 21, 55, 273, 395, 412, 415, 416, 436

마멧(Mamet, D.) 215, 216, 217
매슬로운(Maslow, A.) 132, 214, 218
모레노(Moreno, J.L.) 313, 316, 317, 318, 328, 420
모레노(Moreno, Z.) 314, 319, 420
미첼(Mitchell, P.S.) 344
미첼(Mitchell, S.) 17, 20, 60, 135, 143, 175, 207, 209, 267, 273, 276, 331, 333, 347
밀러(Miller, A.) 33

바버(Barber, S.) 57
발레타(Valeta, T.) 19, 39, 377, 378, 385, 386, 387
베일리(Bailey, A.) 86, 90
벨(Bell, C.) 50, 54, 58, 281
보우라(Bowra, C.M.) 382
브룩(Brook, P.) 11, 37, 207, 209, 214, 216, 218, 331, 343, 348, 357, 382
브린턴 페레라(Brinton Perera, S.) 143
블란쳇(Blanchett, C.) 216
블리(Bly, R.) 132, 159

새튼(Satten, D.) 326
서던(Southern, R.) 277
셰크너(Schechner, R.) 222-4, 281, 331, 332
소메(Somè, M.) 16, 101-4, 106, 107, 108, 109, 112-4, 118, 128, 132, 134, 138, 139, 144, 170
소메(Somè, S.) 105, 106
슈레더(Schrader, C.) 9, 11, 13, 29, 74, 101, 125, 130, 144, 151, 154, 249, 273, 313, 360
슈레이버(Schreiber, E.) 316, 319
슈츠(Schutz, W.C.) 179, 188
스콧 펙(Scott Peck, M.) 119
스폴린(Spolin, V.) 146
슬레이드(Slade, P.) 274
시걸(Segal, R.) 184

아르토(Artaud, A.) 57, 382
아사지올리(Assagioli, R.) 16, 85-90, 92, 97
얄롬(Yalom, I.D.) 335, 339, 348
에무나(Emunah, R.) 7, 74, 75, 80, 335
에스테스(Estes, C.P.) 143, 159, 236
엘리아데(Eliade, M.) 61, 332
와츠(Watts, P.) 379
우드먼(Woodman, M.) 143, 159
울리아첵(Ulijaszek, S.) 54
위니캇(Winnicott, D.) 286, 335
위컴(Wickham, G.) 55, 56
윈터슨(Winterson, J.) 12
윌셔(Wilshire, B.) 274
윌킨슨(Wilkinson, T.) 235
융(Jung, C.G.) 44, 52, 85, 89, 141, 143, 145, 148-9, 163, 185, 218, 289, 315, 335, 378, 387, 389

제닝스(Jennings, S.) 13, 16, 19, 22, 31, 35, 38, 49, 50, 54, 56-7, 59-65, 126, 138, 153, 251, 262, 273-4, 276-7, 279-83, 285, 333, 366
존슨(Johnson, D.R.) 74
존슨(Johnson, R.A.) 44, 143, 152
주디스(Judith, A.) 94

초프라(Chopra, D.) 132, 152
치에슬라크(Cieslak, R.) 336

카프로(Kaprow, A.) 223
칸(Khan, H.I.) 409
캐터넉(Cattanach, A.) 276, 333
캘러리(Callery, D.) 56-7
캠벨(Campbell, J.) 24, 42, 44, 45, 132, 139, 140-3, 144, 172, 179, 180, 183, 184, 203, 249, 252, 255, 269, 336
케이(Kay, M.) 175, 180, 182, 185, 193, 201-3, 207
켈리(Kelly, G.) 303, 339
코넬(Cornell) 348, 430
코트니(Courtney, R.) 274
콕스(Cox, M.) 334, 335, 339
클락슨(Clarkson, P.) 209, 334

터너(Turner, V.) 50, 54, 58, 183, 184, 223, 281, 306, 339
토스카니(Toscani, F.) 321

틸가드(Theilgaard, A.) 334, 339

파킨(Parkin, D.) 52, 54, 58, 278, 281
퍼시그(Pirsig, R.) 308-9
펄스(Perls, F.) 132, 186
페리(Perry, J.W.) 42
펠덴크라이스(Feldenkrais, M.) 218
포크(Falk, F.A.) 437
폭스(Fox, J.) 331
프로이트(Freud, S.) 52, 84, 131, 141, 383, 384
피아제(Piaget, J.) 215
피어슨(Pearson, C.) 152, 202, 254, 255, 258, 261, 336
하먼(Harman W.) 43
핸슨(Hansen, T.) 331
핼리팩스(Halifax, J.) 240
핼프린(Halprin, A.) 10, 208, 213, 223, 225, 331, 380
허긴스(Hudgins, K.) 321, 324, 327
헤네프(Gennep, A. Van) 50, 54, 183, 304
헤이턴(Hayton, A.) 169, 250, 263, 266, 269
호프(Hope, M.) 183
힐리(Healey, E.) 334
힐먼(Hillman, J.) 60, 104, 105, 218, 257, 269, 334, 339, 344, 379